Steven Ozment

Eine feste Burg

Meinem Vater,
Dr. Lowell V. Ozment,
und meinem Enkel,
William P. Greenstone

Steven Ozment

Eine feste Burg

Die Geschichte der Deutschen

Manuscriptum

Titel der Originalausgabe:
A Mighty Fortress
A New History of the German People

Erschienen 2004 bei HarperCollins, New York

Aus dem Amerikanischen
von Robert Grözinger

Umschlaggestaltung: Achim Schmidt
ISBN 3-937801-05-7

Inhalt

III
Aufklärung, Reaktion und ein neues Zeitalter

IV
Die Deutschen in der modernen Welt

Danksagung

Eine Geschichte des deutschen Volkes zu schreiben ist bestenfalls ein vermessenes Unterfangen, und wer immer es in Angriff nimmt, wird mit Recht gewarnt und eher mitleidig ermuntert. Zur wissenschaftlichen Herausforderung kommt hinzu, daß heutige Deutschland-Studien oft von moralischen Urteilen entstellt sind; es ist eine Geschichtsschreibung, die schnell richtet und nur langsam vergibt. Von Anfang an habe ich mehr Warnungen als Beifall erhalten und mindestens eine Untergangsprophezeiung. Glücklicherweise ist die Erwartung an das, was man zu erreichen hofft, stärker als die Furcht davor, was man dabei verlieren könnte. Mit einer Geschichte, die bis in die Antike zurückreicht, aber im späten zwanzigsten Jahrhundert in neuer Frische wiedergeboren wurde, haben die Deutschen der heutigen Welt viel zu sagen.

Beim Sammeln des Materials, aus dem dieses Werk entstanden ist, habe ich hilfreiche Beratung und Kritik von George und Doris Finley, Victor Davis Hanson, Scott H. Hendrix, H. C. Erik Midelfort, Brennen Pursell, James Charles Roy, Laura Smoller, Frank M. Turner und Henry A. Turner Jr. erhalten. Der Forschungsassistenz von Kevin Ostoyich und den Harvard-Studenten, die die Entwicklung des Buches über drei Jahre hinweg im Geschichtskurs 1302 begleitet haben, bin ich zu besonderem Dank verpflichtet. Von Anfang an hielten Glen Hartley und Lynn Chu die Dinge am Laufen. Tim Duggan, Sue Llewellyn und John Williams begleiteten die redaktionelle Bearbeitung des Manuskripts.

Schließlich: Rosie und Freddie werden niemals wissen, wie sehr sie dem Autor geholfen haben, Susan dagegen schon.

Einführung

Auf der Suche nach dem guten Deutschen

Auf einer geselligen deutsch-amerikanischen Zusammenkunft fragte ich vor einiger Zeit einen deutschen Tischnachbarn, der zum ersten Mal in den Vereinigten Staaten war, nach seinen Eindrücken. Er antwortete: „Ihr Amerikaner habt mehr nette dumme Einwohner als jedes andere Land." Ich bedauere immer noch, ihm nicht die perfekte Erwiderung gegeben zu haben, die mir einige Minuten später einfiel: 58.000.000 Amerikaner können für sich in Anspruch nehmen, vollständig oder teilweise deutscher Abstammung zu sein.[1]

Sowohl Ausländer als auch Deutsche selbst wissen seit Jahrhunderten, daß Deutsche sich der Selbstdisziplin und der Ordnungsliebe hingeben, tadellose technische Fähigkeiten besitzen und stolz auf ihre Geschichte und Kultur sind – jedoch können dieselbe Hingabe und Befähigung und derselbe Stolz an Besessenheit, Zwanghaftigkeit und zutiefst beunruhigende Überheblichkeit grenzen. Dies kann natürlich auch von anderen Ländern und Völkern behauptet werden. Im Falle Deutschlands sind solche Geschichten anekdotische Manifestationen einer komplexen und widersprüchlichen Nation, die, immer noch unvollendet, von Anfang an eine zentrale Rolle in der europäischen Geschichte spielte. Obwohl wenige jemals über die Deutschen sagen würden, daß sie die westliche Zivilisation gerettet hätten, wann immer diese Zivilisation außergewöhnlich gefährdet oder erfolgreich gewesen ist, stand kein anderes Volk auffälliger in ihrem Zentrum. Deutsche sind mit die am schwierigsten zu ergründenden Europäer, und sie sind dasjenige europäische Volk, ohne das die Geschichte dieser Zivilisation nicht verständlich wiedergegeben werden kann. Die deutsche Geschichte ist, obwohl in der modernen Historiographie oft verkürzt dargestellt, sowohl sophokleisch und shakespearesch wie auch brechtisch und grassisch, sowohl eine spezielle als auch eine allgemeine Historie.

Über weite Strecken des Nachkriegszeitalters begann und endete jegliche allgemeine Diskussion über Deutschland mit Hitler und der Machtergreifung der Nationalsozialisten 1933. In jüngerer Zeit haben neue Generationen von Historikern die Rolle großer Männer durch jene größerer struktureller Kräfte (Industrialisierung, Ökonomie, Innenpolitik) ersetzt und erzählen jetzt eine ausführlichere und komplexere deutsche Geschichte. Diese historiographische Verschiebung spiegelt sich auch in einer neuen Generation deutscher politischer Führungskräfte, die entschlossen sind, ihre Nation als eine unter anderen darzustellen, die gemeinschaftlich mit den Großmächten Europas und der Welt agiert. Das Ergebnis, sowohl in bezug auf die Vergangenheit wie auf die Gegenwart, ist das versprochene Hervortreten eines normalen Deutschlands.

Trotz dieser optimistischeren Tendenz hat es sich als unmöglich erwiesen, das Erbe der dreißiger und vierziger Jahre des zwanzigsten Jahrhunderts abzuschütteln, dessen Unerklärlichkeit, Leid und Faszination die Menschen immer noch innehalten läßt, so daß die Geschichte Deutschlands weiterhin im großen und ganzen eine Geschichte der Nationalsozialisten und der Judenvernichtung bleibt. Selbst heute kann ein Ausflug in die deutsche Geschichte eine Rundfahrt um einen nationalsozialistischen Magnetpol sein, der das allgemeine Publikum hypnotisiert und Historiker und Politiker von dem Weg ablenkt, den sie eigentlich gehen wollen. Diese fortdauernde Sichtweise hat auch die Geschichte Deutschlands der Zeit vor dem zwanzigsten Jahrhundert in ein Jagdrevier verwandelt, in dem Vorläufern des Faschismus und gescheiterten demokratischen Alternativen zum absoluten Territorialstaat nachgespürt wird.

Es ist daher keine Überraschung, wenn selbst in Deutschland eine weitverbreitete Meinung besteht, die davon auszugehen scheint, daß die Deutschen schon immer Kryptofaschisten waren, wenn man nur die Oberfläche ihrer Geschichte tief genug ankratzt.[2] Zu diesem falschen Eindruck tragen akademische Historiker wie Medien gleichermaßen bei, erstens durch die fortgesetzte Behandlung der beiden Jahrhunderte zwischen Preußens Aufstieg zur Macht und der Niederlage des Dritten Reiches als der Geschichte Deutschlands und zweitens, indem sie diese Geschichte rückwärts von der Machtergreifung der Nationalsozialisten 1933 aus lesen. In den Vereinigten Staaten wird der Geschichtskanal des Fernsehens landläufig der „Hitler-Kanal" genannt, so häufig sind „der Führer" und das Dritte Reich Themen seiner Programmgestaltung; und nicht wenige Amerikaner setzen immer noch gedankenlos die Begriffe Nationalsozialisten und Deutsche gleich. Unter den Biographien historischer Personen sind die über Adolf Hitler immer noch unangefochten die „Auflagenkönige".

Heutzutage steht man beim Studium Deutschlands am Scheideweg zweier widersprüchlicher Ansätze, die beide nach Vorläufern und Präzedenzfällen suchen, die Deutschland in die Lage manövrierten, in der es sich im zwanzigsten Jahrhundert wiederfand.[3] Der erste, der ältere und schwindende, sucht in der Geschichte Deutschlands nach Schatten, die sich bis ins Dritte Reich erstrecken, und findet an scheinbar jeder Ecke Anzeichen für Abnormität. Der andere sucht statt dessen nach dem Morgenlicht der deutschen Nachkriegs-Bundesrepublik von 1949 und verweist auf vielfältige Präzedenzfälle und Zeichen aus der deutschen Vergangenheit und Gegenwart. Keiner dieser Ansätze jedoch zeigt viel Interesse an einem tiefgründigen Erfassen der vormodernen Vergangenheit Deutschlands, der sich ältere Generationen, Akademiker wie Laien, vertrauensvoll zur Spurensuche zugewandt hatten. Manche Historiker karikieren sogar das Bestreben, das moderne Deutschland aus der Perspektive der fernen Vergangenheit zu untersuchen, und nennen es die „Tacitus-Hypothese".[4] Gemeint ist damit, es sei töricht, zu glauben, daß man einen Teil der deutschen Geschichte nur so gut verstehen könne, wie man die ganze kennt – in diesem Fall bis ganz zurück zum ersten Historiker Deutschlands, zum Römer Cornelius Tacitus, der von 55 bis 120 n. Chr. lebte.

Die Historiker

Beim Versuch, das Zusammentreffen Deutschlands mit dem Nationalsozialismus zu erklären, widersprechen und ergänzen einander drei unterschiedliche Historikergruppen. Es sind dies die Positivisten, die glauben, daß die Fakten und ihre Bedeutung sich von selbst verstehen; ferner verbitterte Emigranten-Historiker, die mit einem verständlichen Groll über die deutsche Vergangenheit schreiben; und, als neueste Ergänzung in den historiographischen Schützengräben, zwei Generationen linksliberaler Sozialhistoriker, eine ältere deutsche (die sogenannten kritischen Historiker) und eine jüngere anglo-amerikanische, die miteinander gleichermaßen übereinstimmen als auch streiten. Die älteren Historiker verstanden sich im allgemeinen als Arzt wie auch als Antiquar und widmeten sich nicht nur der Rekonstruktion der Vergangenheit, sondern auch dem Bloßlegen ihrer Erblast und deren Abtrennung von der Gegenwart. Denkt man über den moralischen Imperativ nach, der das Schreiben über moderne deutsche Geschichte unweigerlich begleitet, so besteht das Ziel des Historikers gleichermaßen darin, zu befreien und Perspektiven zu zeigen.

Bei der Suche nach Schuldigen sind die üblichen Verdächtigen die naheliegendsten gewesen – das preußisch-deutsche Reich des frühen zwanzigsten Jahrhunderts mit seinem Chauvinismus, Militarismus und seiner Feindseligkeit gegenüber liberaler Demokratie, Marxismus und Christentum (insbesondere dem Katholizismus).[5] Weiter zurück in der Vergangenheit erkennen Historiker ein politisch fragmentiertes deutsches Reich, das sich, mit den Worten Gordon A. Craigs, praktisch von Beginn an zu einem „Land des Gehorsams" entwickelte.[6] Das deutsche Kernland, das lange in einander bekriegende Territorialstaaten aufgeteilt war und von einer Reihe katholischer, protestantischer und pietistischer Kleriker zur Verehrung seiner Herrscher erzogen wurde, war nach dieser Auffassung gegen Ende des achtzehnten Jahrhunderts in seinem Innersten gegen die aufklärerischen Ideen des Gesellschaftsvertrages und der

Volkssouveränität immun geworden. Angesichts der Krisen sei dem Land die Flucht in die Herrschaft eines starken Mannes in Fleisch und Blut übergegangen. Zwischen solcher Zerstrittenheit und Passivität habe es früher wie später an Gelegenheiten für eine deutsche nationale Vereinigung und für politische Demokratie gefehlt.

Deutschlands vermeintliche politische und soziale Rückständigkeit ist im Kontrast zur revolutionären Politik der Vereinigten Staaten und Frankreichs zusätzlich übertrieben dargestellt worden. In der zweiten Hälfte des zwanzigsten Jahrhunderts schreibende kritische Historiker erkannten einen Bruch zwischen dem ausgeprägten industriellen, wirtschaftlichen und wissenschaftlichen Fortschritt Deutschlands im neunzehnten Jahrhundert und der konservativen politischen und sozialen Organisation des Landes. Zwischen 1830 und 1880 wurde aus Deutschland ein Land der Eisenbahnen, der gasbeleuchteten Städte, der Zeitungen und der Universitäten; letztere waren weltweit führend in der Erforschung der Geschichte, der Philosophie, der Philologie und des Rechts. Noch dominierender waren die Deutschen in den Fachbereichen Medizin, Physiologie, Biologie, Chemie und Physik; zwischen 1860 und 1879 gelangen deutschen Wissenschaftlern siebzig bedeutende medizinische Entdeckungen, während der Rest der Welt im gleichen Zeitraum nur auf fünfundfünfzig kam.[7]

Zur gleichen Zeit jedoch emigrierte eine stetig wachsende Zahl von Deutschen in die Vereinigten Staaten, nach Südamerika, Kanada und Australien. Zwischen 1850 und 1870, nach einem halben Jahrhundert reaktionärer Politik und dem Versagen einer eigenen demokratischen Bewegung, wanderten 1.700.000 Deutsche aus wachsender Furcht vor sozialer Diskriminierung und religiöser Verfolgung durch ihre Regierung in die Vereinigten Staaten aus.[8] Dort betraten die Neuankömmlinge ein Land, in dem, wie es ein populärer deutscher Amerika-Führer beschrieb, „keine Fürsten und ihre verderbten Höfe das sogenannte ‚göttliche Recht der Geburt‘ repräsentiren [und] die geistige Kraft, Thätigkeit und Ausdauer des Einzelnen einen weit größeren

Spielraum haben und weit schnellere Früchte tragen, als in Monarchieen."[9]

Die kritischen Historiker schoben der schwachen deutschen Mittelschicht die Schuld für Deutschlands rückschrittliche Politik zu. Die einst vielversprechenden Bürger hätten nicht nur dabei versagt, die etablierten Junker, Bürokraten und Armeeoffiziere zugunsten eines neuen demokratischen Systems zu verdrängen, sie hätten sich ihnen auch zunehmend unterworfen. Das neue Deutschland habe sich einfach nicht aus dem Griff des alten befreien können. Der Mittelschicht wird nachgesagt, im Verlauf des neunzehnten Jahrhunderts und bis ins zwanzigste Jahrhundert hinein ihre Begeisterung für die Demokratie durch Enthusiasmus für Nationalismus und Imperialismus ersetzt zu haben. In diesem Tun habe sie sich den alten Eliten darin angeschlossen, die Entstehung eines demokratischen Deutschlands nach amerikanischem, britischem oder französischem Muster zu untergraben. Nach dieser Interpretation war die lange deutsche Vergangenheit so übermächtig, daß die ersten Schritte in Richtung einer politischen Modernisierung Deutschlands von den aufgeklärteren Franzosen von außen verordnet werden mußten. Ohne Napoleon und die französische Besetzung des deutschen Rheinlandes im späten achtzehnten und frühen neunzehnten Jahrhundert wäre Deutschland eine politisch zersplitterte, starre mittelalterliche Ständegesellschaft geblieben.[10]

Der gute Bürger

Jüngere Historiker lehnen solche düsteren und pauschalen Beurteilungen deutscher Geschichte ab. Statt dessen verweisen sie auf beständige Bereiche einer aufgeklärten und fortschrittlichen bürgerlichen Gesellschaft des neunzehnten Jahrhunderts. Insbesondere wird dem Vorwurf widersprochen, die deutsche Mittelschicht sei schwächlich gewesen. In sorgfältigen, detaillierten Studien ist eine komplexere und fortschrittlichere deutsche Gesellschaft zutage getreten, deren Mittelschicht, vergleichbar den entsprechenden Schichten in anderen europäischen Staaten, erfolgreicher war, als es ältere Historiker behauptet hatten. Obwohl weniger auffällig und einflußreich, fand auch in Deutschland eine Revolution der Mittelschicht statt, die Individualrechte – Eigentum, Arbeit, Koalitions-, Rede-, Handelsfreiheit und Philanthropie – und das Prinzip der Rechtsstaatlichkeit herausarbeitete.[11] Aufgrund gemeinsamer Anstrengungen von Beamten, Unternehmern und politischen Führern war ein modernes Deutschland dabei, neben das alte zu treten.

Trotz des eingeschränkten Charakters dieser Revolution und ihrer Unterdrückung in den zwanziger und dreißiger Jahren des zwanzigsten Jahrhunderts ähnelte sie den zeitgenössischen Demokratien Europas. Ihr Erfolg verweist darauf, daß der Weg in den Nationalsozialismus nicht direkt und unausweichlich war; außerdem ist er ein Hinweis darauf, daß der größere Fortschritt anderer europäischer Staaten diese nicht notwendigerweise gegen das immunisierte, was später in Deutschland passierte, wenn man das Zusammentreffen von Krisen jenes Ausmaßes in Betracht zieht, die damals über das Land hereinbrachen.[12] Allerwenigstens offenbart diese wohlwollendere Lesart des neunzehnten Jahrhunderts in Deutschland eine komplexere Gesellschaft als den von anderen Historikern dargestellten „Vorraum zum Nazismus".[13]

Ein anderes Opfer dieser neuen Sicht ist der ähnliche Versuch, einen besonderen totalitären Weg Deutschlands aus dessen geographischer Lage im Zentrum Europas abzuleiten, einer Lage, die dem Land mindestens zwei ungeschützte Grenzen eintrug (sogar drei, als Österreich aus dem Kreis jener Länder ausschied, aus denen sich das Deutsche Reich zusammensetzte). Historisch machte diese geographische Position Deutschland zu einem Hochsitz wie auch zu einer Falle; es war ebenso einfach, von dort aus anzugreifen, als auch angegriffen zu werden; es war daher zugleich ein optimaler wie ein verwundbarer Ort. Weil diese Stellung gleichermaßen geeignet war, das Land zum Angreifer als auch zum Opfer zu machen , wird weder eine apologetische historische Darstellung eines geographischen Determinismus noch eine kritische eines unprovozierten Expansionismus der Komplexität deutscher Geschichte gerecht.[14]

Die Färbung der Geschichte

Dieses komplexere Deutschlandbild vor dem düsteren Moralisieren der Historiographie nach dem Zweiten Weltkrieg zu retten, hatte sich auch der verstorbene deutsche Historiker Thomas Nipperdey, der große Kritiker der kritischen Historiker, zur Aufgabe gemacht. Da er seine Karriere als Historiker der Reformation begonnen hatte, besaß er den Vorteil der Perspektive und der Genese. Auch war er der Meinung, daß verläßliche Geschichte chronologisch fortschreitend geschrieben werden müsse, von der Vergangenheit zur Gegenwart und nicht von der Gegenwart zur Vergangenheit, wie es in einem Großteil der Nachkriegshistoriographie anzutreffen war. Es ist eine Sache, das Ende einer Geschichte zu kennen und von ihm angeregt zu werden, die ganze Geschichte kennenzulernen; es ist etwas ganz anderes, diese Geschichte von ihrem bekannten Ende aus zu erzählen. „Am Anfang war Napoleon", schrieb Nipperdey nüchtern in der ersten Zeile einer mehrbändigen Geschichte Deutschlands.[15] Moderne deutsche Geschichte begann mit dem Sieg Frankreichs über Österreich und Preußen in den Jahren 1805/06 und der Besetzung des deutschen Rheinlandes – nicht mit der Kanzlerschaft Hitlers, die nur wenige Hinweise auf das vorher Geschehene liefert. Wenn von 1933 als erster Seite der modernen deutschen Geschichte ausgegangen wird, wird dieses Datum höchstwahrscheinlich auch das letzte Wort über sie sein.

Niemand jedoch zweifelt daran, daß die Vergangenheit mächtige Schatten auf die Gegenwart wirft – je jünger die Vergangenheit, desto mächtigere. Die Verbindungslinie, die von den Eliten des kaiserlichen Deutschlands bis zur Präsidentschaft Feldmarschall Paul von Hindenburgs in der Weimarer Republik verläuft, ist klar und ungebrochen, wie auch jene vom wilhelminischen Chauvinismus bis zur Zersplitterung der Parteienlandschaft in den 1920er und 1930er Jahren. Aber eine Furcht vor anarchistischen und Bindestrich-Deutschen, deren Loyalität gegenüber einem Königreich Vorrang vor der für das Vaterland hat, gab es unter den Deutschen seit dem Mittelalter. Ihre modernen Entsprechungen im neunzehnten und zwanzigsten Jahrhundert waren Katholiken, die Rom gegenüber treu waren, revolutionäre Marxisten und im Verhältnis zu ihrem Anteil an der Bevölkerung überdurchschnittlich viele erfolgreiche Juden.

Obwohl Nipperdey die Neuartigkeit des neunzehnten Jahrhunderts anerkannte, sah er in solcher Kontinuität kein Syndrom – die Geschichte des modernen Deutschlands war nicht die einer fortschreitenden Erbkrankheit. Deutscher Faschismus und Nationalsozialismus waren statt dessen „etwas Neues", weder auf das ihnen Vorangehende reduzierbar noch vollständig davon hergeleitet. Von den antiautoritären Gemeindebewegungen der Reformationszeit bis zur kurzlebigen Demokratiebewegung des neunzehnten Jahrhunderts hatte die deutsche Vergangenheit alternative Formen politischer Organisation gekannt. Daß vierzehn der 1919 existierenden fünfundzwanzig europäischen Demokratien bis 1938 gefallen waren, macht deutlich, daß Deutschland nicht die einzige Nation war, die auf dem Weg zur Demokratie strauchelte.[16]

Aus dieser mehrfachen Kritik an der Historiographie nach dem Zweiten Weltkrieg sind zwei Hauptlehren zu ziehen. Die Lesart der Geschichte von der Gegenwart in die Vergangenheit bedeutet, etwas in sie hineinzulesen, statt von ihr zu lernen. Und gleichfalls verzerrend ist der Glaube, daß Geschichte allein in Begriffen von Schwarz und Weiß gelesen werden kann. Sie ist, wie Nipperdey schrieb, „nicht ... sonderlich homogen; sie ist widersprüchlich und ambivalent, sie ist ... von unlösbaren Widersprüchen erfüllt ... Die Wirklichkeit ist nicht ein System, in dem alles einheitlich geordnet ist ... Sie ist von anderen Konflikten bewegt, als die – auf progressiv/antiprogressiv, demokratisch/nichtdemokratisch eingestimmte – Kontinuitätsperspektive sehen läßt ...“[17]

Trotz zwingender Beweise für die Normalität Deutschlands in den Jahrzehnten vor dem Ersten Weltkrieg bleibt diese Debatte, so wie alles Deutschland Betreffende, polarisiert. Aus Sicht seiner Kritiker war Nipperdey kein weißer Ritter, der eine dunkle Sage auflöste, sondern ein Apologet, der – in Reaktion auf den Wunsch eines vereinten Deutschlands, die Bedeutung eines schmerzhaften Teils der deutschen Geschichte herunterzuspielen – entschlossen war, nahezu ein Jahrhundert deutschen Faschismus zu übertünchen. Die drängende Streitfrage für den Nipperdey-Kritiker Richard J. Evans war, ob ein beträchtlicher Teil der deutschen Vergangenheit von der Verantwortung für die Ereignisse der zwanziger und dreißiger Jahre des zwanzigsten Jahrhunderts freigesprochen werden kann.[18] Noch beunruhigender war für ihn, daß Nipperdey zwar die Kontinuität zwischen dem deutschen Kaiserreich und dem Nationalsozialismus anerkannte, sich jedoch weigerte, beide als deckungsgleich zu betrachten.[19] Überzeugt davon, daß der Farbton der Geschichte eine Grauschattierung ist, uneinheitlich und widersprüchlich, war Nipperdey ebenso gegen die Gleichsetzung von Schatten und Realität, wie er gegen die Leugnung der Schatten war. Nach dieser Logik müssen das deutsche Kaiserreich, die Weimarer Republik, der Nationalsozialismus, das Dritte Reich und die gegenwärtige Bundesrepublik letzten Endes für sich selbst sprechen und können wechselseitig einander weder verurteilen noch entlasten.

Auf der Seite der kritischen Historiker stehend war Evans, ein Brite, verständlicherweise nachsichtiger gegenüber denen, die einen großen Abschnitt deutscher Geschichte mit der nationalsozialistischen Bürste teeren, als gegenüber jenen, die diese Geschichte von jeglicher möglichen Mitschuld freisprechen wollten. Der Glaube, daß es in jedem historischen Zeitalter wahre, nur unterschiedlich proportionierte Maßstäbe des Guten und des Bösen gibt, wurde im Deutschland der dreißiger und vierziger Jahre auf die härteste Probe gestellt. Nach Nipperdeys Logik schienen diese Jahrzehnte moralisch so uneindeutig wie beliebige andere gewesen zu sein und seien richtigerweise als solche zu untersuchen. Das jedoch ist etwas, was viele, die die Schrecken jener Jahre nicht vergessen oder vergeben können, problematisch und sogar blasphemisch finden.

Da inzwischen viele überzeugt sind, daß die Lesart der deutschen Vergangenheit aus der Perspektive der dreißiger Jahre des zwanzigsten Jahrhunderts ein fehlerhafter und überholter Ansatz ist, ist man nun dabei, eine objektivere und wohlwollendere Rekonstruktion dieser Geschichte zu schreiben.[20] Mit jeder neuen Generation von Deutschen werden die Tragödien der dreißiger und vierziger Jahre gewissermaßen weniger deutsch. Weil Deutschland, wie jedes andere Land, aus den Menschen besteht, die dort unter jeweils gegebenen Zeitumständen leben und arbeiten, werden die nachgeborenen Deutschen nicht bereitwillig zulassen, daß ihr Leben von jenen dunklen Jahrzehnten diktiert wird. Daß Nipperdeys Bemühungen, die Diskussion voranzubringen, ihm den Vorwurf der Reinwaschung des Nationalsozialismus einbringen konnten, ist eine Mahnung, wie groß die moralische Herausforderung für jeden ist, der dieses Feld bearbeiten will.[21]

Die Politiker

Nach ihren Amtseinführungen 1949 gab es Gründe für die neuen Regierungen Ost- und Westdeutschlands, 1933 ins Zentrum der deutschen Geschichte zu rücken: sowohl die Deutsche Demokratische Republik (DDR) als auch die Bundesrepublik Deutschland (BRD) legitimierten ihre Herrschaft, indem sie sich so weit wie nur möglich mit dem Widerstand gegen die Nationalsozialisten identifizierten. In der DDR verkündete die kommunistische Partei, sie sei der „ursprüngliche Feind“ des Nationalsozialismus, und beanspruchte als solcher das Recht, „das Erbe der besten Deutschen“ fortzuführen. Auch die Bundesrepublik konnte

Märtyrerblut vorweisen, was sie nicht nur tat, um eine Legitimation herzustellen, sondern auch, um die Eroberer Deutschlands, die kaum zwischen Nationalsozialisten und Deutschen unterschieden, daran zu erinnern, daß es während der gesamten Herrschaft Hitlers ein alternatives Deutschland gegeben hatte.[22]

Angesichts der eigenen politischen Erfahrung der Alliierten und ihrer geringen Erwartungen, die sie in die Deutschen setzten, war ihre simple Vorstellung von der Kollektivschuld verständlich und nicht gänzlich unangebracht. Die bemerkenswerteste Tat des deutschen Widerstandes, auf die sich die Bundesrepublik zum Aufbau ihrer moralischen Autorität berief, war die Verschwörung um Stauffenberg zur Ermordung Hitlers im Jahr 1944.[23] Die Hintermänner dieser Verschwörung waren keine liberalen Demokraten. Sie glaubten ebensowenig an liberale Demokratie wie an den Nationalsozialismus, eine in Anbetracht des Wesens des von ihnen durchlebten demokratischen Zeitabschnitts verständliche Einstellung. Dies waren Männer in der Tradition Paul von Hindenburgs, des zweiten Präsidenten der Weimarer Republik, der Hitler 1932 in der Versenkung hätte verfaulen lassen, wenn seine Regierung in der Lage gewesen wäre, eine Mehrheitskoalition ohne nationalsozialistische Unterstützung zu bilden.[24] Wie Hindenburg haßten die Verschwörer um Stauffenberg Hitler und die populistische Demokratie der späten zwanziger und der frühen dreißiger Jahre, die ihn an die Macht brachte und dort hielt. Wäre ihre Verschwörung erfolgreich gewesen, hätte ihre neue Regierung weder einen Churchill oder Roosevelt an seine Stelle gesetzt, noch hätte sie einer Friedensregelung zugestimmt, die Deutschland nicht in den Grenzen von vor dem Ersten Weltkrieg wiederhergestellt und dessen Oberhoheit innerhalb Europas nicht anerkannt hätte.[25]

Das jedoch ist kein Punkt, der in der offiziellen Version der deutschen Regierung über den Weg Deutschlands in den letzen zwei Jahrhunderten betont wird. Wie die Historiker, deren Aufgabe es ist, zurückzublicken, hat auch die deutsche Regierung, die vom Wahlvolk das Mandat erhalten hat, nach vorn zu blicken, ihre eigene deutsche Geschichte zu erzählen. Die Version der Regierung, die an die Pflicht gebunden ist, ihre Bürger in eine gestaltbare Zukunft zu führen, statt sie in einer nicht zu bewältigenden Vergangenheit ihrem Schicksal zu überlassen, ist mehr eine Geschichte des Lichts als der Schatten.

In *Tatsachen über Deutschland*, der jährlichen Publikation der deutschen Regierung, die in deutschen Botschaften in der ganzen Welt erhältlich ist, wird diese politische Herausforderung prägnant zum Ausdruck gebracht. Zusätzlich zu den Länderberichten über die gegenwärtige wirtschaftliche, politische und kulturelle Entwicklung Deutschlands bietet *Tatsachen* eine offizielle Kurzfassung von zweitausend Jahren deutscher Geschichte.[26] In den jüngsten Ausgaben beginnt diese Geschichte mit einem schlichten Hinweis auf Arminius, den Cheruskerfürsten des ersten Jahrhunderts, den Deutschen besser als Hermann bekannt, dessen einzige germanische Legion im Jahr 9 n. Chr. drei römische Legionen ruhmreich besiegte, und sie endet mit einer nüchternen Diskussion der Kosten der deutschen Wiedervereinigung.

In der 1999er Jubiläumsausgabe bilden drei Auszüge den Grundtenor diese Geschichte, die sich alle auf Jahreszahlen mit einer „Neun" am Ende beziehen – besondere Jahre für das wiedervereinigte, am Ende des zwanzigsten Jahrhunderts zurückblickende Deutschland. Die ersten Jahre sind die der Frankfurter Nationalversammlung, die 1848/49 demokratische Freiheit und Gleichheit für deutsche Bürger proklamierte, aber nicht sicherte. Das zweite Jahr, 1919, sah die Schaffung der Weimarer Republik, die nach dieser Version dort anknüpfte, wo die Frankfurter Versammlung aufgehört hatte, indem sie erstmals Frauen das Wahlrecht gewährte, so daß bei den ersten Wahlen zum neuen deutschen Parlament einundvierzig Sitze an Frauen gehen konnten,[27] ein prozentualer Anteil, der in der Bundesrepublik erst 1983 wieder erreicht wurde. Doch endete die Weimarer Republik mit Hitlers Machtergreifung unter Anwendung genau jener Gesetze, die sie selbst erlassen hatte. Das letzte Jubiläumsjahr, 1949, ist davon geprägt, daß ein freies Parlament eine neue deutsche Verfassung verabschiedete: das Grundgesetz, das neue Sicherheitsvorkehrungen gegen die Wiederholung einer totalitären Herrschaft enthielt.[28]

Diesen modernen Meilensteinen der deutschen Demokratie fügt *Tatsachen* als weitere Bestätigungen des verspäteten Triumphs der Demokratie den Fall der Berliner Mauer 1989 und die Wiedervereinigung Deutschlands 1990 hinzu. Und in einer zeitlich noch umfassenderen Sicht der deutschen Geschichte beschreibt die Publikation demokratische Vorboten, die in das siebzehnte Jahrhundert zurückreichen, als in den deutschen Städten Münster und Osnabrück die ersten paneuropäischen Versammlungen zusammentraten, um die internationale Friedensordnung auszuhandeln, die dem Dreißigjährigen Krieg ein Ende setzte.[29]

Aus Sicht der Politiker zeugen diese „Neuner"-Jahre von der Beharrlichkeit der Geschichte des guten Deutschlands, das scheinbar unüberwindliche Herausforderungen überlebt hat, um schließlich eine moderne, liberale Demokratie zu werden. So wie viele Historiker glauben auch die Politiker, daß sich ihre Nation auf einem historischen Sonderweg befunden habe – in einem mühseligen Kampf gegen Faschismus und Totalitarismus, deren Niederlage und Zurückweisung klarmachen, daß Deutschlands wahre politische Bestimmung immer die Bundesrepublik von 1949 und nicht der nationalsozialistische Staat von 1933 gewesen sei. Nicht mehr länger der häßliche Deutsche, gefangen in einem historischen Teufelskreis vielversprechender Anfänge und gefährlicher Brüche, hat sich dieser gute Deutsche mindestens seit Mitte des neunzehnten Jahrhunderts behauptet und die Flamme deutscher Einheit und Demokratie am Leben erhalten.

Die Tacitus-Herausforderung

Heute ist Deutschland eine vereinte demokratische Republik und ein vorbildlicher sozialer Wohlfahrtstaat. Als ein Schrittmacher der internationalen Wirtschafts- und

Handelsbeziehungen in seiner ganzen Geschichte (eine der Segnungen seiner geographischen Lage) hat es unlängst die Kunst der feindlichen Übernahme gemeistert.[30] Um seinen Willen zu demonstrieren, die Verantwortungen einer Großmacht zu übernehmen, hat es sich den westlichen Staaten in Friedensmissionen in Bosnien und Afghanistan angeschlossen, während es sich – wie es einer mächtigen, normalen Nation zusteht – der Teilnahme an amerikanischen und britischen Maßnahmen in Irak entzog.

Die Vergangenheit jedoch spukt weiter. In den frühesten Jahrhunderten ihrer Geschichte wurden die germanischen Stämme von den Römern dauerhaft als „barbarisch" abgestempelt – und dies trotz ihrer vergleichbaren und sogar überlegenen Fähigkeiten als Krieger und der Erwartungen an sie als mögliche neue Anführer einer poströmischen europäischen Zivilisation. Heutzutage müssen Deutsche sich immer noch mit Schandmalen auseinandersetzen, die die Welt an einen jüngeren und andersartigen Barbarismus erinnern. Vor letzterem kann weder der wohlwollendste Verbündete noch irgendeine ausländische Macht eine sichere Zuflucht bieten. Mit größerem Recht als in früheren Jahrhunderten erheben nicht wenige in der Außenwelt immer noch einen drohenden Finger gegen die Deutschen, die sich ihrerseits verständlicherweise ungerecht dargestellt und als Nation zurückgesetzt fühlen.

Wie alle Nationen, die ihr Schicksal in die eigenen Hände nehmen, muß sich auch ein wiedervereinigtes Deutschland seiner Geschichte stellen. Weil diese Geschichte abwechselnd die erfolgreichste und die bedrohlichste Westeuropas war, hält die Welt verständlicherweise den Atem an, wenn die Deutschen mit sich selbst zu Rate gehen. Heute schaudert es so manchen angesichts der Bekundung des deutschen Kanzlers, die Interessen seines Staates, genauso wie bei jeder anderen europäischen Großmacht üblich, unsentimental zu vertreten. Könnte dies das Grollen einer alten deutschen Kultur sein, die sich auf die Wiederkehr der kriegerischen Blut-und-Eisen-Tage vorbereitet? In solchen Augenblicken mag es beruhigend sein, sich daran zu erinnern, daß Deutschlands Geschichte ein Wechselstrom gewesen ist, nicht eine stetig nur in eine Richtung fließende Strömung – und auch, daß die Auflistung seiner sittlichen Errungenschaften und kreativen Leistungen umfangreicher ausfällt als die von Zeugnissen der Inhumanität und der Zerstörungswut.

Eine neue Zunft von Sozialhistorikern, die zumindest einem Abschnitt der jüngeren deutschen Vergangenheit wohlwollender gegenübersteht, hat ein wenig mehr Ausgewogenheit in eine Nachkriegsgeschichtsschreibung eingebracht, die lange Zeit dazu neigte, im Schmutz zu wühlen und anzuklagen. Darin haben diese Historiker etwas mit jüngeren deutschen Regierungen gemein, die ebenfalls entschlossen sind, Deutschland voranzubringen als moderne Nation von einer Bedeutung, die sie schon immer hatte und die zu behalten sie ein Recht hat. Wenn es Anlaß gibt, sich über eine vollständigere und gerechtere Darstellung der Geschichte Deutschlands zu freuen, gibt es jedoch auch Gründe, die Nachkriegsvisionen zu beklagen, die weiterhin, sowohl furchtsam wie erwartungsvoll, auf die Zukunft des Landes projiziert werden. Auf der einen Seite verbleibt ein Bild von Deutschland als ewigem Land des Gehorsams, mit seiner dokumentierten modernen Geschichte der Aggression und des Totalitarismus. Auf der anderen Seite gibt es ein Deutschlandbild des reuig niederknienden Staates, einer idealisierten egalitären Demokratie mit für die ganze Welt weit geöffneten Toren, wie es von Günter Grass porträtiert wird.[31] Jede dieser Alternativen vermittelt die Vorstellung eines demütigen deutschen Volkes, auf seinen Knien entweder aus Fügsamkeit und Furcht vor seinen Herrschern oder aufgrund utopischer Selbstaufopferung – höchst unwahrscheinliche Zukunftsszenarios für die modernen Überlebenden des zwanzigsten Jahrhunderts.

Über die längste Zeit ihrer Geschichte haben Deutsche die Ideale der Ordnung und der Autorität ohne Totalitarismus bereitwillig angenommen und Freiheit und Gleichheit ohne liberale Demokratie angestrebt. Die deutsche Abweichung von den amerikanischen, britischen und französischen

Gesellschafts- und Politikentwürfen gründet sich nicht auf irgendeine deutsche Ablehnung individueller Freiheit zugunsten einer absoluten oder totalitären Herrschaft.[32] Historische Erfahrung hat die Deutschen statt dessen mehr Angst vor Anarchie als vor Tyrannei entwickeln lassen und sie veranlaßt, sich, wenn sie sich schon absichern müssen, auf die Seite der Ordnung zu stellen. Dies haben sie einer zwingenden Überzeugung zufolge getan, daß die Freiheit eines Volkes nicht in einer einzigen Anstrengung erreicht werden kann, sondern durch eine sorgfältig gepflegte Disziplin bewahrt werden muß.

Für die Deutschen waren die Weimarer Republik und der Nationalsozialismus neuartige Experimente des zwanzigsten Jahrhunderts, nichtvertraute historische Lebensstile. Hervorgegangen aus dem Scheitern seiner ersten demokratischen Regierungsform, die eine Lebensspanne von lediglich vierzehn Jahren (von 1919 bis 1933) hatte, währte Deutschlands erste totalitäre Regierung gerade einmal zwölf Jahre (von 1933 bis 1945). Während Historiker Parallelen zur ersteren in der Revolution von 1848/49 erkennen und zur letzteren im wilhelminischen Deutschland, bleibt die hervorstechendste Eigenschaft des modernen Deutschland das Novum der Demokratie und des Totalitarismus in seiner historischen Erfahrung.

All dies wirft Fragen auf: Kann eine mehr als 2000 Jahre alte Zivilisation auf der Basis ihrer letzten 150 Jahre definiert werden? Wer waren die Deutschen vor 1848 und 1933? Trägt die lange Historie, die auf diese grundverschiedenen Wendepunkte zuführt, irgend etwas zum heutigen Verständnis über sie bei? Indem dieses Buch die „Tacitus-Herausforderung“ annimmt, versucht es, die prägende Geschichte Deutschlands so weit zurück zu überblicken und zu interpretieren, als relevante Informationen auch nur einigermaßen gefunden werden können. Was immer sonst über die Deutschen heute gesagt werden kann, sie haben, offensichtlich allen Widrigkeiten zum Trotz, ihre Feinde und sich selbst überstanden. Wie sie das geschafft haben, ist in dieser langen Geschichte eingebettet.

I

VON DEN ERSTEN STÄMMEN ZUM ERSTEN REICH

1

Der Barbarenkomplex

Römisch-germanische Beziehungen in der Antike

Bis zur der Mitte des ersten Jahrhunderts v. Chr. hatten sich germanische Volksstämme östlich des Rheins angesiedelt, und schon damals wurden die Begriffe *Germani*, *Germania* von den Römern verwendet.[1] Zu jener Zeit waren die Stämme weder ethnisch einheitlich noch transregional vereint, sondern ein Gemenge, „ein lockeres und sich veränderndes Völkergemisch", das keine geschlossene germanische Front bildete. Sie wurden schnell seßhaft und lebten, in Übereinkunft mit den Römern, innerhalb oder entlang der Grenze des Römischen Reiches – wobei sie ihre Dienste als Soldaten, Bauern und Steuereintreiber gegen Land und Sicherheit tauschten.[2] Von diesen Stämmen entwickelten die Franken, die Goten und die Langobarden historische Identitäten, indem sie sich mit führenden oder fürstlichen Familien verbündeten und ihre genealogischen Mythen übernahmen.[3]

In diesen Jahrhunderten teilten nichtgermanische Stämme ähnliche Erfahrungen als Barbaren innerhalb des Römischen Reiches, die auch diejenigen der germanischen Stämme erhellen. Von Anfang an zeigten polyethnische Stämme, germanische oder nichtgermanische, eine Fähigkeit, sich der antiken römischen und byzantinischen Welt anzupassen und sich in sie zu integrieren. Etwa fünf Jahrhunderte nach ihrem Erscheinen würden romanisierte und christianisierte germanische Stämme ein neues, mitteleuropäisches Reich und eine neue Kultur aus der Asche des alten Römischen Reiches und seiner Kultur aufbauen. Zwischen der Herrschaft des Merowinger Franken Chlodwig im späten fünften und frühen sechsten Jahrhundert und jener des Sachsen Konrad im frühen zehnten vermischten sich die germanischen mit den griechisch-römischen, römischchristlichen und byzantinischen Kulturen und ließen so das westliche Europa erstehen, das wir heute kennen.

Die Romanisierung der Germanen

Eine Spur beginnt im Jahr 113 v. Chr., als ein germanischer Stamm, die Cimbern, bei einer typisch frustrierenden Suche nach Nahrung und Land die römische Grenze von Noricum, dem heutigen Österreich, überquerte und zum ersten Mal einer römische Armee gegenüberstand und sie besiegte. Vier Jahre später, 109 v. Chr., tauchte derselbe Stamm, dem sich ein weiterer, die Teutonen, angeschlossen hatte, im südlichen Gallien auf und besiegte eine große römische Armee, deren Auftrag es gewesen war, sie zurückzuschlagen. Im Jahr 105 v. Chr. tauchten die Volksstämme wiederum und in noch größerer Truppenstärke auf und besiegten diesmal zwei von Konsuln geführte Armeen – einer der großen militärischen Verluste des antiken Rom. Von diesem Zeitpunkt an erkannten die Römer die Bedrohung, die von den Barbaren ausging, welche ihre Grenzen erkundeten, und schickten eine starke neue Armee, um sie zu besiegen.[4]

Als die Volksstämme ihre Züge wieder aufnahmen, gehörte Julius Cäsar, der kurz zuvor Gallien erobert hatte, zu ihren frühen Beobachtern. Er beschrieb ihre Herrschaftsform als informell und inkonsistent, ihre Gesellschaftsform als gemeinschaftlich und egalitär und ihre Militärtaktiken als willkürlich und „unehrenhaft", wobei letzteres auf ihre Fähigkeit verwies, auf dem Schlachtfeld zu „improvisieren" (d. h. zu überrumpeln und zu überfallen). Die Stämme wurden von Stammesführern (im westgermanischen Dialekt *kuning*, „Führer der Familie") regiert, die die Römer alternierend *principes*, *duces* und *reges* nannten. Von einer Versammlung adliger und gewöhnlicher Krieger (dem Stammesheer) gewählt, konnten nur die überragenden Männer – die sich durch fürstliche Herkunft, Dienst an der Familie und außergewöhnlichen Heldenmut auszeichneten – diese erhöhte Stellung erhalten.[5]

In den letzten Jahrzehnten des alten Jahrtausends und den ersten der neuen christlichen Ära verminderten die Römer das Bedrohungspotential, das von den Volksstämmen ausging, indem sie deren Streifzüge brutal bestraften und Wege fanden, sie zu entzweien und zu vereinnahmen.[6] Letzteres geschah mit einfachen menschlichen Verlockungen. Römer und Germanen verkehrten miteinander regelmäßig in Zonen von ungefähr fünfzig Kilometer Breite beiderseits der römischen Grenze.[7] Römische Sprache, Kultur und Politik kamen zu den Stämmen auf den Rädern der Handelswagen, während die Germanen Vieh und Sklaven (Beute aus Schlachten mit fremden Stämmen) gegen römische Bronzen, Glaswaren und Felle tauschten. Vor dem Kontakt mit den Römern herrschten die Stammesfürsten eher durch Überzeugungskraft als durch Zwang und hielten den sozialen Frieden durch eine gerechte Verteilung von Land und Gut innerhalb des Stammes aufrecht. Der durch den Handel mit den Römern hinzugewonnene neue Wohlstand wirkte innerhalb der Stammesgesellschaft schichtenbildend; die neuen Reichen setzten sich von den Armen ab, und eine ungleiche Verteilung der Stammesländereien wurde begünstigt. Auch die autokratische Regierungsform und der senatorische Lebensstil Roms beeindruckten zukünftige Stammesfürsten, von denen viele in Rom ausgebildet wurden.

Eine andere römische Obstruktionstaktik war das Schüren von Stammeskonflikten, zu denen die Volksstämme ohnehin neigten. In den Augen ihrer Feinde war die große Stärke der Barbaren zugleich ihre große Schwäche – nämlich ihre Begierde nach Schlachten, die Tacitus mit leichter Übertreibung so beschrieb: „... es gilt sogar für träge und schlaff, sich mit Schweiß zu erarbeiten, was man mit Blut erringen kann."[8] beschrieb. Auch vor der Intervention der Römer führte jene kriegerische Gesinnung die Stämme gegeneinander, worauf sich zwischen ihnen Risse auftaten, in die ihre Feinde eindrangen. Treue zu abtrünnigen Führern statt zu den rechtmäßig gewählten und die Überordnung des Gruppenvorteils über die Stammeswohlfahrt führten mit der Zeit zur Bildung einer Art Freischärlertrupps innerhalb der Stämme. Das waren verschworene Banden, die durch Raubzüge, auf denen sie von benachbarten Stämmen Vieh, Sklaven und andere produktive Güter erbeuteten, einen überlegenen Status erlangten. Ihre Opfer rächten sich am gesamten Stamm und fügten damit der von den Freischärlern erzeugten inneren Unruhe eine von außen hineingetragene Aggression hinzu. Aufgrund solch interner Anarchie und Tyrannei konnten die Römer innerhalb der Volksstämme Fuß fassen – womit es ihnen möglich wurde, die Schutzanordnung der führenden Männer und Kriegerversammlungen zu umgehen.[9]

Schließlich versuchten die Römer, die Stämme fügsam zu machen, indem sie die Söhne der führenden Männer nach Rom brachten, wo sie, zu ihrem materiellen Vorteil, als Römer aufwuchsen. Eine solche Versetzung fand sowohl auf dem Wege der Einladung als auch als Geiselnahme statt. Auf diese Weise wurden ausgesuchte Elitebarbaren romanisiert, wobei viele danach den Rest ihres Lebens in Rom verbrachten, während andere als assimilierte Diener des Römischen Reiches in ihre Heimat zurückkehrten.[10] Daß diese Rückkehrer einer Gehirnwäsche unterzogen waren, wäre zuviel gesagt, da sie dem Römischen Reich in der Regel bereitwillig dienten, während sie mehr Land und Wohlstand für sich erhielten und weiterhin die Zugehörigkeit zur kosmopolitischen römischen Welt genossen. Wo diese prorömischen Häuptlinge ihre Stammesfeinde überlebten, halfen sie auch, die Welt der Barbaren für die Römer weniger bedrohlich zu machen.[11] Als Ergebnis solcher Taktiken und Maßnahmen bevorzugten die meisten Barbaren vor dem vierten Jahrhundert den Dienst statt der Herausforderung. Dies galt sowohl für die germanischen als auch die anderen entlang oder innerhalb der römischen Grenzen lebenden Volksstämme.

Die schillernde Geschichte von vier Generationen adliger Cheruskerführer illustriert sowohl Erfolg wie Mißerfolg der Römer beim Versuch, die Barbaren gegeneinander aufzuwiegeln. Die Cherusker waren der Stamm des Armeehäuptlings Arminius, der als Mittzwanziger von 4 bis 6 n. Chr. das germanische Kontingent der kaiserlichen römischen Armee befehligte. Für diesen Dienst gewann er Lorbeer und die römische Staatsbürgerschaft. Im Jahr 9 n. Chr. führte Arminius seine Krieger gegen drei römische Legionen, die damals die Provinz Germanien unter Führung des Provinzgouverneurs Publius Quinctilius Varus durchstreiften. Unter Anwendung von Irreführungs- und Überfalltaktiken, was später Blitzkrieg genannt werden sollte, errang Arminius' Legion im Teutoburger Wald einen unvergessenen Sieg, der alle Pläne der Römer zur weiteren Expansion ihres Reiches östlich des Rheins durchkreuzte.[12] (Sein Denkmal aus dem neunzehnten Jahrhundert in Hechingen-Stein wird noch heute von vielen Deutschen besucht.) Fünfzehn Jahrhunderte später, im Zeitalter der Druckerpresse, entdeckten und veröffentlichten deutsche Humanisten und Nationalbewußte Tacitus' *Germania* und erklärten Arminius zum Befreier Germaniens, seine Siege zur Geburtsstunde der deutschen Geschichte.[13]

Warum zahlte sich die Investition Roms in Arminius nicht aus? Zur Zeit seiner Revolte stöhnten die cheruskischen Stammesmitglieder unter römischer Steuerlast und Justiz. Wie Arminius sahen viele ihre Zukunft nur in der Unterwerfung. Drei Generationen lang schwankte Arminius' Familie zwischen Loyalität gegenüber dem Stamm und den Römern, jedoch ohne zu rebellieren. Weil Arminius' verärgerter Schwiegervater, Segestes, ein lebenslanger Diener Roms, von dessen Plänen wußte, verriet er die Rebellen in der Nacht vor dem Angriff an die Römer. Arminius' Bruder Flavius war ebenfalls romtreu. Als die Römer im Jahr 15 n. Chr. die große Armee des Germanicus auf einen Straffeldzug gegen die Cherusker schickten, marschierten er und seine Armee von Verbündeten mit ihr. Flavius' Sohn, der zukünftige Cheruskerfürst Italicus, geboren und erzogen als Römer, kehrte als ergebener römischer Aufpasser zu seinem Volksstamm zurück, und löste durch seine autokratische Herrschaft einen Aufstand aus, der zu seiner Verbannung führte.

Trotz ähnlicher römischer Indoktrination, militärischer Erfolge und der höchsten Vertrauensposition innerhalb der römischen Armee hielt Arminius an der Stammestreue fest. Jedoch erlag auch er am Ende dem Fieber des Alleinherrschens und versuchte 19 n. Chr. die Cherusker nach römischer Art zu regieren. Im Namen der Freiheit des Stammes nahm ein Fürst der Chatten die Waffen gegen ihn auf. Am Ende wurde Arminius von seinen eigenen Volksangehörigen getötet, die, obwohl bereit, gleichermaßen gegen Römer und Barbaren zu kämpfen, innerhalb ihres Lagers keinen Tyrannen ertragen konnten, auch wenn er ein großer Stammesheld war.[14]

Das Beispiel der Cherusker macht deutlich, daß das Zerbrechen der Stammesgesellschaft nicht allein das Werk der Römer war. Trotz aller maßlosen Brutalität, die die Römer praktiziert haben mochten, erwiesen sie sich an ihren Grenzen den Stämmen gegenüber höflich und zuvorkommend. Die von ihnen infiltrierten Stämme waren verführbar und mitverantwortlich; nicht wenige handelten bereitwillig zu ihrem persönlichen Vorteil. Aus diesem Grund porträtierte Tacitus die germanischen Stämme, die er mit einer Darstellung ihrer Geschichte würdigte und in mancher Hinsicht sogar den Römern als Beispiel vorhielt, in einer Mischung aus Lob und Kritik, wie es einem vielschichtigen Volk gebührt.

Menschen als Werkzeuge

Zusätzlich zu der vermeintlichen rassischen Reinheit rühmte Tacitus an den Volksstämmen ihre Monogamie, die Gleichberechtigung der Partner in der Ehe, starke

Familienbande und einen grundsätzlichen Respekt Frauen gegenüber (bei einem Stamm, den Sitonen, so behauptete er, galten Frauen als das „herrschende Geschlecht"). Er fand, daß sie sowohl im Frieden als auch im Krieg treu und ehrenhaft waren und hielt ihnen zugute, den Römern „mehr Lektionen" erteilt zu haben als jeder andere Feind.[15] Tacitus machte aber auch einen großen Fehler in ihrem Charakter aus: einen Hang, die Gefahr dem Frieden vorzuziehen. Er fand es bezeichnend, daß die Stammesmänner bei ihren Versammlungen, beim Handel und bei anderen Geschäften immer „vollständig gerüstet" waren; ebenso, daß sie ihre Kinder gründlich in der Führung von Waffen unterwiesen. Diese zu tragen war für den heranwachsenden Barbaren das, was dem jugendlichen Römer die Toga war: ein Zeichen für das Erreichen des Mannesalters. Die kriegerische Natur der Stämme zeigte sich auch an ihrem Verhalten in Friedenszeiten, in denen sie entweder auf die Jagd gingen oder gar nichts taten.

Andererseits waren die Germanen des Tacitus der argloseste aller zeitgenössischen Volksstämme. Es fehlte ihnen so sehr an Schläue und Raffinesse, daß sie „die Geheimnisse des Herzens [offenbaren]; so liegt denn aller Gesinnung unverhüllt und offen da." Er beobachtete dieselbe Naivität bei ihrer Gastfreundschaft, die es Gästen erlaubte, vom Haushalt des Gastgebers alles zu verlangen, was sie wollten, während es dem Gastgeber freistand, im Gegenzug Gaben von dem Gast zu verlangen.[16] Obwohl er lobend von den Stämmen sprach, glaubte er doch, daß sie minderwertiger waren als die Römer. Er schrieb über die Bataver, ein willfähriges Volk, das innerhalb des Reiches siedelte und das er für das tapferste von allen hielt, sie würden „wie Wehr und Waffen für Kriege aufgespart".[17] Diese herablassende Behandlung der Barbaren als Werkzeuge für das Pflügen der Äcker und das Eintreiben der Steuern in Friedenszeiten und zum Ausfechten der Schlachten für die Römer in Zeiten des Krieges war die Erfahrung, die alle Barbaren im Reich machten.

Während Söhne von Stammesfürsten und anderen

hochrangigen Ausländern bemerkenswerte Ausnahmen von dieser Regel bildeten, blickten andere Barbaren auf vier Jahrhunderte Diskriminierung, Grausamkeit und Ausbeutung seitens der Römer zurück. Die verarmten Friesen zum Beispiel, die im ersten Vierteljahrhundert unter römische Herrschaft gerieten, rebellierten 28 n. Chr. aus Protest gegen den zunehmenden Tribut, der ihnen abverlangt wurde. Die Begehrlichkeiten der Römer, anfangs auf Tierhäute gerichtet, dehnten sich auf ganze Herden, Landstriche, sogar Ehefrauen und Kinder aus.[18] Drei Jahrhunderte später, im Jahr 376, tauchten zweihunderttausend Goten, von den Hunnen aus ihrer östlichen Heimat vertrieben, an Roms Donaugrenze auf und bettelten um Nahrung und Land, nur um festzustellen, daß die Bedingungen für die Ansiedlung immer noch drakonisch sein konnten. Allerdings gab es nun einen wesentlichen Unterschied: Im vierten Jahrhundert hatte sich die Fähigkeit Roms, den Stämmen seinen Willen aufzuzwingen, erheblich verringert. So wurde das Jahr 376 zum Vorspiel einer weltverändernden Konfrontation zwischen Rom und dem Barbaricum (Gothien).

Die Barbarisierung Roms

Im letzen Jahrhundert des alten Jahrtausends und in den ersten drei Jahrhunderten des neuen bewegten sich die Römer inmitten der germanischen Volksstämme, die an oder innerhalb ihrer Grenzen lebten, und verwalteten erfolgreich deren Angelegenheiten. Im vierten Jahrhundert aber forderten diese Stämme, nun im Verbund mit westwärts ziehenden Hunnen, Avaren, Alanen und Magyaren (Ungarn), die Römer mit ebenso großem oder noch größerem Erfolg heraus. Die Stämme siedelten sich weiterhin entlang der Rhein- oder Donaugrenze an – entweder aufgrund einer Sondererlaubnis oder als besiegtes Volk von Untertanen. Ihr offizieller Status blieb der von Gästen *(peregrini)*, nicht Bürgern *(cives)*, und sie konnten nur in dem Maße in Sicherheit an der Grenze leben, in dem sie verläßliche Verbündete *(foederati)* der Römer wurden. Indem assimilierte Barbaren ihre militärischen Lektionen gut lernten (zumeist war Nichtrömern der Zugang zu einer Karriere in öffentlichen Ämtern versperrt), konnten sie für ihre Pflichterfüllung weiterhin die römische Staatsbürgerschaft und andere Ehren erlangen.

Die Staatsbürgerschaft verlieh den angegliederten Stämmen den gleichen Rechtsschutz und die gleichen Rechte wie den Einheimischen. Aber trotz kultureller Anpassung und obwohl sie erfolgreich waren, sahen sich romanisierte Barbaren, ob Afrikaner, Germanen oder Juden, in der Hauptstadt des Reiches immer noch als Minderwertige behandelt. Das galt insbesondere für die erste Generation, die sich angleichen mußte. Und während der römische Senat die Stammeseliten betrachtete, als nähmen sie in ihren einheimischen Gesellschaften dieselben hohen Positionen ein wie die Senatoren in Rom, dachte man nicht an eine Gleichstellung zwischen Römer und Barbar; es war nur die Anerkennung einer parallelen Aristokratie, die für Rom nützlich – und gefährlich – war.[19]

Für den romanisierten Barbaren konnte das Leben in Rom eine zwiespältige Erfahrung sein. Obgleich mit dem vollständigen Beherrschen des Lateinischen und dem Schwinden der einheimischen Sprache und Gewohnheiten soziale Akzeptanz erlangt werden konnte, war der umgesiedelte Barbar aus römischer Sicht oft ein „Bindestrich-Römer“, also ein weniger zuverlässiger, in seiner Identität gespaltener Römer, und herausragender Erfolg konnte ihn in doppelte Gefahr bringen. Erstens gab es in Rom eifersüchtige Rivalen, die denken mochten, daß die Treue seinen Vorfahren oder seinem Stamm gegenüber größer sei als die zu Rom; ein Verdacht, dem sich auch romanisierte Juden und Christen gegenübersahen. Und der romanisierte Barbar hatte zudem auch Grund, sich wegen seiner Stammesgenossen zu Hause Sorgen zu machen, die noch schneller bereit waren, ihn als ausländischen Lakaien zu betrachten, der nur den einheimischen Despoten spielen will.[20]

In der rechtlich konformen, jedoch weiterhin geteilten

und kulturell vermischten Welt der römischen Antike waren die Barbaren-Römer weder Fisch noch Fleisch. Als Barbaren blieben sie potentielle Feinde des Reiches, während sie als assimilierte Krieger und Befehlshaber römische Ehren gewannen, indem sie für Rom andere Stämme bekämpften. Insbesondere jene, die an den Grenzen lebten, in der Mehrheit ohne Staatsbürgerschaft, befanden sich in einer Identitätskrise. Ob intakter Stamm in Germanien, unberührt von den Römern, verbündeter Stamm an der Grenze mit häufigem Kontakt zu ihnen oder assimilierter barbarischer Staatsbürger, der in Rom Karriere macht – die Barbaren hatten Grund, auf der Hut zu sein.

Der Aufstieg der Barbaren

Als Julius Cäsar Mitte des ersten Jahrhunderts v. Chr. germanische Stämme beim Kämpfen beobachtete, schätzte er sie als undiszipliniert ein. Aber 150 Jahre später führte Tacitus Siege der Germanen über römische Legionen wie auch über rivalisierende Volksstämme an und beschrieb, wie Infanterie- und Kavallerieeinheiten synchron in Keilformationen manövrierten, während un- oder leichtbekleidete Fußsoldaten mit galoppierenden Pferden mithalten konnten. Zwischen den Beobachtungen Cäsars im Jahr 51 v. Chr. und Tacitus' im Jahr 98 n. Chr. hatten sich die Germanen, geleitet von den Römern, als gelehrige Schüler erwiesen.[21]

In der ersten Hälfte des zweiten Jahrhunderts konnte eine römische Armee von 300.000 Mann immer noch fünfzig Millionen Menschen im Mittelmeerraum beschützen.[22] Lücken begannen sich jedoch entlang der Donau und den östlichen Grenzen aufzutun, wo Rom auf das Barbaricum stieß. Um die Mitte des Jahrhunderts wurde eine intensive Verstärkung des Netzes von Grenzbefestigungen und Wällen nötig. Im Verlauf eines Krisenjahres, 166 n. Chr., drangen fünfundzwanzig Stämme über die römische Grenze ein – eine Vorwegnahme dessen, was die Zukunft für das Reich bereithielt.[23] Im dritten Jahrhundert war Rom dabei, sein eigener ärgster Feind zu werden, da interne Aufstände und Bürgerkriege (235–284) den Rückzug verschiedener Legionen von einer zunehmend löchrigen Grenze erzwangen, um die Stabilität im Innern zu sichern. Im letzten Viertel des dritten Jahrhunderts überschritten Barbaren ungehindert die östlichen römischen Grenzen, wodurch Rom gezwungen wurde, die Integration der Barbarenführer und -armeen in ihre Militärstruktur zu beschleunigen.[24]

Während der Herrschaft Konstantins und seiner Nachfolger wurden Franken, Alemannen, Goten und Sachsen als verbündete Truppen rekrutiert. Sie ersetzten römische Soldaten, die von der Grenze zur inneren Verteidigung abgezogen worden waren, und wurden Teil einer neuen mobilen Einsatztruppe *(comitatus)*, die aufgestellt wurde, um neuen Stämmen begegnen zu können, die dabei waren, die Grenzen des Reiches auf die Probe zu stellen.[25] Inmitten dieser Veränderungen war die brennende Frage, ob Roms Truppen, in welcher Zusammenstellung auch immer, stark genug seien, die neuen barbarischen Armeen an der Ostgrenze abzuschrecken. Die Frage wurde durch zwei fehlgeschlagene Kampagnen der kaiserlichen Armee an der Ostgrenze beantwortet. Die erste sollte die Westexpansion der Perser nahe Maranga am Tigris aufhalten und endete damit, daß Kaiser Julian Apostata samt seiner besiegten Armee auf dem Schlachtfeld blieb. Die zweite und schicksalsträchtigere war ein Präventivschlag gegen die Westgoten (Goten, die im vierten Jahrhundert das Reich von Osten nach Westen durchquerten, um sich letztlich in Spanien niederzulassen) bei Adrianopel, nordwestlich des heutigen Istanbuls.

Die Kette der Ereignisse, die nach Adrianopel führten, dokumentiert den Konflikt zwischen Barbaren und Rom in seiner Extremform. Angeführt von ihrem König Fritigern überschritten im Jahr 376 verarmte und schutzlose Westgoten die römische Grenze auf der Flucht vor den Hunnen, die ebenfalls auf dem Weg in die Auseinandersetzung mit den Römern waren. Wie alle legal innerhalb des Reiches siedelnden Völker willigten die Westgoten ein, Untertanen und Diener der Römer zu werden. Sie trafen jedoch zu einer Zeit ein, als gehetzte römische Armeen von den barbarischen Einwanderern mehr als genug hatten. Da sie zu schnell und in zu großer Zahl ankamen, um eine ordentliche Bearbeitung und Überwachung durch römische Beamte zu gewährleisten, wurde hungernden Goten als Ration das Fleisch eines Hundes für jedes für den römischen Sklavenmarkt ausgehändigte Kind angeboten.[26]

Das Ergebnis war ein wilder Aufstand der Goten, dem sich andere Barbaren anschlossen, die unter ähnlichen Bedingungen innerhalb des Reiches siedelten. Nach den Worten des zeitgenössischen römischen Historikers Ammianus Marcellinus „sprangen sie aus ihren Käfigen ... wie wilde Raubtiere."[27] Wie der Chronist Jordenes, der entweder gotischer oder alanischer Herkunft war, im sechsten Jahrhundert das Ereignis nachvollzog, machten „die Goten ihrem Hunger ... und der Sicherheit der Römer ein Ende ... Nicht länger Fremde und Pilger, sondern Staatsbürger und Gebieter, begannen [sie] die Einwohner zu beherrschen und das gesamte nördliche Land bis zur Donau in ihren Besitz zu bringen."[28]

Obwohl es weder Römer noch Goten zu der Zeit erkannten, war dieser Konflikt der erste Schritt hin zu einer von den Barbaren beherrschten Neuordnung der spätantiken Welt in unabhängige Stammeskönigreiche, wovon der Löwenanteil fränkisch sein würde.[29]

Am heißen 9. August 378 führte ein seiner Überlegenheit allzu sicherer Kaiser Valens seine römischen Elitetruppen, vielleicht 35.000 Mann stark, die meisten mit schwerer Rüstung, gegen Fritigerns Allianz gotischer und alanischer Krieger, die seine Streitmacht etwa dreifach an Zahl übertrafen und überlegene Gefechtstaktiken einsetzten. Verwundet und in einer Hütte aufgefunden, wohin er sich kriechend in Sicherheit gebracht hatte, wurde der Kaiser darin von seinen Häschern verbrannt. Seine Asche wurde auf dem Schlachtfeld verstreut, wo zwei Drittel seiner Armee gefallen waren.[30]

Zwei Jahre später, im Jahr 380, und noch einmal 382,

kehrten die Westgoten, als vertragliche Verbündete Roms, in ihr südöstliches danubisches Heimatland zurück, um innerhalb des Reiches einen eigenen Staat zu gründen. Dadurch konnte Roms Version des orthodoxen Christentums das westliche Reich erobern, denn die Westgoten waren zum arianischen oder antitrinitarischen Christentum bekehrt worden. Ebenfalls als Nachwirkung von Adrianopel war der Weg frei für germanische Stämme, deren Krieger jetzt praktisch jede leitende militärische Position in der römischen Armee innehatten,[31] ihre Hegemonie über den Westen zu festigen.

Germanen an der Spitze

Silvanus und Arbogast

In der zweiten Hälfte des vierten Jahrhunderts bemächtigten sich zwei romanisierte Franken der Throne der Kaiser, denen sie dienten. Beide hatten den höchsten militärischen Dienstgrad, den des Heeresmeisters *(magister militum)*, inne. Der erste war Silvanus, in den 350er Jahren Heeresmeister in Gallien und der erste Franke vor Karl dem Großen, der Kaiser wurde, wenn auch durch gewaltsame Absetzung des regierenden Konstantin II. Der zweite, noch kühnere kaiserliche Usurpator war Arbogast, Heeresmeister im Westreich nach 388. Nachdem er den westlichen Kaiser, Valentinian II., umgebracht hatte, erwartete er, an dessen Stelle vom östlichen Kaiser, Theodosius dem Großen, zum neuen Kaiser ernannt zu werden. Theodosius weigerte sich, weil Arbogast ein Franke und ein Heide war. Als Reaktion darauf erkannte Arbogasts Armee, die wahre Herrscherin des Westens, einen vom Heeresmeister ausgesuchten, fügsamen und politisch unerfahrenen Rhetoriklehrer als neuen Kaiser an.

Sowohl Silvanus als auch Arbogast hatten die kaiserliche Macht für kurze Zeit und illegal inne und bezahlten dafür mit ihrem Leben – Silvanus wurde von seinen eigenen Soldaten ermordet und Arbogast auf Anweisung von Theodosius. Jedoch waren diese Vorfälle ein warnendes Beispiel für die Römer, die noch nicht den letzten – oder mächtigsten – Barbarenhäuptling erlebt hatten.[32]

Stilicho und Alarich

Die Römer waren immer noch stark genug, einen letzten Sieg über die Stämme zu erringen, als sie im Jahr 451 den Hunnen Attila bei Chalons kurzzeitig besiegten. Obwohl moderne Historiker den Zusammenbruch Roms nicht früher als 476 datieren, war das Schicksal des Reiches schon am Ende des vierten Jahrhunderts besiegelt. Zwei Germanen, jeder an der Spitze seiner jeweiligen Welt und in zunehmenden Maße tödlich verfeindet, waren in dieser entscheidendsten Phase des Verfalls und Niedergangs die prominentesten Akteure. Der eine war der romanisierte Halbwandale Stilicho, der andere der Westgote Alarich. Stilicho befehligte die kaiserliche Armee des Westreiches und war dort praktisch der Kaiser, während Alarich seine Abstammung auf die Balthen (die „Kühnen“), ein altes germanisches Adelsgeschlecht, zurückführen konnte.[33]

Stilichos Vater war ein wandalischer Kavallerieoffizier in der oströmischen Armee gewesen, seine Mutter war eine geborene Römerin. Von diesen niederen Anfängen stieg er auf, um die adoptierte Nichte des Kaisers Theodosius zu heiraten. Diese dynastische Beziehung ermöglichte Stilicho den Aufstieg zur Position des Heeresmeisters im Westen. Danach ernannte Theodosius Stilicho zum Regenten seines zehnjährigen Sohnes Honorius, des zukünftigen Kaisers des Westreiches, der seinerseits durch Vermählung mit zwei von Stilichos Töchtern die Familienbande enger ziehen würde.[34] Wenn die eindringenden Goten ihre Pläne nicht durchkreuzt hätten, hätte Honorius' Schwester, Galla Placidia, die mit Stilichos Sohn Eucherius verlobt war, dieser stark verflochtenen römisch-wandalischen Familie noch eine weitere dynastische Verknüpfung hinzugefügt.[35]

Im Gegensatz dazu hatte der Gote Alarich keine solchen Beziehungen zu angesehenen Zeitgenossen. Verbissen sein Ziel verfolgend, fügte er Stilicho und Rom letztlich schweren Schaden zu.[36] Die zwei Armeen gerieten erstmals im Jahr 392 aneinander, und hätte Rom keinen Bedarf an militärischen Diensten der verbündeten Goten gehabt, wäre Alarich zusammen mit seiner besiegten Armee noch auf dem Schlachtfeld standrechtlich hingerichtet worden. 394 schlossen sich seine Truppen denen des Kaisers Theodosius an, um Arbogast in der Schlacht am Frigidus (im heutigen Slowenien) zu bestrafen. Dort verlor der berühmte Gote am ersten Tag zehntausend Mann – die Hälfte seiner Armee.[37] Während Alarich für solch ein Opfer den Generalsrang erwartete und seine Krieger Land, empfingen sie nur weitere kaiserliche Mißachtung.

Ihre Enttäuschung schlug in einen neuerlichen Aufruhr der Goten um, woraufhin Stilicho und Alarich wieder gegeneinander in die Schlacht zogen. In der Zwischenzeit war Theodosius gestorben, und Stilicho kommandierte, nun als Regent, beide kaiserlichen Armeen, die östliche und die westliche. Er war, nach jedem zeitgenössischen Maßstab, der mächtigste Mann der Welt. Nachdem er Alarichs Armee wieder besiegt hatte, gab der den Goten im Jahr 397 ein neues Heimatland in Mazedonien und ernannte Alarich zum *magister militum* des römischen Illyricum. Mit einer solchen Beschwichtigungspolitik hoffte er, sich die Dienste der Goten gegen die nächste Barbarenwelle, die das Reich überrollen würde, erhalten zu können. Aber in der typisch römischen Art, die Barbaren zu behandeln, verweigerte er Alarich die zivilrechtliche Autorität und verhinderte die Etablierung eines echten Gotenstaates in geographischer Nähe zu Rom.[38]

Hin- und hergerissen zwischen den Rollen des halbherzigen Verbündeten und des erzürnten Rebellen, kehrte Alarich im ersten Jahrzehnt des fünften Jahrhunderts nach Italien zurück, wobei ihm Stilichos verbündete Barbaren in erbitterter Verfolgungsjagd nachzogen und ihm weitere folgenschwere Niederlagen zufügten. Aber nach einer neuerlichen Barbareninvasion in Norditalien und Gallien, die einen Aufstand in Rom auszulösen drohte, und nach dem Sturz des Kaisers 405/06 wurde Alarich nach Italien zurückgerufen, um zu bleiben. Als Lohn für die Rettung des belagerten Kaisers verlangte er viertausend Pfund Gold, die Stilicho den römischen Senat zu zahlen anwies – eine bittere Pille für die Senatoren, deren Meinung es war, daß den Barbaren ohnehin zu lange zu viel für zu wenig gezahlt worden war. Während Alarich bekam, was er wollte, mußten Stilicho und seine friedlich lebenden Verwandten schwer dafür bezahlen. Im Jahr 408 wurde der Halbwandale Stilicho von Sarus, einem gotischen Rivalen Alarichs und seit kurzem Verbündeter von Kaiser Honorius, gestürzt und hingerichtet. Diese Aktion löste die aufgestaute Feindseligkeit bei den Römern aus und veranlaßte den römischen Senat zu seinem eigenen grausamen Rachefeldzug: einem Massaker an Tausenden friedlich in Italien lebenden Barbaren.[39]

Als Folge davon schlossen sich Nichtrömer zu Zehntausenden Alarichs Armee während seiner ersten drei Märsche auf Rom an. Alarich blockierte die Getreideeinfuhr in die Stadt und verlangte die Herausgabe des gesamten beweglichen Vermögens der Stadt.[40] Zwischen der ersten und der zweiten Belagerung im Herbst 409 wurde deutlich, daß Alarich und seine Armee die Anerkennung der Gleichrangigkeit durch Rom anstrebten, indem sie eigene Provinzen in Noricum verlangten, wo sie nochmals versuchen könnten, einen Gotenstaat zu gründen. Da der Kaiser bei diesem Zugeständnis alles zu verlieren hatte, spielte er auf Zeit – darauf rechnend, daß die kaiserlichen Armeen ihn retten würden.

Zum Leidwesen für Rom zeigte der vorher abweisende Senat in seinem Bestreben, die Belagerung zu beenden, nun mehr Entgegenkommen. Er ging auf Alarichs Forderung ein, anstelle von Honorius den Präfekten Attalus als neuen Kaiser anzuerkennen, einen Mann, der Alarichs Vertrauen hatte, seinen Traum einer römisch-gotischen Aussöhnung und Vereinigung zu verwirklichen.[41] Vom Senat zum Heeresmeister beider kaiserlichen Armeen, *magister utriusque militum*, befördert, der erste germanische König, der eine reguläre römische Armee befehligte (statt sein eigenes Stammesheer im Auftrag Roms), bereitete Alarich hastig eine gemeinsame römisch-gotische Invasion Afrikas vor. Diese großzügigen Beförderungen waren lediglich Entscheidungen, die der Verbesserung der Stimmung dienten, nur um sie dann hinterlistig hinwegzufegen. Einmal im Amt, stellte sich Attalus als neuer Kaiser, was immer seine guten Absichten gewesen sein mögen, auf die Seite der Antibarbaren-Fraktion des Senats und blockierte die gemeinsame römisch-gotische Afrika-Mission. Als gleichzeitig Sarus Alarichs Armee im Auftrag des abgesetzten Kaisers Honorius angriff, zerstob der gotische Traum von der Ebenbürtigkeit mit Rom für immer, womit der Boden für Alarichs dritte und berühmteste Belagerung bereitet war. Die gotischen Soldaten plünderten Rom im August 410 drei Tage lang und verließen die Stadt mit der nun sechzehnjährigen Galla Placidia, die nach der Überlieferung in den Fängen von Alarichs Schwager Athaulf entführt wurde.[42]

Die Vermählung von Rom und Gothien

Athaulf folgte auf Alarich im Jahr 412 und führte die Goten in ein neues Heimatland im Westen nach Narbonne, wo sie mit der immer noch in Geiselhaft befindlichen Galla Placidia ankamen. Was für eine Beute war sie für den Stamm: die Enkelin des Kaisers Valentinian I., die Tochter von Theodosius (dem letzten Kaiser, der sowohl das Ost- wie das Westreich beherrschte) und Schwester des amtierenden westlichen Kaisers Honorius. Hinzu kam, daß sie unter der Obhut ihrer Halbschwester Serena aufgewachsen war, die Stilichos Ehefrau war. Mit ihrem Raub hatten die Goten drei Generationen des kaiserlichen Roms ergriffen. Und mit ihr hielten sie – obwohl sie dies nicht wußten – auch Roms kaiserliche Zukunft in Händen. Vor ihrer Entführung durch die Goten war Galla dem romantischen wie dem politischen Blick Constantius', Stilichos

Nachfolger als Heeresmeister im Westen und zukünftiger Kaiser, aufgefallen.

Ihr Wert als Geisel war Athaulf seit dem Tag ihrer Ergreifung durch ihn klargewesen. Er und ihr Bruder handelten ihre sichere Rückkehr gegen einen verbündeten gotischen Staat in Gallien und großzügige Getreidelieferungen aus – ein Abkommen, das wegen Unterbrechungen der afrikanischen Versorgungslinien scheiterte.[43] Trotz dieses anfänglichen Fehlschlages würde Athaulf Galla, von deren „Adel, Schönheit und jungfräulicher Reinheit" er Berichten zufolge bezaubert war, zum Schlüssel für Frieden und Land für das Volk machen.[44] Am 14. Januar 414 wurde sie mit zwanzig Jahren seine Frau und Königin.

Die Hochzeitszeremonie im Haus eines römischen Edelmannes war ein beredter Kommentar zu den Jahrhunderten des barbarisch-römischen Konflikts. Sie war römisch-protzig – der Gote Athaulf erschien in traditioneller römischer Rüstung, während seine Braut kaiserliche Roben trug. Unter den Gästen befand sich Attalus, der ehemalige Stadtpräfekt und abgesetzte Gegenkaiser und frühere Freund der Goten, der das Abkommen ausgehandelt hatte, das dem Stamm den Abzug aus Italien nach Gallien im Jahr 412 erlaubte. Er ehrte die Frischvermählten mit einem römischen Hochzeitslied, was er, wie sich herausstellte, auf eigenes Risiko tat, da Constantius sich später an Römern rächte, die an der Barbarenhochzeit teilgenommen hatten. Nur einige gotische Lieder zum Schluß unterbrachen die römische Ausrichtung der Zeremonie. Laut dem Chronisten, der dem Ereignis am nächsten war, löste die Vermählung in der weiteren Barbarenwelt einen Schreck aus, „da das Reich und die Goten nun eins zu sein schienen."[45] Mit dieser Zeremonie erinnerte Athaulf die Römer und die spätantike Welt bewußt daran, welche Rolle er und sein Volk nun übernahmen.

Dieser Verbindung sollte kein Segen beschieden sein. Ein Sohn, nach seinem Großvater mütterlicherseits Theodosius genannt, starb kurz nach seiner Geburt, und unbeeindruckte Stammesrivalen ermordeten seinen Vater im folgenden Jahr. Ein neuer Vertrag mit Rom, von Constantius ausgehandelt, erlaubte den Goten, sich als Verbündete Roms in Gallien niederzulassen, aber nicht für lange. Der komplette Bruch mit Rom kam, als ein neuer Stammesfürst, Vallia, den Stamm nach Barcelona führte, wo die Goten sich 415 langfristig ansiedelten. Im Tausch für das nun erhältliche Getreide und für die Freiheit der Goten, ein eigenes Reich auf Kosten der in der Gegend ansässigen Völker zu konsolidieren, kehrte Galla im Jahr darauf nach Rom zurück. Kaiser Constantius, den es schon früher nach Galla gelüstet hatte, einer Frau, der der Heiratsmarkt der Barbaren keinen Schaden zufügen konnte, nahm die verworfene Frucht der theodosianischen Dynastie zur Frau. Sie machte das Beste aus dem, was ihr das Schicksal zugefügt hatte – in den 420er Jahren regierte Galla als verwitwete Regentin für ihren sechsjährigen Sohn Valentinian III. praktisch als Kaiserin von Rom.[46]

In einem Nachtrag zu dieser Geschichte schrieb der spanische christliche Apologet Paulus Orosius, Autor einer *Adversus Paganos (Gegen die Heiden)* genannten Geschichte des Christentums, Athaulf einen Vergleich zwischen der römischen und gotischen Kultur zu, der für die Römer weit schmeichelhafter war als für die Goten. Er bescheinigte zugleich etwas, was noch offenkundiger war: den kulturellen Triumph Roms über die Barbaren, trotz seiner militärischen Niederlage. In Orosius' Konstruktion trachtete Athaulf danach, aus Rom ein gotisches Königreich zu machen und sich selbst zum Cäsar Augustus. Doch angesichts der Zügellosigkeit seines Volkes und seiner Unfähigkeit, Gesetzen zu gehorchen – der von Tacitus beobachtete Hang zur Gefahr –, kam Athaulf zum Schluß, daß sein Volk niemals ein Rom ebenbürtiges Reich gründen und aufrechterhalten könnte. Die Energie der Goten sei deshalb besser auf die „Restauration und das Verbreiten des Namens [des kaiserlichen] Rom" gerichtet. Wenn Gothien Rom nicht übertreffen könnte, dann sollte es sein Ziel sein, Rom zu verehren und es ihm nach Kräften gleichzutun.[47] Laut Orosius war Athaulf unter Einfluß seiner christlichen Ehefrau zu diesem Schluß gekommen.

Statt einer wahrheitsgemäßen Darstellung von Athaulfs Fühlen und Denken präsentiert Orosius' Bericht die Sicht eines zeitgenössischen christlichen Klerikers auf Römer und Barbaren. Nach 476 füllten die kirchlichen Bischöfe das politisch-administrative Vakuum in den Großstädten des Reiches aus, wobei sie den Namen Roms benutzten und verherrlichten, als ob er ihr eigener wäre, was er nun tatsächlich auch wurde. In der Spätantike und während des Mittelalters wurden Germanen und andere Stammesvölker dazu erzogen, von der Kirche in Rom zu denken, wie Athaulf über das Römische Reich gedacht haben soll – als einer alles überragenden Zivilisation, von den Stämmen, die ihr zu gehorchen haben, zu beschützen.

Zum Glück für das schwindende Römische Reich und die entstehende christliche Kirche waren die nun dominierenden Völker bemerkenswert empfänglich für fremde Kulturen. Die meisten der Stammeskönigreiche, die das Römische Reich verdrängt hatten, saßen so aufmerksam zu Füßen der römischen Kirche wie vorher zu Füßen des kaiserlichen Rom. Diese Gelehrigkeit ermöglichte es dem christlichen Evangelium wie auch der Sprache, dem Recht und der Regierungsform Roms, mit den germanischen Entsprechungen zu koexistieren und letzteres sogar in einer neuen westeuropäischen Zivilisation aufgehen zu lassen.

2

Von den Merowingern zu den Hohenstaufen

Germanische Herrschaft im Mittelalter

Für die Geschichte Europas war es alles andere als unbedeutend, daß die „Barbaren“, die das Römische Reich überlebten, seiner Gesellschaftsform und Kultur gegenüber aufgeschlossen blieben.[1] Die Entwicklung des poströmischen Europa war von Kontinuität und kultureller Vielfalt geprägt.[2] Im Gegensatz zur alten Weisheit von den Gewinnern, die immer die Geschichte schreiben, wurde die Geschichte der römisch-germanischen Ära von den Verlierern geschrieben. Nach den Maßstäben der antiken Welt waren die Germanenstämme großmütig im Triumph und ließen es zu, daß Roms Sprache, Recht, Regierungsform und Religion – das römische Christentum – das mittelalterliche Europa prägten. Aus diesen miteinander verwobenen Zivilisationen entsprangen auch die Nachfolgedynastien und -gesellschaften des zweiten Jahrtausends.

Schon im sechsten Jahrhundert konnte die entstehende westeuropäische Welt an den Namen der regionalen Volksstämme erkannt werden: Bayern (Bajuwaren), Burgund (Burgunder), England (Angeln), Frankreich, Franken (Franken), Deutschland (Germanen, Alemannen, Teutonen), Lombardei (Langobarden), Sachsen (Sachsen), Schwaben (Sueben) und kleinere Regionen.[3] Die historisch wichtigsten waren die Franken, die im sechsten Jahrhundert die Goten besiegten und verdrängten: 507 die Westgoten und in den 540er Jahren die Ostgoten (östliche Goten, die im späten fünften Jahrhundert Italien erobert hatten).

Um einen so erhabenen Stammbaum wie den der Römer aufzustellen, beschworen fränkische Chronisten des sechsten Jahrhunderts eine mythische Herkunft von zugewanderten trojanischen Vorfahren. In einem Geschichtsstreit, der bald blutig, bald auf heitere Weise ausgetragen wurde, haben sowohl die Franzosen als auch die Deutschen den Anspruch erhoben, die wahren Nachfahren der ursprünglichen Franken zu sein, wobei sie gleichzeitig versuchten, sich voneinander zu distanzieren. Im achtzehnten Jahrhundert mußte ein Franzose, der die Franken als germanisch beschrieb, wegen Beleidigung seiner Vorfahren drei Monate in der Bastille verbringen.[4] Im späten zwanzigsten Jahrhundert beschrieb das populäre französische Comic-Buch *Asterix* die Franzosen der Antike als reinrassige Gallier, die sich an ihren Grenzen standhaft sowohl gegen Cäsars Legionen als auch gegen die scheinbar aus der Unterwelt stammenden germanischen Horden wehrten.[5] Doch die Geschichte hält schlechte Nachrichten für Franzosen wie Deutsche bereit: Trotz vieler Bemühungen, Franken und Teutonen zu trennen, haben sie beide eine gemeinsame barbarisch-fränkische Vergangenheit, die auch durch noch so viel Mythologisierung nicht ausgelöscht werden kann.

Die Merowinger

Im späten fünften Jahrhundert begann mit einer neuen fränkischen Dynastie, den Merowingern (benannt nach ihrem Gründer Merowech), ein drei Jahrhunderte währender Aufstieg der Franken zu jener westeuropäischen Hegemonialmacht, die sie schließlich unter Karl dem Großen wurden. Der Ausgangspunkt der Dynastie war die Dreiecksregion zwischen Reims, Tournai und Soissons, bekannt als Belgica Secunda. Vom Tod Valentinians III. im Jahr 455, des letzten weströmischen Kaisers, dessen Herrschaft auf Konsens beruhte, bis zum Tod des lediglich als Aushängeschild fungierenden Romulus Augustulus im Jahr 476 war Merowechs Sohn Childerich der tatsächliche Herrscher des nördlichen Gallien. In den 265 Jahren zwischen Childerichs Tod im Jahr 481 oder 482 und der Geburt Karls des Großen im Jahr 747 (oder 748) formten fränkische Könige ein neues westliches Reich, das um die Wende zum neunten Jahrhundert international als Nachfolger Roms anerkannt werden würde.[6]

Chlodwig, vermutlich der Sohn Childerichs, vollzog die entscheidenden Schritte, nachdem er König der nördlichen, an der Küste siedelnden Franken geworden war. Chlodwig war als arianischer Christ geboren – so genannt nach dem ketzerischen griechischen Theologen Arius, einem Antitrinitarier –, aber nach einer siegreichen Schlacht gegen die Alemannen, in deren Verlauf er Jesus angefleht haben soll, konvertierte er samt seiner Armee zum römischen Christentum. Der zeitgenössische christliche Bischof Gregor von Tours, Chronist der frühen Franken, schrieb Chlodwigs Konversion seiner Frau Chlothilde zu, der orthodoxen christlichen Tochter eines burgundischen Königs, die ihren Mann seit der Geburt ihres ersten Kindes bedrängt hatte, dem ketzerischen arianischen Christentum abzuschwören.[7] In Religions- wie in Eheangelegenheiten wurden so Präzedenzfälle geschaffen. Von da an spielten christlicher Klerus und königliche Ehefrauen in der fränkischen Gesellschaft und Politik gewichtige Rollen, hinderliche wie förderliche.

Chlodwig besiegte von seiner Basis im nördlichen Gallien aus die Thüringer im Osten, die Alemannen im Südwesten Deutschlands, im Elsaß und in der nördlichen Schweiz und die arianischen Goten im südwestlichen Gallien. Die Niederwerfung und Bekehrung der letzteren in der Nähe von Tours ermöglichte es der Merowinger-Dynastie, rivalisierende fränkische Stämme zu bezwingen und zu vereinen, ein Ziel, das hauptsächlich mit der Ermordung ihrer widerspenstigen Könige erreicht wurde.[8] Das Ergebnis war die Gründung des fränkischen Reiches.

Keine andere Barbarenherrschaft bis zu dieser Zeit war so stark römisch beeinflußt gewesen wie die Chlodwigs, der die noch bestehenden Elemente römischer Regierungsform übernahm und zahlreiche römische Berater, sowohl Laien als auch Kleriker, erkor. Obwohl er praktisch Kaiser war, richtete er lokale Herrschaft und Autoritäten ein, wie es kein römischer Kaiser getan hatte, und verließ sich darauf, daß regionale Grafen und Herzöge die fernen Regionen seines

Reiches verwalteten. Da die Merowinger die Neigung des Papstes kannten, sich über die weltlichen Könige zu stellen, folgten sie der kaiserlich-byzantinischen Praxis, den Klerus im Zaum zu halten. Ein halbes Jahrhundert nach Chlodwigs Tod beschwerte sich sein Enkel Chilperich, daß die Bischöfe „das gesamte königliche Vermögen beäugten" und daß die Kirche unter der Stadtbevölkerung beliebter sei als der König. Solche Klagen sollten in der fränkischen und später in der deutschen Geschichte zunehmen und epochale Staatskonflikte zwischen Deutschland und der römischen Kirche auslösen: den Investiturstreit des elften Jahrhunderts, den nationalen und religiösen Protest der Reformationszeit im sechzehnten und die päpstliche Verdammung der Moderne und den daraus resultierenden Kulturkampf im neunzehnten Jahrhundert.[9]

Die frühen Merowinger waren der letzte germanische Volksstamm, der den Römern diente. Nach der Übergangsphase vom einen Reich zum anderen im sechsten Jahrhundert, in der die Merowinger die Macht ergriffen, würden die fränkischen Jahrhunderte nicht mehr mit jener alten römischen Doppelmoral belastet sein, die Germanen als Verbündete zu begrüßen und mit der Staatsbürgerschaft zu ehren, sie aber gleichzeitig für ihren Mut und ihre Opfer unzureichend zu entschädigen. Während früher von den Römern geringschätzig behandelte Stammesführer und Volksstämme wüteten, die Reichskrone an sich rissen (Silvanus, Arbogast), einen Nichtkaiser ihrer Wahl inthronisierten (Attalus) und durch erzwungene Heirat in die kaiserliche Dynastie eindrangen (Athaulf), betrat der Barbar des sechsten Jahrhunderts als selbstbewußter Gleichrangiger die frühmittelalterliche Welt.

Chlodwigs Geste

Kurz nach seinem Sieg über die Westgoten im Jahr 507 erinnerte Chlodwig Rom und Byzanz mit einer formvollendeten Geste daran, was aus ihm und seinem Volk nun geworden war. Zu der Zeit kämpfte Chlodwig als Vasall des oströmischen Kaisers Anastasios, der sich damals im Krieg gegen Italiens ostgotischen Herrscher Theoderich den Großen befand, Chlodwigs Schwager und Rivalen um die Führerschaft unter den westlichen Barbarenkönigen.[10] Auf dem Heimweg von seinem erfolgreichen Feldzug erreichte Chlodwig bei Tours ein Brief von Anastasios, in dem er ihn zum Ehrenkonsul ernannte – eine für einen merowingischen Franken beispiellose Ehrung.

Berauscht von diesem Erfolg feierte Chlodwig prahlerisch. Zu diesem Zeitpunkt befand er sich an der Schwelle der Herrschaft über ein Reich, welches das moderne Frankreich, Belgien, die Niederlande und zukünftige deutsche Länder bis zur Elbe umfaßte, mit einer königlichen Residenz in Paris. Zur Feier seiner Beförderung trug er majestätischen Purpur über einer kaiserlichen byzantinischen Militäruniform und hatte sich mit einem königlichen Diadem gekrönt. In diesem Aufzug ritt er unter den Zurufen „Konsul!“ und „Augustus!“ vom Stadttor zur Kirche und warf in einer weiteren provozierenden kaiserlichen Geste Gold und Silber in die Menge, die den Weg säumte. Die Verbindung dieser Begriffe suggerierte eine Gleichrangigkeit mit dem Kaiser, etwas, was Anastasios nie gebilligt hätte. Obwohl Chlodwig bei diesem Anlaß dazu neigte, mit seiner Konsulwürde zu prunken, machte er von diesem hohen Titel später keinen Gebrauch mehr. Seine nachträgliche Mäßigung deutet auf das Selbstbewußtsein der Franken am Beginn ihres Aufstiegs als Hüter der neuen mittelalterlichen Weltordnung hin.[11]

Die Karolinger

Zweihundertdreißig Jahre später bezog die Nachfolgedynastie, die der Karolinger, ihren Namen von Karl Martell, „dem Hammer“, der Hausmeier in zwei der drei Regionen war, die das Königreich der Franken im achten Jahrhundert umfaßte (die dritte Region war Burgund). Dieser Titel wurde politischen und militärischen Führern verliehen, die adlige Landbesitzer vertraten. In seinem Leben, in einer Zeit der Invasion von außen und des Zusammenbruchs im Inneren, vollbrachte Karl drei Leistungen, die das neue Reich seines Enkels, Karls des Großen, ermöglichten. In einer einwöchigen Schlacht im Gebiet zwischen Poitiers und Tours im Oktober 732 brachte er die von Spanien ausgehende muslimische Invasion Galliens zum Stehen und sicherte dadurch Westeuropas Südgrenze. Als Friedensstifter machte er sich zu Hause den zerstrittenen Adel gefügig und wurde auf diese Weise eine Art Kanzler der Franken. Außerdem richtete er eine Botschaft in Rom ein, die von nun an gleichermaßen für die Karolinger wie für die Kirche eine lebenswichtige Verbindung war.[12]

Karl der Große

Karl der Große, der die Franken dreiundvierzig Jahre lang regierte, vierzehn davon als Kaiser des Westens, vervollständigte die Romanisierung der fränkischen Kultur. Aber er war auch der vollendete Barbarenfürst, der die Kleidung seines Stammes trug, nicht die römische. Er unterwarf die fränkischen Stämme erfolgreich seinem Willen, während er rivalisierende Stämme brutal vernichtete. Im Verlauf der sächsischen Kriege rächte er ein Massaker an jungen fränkischen Adligen, indem er der Überlieferung nach viertausend sächsische Gefangene an einem Tag köpfen ließ.[13] Auch sein Familienleben war das eines Stammeskönigs, mit fünf offiziellen Ehefrauen – einer fränkischen, einer lombardischen, einer schwäbischen, einer ostfränkischen und einer alemannischen –, die er alle aus politischen Gründen geheiratet hatte. Eine davon, die Schwäbin Hildegard, scheint er wirklich geliebt zu haben. Und er hatte zahlreiche Konkubinen und uneheliche Kinder.[14]

Sosehr Karl ein Stammeskönig war, so sehr war er jedoch auch ein kosmopolitischer König. Seine Position zwang ihn, in mehreren Sprachen zu sprechen und zu schreiben. In

Aachen diente der am königlichen Hof bevorzugte lokale Dialekt, sein heimatliches *Theodisk*, oder *Deutsch*, als Vermittlungssprache. Seine Repräsentanten führten die Geschäfte in einem verhältnismäßig primitiven nachklassischen Latein, das Karl sprach und zur diplomatischen Verkehrssprache seines Königreiches werden ließ. Feinfühlig gegenüber der Bedrohung seiner deutschen Muttersprache verfügte er ihre Bewahrung in Liedern und im Kalender und ließ eine elementare Grammatik verfassen. Das karolingische Königreich hatte nicht nur eine gemeinsame Sprache, sondern war auch eine einheitliche Handelszone mit gemeinsamer Währung.[15]

Mit der Absicht, einen gebildeten Hof und eine fähige königliche Bürokratie aufzubauen, ließ Karl in Aachen eine Palastschule errichten, an die er christliche Gelehrte von gutem Ruf aus England, Frankreich und den heimatlichen fränkischen Ländern berief, die er mit behaglichen Besitztümern und unbegrenzten akademischen Budgets entlohnte. Die Schule entwickelte sich, geführt von dem Angelsachsen Alkuin von York, zum Zentrum fränkischer Gelehrsamkeit und Kultur. Über die Jahre zivilisierte sie das neue Reich und legte die Samen späterer, umfassenderer Renaissancen antiken Wissens.

Karl sah in dem biblischen König David sein Vorbild und eignete sich die religiös-politischen Ansprüche eines byzantinischen Kaisers an. Dessen Palastkirchenarchitektur wurde in Aachen übernommen, ein Stil, der den Herrscher eines Landes gleichzeitig als dessen höchsten Priester darstellte – eine Vorstellung, die in den Beziehungen zwischen Kirche und Staat in Westeuropa im Verlauf des Mittelalters und darüber hinaus größten Schaden anrichten sollte. Karl richtete auch diplomatische Botschaften in Jerusalem und Bagdad ein und dehnte damit seinen Einfluß bis in den Mittleren Osten aus. Von dort wurde im Oktober 802 ein Elefant, nach der abbasidischen Dynastie Abul Abbas genannt, nach Aachen gebracht, ein Geschenk des Kalifen Harun ar-Raschid als Zeichen der Anerkennung des neuen Kaisers des Abendlandes.[16]

Diese Ambitionen Karls zeugten von der Qualität seiner Herrschaft und hatten weder Verrat an der kirchlichen Mission noch deren Herausforderung zum Ziel. Das wurde im Verlauf des doktrinellen Konflikts deutlich, den er im ausgehenden achten Jahrhundert mit seiner damaligen Rivalin, der byzantinischen Kaiserin Irene, austrug. Weil sie siebzehn ihrer zweiundzwanzig Jahre währenden Herrschaft Regentin für ihren minderjährigen Sohn war, zollten ihr viele im Ausland nicht den Respekt, der einer wahren Kaiserin zustand. Kein anderer Herrscher jener Zeit war jedoch entschlossener, allumfassende Macht auszuüben, eine Entschlossenheit, die sie demonstrierte, als sie ihren Sohn gefangennehmen und blenden ließ, nachdem er im Jahr 797 seine Volljährigkeit erreicht und seinen Thron beansprucht hatte – ein Schicksal, das auch fünf Onkel väterlicherseits ereilte, die aufgrund ihrer Abstammung ebenfalls Irenes Herrschaft herausfordern konnten. Dieselbe Willensstärke zeigte sich in der Kampagne der Kaiserin, dem Westen die byzantinische Bilderverehrung aufzuzwingen, die in der Lehre der römischen Kirche als Götzendienst galt. Karl unterband die Einführung der byzantinischen Bilderverehrung im Westen, indem er unverzüglich zur Verteidigung der Kirche und zur Stärkung seiner eigenen Macht schritt.[17]

Solch ein Dienst für die Kirche brachte Karl neue Bedeutung und Macht ein, nachdem im Jahr 799 adlige Rivalen Papst Leo III. in Rom unter der Anklage krimineller Machenschaften gefangengesetzt hatten. Als der Papst in die sichere Stadt Paderborn im Herrschaftsbereich Karls geflohen war, verlieh er seinem Beschützer die weltliche Autorität über die Bürger in den Ländereien des exilierten Papstes. Seitdem waren der König und der Papst Verbündete, und die Kirche stellte Karl als Träger der Flagge des heiligen Petrus dar, ein Bild, das den Weg bereitete für seine Krönung als Heiliger Römischer Kaiser durch den Papst am Weihnachtstag des Jahres 800.[18]

Zwei Tage vor diesem Ereignis verlangte Karl von Papst Leo, sich in der Peterskirche in Rom einem öffentlichen

Reinigungsritual zu unterziehen. Diese germanische Versöhnungszeremonie verlangte vom Papst, der sich allein dem Urteil Gottes unterworfen sah, in Anwesenheit seiner römischen Ankläger einen feierlichen Eid der Unschuld zu schwören. Durch diesen Akt begrub Leo seine Vergangenheit, und die befleckten Hände, die ansonsten auf Karl gelegt worden wären, waren wieder rein.

An jenem Tag begann auch ein bedeutsamer Konkurrenzkampf zwischen Kirche und Reich. Während der Krönungszeremonie versuchte Leo durch Abänderung des traditionellen Ablaufs des Krönungsrituals ein wenig von seiner einstigen Größe wiederzuerlangen. Dieser Ablauf sah vor, daß am Beginn des Zeremoniells das Volk von Rom Karl akklamierte, wobei seine Stimme das unmittelbare Medium der Stimme Gottes wurde und Karl die Autorität für die Herrschaft verleihen sollte. Papst Leo jedoch bat um die Zustimmung der versammelten Menge erst, nachdem er Karl die Krone auf das Haupt gesetzt hatte. Nach den fränkischen, nicht aber den päpstlichen Berichten über das Ereignis gab Papst Leo das, was er sich genommen hatte, unbeabsichtigt zurück, indem er vor Karl niederkniete; eine Geste, welche die Franken als päpstliche Unterwerfung unter den neuen Kaiser interpretierten. Obwohl subtil, waren solche Schachzüge kleine Schritte in Richtung großer Probleme in den Beziehungen zwischen Kirche und Staat innerhalb Westeuropas.

Karl der Große war der einzige fränkische König, der Rom besuchte, und aus Anlaß seiner Krönung war er das vierte und letzte Mal dort. Danach trug er die kaiserlichen Titel des „Augustus und Kaiser", während er gleichzeitig seinen deutschen Titel „König der Franken und der Langobarden" beibehielt. Die Byzantiner betrachteten die Krönung als offenen Diebstahl des westlichen Kaisertitels, weil sie noch immer glaubten, das Westreich gehöre ihnen. Daraufhin verdeutlichte ihnen Karl die neue Macht der germanischen Völker, indem er im Jahr 802 Venedig, den westlichen Haupthandelsort der Byzantiner, mit seinen Soldaten besetzen ließ. Kurz darauf sandte der Ostkaiser Nikephoros I.,

Irenes Nachfolger, dem neuen Kaiser des Westens Glückwünsche.[19]

Ein gerechtes Reich

Obwohl Karl der Große ein allmächtiges Oberhaupt war, war seine Herrschaft weniger autoritär als die seiner kaiserlichen römischen oder byzantinischen Gegenspieler. Zur Niederschrift der mehr als eintausend Gesetze und Anweisungen, die im Verlauf seiner Regierungszeit erlassen wurden, holte er den Rat einer Stammesversammlung von Adligen, Geistlichen und Kriegern ein. Um die Verwaltung des Reiches zu erleichtern, teilte er es in Grafschaften auf, die im Namen des Königs von Grafen, also lokalen Adligen, regiert wurden. Karl entlohnte sie mit der Gewährung von Landgütern, die er der Kirche entriß, was diese nicht vergessen würde.

Die Grafen übten ihre Autorität über ein örtliches Gericht aus, das *mallus* hieß, ein Wort franko-lateinischen Ursprungs für Gerichtsversammlung. Dort stellten Kläger und Beklagte ihre Sicht der Fälle dar, und es wurden Urteile gesprochen. Sorgfältig bemessene Bußgelder (Wergeld) wurden auferlegt, wenn die Beweislage ein eindeutiges Urteil ermöglichte. Wo es an solchen Beweisen mangelte, konnte das Gericht ein Gottesurteil anordnen, das dem allwissenden Gott die Entscheidung über Schuld oder Unschuld übertrug. Der bevorzugte Prüfstein war die Fähigkeit einer mit kochendem Wasser oder mit Feuer zugefügten Wunde, in angemessener Zeit zu heilen; wenn dies der Fall war, galt die Unschuld des Angeklagten als bewiesen. Das Gottesurteil war, obwohl extrem, ein von Prinzipien geleiteter Versuch, Gerechtigkeit walten zu lassen, und als solcher der Ausdruck des Wunsches der Karolinger, in einer gerechten und aufgeklärten Gesellschaft zu leben.

Ebenfalls zu diesem Zweck schuf Karl zur Beaufsichtigung der örtlichen Gerichte eine spezielle Körperschaft von Reichsgesandten, *missi dominici*, und Rechtsexperten, *scabini*. Erstere wurden aus vertrauenswürdigen, führenden, dem Thron nahestehenden Familien ausgewählt und suchten regelmäßig die Gerichte des Reiches auf, um die Grafen zu ermahnen, „die von den Kirchen, Witwen, Waisen und allen anderen erhobenen Rechtsansprüche vollständig, billig und gerecht zu klären ohne Betrug, unangemessene Kosten oder übertriebene Verzögerung."[20]

Kaiserliche Herrschaft, ausgeübt durch Grafen und Gesandte, konnte jedoch nur so stark sein wie jene, die die Befehle gaben, und jene, die ihnen gehorchten, und die kaiserlichen Gesandten scheinen selten über Verfehlungen berichtet zu haben.[21] Im Verlauf der Jahre wurden die gewährten Landgüter vererbbar, womit sich bei den Grafen noch mehr kaiserliches Land und Machtbefugnisse, zusätzlich zu den schon vorhandenen, anhäuften – eine Bereicherung, die eher zu lokaler Selbstverherrlichung als zu hohem Niveau königlicher Justiz beitrug.

Familienfehden und fränkische Teilungen

Im Verlauf des neunten Jahrhunderts schuf fränkisches Erbrecht in Kombination mit wechselnder Familienzahl und -dynamik die Grundlagen der geographischen und politischen Landschaft des modernen Europa. Die wichtigste gestaltende Kraft war der Brauch der fränkischen Fürsten, jedem männlichen Erben gleichwertige oder beträchtliche Vermächtnisse zu hinterlassen. Auf der Grundlage des moralischen Empfindens und des religiösen Glaubens, daß Eltern ihre Kinder gleich behandeln sollten, spielte die fränkische Erbteilung in deutschen, insbesondere protestantischen, Regionen bis ins siebzehnte Jahrhundert hinein eine bedeutende Rolle.[22] Während diese Praxis zwar größere politische Geschlossenheit versprach, stellte ein geteiltes, oftmals mehrfach geteiltes Königreich auch eine offene Einladung an Räuber dar. Mit der Zunahme solcher Teilungen wurden die Franken ihre eigenen schlimmsten Feinde.

Die Merowinger schufen den Präzedenzfall für die Aufsplitterung des Reiches, jedoch noch ohne die furchtbaren Folgen. Chlodwigs vier überlebende Söhne erbten gleich große Anteile des väterlichen Reiches. Als der jüngste, Chlothar, starb, schloß sich das Reich kurzzeitig wieder zusammen, aber nur, weil seine drei Brüder vor ihm gestorben waren. Chlothar gab, dem Beispiel seines Vaters folgend, seinen vier Söhnen gleich große Anteile – eine zweite Vierteilung der königlichen fränkischen Lande innerhalb eines halben Jahrhunderts. Die Situation wurde noch verwickelter, weil Chlodwig und Chlothar vier überlebende Söhne aus zwei unterschiedlichen Ehen hatten: eine Reihe familiärer Pulverfässer in Gestalt eigensüchtiger Mütter und konkurrierender Halbbrüder. Im Falle Chlodwigs gab es einen ältesten Sohn von einer ersten Ehefrau und drei jüngere Söhne von einer zweiten, während bei Chlothar die Zahlen umgekehrt waren. Keine Königinwitwe wollte für ihren Sohn (oder ihre Söhne) eine geringere Erbschaft als für die königlichen Halbbrüder, denn das Wohlergehen der Mütter hing von der Lage der Kinder ab. Und auch die Kinder waren bereit, sobald sie volljährig waren, zur Verteidigung ihres gerechten Anteils die Waffen aufzunehmen. Diese Umstände sicherten den fränkischen Königinwitwen und königlichen Söhnen in Angelegenheiten der Erbschaft und des Staates eine mächtige Stimme.[23]

Die königlichen Merowinger-Familien entkamen jedoch vor allem aufgrund der höheren Sterblichkeit unter ihren Brüdern dem, was die Karolinger erwartete: brudermörderischer Eifersucht, der Zerstückelung des Reiches und der Anfälligkeit für fremde Übergriffe. Der einzige überlebende Sohn und Nachfolger Karls des Großen, Ludwig der Fromme, sah früh im Verlauf seiner Regierungszeit die Gefahr voraus und versuchte, ihr mit dem Ersetzen der Erbteilung durch eine Version des Erstgeburtsrechts zuvorzukommen – dies entnahm er einem Plan, den sein Vater entworfen hatte, als er über die Konsequenzen seines Todes bei einer Vielzahl streitender Erben nachgedacht hatte.[24]

Ludwig ernannte mit der *Ordinatio imperii* von 817 den

dreiundzwanzigjährigen Lothar, seinen ältesten Sohn mit seiner Ehefrau Irmingard, zum Mitkaiser und Alleinerben der ungeteilten fränkischen Kernlande. Die jüngeren Brüder Pippin und Ludwig erhielten die kleineren Erbschaften Aquitanien beziehungsweise Bayern, eine Enttäuschung auch für andere Mächtige, deren Interessen mehr mit einer gleichmäßig geteilten Erbschaft und mit königlicher Erbfolge gedient worden wäre.[25] Ludwigs Erlaß hätte den Widerstand dennoch überwinden und ein Fundament für fränkische Einheit und für eine frühe Nationenbildung sichern können, wenn nicht sein von Konflikten zerrissenes Ehe- und Familienleben gewesen wäre.

Die direkteste Feindin des Erlasses war Ludwigs zweite Ehefrau, Judith, die er 819 geheiratet hatte. Die Tochter des Grafen Welf, Herr über Ländereien in Bayern und Alemannien und nützlicher Verbündeter der Franken auf den Feldzügen nach Osten, war laut zeitgenössischen Überlieferungen eine jüngere Frau von „außergewöhnlicher Schönheit und Intelligenz."[26] Sie erlangte die dieser Beschreibung entsprechende königliche Macht, nachdem sie im Juni 823 Ludwigs vierten Sohn geboren hatte, den zukünftigen Karl den Kahlen. Dessen Ankunft machte die intimen Beziehungen und Ängste deutlich, die die zwei königlichen Geschlechter miteinander verbanden und die Gefahr der gegenseitigen Vernichtung heraufbeschworen.[27]

Als Lothar wußte, daß seine Stiefmutter wieder schwanger war (Judith hatte zuvor eine Tochter zur Welt gebracht), handelte er in aller Eile, um seinen Erbanspruch auf den Thron entsprechend dem Erlaß seines Vaters zu sichern. Am Ostersonntag 823 krönte ihn Papst Paschalis zum Mitkaiser. Drei Monate später hob er auf Anweisung seines Vaters den neugeborenen Sohn seiner Stiefmutter im Aachener Münster aus dem Taufbecken, wodurch er Pate seines Halbbruders wurde. Als Lothar und Judith jeder für sich am Altar über die Herausforderung nachsannen, die der Säugling gegenüber der neuen Erbfolgeordnung darstellte, kann ihnen die Absurdität des Schauspiels nicht entgangen sein. Lothar hatte ein Königreich zu verlieren oder mußte dessen Schwächung befürchten, während Judith einen Ehemann hatte, der sehr wahrscheinlich früher als sie sterben und sie damit ihren Stiefsöhnen auf Gedeih und Verderb ausliefern würde.[28]

Für die Kaiserin war es undenkbar, daß ihr eigener Sohn als Erbschaft nur ein vergleichsweise kleines Stück erhalten sollte; innerhalb eines Jahrzehnts würde sie eine gleichmäßige Aufteilung der fränkischen Kernlande zwischen ihrem Sohn und Lothar fordern. Die anderen auf ihr eigenes Interesse bedachten Parteien, einheimische wie ausländische, unterstützten ihr Bemühen, die Erbteilung wieder einzuführen. Die zerstrittenen Brüder aus erster Ehe befürchteten, daß Judith, die Ludwig ständig bezauberte, sich auch ihnen gegenüber einen Vorteil verschaffen würde. Der Kaiser überraschte sie, als er 829 auf einem Reichstag zu Worms für ihren Halbbruder an seinem sechsten Geburtstag ein neues Königreich gründete, welches das Elsaß, Chur und das Herzogtum Alemannien umfaßte sowie ein Stück von Burgund, das vorher Lothar gehört hatte. Dann überrumpelte er die drei älteren Brüder, indem er Lothar abrupt auf eine Mission nach Italien sandte.[29]

Die Folge war eine Revolte gegen ihren Vater im Jahr 830; sie endete mit einem Hausarrest für den Kaiser und den jungen Karl sowie der Einweisung Judiths in ein aquitanisches Kloster unter dem Vorwurf des Ehebruchs und der Hexerei. Obwohl Ludwig die Erbteilung wieder in Kraft setzte, war diese drastische Veränderung der ungefestigten karolingischen politischen Ordnung selbst für das chaotische neunte Jahrhundert zu gewagt, um erfolgreich zu sein. Bis 832 hatten die Befürworter des Erstgeburtsrechts es mit Hilfe des Papstes wiederhergestellt. Die Gegenrevolte erwies sich jedoch als noch größere Zerreißprobe für die traditionelle Ordnung als Judiths Streich, und die drei Brüder zwangen ihren Vater nun, zugunsten Lothars auf seinen Anspruch auf die Krone zu verzichten. Die Machtverhältnisse wurden im Jahr 835 nochmals umgekehrt, was es dem entthronten Kaiser ermöglichte, sich mit seiner Frau zu vereinen und in der Stadt Metz seine Krone wieder in Empfang zu nehmen.[30]

Am Ende einer langen, konfliktreichen Geschichte obsiegte die fränkische Tradition der Erbteilung über die Neueinführung des Erstgeburtsrechts, womit das Karolingerreich geographisch und politisch an die Schwelle seiner dauerhaften Teilung geriet. Nach Ludwigs Tod im Jahr 840 kämpften und stritten Lothar, Ludwig und Karl (Pippin war inzwischen gestorben) weitere drei Jahre lang miteinander, bis sie das Reich ihres Vaters gleichmäßig untereinander aufteilten. Es ist kaum übertrieben, wenn der Vertrag zu Verdun von 843 als „die Geburtsurkunde des modernen Europa" bezeichnet worden ist.[31] Mit ihm gewann Lothar den Kaisertitel zurück und erhielt das mittlere Königreich um die alte Hauptstadt Aachen, das grob gesehen das heutige Holland, Belgien, die Schweiz, Elsaß-Lothringen und Italien umfaßte. An Ludwig, später als Ludwig der Deutsche bekannt, ging das östliche Fränkische Reich, gebietsmäßig etwa das moderne Deutschland bis zur Elbe und zur Saale. Und Karl, dessen Geburt die epochale fränkische Familienfehde ausgelöst hatte, regierte das ausgedehnte westliche Königreich des Imperiums, ungefähr das moderne Frankreich, mit einer königlichen Residenz in Paris – eine Erbschaft, die eines Sohnes einer lebenden Kaiserinwitwe würdig war.[32]

Lothar zerstückelte das Fränkische Reich noch weiter, indem er im Jahr 855 sein mittleres Reich gleichmäßig unter seinen drei Söhnen aufteilte. Effektiv bot er die so hergestellten mittleren Länder dem allgemeinen Zugriff dar und erzeugte Unsicherheit über ihre Reichstitel – und bis 888 kam es noch zu weiteren Teilungen und Zusammenschlüssen. Von nun an würde das unbeständige zentrale Mittelreich Westeuropas Krisenherd sein, chronisch unregierbar und für die angrenzenden Länder ein destabilisierender Faktor. Italien, Burgund und Lothringen waren von nun an Freiwild für deutsche Herzöge und sächsische Monarchen, die in den ostfränkischen Ländern lebten. Danach wurde die Kontrolle – oder der Mangel an Kontrolle – dieser zentralen Länder zum Schlüssel zur deutschen Einheit und Macht, der seine politischen Spuren bis ins zwanzigste Jahrhundert hinein hinterlassen sollte.[33]

Vom Fränkischen Reich zu den deutschen Staaten

Die Teilung des Karolingerreiches gefährdete seine Existenz. Eine Nachwirkung des Vertrags zu Verdun war, daß die kaiserliche Erbfolge, die noch immer mit dem mittleren Reich verbunden war, heillos durcheinandergeriet. Die führenden fränkischen Familien, von deren Diplomatie und Aufsicht die Einheit des Reiches abhing, entzogen in dieser Situation gleich modernen Maklern ihre Unterstützung. Örtliche Grafen, die niemals an ein überregionales Reich glaubten, füllten das Vakuum und regierten auf absehbare Zeit ihre Länder in der von ihnen schon immer bevorzugten Weise: unbekümmert und unangefochten. Örtliche Herrschaft durch den Nächsten und Stärksten, der einen vor Plünderung und Vergewaltigung schützen konnte, dominierte die politische Landschaft in der dunklen Zeit zwischen dem Vertrag zu Verdun und dem Aufstieg einer neuen, sächsischen Dynastie. Auch wenn die königliche Familie weniger selbstzerstörerisch und die geographischen und kulturellen Unterschiede innerhalb des Karolingerreiches weniger extrem gewesen wären, wäre die neue Situation vermutlich unvermeidbar gewesen. Neue Einfälle von Wikingern und Dänen aus dem Norden, von Ungarn aus dem Osten und von Sarazenen (Moslems) aus dem Süden sollten das Reich in der zweiten Hälfte des neunten Jahrhunderts nicht weniger zerrütten.

Welche Richtung würden die Volksstämme von hier aus einschlagen? Im Ostfränkischen Königreich entwickelten sich fünf lose organisierte Herzogtümer (Franken, Sachsen, Thüringen, Schwaben und Bayern), jedes mit eigener Sprache, eigenem Recht und eigener Kultur, aus den karolingischen Überresten zu hierarchisch strukturierten Fürstentümern. Diese Länder waren seitdem die Grundsteine eines zersplitterten und unter seinen Bestandteilen konkurrierenden mittelalterlichen Deutschen Reiches. Dieses kleinere, vertraute Deutschland hat seinen Ursprung im frühen zehnten Jahrhundert, als der fränkische Herzog

Konrad dem letzten Herrscher der ostkarolingischen Erblinie als König Konrad I. auf den Thron folgte. Eine immer noch ehrgeizige Lesart seiner Geschichte spiegelt sich in den Titeln „Römischer König" und „Römisches Reich" wider, die im Verlauf des elften Jahrhunderts die des „Fränkischen Königs" und des „Fränkischen Reiches" ersetzten, nachdem die königliche Macht im Jahr 919 von einem Franken an einen Sachsen gegangen war und das erste Deutsche Reich gegründet wurde. Im dreizehnten Jahrhundert bildeten die Länder des alten mittleren und östlichen Fränkischen Reichs das „Heilige Römische Reich", das gegen Ende des fünfzehnten Jahrhunderts in Anerkennung der neuen überregionalen deutschen Identität und Vormachtstellung als „Heiliges Römisches Reich *Deutscher* Nation" bekannt sein würde.[34]

Der Aufstieg der sächsischen Dynastie

Die ostfränkischen Herzöge wählten den Franken Konrad zum Nachfolger des letzten Karolingers, weil sie glaubten, daß er am besten gerüstet war, den Herausforderungen auf Leben und Tod eines verfallenden Reiches zu begegnen. Als es Konrad jedoch mißlang, die Ungarn zu besiegen, und er mit der Kirche ein Komplott schmiedete, um den ostfränkischen Ländern seine Herrschaft aufzuzwingen, wandten sich die großen Herzogtümer gegen ihn. Dennoch hatten die ostfränkischen Herzöge einen schwebenden Anspruch auf eine deutsche Kaiserherrschaft eingeführt. Auf seinem Sterbebett übertrug Konrad diesen Anspruch auf den Sachsen Heinrich I., „den Vogler", der daraufhin ein neues Zeitalter deutscher Einheit und Macht einleitete.

Bei einer von ihm selbst erschaffenen öffentlichen Zeremonie nahm Heinrich die Farben der fränkischen Monarchie in die Hand und proklamierte sich selbst zum Herrscher des Reiches in der Nachfolge Chlodwigs und Karls des Großen. Darin verbarg sich eine kühne Botschaft an die deutschen Herzogtümer und an die Kirche in Rom: Der

Herzog von Sachsen war der deutsche Monarch nicht kraft herzoglicher Wahl oder päpstlicher Krönung, sondern kraft ungebrochener Übertragung königlicher Macht von den Königen der Antike zu denen des Mittelalters. Mit anderen Worten: Heinrich behauptete, die königliche Macht direkt von Gott erhalten zu haben – eine Tradition, die zukünftige deutsche Könige, wie jene anderer Länder, und Kaiser bis in moderne Zeiten hinein fortsetzen würden.[35]

Im Verlauf des verbleibenden zehnten Jahrhunderts und bis ins elfte Jahrhundert stellten die östlichen Herzöge und kleinere Herrscher den sächsischen Monarchen wiederholt auf die Probe. Heinrichs Sohn und Nachfolger, Otto I., nahm ebenso wie sein Vater diese Herausforderungen an, indem er den traditionellen Bund zwischen Lehnsherrn und Vasallen beschwor – für einen Gebieter im zehnten Jahrhundert die einzige friedliche Art, sich die Achtung seiner Rivalen zu verschaffen. Kraft ihrer eigenen königlichen Ländereien, ihrer treuen örtlichen Grafen und ihrer geistlichen Verwalter stellten die sächsischen Monarchen unter den deutschen Herzogtümern eine beherrschende Erscheinung dar: in militärischer und religiöser Hinsicht ebenso wie bezüglich der Besitztümer. Außerdem war der sächsische König im Krieg dort erfolgreich, wo der Franke Konrad versagt hatte: er besiegte zweimal die Ungarn, womit er die östlichen Grenzen sicherte und der sächsischen Expansion neue Gebiete zugänglich machte.[36]

Während seiner Regierungszeit galt Ottos ganze Aufmerksamkeit der Sicherung des neuen Reiches unter sächsischer Führung, und der Schlüssel zum Erfolg waren die Länder des alten fränkischen Mittelreiches, die entlang der Westflanke Deutschlands von Friesland bis nach Italien reichten. Diese Länder waren nach mehrfachen Teilungen im Verlauf des neunten Jahrhunderts reif für die Übernahme. Da Italien das mächtige Schwanzende dieses geographischen Tieres war, wurde es zum Ziel sächsischer Stabilisierungsbemühungen auserkoren. Für Otto bedeutete die Bezwingung Italiens nicht nur den Gewinn der Kaiserkrone, sondern auch die Möglichkeit, das sächsische Heimatland zu sichern.

Mit der Übernahme der Kontrolle über Burgund im Jahr 938 eignete sich Otto dessen Anspruch – und später auch den der Lombardei – auf die italienische Krone widerrechtlich an und drang Mitte des Jahrhunderts in Italien ein, um sie für sich zu sichern. Sein Erfolg, der auch eine neue Ehefrau aus Italien einschloß, war beeindruckend. Er wurde jedoch mit dem drohenden Verlust seines deutschen Königreiches erkauft, da sich inländische Feinde zusammen mit ausländischen (unter ihnen in zunehmendem Maße der Papst) verschworen, um den chronisch abwesenden Oberherrn zu Fall zu bringen. Dies war jedoch ein Risiko, das Otto und zukünftige deutsche Herrscher einzugehen bereit waren, um die beanspruchten italienischen Länder und Titel zu sichern. Während aber Otto sein Lager in Italien aufschlug, rebellierten fränkische und schwäbische Herzöge gegen die Herrschaft der Sachsen und verursachten damit eine kriegerische Auseinandersetzung in den deutschen Landen, so daß Otto sich gezwungen sah, in die Heimat zurückzukehren, um sie niederzuschlagen.

Ein Jahrzehnt sollte vergehen, bis Otto seine Armee nach Italien zurückführte und den Anspruch auf kaiserliche Herrschaft geltend machte. Als er dies im Jahr 961 tat, geschah es, um einen Papst zu retten, der von gemeinsamen italienischen Feinden belagert wurde, darunter auch einigen, die in Deutschland den Aufstand der Herzöge gegen Otto mitgeplant hatten. Nachdem die Haut des Papstes gerettet war, krönte ein dankbarer Johannes XII. ein Jahr später Otto zum Heiligen Römischen Kaiser. Weil diese Krönung Otto den unbestrittenen Anspruch auf die Länder des fränkischen Mittelreiches verlieh (Burgund und Italien, zu denen Lothringen hinzugefügt wurde), wurde mit ihr das strategische Ziel – nämlich Ruhe an der Westgrenze Deutschlands – in greifbare Nähe gerückt. Dieser Friede erhob Otto im Gegenzug zum unangefochtenen Herrscher des östlichen deutschen Königreiches. Nach seiner Rückkehr mit der Kaiserkrone gab er seiner Armee nie wieder den Befehl, nach Italien zurückzumarschieren.[37]

Im Krieg mit der Kirche: Die Dynastie der Salier

Im Jahr 1024 folgte ein neues Geschlecht salischer Franken auf die starke sächsische Dynastie.[38] Zu diesem Zeitpunkt war die sächsische Bürokratie, die sich aus Grafen, dem höheren Klerus und Mitgliedern der königlichen Familie zusammensetzte, verkrustet und bediente sich nur noch selbst; ganz wie es in den letzten Jahrzehnten der Karolinger geschehen war. In der Hoffnung, eine zuverlässigere Verwaltung schaffen zu können, wandten sich die Salier an die nichtadelige, nichtklerikale Dienerklasse der *ministeriales*. Diese disziplinierten und fähigen Männer besaßen weder Land noch Macht, nun jedoch erhielten sie beides in Form von nichtvererbbaren, lebenslangen Lehen, die allmählich in echte Lehen verwandelt wurden. Die Bedingungen ihrer Anstellung ähnelten denen eines Vasallen, jedoch ohne die persönliche Freiheit und vertraglichen Garantien des Vasallentums; ein Defizit, das dem salischen Experiment am Ende einen bitteren Geschmack verleihen sollte.[39]

Außerdem machte dieses Projekt die neue Dynastie bei jenen unbeliebt, die von den *ministeriales* von ihrem Platz verdrängt wurden. Besonders eine Klasse degradierter königlicher Bürokraten hatte eine Menge zu verlieren: der höhere christliche Klerus. Unter den Königen Heinrich III. und Heinrich IV. wurden Ländereien der Krone, die praktisch in den Besitz der Kirche übergegangen waren, zurückgefordert und den *ministeriales* zuerkannt. Da die Kirche immer noch einen jahrhundertealten Groll gegen frühere fränkische Aneignungen von Ländereien hegte, die sie als ihr Eigentum betrachtete, streute die salische Rückforderung Salz in alte Wunden.[40]

Andere freie Gruppen widersetzten sich ebenfalls dem neuen Verfahren der Salier: freie Bauern, kleine adlige Grundeigentümer und, am verhängnisvollsten, die aristokratischen Fürsten, denen die Zukunft Deutschlands gehörte. Im frühen elften Jahrhundert beschlossen die Fürsten, daß der König und seine neue Dienerklasse die Nation nicht auf ihre Kosten aufbauen sollten. Zu diesem

Zweck verbündeten sie sich mit der Kirche, um ein geschicktes Hindernis aufzustellen: sie wurden fromme fürstliche Kirchenverteidiger, das heißt, Gründer und Beschützer von Hunderten von neuen christlich-klösterlichen Besitztümern.[41] Diese gemeinsam gegründeten Landgüter gehörten rechtmäßig der Kirche und waren als solche dem Zugriff des Königs entzogen. Unter dieser opportunistischen Allianz dehnten die Fürsten und der Papst ihren Landbesitz und ihre Macht gefahrlos aus und vereitelten bis zur Mitte des vierzehnten Jahrhunderts gründlich die königlichen Bemühungen in Richtung einer nationalen Einigung.

Seit der Zeit der Merowinger war die Allianz zwischen König und Kirche für beide Seiten vorteilhaft gewesen, da dadurch der Kirche neue Ländereien und königlicher Schutz zuwuchsen und die Krone mit einer höchst kompetenten und offenkundig neutralen Verwaltung königlicher Besitztümer versorgt wurde. Diese pragmatische Kooperation barg in sich jedoch Gefahren für beide Seiten. Der geistliche Status, der einem König durch päpstliche Krönung verliehen wurde, stattete ihn mit einer neue Würde aus – er war nun gleichzeitig König und Priester *(rex et sacerdos)* –, ein Glanz , der einen sich darin sonnenden König zu der Vorstellung verleiten konnte, dem Papst ebenbürtig zu sein oder sogar über ihm zu stehen. Ganz praktisch handelte der Herrscher, indem er die königlich gestifteten Bistümer und Abteien wie staatliche Ressorts behandelte, womit ihre unter dem Schutz Roms stehende Unabhängigkeit eingeschränkt wurde.

Auf der anderen Seite mochte ein aufgeblasener Papst, der Königen den göttlichen Segen gab, weltliche Herrscher ohne diesen Segen nur für leere Gewänder halten. Auf diese Art und Weise brachten sich Kirche und Staat des Mittelalters in Stellung, um sich gegenseitig äußerst kritisch zu hinterfragen und an den jeweils anderen hohe Ansprüche zu stellen. Dieses Verhalten sollten beide Seiten vom späten elften Jahrhundert an bis zum späten dreizehnten Jahrhundert fortsetzen – mit zunehmend destruktiven Auswirkungen innerhalb des Deutschen Reiches.

Zur Zerstörung der Allianz führte eine Zeremonie, in der der König die Symbole des Kirchenamtes (Bischofsring und -stab) jenen Geistlichen überreichte, denen er auch Reichslehen und die Macht königlicher Ämter verlieh. Im Verlauf des ersten Viertels des elften Jahrhunderts entwickelte sich die Investitur des hohen Klerus durch den König zu einer Routineangelegenheit. Heinrich II. verlieh die Amtswürde persönlich an neunundvierzig der fünfzig während seiner Regentschaft ernannten Bischöfe; und in den von ihm zusammengerufenen und geleiteten Kirchensynoden unterwies er sie auch gemeinschaftlich in ihren Pflichten. Der Klerus entwickelte sich auch zum Partner bei militärischen Eroberungszügen; er folgte den königlichen Armeen auf ihren Märschen nach Osten durch slawische Gebiete, gründete dabei neue Kirchen und schuf neue Kirchenbezirke für seelsorgerische Betreuung der unterworfenen Heiden. Daß der König seine Armee und seinen Hof mit auf kirchliche Landgüter erhobenen Steuern finanzierte, unterstrich aus Sicht der religiösen Reformer lediglich die königliche Blasphemie.[42]

Papst Gregor VII. warf im Februar 1075 den Fehdehandschuh hin, als er die Investitur des Klerus durch Laien als Simonie (Vergabe geistlicher Ämter gegen Geld) und damit als Sünde verurteilte. Heinrich IV., der sich zu der Zeit in einem Kampf um Leben und Tod gegen die Sachsen befand, nahm von der päpstlichen Herausforderung wenig Notiz. Durch diese Handlung jedoch entzündete der Papst ein Feuer, das die mittelalterliche Allianz zwischen Kirche und Staat vernichten und dabei die politische Spaltung Deutschlands zu einer Zeit vertiefen sollte, in der sie hätte überwunden werden können.

Hintergrund der päpstlichen Herausforderung waren sowohl wirkliche Vermessenheit seitens der deutschen Könige als auch die übertriebenen Ideale einer Reformbewegung, deren Ausgangspunkt das Benediktinerkloster von Cluny im östlichen Zentralfrankreich war. Die Ordensmitglieder dort wollten die Geistlichkeit von weltlicher Feudalgewalt befreien, insbesondere von der königlichen

Investitur in ihre geistlichen Ämter. Für Heinrich IV. waren die Folgen fatal. Mit der schwindenden Möglichkeit, treue Kleriker in Reichsämter zu heben, schien für jegliche verläßliche und effiziente Kontrolle seines Königreiches die Totenglocke zu läuten. Wo die Kirchenreformer eine klar umrissene Angelegenheit eines religiösen Prinzips sahen, erkannte der König nur Machtgelüste und kirchlich unterstützte Anarchie.[43]

Im Dezember erinnerte Gregor Heinrich nachdrücklich daran, daß Könige christliche Laien und in Angelegenheiten der religiösen Doktrin den Dekreten des Papstes unterworfen seien. Dieses Ultimatum hätte nicht zu einer ungünstigeren Zeit kommen können. Nachdem Heinrich soeben das letzte sächsische Herzogtum besiegt hatte, war er gerade dabei, alle deutschen Länder seinem Willen zu unterwerfen. In überschwenglicher Stimmung angesichts der Aussicht auf ein geeintes Deutschland überging er die Drohung und wies seine Bischofsversammlung an, Gregor als falschen Papst anzuprangern.

Zum Leidwesen für die aufkeimende deutsche Nation war Gregor entschlossener, sein Reich gegen den Staat zu schützen, als Heinrich das seine vor der Kirche. Gregor griff zu den mächtigen Waffen päpstlicher Verleumdung und Entlegitimierung, exkommunizierte Heinrich und belegte dessen Länder mit dem Kirchenbann. Dies entband die Untertanen des Königs von der Gehorsamspflicht ihm gegenüber, zumindest in den Augen Gottes, und war praktisch ein Freibrief zu Rebellion und Anarchie für alle, die dem König trotzen wollten. Heinrich seinerseits reagierte mit seinen eigenen, weniger wirksamen geistlichen Geschützen und wies nun eine Versammlung seiner getreuen deutschen Bischöfe an, Gregor zu exkommunizieren. In einem Zeitalter des Glaubens war das eine leere Geste, und Heinrichs einziger Ausweg aus einem drohenden Bürgerkrieg war die Absolution durch den Papst und die Aufhebung des Kirchenbanns. Also kroch der König zu Kreuze und bekundete, im Schnee vor dem päpstlichen Winterquartier in Canossa kniend, seine Reue, ein Schauspiel, an das sich deutsche

Herrscher bis hin zu Bismarck in ihrem Umgang mit der Kirche erinnerten.[44]

Obwohl Heinrich seine Absolution erhielt, hatten König und Reich Schaden genommen. Im nachhinein verdeutlichten die wichtigen, die deutsche Monarchie betreffenden Ereignisse lediglich deren Herabwürdigung. Die deutschen Fürsten verwarfen Heinrichs königliche Autorität und wählten ihren eigenen Gegenkönig. Gregor exkommunizierte Heinrich ein zweites Mal, und Heinrichs Bischöfe reagierten darauf mit der Wahl eines Gegenpapstes. Jede neue Eskalation erbrachte einen immer geringeren Nutzen, und der Konflikt entwickelte tragikomische Züge. Drei Jahrzehnte solcher immer wieder aufflammender kriegerischer Auseinandersetzungen machten zunichte, was auch immer an politischer Einheit in über einem Jahrhundert aggressiver sächsischer und salischer Herrschaft erreicht worden war.[45]

Heinrich IV. starb im Jahr 1106, und im Grunde rettete sein Nachfolger Heinrich V. in seiner ein Vierteljahrhundert währenden Herrschaft – er war bereits 1098 zum König gewählt und 1099 gekrönt worden – die deutsche Krone nur, indem er ihre Macht zu seinem Schaden mit den Fürsten teilte. Er entrang dem Papst jenen Machtvorteil, den dieser über seinen Vorgänger erlangt hatte, indem er sich mit den Fürsten verbündete, ihnen diesen Vorteil überließ und deren passive Stimme wurde. Heinrich V. verbündete sich mit jenen, die er nicht besiegen konnte, und einte damit Deutschland auf die damals einzig mögliche Weise – unter der Ägide der Fürsten. Auf einer Versammlung, die diesen Triumph des aristokratischen über das monarchische Deutschland nachdrücklich unterstrich, verfaßten die Fürsten die Friedensbedingungen, die Heinrich in Worms im Jahr 1122 unterzeichnete, womit der zum königlichen Desaster gewordene Investiturstreit sein Ende fand. Der König verzichtete auf die Investitur der Bischöfe mit Ring und Stab, während er die Freiheit behielt, ihnen Eigentum, Land und dazugehörige Titel zu verleihen. Kurzfristig bedeutete die Kontroverse für den König einen Verlust an souveräner Kontrolle und an Ergebenheit der Fürsten ihm gegenüber, während der Papst an Ansehen gewann und die Loyalität des Klerus erlangte.[46]

Der Schwanengesang der Monarchie: Die Hohenstaufen-Dynastie

Das letzte Viertel des elften und das erste des zwölften Jahrhunderts waren von päpstlicher Aggression und Bürgerkrieg gekennzeichnet. Im Verlauf jener fünfzig Jahre verwandelte sich Deutschland in einen Flickenteppich souveräner Fürstentümer.[47] Dieses Resultat führte zum Mißtrauen der Deutschen sowohl den Päpsten als auch den Fürsten gegenüber und ließ sie der Wiederherstellung einer starken neuen Monarchie positiv gegenüberstehen.

Friedrich I. Barbarossa

Die letztmögliche Gelegenheit, eine vereinte Nation zu schaffen, bot sich dem mittelalterlichen Deutschland mit einer neuen Dynastie, den Hohenstaufen, die aus der Ehe von Agnes, der Tochter von Heinrich IV., mit Friedrich von Hohenstaufen hervorgegangen war und die ein Jahrhundert lang (1138 bis 1254) herrschen sollte. Es war der Enkel dieses Paares, Friedrich I. Barbarossa, der das Interesse der Krone von neuem gegen die päpstlichen Machtansprüche über weltliche Herrscher verteidigte. In seinem provokativen *Dictatus Papae* von 1075 hatte Papst Gregor VII. Könige und Fürsten angewiesen, bereit zu sein, die Füße des Papstes zu küssen, während Papst Hadrian IV. in der Mitte des zwölften Jahrhunderts Krone und Reich Friedrichs I. als „Zuwendungen“ aus päpstlicher Gefälligkeit für den König beschrieb.[48] Wie vor ihm Heinrich I. und wie die deutschen Monarchen noch im neunzehnten Jahrhundert behauptete Friedrich I., die Krone unmittelbar von Gott erhalten zu haben; ein Argument, das dadurch verstärkt wurde, daß ihr das Adjektiv „heilig“ angefügt wurde.[49] Hier schuf Friedrich einen Präzedenzfall für die königlichen Dynastien Englands, Frankreichs und Spaniens in ihren eigenen, erfolgreicheren Auseinandersetzungen mit postgregorianischen päpstlichen Theokraten.

Da Friedrich die Mittel fehlten, seinen Willen in seinen deutschen Ländern durchzusetzen, suchte er sich, wie vor ihm der Sachse Otto, das notwendige Vermögen im alten fränkischen Mittelreich zusammen. Nachdem er Burgund und die Provence friedlich durch Heirat in Besitz genommen hatte, strebte er danach, Italien zum Machtzentrum seines neuen Reiches auszubauen. Bevor er die politischen und materiellen Ressourcen von dessen Krone ausnutzen konnte, mußte er zunächst die Fürsten zu Hause beschwichtigen; er tat dies, indem er sich ein Beispiel an Heinrich V. nahm: er gab ihnen in ihren Ländern freie Hand und vertraute ihren feudalen Treueschwüren, den Frieden zu wahren. Damit ignorierte er die Lehre der jüngeren Geschichte, daß eine derartige Konzession lediglich den Bund zwischen Lehnsherrn und Vasallen schwächt.[50]

Nachdem Friedrich das deutsche Kernland auf diese Weise gesichert hatte, ließ er seine Armee nach Italien marschieren, um dort den ersten von fünf militärischen Feldzügen innerhalb den nächsten zwei Jahrzehnte zu führen. Nach einem Erfolg gegen einen päpstlichen Widersacher wurde er 1155 erwartungsgemäß gekrönt, ein wichtiger Schritt zur Legitimierung seiner Bemühungen, das Reich wiederherzustellen. Langfristig machte der mailändische Widerstand seine italienische Mission zunichte, weil er die Formierung des Lombardischen Bundes im Jahr 1167 auslöste, eine Union norditalienischer Kommunen, die entschlossen war, die nun unerwünschten Deutschen aus dem Land zu vertreiben. Ein mit Unterbrechungen fast ein Jahrzehnt geführter Krieg gegen kaiserfeindliche Kräfte endete 1176 in einer bitteren Niederlage bei Legnano, die vielfach als das Ende der deutschen Träume von einem Reich betrachtet wird.

Zu Friedrichs unverdientem Glück jedoch beließen ihm die endgültigen Friedensbedingungen einen Stützpunkt in

Zentralitalien. Wenn man bedenkt, daß er seine ursprünglichen Ziele völlig verfehlte, schien dies ein Akt göttlicher Vorsehung zu sein und brachte ihm den Ruf eines prototypischen, nämlich guten und unbesiegbaren, deutschen Herrschers ein. Nachdem ihn auf dem dritten Kreuzzug im Jahr 1190 der Tod ereilt hatte, wurde er im Volksglauben zu jenem schlafenden Kaiser, der eines Tages mit heiligem, rächendem Zorn zurückkehren und den Weg für das christliche Millennium bereiten werde. Ironischerweise aber wurde dieses Motiv zuerst seinem Enkel, Friedrich II., zugeschrieben, dem letzten Herrscher der Hohenstaufen, den man durchaus als den am wenigsten deutschen der Heiligen Römischen Kaiser bezeichnen kann und als denjenigen, der das deutsche Königreich am meisten vernachlässigte.[51]

In den häufigen und langen Zeiten der Abwesenheit Friedrichs sicherten sich die deutschen Fürsten auf skrupellose Weise ihre eigenen Länder. Der ehrgeizigste von ihnen, der sächsische Herzog Heinrich der Löwe, dehnte sein Land nach Osten in slawische Länder hinein aus und knüpfte gleichzeitig eine dynastische Verbindung zum englischen König Heinrich II., indem er dessen Tochter heiratete. In den späten 60er Jahren des zwölften Jahrhunderts forderte er Friedrichs Macht heraus. Eine der Ursachen für die Demütigung der Reichsarmee bei Legnano war die Weigerung Heinrichs des Löwen gewesen, die versprochenen Verstärkungen zu schicken, ein Bruch der Lehnspflicht, aufgrund dessen er im Reich geächtet wurde und schließlich nach England ins Exil mußte.[52]

Daß während der Abwesenheit Friedrichs die Fürsten Deutschland nicht gänzlich auseinanderrissen, erscheint rückblickend als ein ebenso großes Wunder wie seine Erholung nach seiner völligen Niederlage. Das gleiche kann von seinem Erfolg behauptet werden, die Integrität der Krone und die königliche Erbfolge zu bewahren. Die deutschen Fürsten jedoch, nach Legnano noch mächtiger als je zuvor, konnten nicht für immer im Zaum gehalten werden, und in Rom und England traten nun weitere Feinde des Reiches kühn auf.

Nachdem Friedrichs Sohn und Nachfolger, Heinrich VI., diese unheilvolle Situation geerbt hatte, tat er in seiner kurzen Regierungszeit viel, um die Lage noch zu verschlimmern. Wie sein Vater erlag er dem Sirenengesang eines fremden Reiches, diesmal aus dem Königreich Sizilien, dessen Krone er durch Heirat mit der sizilianischen Prinzessin Konstanze erlangt hatte. Ebenso wie der Einmarsch seines Vaters in die Lombardei bedeutete Heinrichs Herrschaft über Sizilien eine Bedrohung für den Papst, auf dessen Ländereien nun sowohl vom Norden als auch vom Süden der Schatten der Hohenstaufen fiel. Dennoch gelang es Heinrich, sowohl den Papst als auch die deutschen Fürsten zu einer Anerkennung des Erbanspruchs seines in Sizilien geborenen Sohnes Friedrich auf die Reichskrone zu bewegen. Dieser Erfolg war jedoch kein gutes Omen, da Heinrich im Jahr danach, 1197, starb und die Königinwitwe ein Jahr darauf, wodurch sie den vier Jahre alten Erben des Königreichs Sizilien und des Heiligen Römischen Reichs in höchstem Grade parteiischen Fremden auf Gedeih und Verderb auslieferte.

Vor ihrem Tod hatte die Königinwitwe Papst Innozenz III. zum Vormund des Kleinkindes Friedrich und bis zur Volljährigkeit des Knaben zum Regenten Siziliens ernannt. Inzwischen wandten sich die prostaufischen Fürsten in Deutschland an den Bruder von Heinrich VI., Philipp von Schwaben, und ersuchten ihn, Interimshüter und -regent des Reiches zu werden. Viele Jahre lagen zwischen diesen Vereinbarungen und der Volljährigkeit des jungen Friedrich. Während die Hauptverantwortlichen anerkannten, daß der Junge der Erbe seiner Eltern war, hatte keiner von ihnen Brief und Siegel auf den Erbschaftsanspruch der Hohenstaufen auf den Thron des Reiches oder auf den Siziliens gegeben. Währenddessen gab es viele Gelegenheiten für Schachzüge und Streit darüber, wer anstelle des Knaben Deutschland und Sizilien in der Zwischenzeit regieren sollte.[53]

Papst Innozenz zweifelte niemals daran, daß ihm als Vormund des jungen Friedrich das Vorrecht zukam, die Krone des Heiligen Römischen Reiches zu verleihen. Von Anfang an war es sein vorrangiges Ziel gewesen, Sizilien von den Hohenstaufen und ihrer Vorstellung vom Gottesgnadentum der Könige zu befreien. Innozenz plante im Verein mit zwei gleichermaßen von Eigeninteressen getriebenen Mächten, England und Frankreich, die unklare Lage in Deutschland auszunutzen. Unterstützt vom englischen König Richard I. Löwenherz, half er mit, einen mit einflußreicher Verwandtschaft ausgestatteten Rivalen der Hohenstaufen auf den Reichsthron zu bringen: Fürst Otto IV. von Braunschweig aus der Dynastie der Welfen, den Neffen König Richards und zweitjüngsten Sohn des alten Feindes der Hohenstaufen, Heinrichs des Löwen. Nach Ottos Krönung in Aachen im Juli 1198 eilte der französische König Philipp August an die Seite der Hohenstaufen, um dem neuen Vorteil Englands entgegenzuwirken. Mit diesem Schritt begannen die wiederkehrenden ausländischen Einmischungen, insbesondere der Franzosen, in innerdeutsche Angelegenheiten.

Der neue welfische Herrscher diente nun den Zielen des Papsttums im Herzen Deutschlands, wofür ihn Papst Innozenz 1209 mit der Kaiserkrönung in Rom belohnte. Bevor jedoch ein Jahr vorüber war, hatte diese Krone durch päpstlichen Bann erheblich an Glanz verloren. Otto hatte in den Monaten nach seiner Krönung die unverzeihliche Sünde der Hohenstaufen begangen, eine Armee in Süditalien einmarschieren zu lassen und es dem deutschen Reich einzuverleiben; ein Vorgehen, das der Papst durch Ottos Krönung zum Kaiser zu verhindern gehofft hatte.[51] Nach solch einem Verrat war es an der Zeit, das welfische Interregnum zu beenden, und Papst Innozenz hatte genau die richtige Person dafür zur Hand: den jungen Friedrich von Hohenstaufen, der als Sizilianer und Italiener aufgezogen worden war und nun volljährig und bereit war, seine deutsche Krone zu beanspruchen.

Die Krönung wurde in Mainz im Dezember 1212 vollzogen, augenscheinlich eine Wiedereinsetzung des deutschen Königsgeschlechts der Hohenstaufen, dessen Kontinuität fünfzehn Jahre zuvor von ihren welfischen Rivalen unterbrochen worden war. Die Wiederherstellung der königlichen Thronfolge war jedoch so lange nicht wirksam, bis die Franzosen die englischen und welfischen Armeen auf dem Schlachtfeld von Bouvines im Juli 1214 besiegt hatten. Von dort sandte König Philipp August dem neuen Herrscher und künftigen Kaiser Friedrich den erbeuteten deutschen Reichsadler, ein Symbol der Niederlage der Welfen und der Wiedereinsetzung der Hohenstaufen. Im folgenden Jahr wurde Friedrich, nun unbestreitbar der deutsche König, in Aachen ein zweites Mal gekrönt.[55] Die große Frage für die Deutschen war, ob dieser einundzwanzigjährige Enkel Friedrichs I. tatsächlich der würdige Erbe seines Großvaters war, das heißt, ob er sich allen Widrigkeiten zum Trotz als deutscher Krieger erweisen würde. Oder hatte Papst Innozenz den Jungen dazu erzogen, die strafende Gerechtigkeit der Deutschen zu sein?

In Friedrichs Herrschaftszeit forderte die hohenstaufische Italienpolitik vom Deutschen Reich ihren ganzen Tribut. Trotz seiner deutschen Herkunft war der neue Kaiser in Sizilien aufgewachsen; aus dieser Warte erschien Deutschland wie ein verbotenes Land. Außerdem war er mit stillschweigender Duldung des stärksten Papstes und des stärksten Königs jenes Zeitalters, Innozenz' III. und Philipp Augusts, an die Macht gekommen. Es überraschte kaum, daß Friedrich seinem deutschen Königreich gegenüber übel gesinnt war. Während seine Vorfahren ihre italienischen Ansprüche verfolgt hatten, um ihr Deutsches Reich zu sichern, nutzte er seine deutsche Basis aus, um sein sizilianisches Königreich zu stärken und seine Ziele in Italien erreichen. Bevor er Deutschland verließ, gaben ihm die dortigen Fürsten die zwei Dinge, die er brauchte, um in Italien ein Konkurrent um die Macht zu bleiben: den Kaisertitel und materielle Unterstützung. Er verbrachte nur neun Jahre von fast vier Jahrzehnten als Herrscher auf deutschem Boden, sechs davon, bevor er fünfundzwanzig Jahre alt war.[56]

Friedrich trieb die Gewohnheit der Hohenstaufen, die

deutschen Fürsten durch Ausstattung mit unbegrenzter politischer Macht zu kaufen, auf neue Höhen und bot ihnen für die Verleihung des Kaisertitels und die damit verbundenen Belastungen einen sehr guten Tausch an. Und der Kirche in Deutschland ließ er ähnlich freie Hand; er erlaubte dem Klerus, seine Ländereien im großen und ganzen nach eigenem Gutdünken zu verwalten. Im Jahr 1232 wurden die deutschen Fürsten in dem *Statutum in favorem principum*, das als „eine *Magna Charta* fürstlicher Freiheiten“ bezeichnet worden ist, zu alleinigen Richtern an den Gerichten ihrer Länder ernannt.[57] Das ist weit entfernt von den Tagen der *missi dominici* Karls des Großen und noch niedrigerer Ränge königlicher Wächter, die früher im Reich im Namen des Kaisers umhergereist oder postiert waren.

Am Ende untergrub eine derartige Herrschaft durch unbeschränkte Vollmacht sowohl seine deutsche Basis als auch seine italienischen Pläne. Er stärkte seine Kräfte in Italien durch Schwächung seiner Position in Deutschland; und seine neue Stärke in Italien wiederum ließ seine italienischen Feinde enger gegen ihn zusammenrücken. Für eine Reihe von fähigen und mächtigen Päpsten im dreizehnten Jahrhundert waren die kaiserlichen Herrschaftsansprüche der Hohenstaufen auf die Lombardei und Sizilien unakzeptabel gewesen, da das Reich damit von Süden und von Norden direkt an Rom grenzte. Friedrichs Feinde sahen mit an, wie drei Generationen von Hohenstaufen die kaiserliche Macht schrittweise über den gesamten Stiefel von der Lombardei bis Sizilien ausdehnten. Nun waren sie, angeführt vom Papst, entschlossen, der Anwesenheit der Deutschen um jeden Preis ein Ende zu machen.

Im Zyklus des politischen Werdens und Vergehens verdankten die Hohenstaufen-Kaiser ihre Existenz, so unwahrscheinlich es klingt, der Billigung durch die deutschen Fürsten und durch den italienischen Papst – dies trifft insbesondere auf Friedrich II. zu. Das strategische Ziel der Hohenstaufen, ihre Position in Deutschland durch Erwerb von Titeln und Gütern in Italien auszubauen, stärkte im Gegenzug den Einfluß der Fürsten und des Papstes in Deutschland sehr viel mehr, als es ihnen jemals von allein möglich gewesen wäre – die Fürsten wurden durch kaiserliche Nachlässigkeit gestärkt und der Papst durch die Auseinandersetzungen mit dem Kaiser. Wiederholt fanden die Fürsten und der Papst, daß ihren Interessen am besten durch eine Allianz gegen jene deutsche Dynastie gedient war, für deren Entstehung beide Seiten so viel getan hatten.

Als Friedrich weiterhin die kaiserliche Herrschaft über die Lombardei und Sizilien beanspruchte, erklärte der Lombardische Bund, der zuvor den Okkupationsversuch seines Großvaters vereitelt hatte, dem Enkel in den dreißiger Jahren des dreizehnten Jahrhunderts den Krieg. Der Papst beteiligte sich an der Auseinandersetzung, indem er sich die Dienste der deutschen Fürsten erkaufte, die es alle gleichermaßen geschickt verstanden, den Papst gegen den Kaiser auszuspielen. Zwischen 1227 und 1250 exkommunizierten die Päpste Friedrich viermal wegen Ungehorsams und Aggression gegen die Kirche. Im Verlauf dieser Jahrzehnte wurden einzelne deutsche Länder von fremden Armeen und bereitwilligen einheimischen Söhnen in mächtige Staaten verwandelt, was dazu führte, daß Deutschland bis ins neunzehnte Jahrhundert hinein in einem fragmentierten und dezentralisierten Zustand verblieb.[58] Im Jahr 1257 kürten die Fürsten in einem informellen Wahlgremium Deutschlands königliches Oberhaupt und verboten ihm jedes Erbfolgerecht. Ein Jahrhundert später, im Jahr 1356, wurde dieses gleiche Gremium, ausgestattet mit noch größerer Wahl- und politischer Verwaltungsmacht, als Kurfürstenkolleg in der *Goldenen Bulle* reichsgesetzlich anerkannt.[59] In den folgenden sechs Jahrhunderten würde in Deutschland der fürstliche Territorialstaat dominieren.

II

DAS HEILIGE RÖMISCHE REICH DEUTSCHER NATION

3

Mensch und Gott

Deutschland im Zeitalter von Renaissance und Reformation

Im frühen sechzehnten Jahrhundert verteidigten Martin Luther und seine Anhänger das Recht deutscher Christen, den Gottesdienst auf eine andere als die vom Papst in Rom sanktionierte Art und Weise zu feiern. Ihr Vorgehen rief unter den Deutschen zwei ältere und noch immer andauernde Konflikte in Erinnerung. Der erste reichte fast drei Jahrhunderte zurück und brachte die deutschen Fürsten gegen ihr politisches Oberhaupt, den Heiligen Römischen Kaiser, in Stellung. Den zweiten Konflikt, der im fünfzehnten Jahrhundert ausbrach, fochten ebendiese Fürsten gegen weniger bedeutende, aber auch unabhängige politische Kräfte aus – gegen Ritter, Reichs- und Territorialstädte und zahllose einfache Dörfer in den Gebieten dazwischen. Aus beiden Konflikten gingen die Fürsten als spektakuläre Sieger hervor.

Im Streit mit dem Kaiser erreichten die Herrscher der größeren Länder im Jahr 1356 eine vorteilhafte Pattsituation, als der aus Böhmen stammende Kaiser Karl IV. deutsche Macht und kaiserliche Schwäche anerkannte, indem er sein goldenes Siegel an die neue deutsche Reichsverfassung heftete. Diese als Goldene Bulle bekannte Verfassung gab den Fürsten, was sie seit dem Niedergang des Reiches der Hohenstaufen gewollt hatten: quasikönigliche Rechte innerhalb ihrer jeweiligen Länder. Von da an wählten sieben Fürsten, vier weltliche und drei kirchliche, unter den von ihnen ausgehandelten Bedingungen den Kaiser – und zwar ohne Einbeziehung des Papstes.[1]

In den eineinhalb Jahrhunderten zwischen der Goldenen Bulle und der protestantischen Reformation zeigten die deutschen Fürsten wenig Interesse an einer nationalen Einheit. Statt dessen nutzten sie ihre neue politische Macht, um ihre eigenen Staaten zu stärken, und unterwarfen den niederen Adel, die städtischen Bürger und die Bauern dem Gesetz und der Kultur des Fürsten. Nicht zufällig erreichte dieser politische Konflikt seinen Höhepunkt in der Entstehungsphase der protestantischen Reformation.

Religiöse Reform fand in den neuerdings bedrängten Groß- und Kleinstädten eine Heimstatt. Im späten fünfzehnten Jahrhundert gab es vielleicht dreitausend Städte, die weit überwiegende Mehrheit von ihnen war klein (zweihundert hatten mehr als eintausend Einwohner, nur wenige hatten zwanzigtausend oder mehr). Fünfundsechzig davon waren freie Reichsstädte, dem Heiligen Römischen Kaiser, nicht den unmittelbareren Territorialmächten, zur Treue verpflichtet. Doch ob Reichs- oder Territorialstädte – sie hatten allesamt feste Verpflichtungen ihrem jeweiligen Herrscher gegenüber, die auf Gründungsurkunden oder besonderen vertraglichen Vereinbarungen beruhten. Wittenberg zum Beispiel, der Geburtsort der Reformation, war die Hauptresidenz des sächsischen Kurfürsten und schuldete ihm als ihrem obersten Gebieter Gastlichkeit (Unterkunft und Verpflegung), Steuern und Truppen für seine Armee. Im Verlauf des sechzehnten Jahrhunderts nahmen fünfzig der fünfundsechzig deutschen Reichsstädte die Reformation an, mehr als die Hälfte davon auf Dauer. In größeren und kleineren Territorialstädten konnten protestantische Minderheiten Seite an Seite mit katholischen Mehrheiten leben, während in einigen wenigen die Reformation nach einem kurzen Zwischenspiel gänzlich unterdrückt wurde. Viele andere Orte, insbesondere jene mit über eintausend Einwohnern, nahmen die Reformation bereitwillig und auf Dauer an.[2]

Lokaler Unmut gegenüber der römischen Kirche und der Wunsch nach kommunaler Souveränität zog die Stadtbevölkerung zu den protestantischen Reformen hin. Stadtbewohner, die Selbstverwaltung praktizierten, betrachteten ihre Gemeinden als Oasen der republikanischen Regierungsform in einer Wüste autokratischer Herrschaft und glaubten sich dem Landadel und den Fürsten moralisch überlegen. Sie hatten ihre Position nicht durch Geburt, Vermögen oder militärische Macht erlangt, sondern durch eigene Erfindungsgabe und Fähigkeiten, die sie sich in produktiver Arbeit angeeignet hatten.[3] Stadtchronisten drückten das Selbstbewußtsein der Städte aus, indem sie deren jeweilige Geschichte mit Adam und Eva beginnen ließen. Noch intensiver war der Glaube an diese Besonderheit in den freien Reichsstädten, jede ein selbstbewußter Bestandteil eines überregionalen und transhistorischen Reiches, dessen Universalität im reichsweiten Handel und in den Residenzen entlang seinen Straßen greifbar war. Aus solcher Selbstherrlichkeit heraus überschütteten die Repräsentanten spätmittelalterlicher Städte die sie bedrohenden Fürsten und Bauern mit denselben Schimpfnamen, die der Klerus verwendete, um Seelenfänger anzuklagen („Türken“ und „Hussiten“).[4]

Die Stadt des sechzehnten Jahrhunderts – in Selbstdarstellungen der Nabel der Welt –, deren Luft frei machte, war ein Ort größerer Sicherheit und vielfältigerer Möglichkeiten. Ihre Räte und Beamten traten jedoch als Oligarchen und Souveräne, als Obere und Herren auf. Und für außerhalb der Stadtmauern lebende Adlige und Bauern war kein politisches Gebilde in der Welt des späten Mittelalters egoistischer als die Stadt, die einen so hohen Begriff von sich selbst hatte.[5]

Die adligen Herren und Fürsten taten die von den Städten gepriesenen eigenen Verfassungen als nur auf Kommunalpolitik zugeschnittene rechtliche Werkzeuge ab. Königliche Juristen argumentierten, daß in dem Maße, wie jede Stadt und jedes Dorf als ihr eigenes Oberstes Gericht fungieren könnten, es landesweit kein gleiches Recht geben könne. Als Fürsten im fünfzehnten Jahrhundert sich mit neuen, landesweit gültigen Kodizes über die lokalen Gesetze hinwegsetzten, taten sie dies im Namen der Gerechtigkeit und präsentierten sich selbst als Verfechter eines für alle gleichen Rechts. Für die Betroffenen waren solche Argumente lediglich Ausreden für blanke Aggression, was Gerald Strauss „schleichenden Tod durch staatliche Regulierung“ genannt hat.[6] 1495 wurde damit begonnen, die neuen Kodizes ernsthaft umzusetzen, nachdem das neue Reichskammergericht das römische Recht zur Richtlinie für alle weltlichen Gerichte des Reiches erklärt hatte. Nach römischem Recht war die höchste Autorität innerhalb eines Landes seine höchste Gewalt, weshalb römisches Recht das Rechtsinstrument zur Zentralisierung europäischer Regierungsformen wurde. Die Jahrzehnte der Renaissance und der Reformation in Deutschland waren auch jene, in denen dieser erbitterte politische und rechtliche Konflikt ausgetragen wurde.

Die deutsche Stadt des späten Mittelalters war ein Gemisch aus Gegensätzen und auch in dieser Hinsicht das, was eine ältere Historiographie das „Protoplasma" des modernen deutschen Staates nannte.[7] Auf der einen Seite gab es eine störende Verordnungsfreudigkeit, das Bedürfnis, jeden einem eindeutigen Platz in der Gesellschaft zuzuordnen, bis hin zur Kleidung, die man tragen, zu den Stadtvierteln, die man bewohnen, und den Wörtern, die man verwenden dürfe – alles Zeichen einer Gesellschaft, die sich mehr vor der Anarchie fürchtet als vor der Tyrannei. Auf der anderen Seite gab es tröstliche Sicherheit und Freiheit, was im spätmittelalterlichen und frühmodernen Deutschland körperliche Unversehrtheit und materiellen Wohlstand bedeutete. Als Martin Luther im Jahr 1520 trefflich die „Freiheit eines Christenmenschen" in einer Abhandlung gleichen Titels definierte, sagte er nicht: „Ein Mensch, ein Glaube"; auch sprach er nicht von irgendeinem Recht, Gott so anzubeten, wie es einem gefiel. Statt dessen beschrieb er einen Zustand, in dem man sowohl als „Herr über alle Dinge ... und [als] dienstbarer Knecht aller Dinge" leben könne. Damit meinte er ein Leben jenseits der geistlichen Sphäre, sicher vor Sünde, Tod und Teufel, innerlich ausreichend gefestigt, um selbstbewußt sowohl im eigenen als auch im Interesse des Nächsten zu handeln. Hier fand sich eine geistliche und moralische Parallele zur Freiheit und Sicherheit, die die urbane Bevölkerung in ihren Städten suchte und die jene dort zu erlangen hofften, die der Drangsalierung und der Arbeitslosigkeit auf dem Land entflohen.

Als die territorialen und die städtischen Regierungen ihre Macht im späten fünfzehnten und frühen sechzehnten Jahrhundert ausdehnten, sahen bedrängte Städte, Kleinstädte und Dörfer in der Lutherschen Revolte einen Verbündeten. Der Ruf Luthers nach bibelfesten, selbstverwalteten christlichen Gemeinden, frei von Beeinflussung und Ausbeutung durch den ausländischen Papst, erschien vielen, über das ganze gesellschaftliche Spektrum hinweg, als eine exakte geistliche Entsprechung des weltlichen Kampfes für den Erhalt lokaler republikanischer Institutionen angesichts anmaßender städtischer Oligarchen und Territorialfürsten. Luther sprach sogar von der Kirche als einer Gemeinde, einer nachbarschaftlichen Gemeinschaft von Glaubensgenossen, die in geistlichen Angelegenheiten gleichrangig waren und die für das gegenseitige Wohlergehen moralische Verantwortung übernahmen – nicht aber von einer Kirche, die pyramidal von den niedrigsten Laien über den Klerus und den Papst bis zu den Heiligen im Himmel strukturiert war.[8]

Deutsche Städte waren nicht die einzigen zeitgenössischen Gemeinschaften, die eine geistige Verwandtschaft zur protestantischen Reformation erkannten und sie für andere als die von den Reformatoren in erster Linie gedachten Zwecke vereinnahmen wollten. Auch eine Reihe Reichsritter sahen, ebenso wie der gewöhnliche Landarbeiter, in der Reformation einen Bundesgenossen.[9] Über die Konfessionsgrenzen hinweg wirft es ein bezeichnendes Licht auf die Prioritäten der Reformatoren, daß sie unterschiedslos die Sache der Städte, der Dörfer und der Fürsten unterstützten und begünstigten, wobei sie an allen drei Schauplätzen die für sie sorgenden politischen Hände sowohl bissen als auch küßten. Sie taten dies, weil alles, was sie erreichen wollten, vom Überleben und Erfolg ihrer jeweiligen kirchlichen Institutionen abhing.

Der erste protestantische Fürst

Keine einzelne Person hatte mehr mit dem Überleben und Erfolg der Reformation zu tun als Friedrich der Weise, Kurfürst von Sachsen. Seine Verteidigung Luthers nach 1517 erlaubte es der Reformation, sich mit einer ihr vorausgehenden und sie vereinnahmenden deutschen Nationalbewegung zu vereinigen. Das Ergebnis war, trotz der von der Reformation erzeugten neuen konfessionellen Spaltungen, ein selbstbewußteres und kulturell einheitlicheres Deutschland. Warum wurde aus diesem frömmsten aller deutschen katholischen Fürsten der Schutzherr eines jungen Ketzers?

Es war Friedrichs Hofkaplan und Kabinettssekretär Georg Spalatin, der zwischen den beiden die entscheidende Verbindung knüpfte. Bevor er im Jahr 1509 an den Wittenberger Hof kam, hatte er Jura und Theologie an den Universitäten Erfurt und Nürnberg studiert – erstere war die Heimat des geistlichen Ordens der observanten Augustiner-Eremiten, dem Luther 1505 beigetreten war, letztere die Heimstatt der führenden Humanisten. 1511 half Spalatin, Luther nach Wittenberg zu holen, und er gab auch die maßgeblichen Impulse dafür, daß die Mitglieder des Humanistenkreises um den Nürnberger Willibald Pirckheimer als erste die Ideen der Reformation publizierten. In Spalatin fanden die deutschen Reformbewegungen auf den Gebieten von Religion und Bildung einen einflußreichen Freund an der Spitze der sächsischen Regierung, der willens und in der Lage war, ihren nationalen Zusammenschluß zu ermöglichen.

Wie andere herausragende Fürsten der deutschen Geschichte war Friedrich sowohl ein Mann seiner Zeit als auch der Zukunft. Besucher und Gäste gingen mit ihm in den reichhaltigen Wildgehegen der Umgebung seines Lieblingsjagdschlosses Lochau zur Jagd, wo unglaubliche Mengen an Wild und Geflügel erlegt wurden (in einer Herbstsaison wurden von einem einzigen Jäger 208 Bären, 200 Luchse und noch höhere Zahlen an Wölfen, Wildschweinen, Hirschen und Geflügel gemeldet).[10] Dieselben Gäste kämpften mit dem Kurfürsten auf den Turnierplätzen von Wittenberg – Szenen, die vom Hofmaler Lucas Cranach verewigt wurden (und später von Pablo Picasso, der in seiner Übergangsphase zum Kubismus Cranachs Skizzen paraphrasierte).[11] Nach dem Wettstreit gab es Vorträge und Predigten in der neuen, um die Jahrhundertwende gegründeten Universität sowie in der renovierten Schloßkirche.

Als einer der ersten deutschen Fürsten mit einer humanistischen Ausbildung konnte Friedrich gut genug Latein, um einen klassischen Text zu übersetzen und Aphorismen von Seneca, Publius Terentius Afer, Cicero und Cato zu sammeln. Ein Spiegel seiner humanistisch geprägten Erziehung waren auch die Wandmalereien Cranachs im Wittenberger Schloß, auf denen Perseus Andromeda vom Seeungeheuer befreite, die Hesperiden den Garten mit den goldenen Äpfeln bewachten und die Argonauten das Goldene Vlies suchten.[12] Als Zweiundzwanzigjähriger machte der frischgekürte Friedrich seinen Einfluß geltend, um den verwegenen Conrad Celtis, einen großen Verehrer des römischen Historikers Tacitus und Kopf einer Kulturbewegung, die Apollo nach Deutschland holen wollte, zu Deutschlands erstem Poeta laureatus zu krönen. Friedrich korrespondierte mit Erasmus von Rotterdam und seinem italienischen Verleger Aldus Manutius, auch mit Deutschlands führendem christlichen Hebraisten Johannes Reuchlin, den er vor dominikanischen Fanatikern schützte, die darauf aus waren, jüdische Schriften zu zerstören und deren christliche Verehrer abzustrafen. Dürer stand schon von 1489 an auf Friedrichs Gehaltsliste und porträtierte ihn zweimal, das erstemal mit Celtis und später, in einem Auftragswerk für einen Altar, als einen der drei Könige, die Jesus nach seiner Geburt huldigten. Auf der jährlichen Leipziger Messe genoß Wittenberg den Ruf als bester Käufer, und moderne Kunsthistoriker verweisen auf Friedrichs Sammlung als die „Wittenberger Leinwandrenaissance".[13]

Traditionelle religiöse Frömmigkeit war eine ebenso große Leidenschaft des Fürsten und ein entscheidender Berührungspunkt mit Luther. Mehrfach ging Friedrich auf Pilgerschaft, einschließlich einer Reise nach Jerusalem im Jahr 1493, und verehrte die heilige Anna, die Schutzpatronin der Reisenden in Not, deren Anrufung „Hilf, heilige Anna" er auf sächsische Münzen prägen ließ.[14] Während seiner Pilgerschaft nach Jerusalem sammelte Friedrich zahlreiche Reliquien, die den Grundstock für Nordeuropas größte Reliquiensammlung bildeten, zu der auch ein Armknochen seines Namensvetters, des heiligen Friedrich, gehörte, ein Geschenk des Bischofs von Utrecht. Gegen Ende des zweiten Jahrzehnts des sechzehnten Jahrhunderts erreichte die Sammlung ihren Höchststand mit mehr als neunzehntausend Einzelstücken, die in zehn Galerien in der Schloßkapelle gruppiert waren und, auf die richtige Weise besichtigt und verehrt, Pilgern 1.902.202 Jahre Absolution von unbereuten Sünden versprach, eine Zeit, die anderenfalls im reinigenden Fegefeuer zu verbringen wäre.[15]

Luther haßte die große Reliquiensammlung und den noch größeren Ablaß, den sie versprach. Mit dem Anschlagen seiner berühmten fünfundneunzig Thesen im Jahr 1517 wartete er, bis Friedrich Wittenberg wegen der Herbstjagd in Lochau verlassen hatte, und tat dies dann am Tag der höchsten Verehrung für die Sammlung (Allerheiligen). Als jedoch der geschäftstüchtige Ablaßkommissar Johann Tetzel begann, auf Anordnung des Mainzer Erzbischofs den berühmten Ablaß im Grenzgebiet des Kurfürstentums Sachsen zugunsten des Neubaus der Peterskirche in Rom zu verkaufen, war Friedrich genauso verärgert wie Luther – wenn auch mehr über den politischen Übergriff als über eine etwaige religiöse Unredlichkeit. Im Jahr 1518, nachdem sich die Kirche gegen Luther gestellt hatte, unterband Friedrich den Ablaßhandel in seinen Landen, da er auch eine Herausforderung seiner Autorität darstellte. Im selben

Jahr rettete er Luther vor der Deportation nach Rom und einem wahrscheinlichen Tod.[16]

Der Herrscher

Der lebenslange Junggeselle Friedrich wurde aufgrund seiner Fähigkeit, den Frieden zu bewahren, der „Weise" genannt. Bevor er die Affäre Luther scharfsinnig lenkte, hatte er die Herausforderung konkurrierender Adliger, unter ihnen Erzbischof Albrecht von Mainz, überstanden. Schicksalsergeben bis zum Ende seiner Herrschaft (1525), hatte Friedrich den Ruf, ein „Mann der Mitte" zu sein, was sich in seinen persönlichen Wahlsprüchen spiegelte: „Soviel, wie ich kann" und „Immer langsam voran".[17] Spalatin, der auch Friedrichs Biograph war, glaubte, daß sich die Befähigung des Kurfürsten am eindrucksvollsten im Verlauf zweier großer Herausforderungen seiner Regentschaft erwiesen hatte: bei der ehrenhaften Vermittlung der Wahl Karls I. von Spanien zum Kaiser Karl V. im Jahr 1519 und seinem gleichermaßen geschickten Umgang mit dem protestantischen Aufstand in den frühen zwanziger Jahren des sechzehnten Jahrhunderts.

Bei der Kaiserwahl konkurrierten zwei weitere Herrscher mit Karl um die Kaiserkrone: Heinrich VIII. von England und Franz I. von Frankreich, und alle wußten, daß Friedrichs Stimme von entscheidender Bedeutung sein würde. Der König von England war der erste, der ein Bestechungsgeschenk anbot, was Friedrich, wenn man Spalatin glauben darf, ignorierte.[18] In diesem Wettstreit hatte der neunzehnjährige König von Spanien alle Vorteile in der Hand. Als Enkel des verstorbenen Kaisers Maximilian war er nicht nur der Erbe der spanischen Krone, sondern auch von Königreichen, die sich von Sizilien bis Österreich erstreckten. Papst Leo X. fürchtete das Entstehen einer neuen spanisch-deutschen Monarchie, größer als das Reich Karls des Großen, und schloß sich anfangs anderen bei der Unterstützung des französischen Königs an, dessen Aktivposten jedoch im Vergleich verblaßten.

Bei ihrem aussichtsreichsten Versuch, Karls Wahl zu verhindern, wandten sich der Papst, die Franzosen und die Schweizer an Deutschlands Lieblingssohn, Friedrich. Der päpstliche Legat Kardinal Cajetan, der kurz zuvor Luther in Augsburg verhört hatte, enthüllte dem sechsundfünfzigjährigen Kurfürsten diese Option. Derselbe Gedanke war Friedrich auch schon gekommen, wurde jedoch angesichts zweier ernüchternder Tatsachen verworfen: zum einen wegen seines Mangels an Ressourcen, um ein Reich regieren zu können, und zum anderen wegen der Wahrscheinlichkeit, einen Krieg gegen Karl zu verlieren, sowie wegen der Auflösung des Kurfürstenkollegiums, falls er sich wählen ließe.

Unter keinen Umständen aber durften die Deutschen das Kurfürstenkollegium verlieren. Dessen Macht verlieh Deutschland in der europäischen Welt Gewicht und ermöglichte es den Fürsten, den Kandidaten auf den Kaiserthron enorme finanzielle und politische Konzessionen abzuringen. Diese Wahl war in der Tat eine Gelegenheit, bei der die Deutschen Ausländer willkommen heißen mochten, darauf bedacht, sie auszunutzen. Das Kurfürstenkollegium war außerdem die beste Hoffnung der Deutschen auf eine funktionale Einheit und einen pragmatischen Frieden, wenn nicht gar auf eine frühe Form eines Nationalstaates.

Laut Spalatin fand Friedrich, als er in Frankfurt ankam, drei seiner kurfürstlichen Kollegen vor, die bereit waren, ihm ihre Stimme zu geben. Friedrich brauchte lediglich seine eigene Stimme für sich abzugeben (bei der Wahl des Kaisers hatte sich die Minderheit der Mehrheit zu beugen, die dann Einstimmigkeit verkündete), um als Deutscher die Kaiserkrone ergreifen zu können. Die sieben Kurfürsten, gekleidet in hermelingefütterte rote Mäntel und Barette, wählten am 27. Juni 1519. Wie Spalatin berichtete, schloß sich Friedrich drei anderen Kurfürsten an, indem er für sich stimmte, und wurde somit Heiliger Römischer Kaiser – jedoch nur für drei Stunden und nur innerhalb der verschlossenen Beratungsräume der Kurfürsten! Bevor Karls einstimmige Wahl bekanntgegeben wurde, erklärte Friedrich den übrigen Kurfürsten, weshalb selbst der stärkste deutsche Fürst nicht Kaiser sein könne, und lenkte seine Stimme und ihre Voten zugunsten des spanischen Königs um.

Weil es über diese Vorgänge keine offizielle Urkunde gibt (es gibt nur Spalatins bewundernde Biographie sowie die aus dem Umkreis Friedrichs stammenden Gerüchte), verbleibt diese für Friedrich sehr schmeichelhafte Geschichte im Reich der Legenden. Manche Historiker, die von dieser Geschichte als Tatsache ausgehen, sehen in seiner mutmaßlichen Kapitulation eine weitere Laune des Schicksals in der vergifteten Geschichte Deutschlands. Wenn der sächsische Kurfürst im Jahr 1519 als Heiliger Römischer Kaiser erfolgreich hätte regieren können, hätte das kleinere Deutsche Reich von 1871 drei Jahrhunderte früher Realität werden können.[19]

Nach der Wahl erlitten die sächsischen Fürsten seitens der Spanier eine Demütigung. In einer offensichtlichen Geste der Dankbarkeit für Friedrichs Unterstützung schlug der neue Kaiser eine Vermählung zwischen Friedrichs Neffen und Patensohn, dem zukünftigen sächsischen Kurfürsten Johann Friedrich, und Karls Schwester Katharina vor. Der Wittenberger Hof erhielt den Brief mit der verbindlichen Zusage im Jahr 1521. Weder Friedrich noch Johann Friedrichs Vater, Fürst Johann, hatte es gedrängt, diese Vermählung anzustreben, die auf noch mehr spanisch-habsburgische Einmischung in die sächsische Politik hindeutete. Jedoch konnte ein spanisch-habsburgischer Heiratsantrag nicht leichtfertig abgelehnt werden.

Am Ende rettete der Protest der spanischen Königinwitwe, die nicht auf die Nähe ihrer Tochter verzichten wollte – mit Sicherheit nicht zugunsten eines fernen deutschen Fürsten –, die Sachsen vor der Vermählung. Dennoch waren die Deutschen durch diese abrupte Wende der Ereignisse beleidigt worden, die den Sachsen neuen Grund gab, einen Groll zu hegen, der den spanischen Kaiser beim Ausbruch der protestantischen Reformation in Sachsen teuer zu stehen kommen würde.[20]

Hinter der Verteidigung Luthers durch Friedrich stand der Wunsch, die Macht Spanisch-Habsburgs und den Einfluß des römischen Papstes innerhalb Deutschlands so günstig wie möglich zu erhalten. Jenseits traditioneller Frömmigkeit und der Notwendigkeit, seine Untertanen zu schützen, war Luthers Popularität zu bedenken. Sollte es dem Kaiser und dem Papst gelingen, den führenden Geist der Wittenberger Universität hinzurichten, würden mit Luther auch Friedrichs Autorität und der Friede in seinem Land Schaden erleiden. Als Luther im April 1521, als Ketzer verurteilt, vor den Reichstag zu Worms zitiert wurde, um zu seinen Lehren Rede und Antwort zu stehen, nahm auch der Kurfürst von Sachsen, als eine Art Schutzengel, an dieser Versammlung teil.[21]

Die Verurteilung Luthers in Worms und deren politische Folgen für Sachsen vorausahnend, ließ Friedrich, um Luther zu retten, ihn auf der Wartburg unter Schutzhaft stellen. Dort übersetzte Luther, ein Jahr lang vor seinen Feinden versteckt, das Neue Testament ins Deutsche und betrieb auf brieflichem Wege die Reformation. Am Schluß des Reichstages schloß sich die große Mehrheit der Vertreter der deutschen Länder und Städte dem sächsischen Kurfürsten an und weigerte sich mit ihm, das Verfahren zu billigen und die Verurteilung Luthers in ihren Ländern publik zu machen.

Obwohl Friedrich ausreichende politische Gründe hatte, sich an Luthers Seite zu stellen, kann die Entwicklung seiner religiösen Frömmigkeit in Reaktion auf die Lehren Luthers nicht unberücksichtigt bleiben. Im Jahr 1522 prangte ein neues Motto als Akronym auf den Ärmeln seiner Winterkleidung: Das Wort Gottes bleibt in Ewigkeit (*VDMIA – Verbum Dei Manet in Aeternum*).[22] In jenem Jahr kannte Friedrich die Lehren Luthers gut genug, um über ihre Vorzüge nachzudenken und sie als ebendieses Wort zu beurteilen. Auch hatte er längst Luthers Recht anerkannt, aufgrund seines Doktortitels die Heilige Schrift zu lehren und den Wahrheitsgehalt der traditionellen kirchlichen Doktrin zu überprüfen. Noch bevor Luther die Szene betreten hatte, berichtete Spalatin über Friedrichs „großes Mißfallen und Erstaunen“ über die Respektlosigkeit gegenüber dem Wort Gottes, darauf beharrend, daß „Glaubenssachen so klar wie ein Auge sein sollten“, womit er biblisch transparent und rein meinte. Da Friedrich glaubte, daß Luthers Bewegung durch die Vorsehung bestimmt sei, zögerte er, die drohende religiöse Gewalt zu verhindern, und erklärte sich bereit, lieber das Leben eines Einsiedlers zu führen, als unabsichtlich Gottes Wille in der Geschichte herauszufordern. Solche persönliche Frömmigkeit führte ihn im Jahr 1523 dazu, frühzeitige Maßnahmen gegen Thomas Müntzer zu verhindern, der später den Bauernkrieg anführte. Zehn Monate vor jenem Aufstand, im Juli 1524, gewährte Friedrich dem damals aufwieglerischen Prediger eine Audienz bei den sächsischen Fürsten und ermöglichte ihm so, Argumente für eine radikale egalitäre Rekonstruktion der Gesellschaft als Alternative zu Luthers moderatem Reformprogramm vorzutragen.[23] Als sich im Frühling 1525 eine Bauernarmee gegen Friedrich versammelte, bekundete dieser seinen Glauben, daß göttliche Vorsehung den Vorrang vor dem Willen der Fürsten habe, und gelobte, daß er eine Herrschaft der Bauern über sein Land akzeptieren würde, wenn es sich zeigen sollte, daß dies Gottes Wille sei.[24]

Letzte Worte

Zwischen den Frühjahren 1524 und 1525 zog sich Friedrich aus dem öffentlichen Leben nach Schloß Lochau zurück. Spalatin, inzwischen Friedrichs ständiger Begleiter, erinnerte sich, daß der berühmte Fürst am Tag vor seinem Tode in einem mit Rädern versehenen Stuhl saß, damit er durch die Residenz rollen konnte. Sein Bruder Johann besuchte ihn täglich in voller Rüstung, während er darauf wartete, eine sich formierende Bauernarmee von zweiunddreißigtausend Mann anzugreifen. Als das Ende nahte, ließ Friedrich nach Luther schicken, der aber zu der Zeit in Thüringen unterwegs war und nicht an das Sterbebett kommen konnte.[25] Nachdem Spalatin den letzten Willen seines Fürsten niedergeschrieben hatte, fragte er ihn, ob ihn etwas bedrükke, woraufhin Friedrich antwortete: „Nur der Schmerz."

Das waren Friedrichs letzte schriftlich aufgezeichnete Worte. Nachdem er das heilige Abendmahl, anscheinend zum ersten Mal auf die neue lutherische Weise mit Brot und Wein, empfangen hatte, starb er am 5. Mai im Schlaf. Zehn Tage später metzelten sächsische und hessische Truppen das Bauernheer bei Frankenhausen nieder. Einer der letzten Wünsche Friedrichs war es, daß die triumphierenden Fürsten den Bauern gnädig sein und ihnen keine lange belastenden, harten Geldstrafen aufbürden sollten. Hätte er länger gelebt, so glaubte Spalatin, hätte er ihnen sicherlich etwas Erleichterung verschafft. Wahrscheinlich dachte Friedrich an einen aufstachelnden Aufsatz Luthers, als er diesen Wunsch äußerte. Noch einige Monate zuvor hatte Luther der Zwangsherrschaft der Fürsten die Schuld an dem Bauernkrieg gegeben und den Aufstand und die ihn begleitende Anarchie eine gerechte göttliche Bestrafung ihrer Tyrannei genannt. Im Gegensatz zum Kurfürsten rief der Kleriker und Bergarbeitersohn Luther nach dem Aufstand der Bauern zu ihrer gnadenlosen Bestrafung auf, ein Urteil, das er sowohl auf die Schrift als auch auf sächsisches Recht stützte.[26]

Einbalsamiert und in einem mit Teer konservierten Sarg ruhend, wurde Friedrichs Leichnam fünf Tage nach seinem Tod in die Wittenberger Schloßkirche überführt. Während des Gottesdienstes las Luthers Kollege, der Wittenberger Humanist und Professor für Altgriechisch, Philipp Melanchthon, eine lateinische Totenehrung, der eine tröstende Predigt über den Brief des Paulus an die Thessalonicher folgte, die Luther auf deutsch hielt.[27] Bei der Beerdigung am nächsten Tag hielt Luther eine weitere Predigt und hatte somit zweimal das letzte Wort am Leichnam des Gönners und Beschützers, mit dem er zu Lebzeiten niemals direkten Kontakt gehabt hatte; die gesamte Kommunikation zwischen ihnen hatte über Spalatin stattgefunden.

Ein deutscher Aufstand

In der modernen Forschung und Gelehrtenwelt gilt Martin Luther vielfach als der Mann, der den Fürsten die Mitra aufsetzte. Auch wird von ihm gesagt, er sei von der Idee des Teufels und der unmittelbar bevorstehenden Rückkehr Christi besessen gewesen sowie von einer Reformation, die nur am Ende der Zeit stattfinden könne – ein Mann und eine Bewegung, die von Gesellschaft und Politik losgelöst waren. Es wird behauptet, daß ebendiese intensiven gedanklichen Beschäftigungen dazu führten, daß er sich gegen die progressiven antiautoritären Bewegungen seiner Zeit wandte: gegen die Bürger- und Handwerkerproteste in den Städten, die Bauernaufstände auf dem Land und die neuen separatistischen religiösen Gruppen – die allesamt dem mittelalterlichen Deutschland einen zeitgemäßen Ausbruch aus dessen obskurer Politik und Moral versprachen.

Zeitgenossen kannten einen ganz anderen Mann und eine ganz andere Reformation. In seinen entscheidenden Jahren, von 1518 bis 1528, widmete sich Luther ebenso dem deutschen Nationalgeist und bürgerlichen Reformen wie der Wiederherstellung des biblischen Christentums. Als 1520 auf der europäischen Bühne erstmals ein graphisches Bildnis von ihm erschien, standen Nürnberger Humanisten und der Wittenberger Hof dahinter. Luther und Dürer, der eine Reihe seiner Bilder mit „Albertus Durerus Noricus" signierte, sollten einander niemals begegnen.[28] Nur über ihre Werke und über gemeinsame Freunde in Wittenberg und Nürnberg kamen sie miteinander in Berührung

Durch die Vermittlung Spalatins fanden Luthers frühe Schriften unter deutschen Intellektuellen eine weite Verbreitung. Dürer hatte zeitig Zugang zu ihnen als eingetragenes Mitglied von Pirckheimers Tischgesellschaft, nach 1517 bekannt als Staupitz-Gesellschaft (Sodalitas Staupitziana), nach Johann von Staupitz, dem Mentor Luthers.[29] In einem gemeinschaftlichen Versuch, die Deutschen zu bilden und das Ansehen Deutschlands in der Außenwelt, insbesondere unter den Italienern und Franzosen, zu verbessern, widmeten sich die Mitglieder der Gruppierung der Wiedergewinnung, dem Erhalt und der Verbreitung deutscher Geschichte und Kultur. Als exklusive Versammlung Nürnberger Gelehrter, Anwälte, Kaufleute und Politiker, deren Einfluß über die Stadtgrenzen hinausreichte, traf sich diese Gruppe regelmäßig, um die drängenden Themen der Zeit zu besprechen.[30]

Dürer gehörte zu den ersten Deutschen, die Luthers fünfundneunzig Thesen auf deutsch lasen, und zwar in der Übersetzung des Gruppenmitgliedes Kaspar Nützel aus dem Jahr 1519. – Sie stellte eine Unterstützung dar, die Luthers Protest direkt in den Dienst der deutschen Nationalbewegung stellte. Luther sandte Dürer im März 1518 einen Dankesbrief, möglicherweise für den Druck eines Holzschnitts der Passion Christi, beides von Spalatin übermittelt. Zwei Jahre später schrieb Dürer an Spalatin, um Friedrich dem Weisen für „ein kleines Buch von Luther“ zu danken, vermutlich eine der Reformationsschriften von 1520, die seine Lehren und Reformen einem breiten Publikum vorstellten. Da Luther inzwischen eine umstrittene nationale Figur war, bat Dürer Spalatin auch, Maßnahmen zu ergreifen, um die Sicherheit dieses „christlichen Manns, der mir aus großen Ängsten geholfen hat“, zu gewährleisten. Letzteres bezog sich auf die Niedergeschlagenheit und Melancholie, die ihn 1514/15 nach dem „schlimmen Tod“ seiner Mutter heimgesucht hatten und, weniger traumatisch, auf ein undankbares, unbezahltes Jahr im Dienst Kaiser Maximilians I. Die Grüße an Luther verband Dürer mit dem Wunsch, ihn in einem Kunstwerk zu verewigen.[31]

Mit diesem Brief sandte Dürer drei Abzüge seines eben geschaffenen Kupferstichs von Friedrichs altem Gegner, dem neuen Kardinal Albrecht von Mainz, offenbar als Muster dafür, wie er Luther darzustellen gedachte, wenn er die Möglichkeit dazu bekäme. Albrecht war ein weiterer Gönner Dürers und damals in Sachsen am ehesten bekannt als der höchstrangige deutsche Kirchenamtsträger, der den Ablaßhandel für die Peterskirche betrieb. In der Hoffnung, mit einem offiziellen Hofporträt von Luther voranzukommen, reichte Spalatin ein Exemplar von Dürers Albrecht-Bildnis an den Wittenberger Hofmaler Cranach weiter.

Um den vom Hof erbetenen Kupferstich von Luther „im Stile Dürers“ vorzubereiten, kopierte Cranach zunächst Dürers Albrecht – jedoch ohne irgendeine Absicht, dem Kardinal oder seinem künstlerischen Rivalen zu schmeicheln. Er stellte den Kardinal als dicklichen, apathischen Jüngling ohne viel Ähnlichkeit mit Dürers reifem und selbstbewußtem Kirchenfürsten dar. Im Gegensatz dazu war Cranachs Luther ein kräftiger, rechtschaffener Mönch mit stahlhartem Blick.[32] Das disharmonische Nebeneinander der Bildnisse deutet darauf hin, daß Cranachs Rivalität mit Dürer, seine Freundschaft zu Luther (der im Jahr 1520 Pate seiner Tochter wurde) und die Erinnerung an Albrechts Rolle in der Ablaßkontroverse ihre ganz persönlichen Ätzungen erzeugt hatten.[33] Daß Cranach drei Jahre später die Residenz des Kardinals in Halle renovierte – ein Auftrag, der zur selben Zeit ausgeführt wurde, als er für die Reformation Karikaturen des Papstes zeichnete –, macht deutlich, daß unter den Künstlern des Zeitalters die Ideologie nicht das Mäzenatentum übertrumpfte.[34]

Diese frühe Verbindung sächsischer Kunst, Politik und Religion um die Personen Spalatin, Dürer, Luther, Cranach und Friedrich den Weisen herum setzte die Flut organisierter religiöser Abweichung in Gang, aus der sich die deutsche Reformation entwickelte. Die zwei Bewegungen, die neue religiöse und die ältere politische, sprachen im April 1521 auf dem Reichstag zu Worms mit einer Stimme. Dort überreichten die deutschen Stände, von denen noch keiner protestantisch war, Kaiser Karl V. einhundertzwei „drückende Lasten und Mißbräuche, die der Heilige Stuhl von Rom dem Deutschen Reich auferlegt und gegen es begangen hat“ – eine lange nationale Auflistung von politischen, ökonomischen, kirchlichen und geistlichen Beschwerden, viele ein Widerhall der Lutherschen.[35]

Dies war jedoch nicht der Zeitpunkt für überzogene deutsche Beschwerden. Der Erfolg nationaler Reformen würde entsprechend dem Taktgefühl und der Disziplin der Reformatoren ausfallen – was uns zu Cranachs provokativem Kupferstich von Luther zurückführt. Der kurfürstliche sächsische Hof als Auftraggeber hielt ihn nun für zu aufwieglerisch für die Zeit und wies Cranach an, in einem neuen Kupferstich von Luther ein weniger zorniges Deutschland zu personifizieren.[36] Das Ergebnis war ein innerhalb einer traditionellen Heiligennische plazierter Luther, mit einer offenen Bibel in der Hand, ein scheinbar zum Zuhören und Nachdenken, vielleicht sogar zum Zweifeln und Achtgeben bereiter Reformator – ein Luther, mit dem die Fürsten arbeiten konnten.[37]

Die Werkstatt Cranachs schuf, zusammen mit anderen, mannigfaltige propagandistische Bildnisse Luthers für jene Gruppen, die der Hof und die Reformatoren auf ihre Seite ziehen wollten. Luther half bei diesem Wagnis freimütig mit und erteilte die Erlaubnis dafür, daß sein Bildnis so dargestellt wird, wie es die Politiker wünschten, solange begleitende Bibelverse und evangelische Bildtitel seine geistliche Botschaft hervorhoben.[38] Für Aristokraten und wohlhabende Bürger erschien Luther als der bärtige Junker Jörg, der Übersetzer des Neuen Testamentes ins Deutsche. Für die Intellektuellen gab es den gelehrten Professor mit ballonartigem Doktorhut. Für die Gelehrten und das einfache Volk gleichermaßen stellte Hans Holbein Luther als deutschen Herkules dar, der im Begriff ist, den dominikanischen Inquisitor von Köln, Jakob Hochstraten, zu Tode zu knüppeln und dessen Körper auf eine großen Haufen bereits erschlagener Generäle der scholastischen Besatzungsarmee des Papstes, von Aristoteles bis Johannes Duns Scotus, zu werfen. Für alle Deutschen schließlich, die bereit waren, räuberische Ausländer auf deutschem Boden zu vernichten, wird Luther, die Bibel in der Hand, Seite an Seite dargestellt mit dem fränkischen Anführer des ritterlichen Widerstandes, Ulrich von Hutten, der in der Hand ein Schwert hält und unter einem Banner mit der Aufschrift „Christliche Freiheit“ steht.[39]

Die an der Propagierung und dem Erfolg der Reformation Mitwirkenden – die Humanisten, der sächsische Hof, die Reformatoren und die Künstler, die allen dreien dienten – erkannten die erniedrigenden Auswirkungen der päpstlichen Macht auf die deutsche Politik und die Seelsorge: das, was die Politiker als „Bürden und Mißbrauch" und die religiösen Reformatoren als „Lügen und Märchen" Rom anlasteten. Deutsche Juristen, Humanisten und Theologen forschten alle in der deutschen Vergangenheit nach Traditionen und Beispielen, um sie als erneute Bekräftigung deutscher Souveränität und kultureller Ebenbürtigkeit ausländischen, hauptsächlich römischen, Kritikern vorzuhalten.[40]

Als Luther noch weniger bekannt war, nahm er an dieser Suche teil und lieferte als kleinen Beitrag ein von ihm entdecktes anonymes mystisches Werk, das er redigierte und unter dem Titel *Eine deutsche Theologie* herausgab. In der Einleitung zur vollständigen Ausgabe rühmte er es dafür, daß es das deutsche Volk zu Gott geführt habe, wo Bücher in Latein, Griechisch und Hebräisch es nicht getan haben – ein Beweis, behauptete er ferner, der Überlegenheit deutscher Theologen über römische, griechische oder jüdische. Demonstrativ warnte er Ausländer mit bösen Absichten davor, die Einfältigkeit der Deutschen mit Schwäche zu verwechseln.[41] Diese Druckschrift war eine weitere heimatliche Wurzel, an die sich Deutsche klammern konnten, und eine Erinnerung an eine noch immer unverheilte historische Verletzung deutschen Stolzes. Ihre Veröffentlichung war ein früher Schritt hin zu der Integration des neuen religiösen Protests gegen Rom mit jenem einer älteren nationalen Bewegung, die damals ebenfalls deutsche Geschichte und Kultur wiederentdeckte.

Die neue Theologie

„Ein Christenmensch ist ein freier Herr über alle Dinge und niemand untertan.
Ein Christenmensch ist ein dienstbarer Knecht aller Dinge und jedermann untertan."

Martin Luther, 1521[42]

Deutsche Kunst und Literatur, Philosophie und Theologie, politische Traktate und Reden sind voll von einprägsamen Bezeugungen der Selbsterhöhung und -erniedrigung. An einem Ende des Spektrums ist der sanfte Nihilismus der mittelalterlichen Mystiker, die gänzlich im Wesen Gottes aufgehen wollten „wie ein Tropfen Wasser in einem Faß Wein", „ein einziges Eines" werdend.[43] Am anderen Ende sind die modernen Übermenschen, die eine unvollkommene Welt individuell überwinden oder sie kollektiv in ein tausendjähriges Reich verwandeln wollten. Die mittelalterliche Kirche verketzerte die ersteren, während die heutige Welt immer noch dabei ist, die Scherben der fragwürdigen Utopien der letzteren aufzusammeln.

Das Selbstbild des Menschen

Die Denker der deutschen Renaissance und Reformation, katholische wie protestantische, dachten tiefer über die Dilemmata der Seele und der Gesellschaft nach als jene in allen anderen deutschen Jahrhunderten vor dem neunzehnten, als solche Gegenstände erneut einer Prüfung unterzogen wurden – mit revolutionärer Wirkung. Das Ergebnis im sechzehnten Jahrhundert war ein Bild der Natur und der Bestimmung des Menschen, das drei Jahrhunderte lang im Zentrum des deutschen protestantischen Denkens und der Kultur bleiben sollte. Der berühmteste Maler und der berühmteste Theologe des Zeitalters, Dürer und Luther, verliehen ihm am eindringlichsten Ausdruck.

Dürers unmittelbare Welt grenzte ganz persönlich an

die der Väter des deutschen Humanismus (Rudolf Agricola) und des deutschen Protestantismus (Luther), deren Lebensläufe Dürers eigenen einrahmten. Unter den deutschen Renaissancekünstlern schuf Dürer mehr Selbstporträts als jeder andere, und um die Wende zum sechzehnten Jahrhundert malte er zwei, eines im Jahr 1500, ein anderes 1502/03, die den Weg zum religiösen Übergang wiesen, den die deutsche Reformation verkörperte.

Im ersten dieser Selbstbildnisse, das moderne Kunstkritiker „eine kopernikanische Revolution des Christusbildes" genannt haben, wird Jesus Christus Dürers Gesicht gegeben, ein frühreifer Markstein der Geburt der modernen Kunst und Selbstwahrnehmung.[44] Fundiert und begleitet wurde diese berühmte Inkarnation von vielen eloquenten humanistischen Reden über die Würde des Menschen, eine durch Dürers Selbstporträt von 1500 zum Crescendo gebrachte literarische und künstlerische Tradition.

Im Selbstbildnis von 1502/03 dagegen präsentierte Dürer sein Spiegelbild in einer Situation, als er sich von der Pest erholte, und griff dabei noch ein anderes mittelalterliches Genre auf – Christus der Leidensmann –, da er sich nun in all seiner menschlichen Vergänglichkeit und Häßlichkeit darstellte. Weit entfernt vom christusgleichen Dürer von 1500 erscheint der Künstler als düsterer Nackter, als einsamer, dem nahen Tod ins Auge blickender Mann ohne Anspruch auf Kraft, Schönheit oder Genialität, geschützt allein durch seine Vorhaut.[45]

Während Vorbilder für beide Porträts thematisch bereits vor denen Dürers existierten, wartete gleich jenseits des Horizonts Luthers dialektische Theologie der Erhebung und Erniedrigung und würde ihnen eine Interpretation zuteil werden lassen, die Dürer in die Reformation hineinziehen und Luther einen herausragenden Platz auf der deutschen Bühne sichern sollte.

Auf den Monat genau fünf Jahre nach Erhalt seines Doktorhutes, im Oktober 1517, verurteilte Luther radikal die traditionelle, auf Aristoteles basierende Theologie mit ihrer Konzentration auf gute Werke und Selbstrechtfertigung.[46] Die Kirche, an deren Tür er der Legende nach seine berühmten Thesen anschlug, grenzte an das Schloß des Kurfürsten Friedrich. Dort wurden Jura-Klassen der Universität unterrichtet, und ihr erster Stock beherbergte die Universitätsbibliothek, ein treffliches Symbol für die Verflochtenheit der Bildungs-, politischen und religiösen Bewegungen jener Zeit.[47]

Luther gründete seinen Protest auf einer behaupteten Wiederentdeckung der wahren biblischen Darstellung darüber, wer der Mensch ist und wie er errettet wird, grundlegende Lehren, die die mittelalterliche Kirche seiner Meinung nach vergessen oder pervertiert hatte. Eine gleichartige Dekonstruktion des Christentums würde es erst im späten achtzehnten und im neunzehnten Jahrhundert wieder geben, als eine beachtliche Reihe von protestantischen Akademikern, angefangen mit Immanuel Kant und in Friedrich Nietzsche den Höhepunkt erreichend, das Christentum einer ähnlich gründlichen Kritik unterzog. Im sechzehnten Jahrhundert war Luthers Theologie eine ebenso große Herausforderung des mittelalterlichen religiösen Universums, wie es die spätere Tod-Gottes-Philosophie für die reformierte jüdisch-christliche Tradition in der modernen Welt sein würde. Zusätzlich zur Schaffung rivalisierender westlich-christlicher Konfessionen einten Luthers Schriften die Deutschen gegen das römische Papsttum und stärkten die deutsche territoriale Souveränität in der von der nationalen Kulturbewegung verfochtenen Richtung.

Sowohl Luthers Theologie als auch die der von ihm angegriffenen römischen Kirche führten die Christen zur biblischen Verheißung der Erlösung, die die Inkarnation und Kreuzigung Christi versprachen – errettende Ereignisse, die in den Predigten und den Sakramenten beider Kirchen weiterlebten. Die Wege der beiden Konfessionen trennten sich jedoch beim Blick in die Zukunft, wo ein auferstandener Christus mit dem göttlichen Strafgericht wartete. Die Frage, wie man sich auf diese Begegnung vorbereiten und sie überleben sollte, stand im Verlauf des sechzehnten Jahrhunderts und darüber hinaus im Mittelpunkt der Spaltung des deutschen und europäischen Christentums. Ein vorausschauender katholischer Pilger ging einen Weg von der Gnade zum Gericht, getröstet durch die sichere Verheißung von Christus dem Erlöser, jedoch weiterhin mit dem prüfenden Blick von Christus dem Richter konfrontiert. Mittelalterliche Theologie lehrte die Laien, diesen Konflikt durch Buße, Absolution und gute Werke aufzulösen. Und im fünfzehnten Jahrhunderts standen für alle, die noch Zweifel hatten, sogleich Ablaßbriefe zur Verfügung.

Für Luther waren solche Vorstellungen Abscheulichkeiten, die auf legalistischen und ritualistischen Judaismus zurückzuführen waren, der seiner Meinung nach den prophetischen und psalmistischen Judaismus in der Antike untergraben hatte und anschließend über die mittelalterliche Kirche das biblische Christentum ebenfalls verdorben hatte. In der protestantischen Theologie war die einzige Gerechtigkeit, die den Tag des Jüngsten Gerichtes zu überstehen sicherte, die des fleischgewordenen, gekreuzigten, auferstandenen und thronenden Gottessohnes, den allein der Glaube erfaßte. Somit wies die Luthersche Formulierung unmittelbar die mittelalterliche Formel zurück, die Glaube und Arbeit vereinigte. Luther verglich den vollständig erfüllenden Moment des Glaubens mit dem „fröhlichen Wechsel" zwischen Bräutigam und Braut.

> „Aus dieser Ehe folget, wie Paulus (Eph. 5, 30) sagt, daß Christus und die Seele ein Leib werden. Ebenso werden auch beider Güter, Glück, Unglück und alle Dinge gemeinsam, so daß, was Christus hat, das ist der gläubigen Seele eigen, was die Seele hat, wird Christi eigen. Christus hat alle Güter und Seligkeit: die sind der Seele eigen; die Seele hat alle Untugend und Sünde auf sich: die werden Christi eigen."[48]

Für die zeitgenössische Theologenzunft war schon die Rückführung der Macht der Erlösung allein auf den Glauben die Höhe der Ignoranz und der Blasphemie. Im Jahr 1526 destillierte Jacob Hochstraten, der dominikanische Inquisitor von Köln, das Wesen traditioneller katholischer Lehre zum Thema in einer Spottschrift über Luthers „fröhlichen Wechsel" heraus:

> „[Luther] führt keine Vorbedingungen für die geistliche Vermählung der Seele mit Christus an außer, daß wir an Christus glauben ... und darauf vertrauen, daß Er uns alles zuteil werden läßt[, was Er verspricht]. Nicht ein einziges Wort wird über die wechselseitige Liebe gesagt, durch die die Seele Christus liebt ... Auch hören wir nichts über die anderen göttlichen Gebote, für deren Einhaltung das ewige Leben sowohl versprochen als auch geschuldet wird.
>
> Was sonst tun jene, die sich solch eines niederträchtigen Spektakels rühmen, als aus der Seele ... eine Prostituierte und eine Ehebrecherin zu machen, die wissentlich und bewußt ein Komplott schmiedet, um ihren Ehemann [Christus] zu täuschen und, täglich immer wieder Hurerei und Ehebruch begehend, den sittsamsten aller Männer in einen Zuhälter verwandelt? Als ob Christus sich nicht die Mühe macht ... sich eine reine und ehrenhafte Geliebte ... auszuwählen! Als ob Christus von ihr nur Glaube und Vertrauen fordert und kein Interesse hat an ihrer Rechtschaffenheit und den anderen Tugenden! Als ob eine gewisse Vermischung von Rechtschaffenheit mit Sünde und von Christus mit Satan möglich wäre!"[49]

Luthers Vereinigung im Glauben war weder eine mittelalterliche mystische Vereinigung noch eine Fehldeutung der traditionellen Rolle des Glaubens. Im Vergleich zur mittelalterlichen Theologie formulierte er die Definition eines im Diesseits „erlösten" Menschen radikal um. Anstatt wirklich wie Christus zu werden, hatte der gute Christ statt dessen seine dauerhafte Andersartigkeit gegenüber ihm im Diesseits zu erkennen und hinzunehmen. Jedoch waren in Luthers neuer Definition des „vollkommenen Sterblichen“ Gott und Mensch so vollständig miteinander versöhnt, wie sie es in Ewigkeit sein würden – ein Vorgang ohne jegliche blasphemische Herabsetzung Gottes oder Erhöhung des Menschen. Hier gab es, genau wie Hochstraten gescholten hatte, eine „gewisse Vermischung von Gerechtigkeit mit Sünde“, jedoch nicht solcherart, daß aus Christus ein unbedachter Zuhälter gemacht würde oder aus der Seele eine lüsterne Hure. In der deutschen protestantischen Überlieferung war der Gläubige gerecht und sündig zugleich, *simul iustus et peccator* – gerecht durch seine Verbindung mit Christus im Glauben und sündig durch seine unausweichliche Endlichkeit und durch den Sündenfall der Menschheit.

Diese dialektische Theologie paßte genau zum Nebeneinander von Dürers Selbstbildnissen als auferstandener Christus und als Todesqualen erduldender Leidensmann. Gemäß Luther war die gute Nachricht des christlichen Evangeliums, daß ein Mensch nicht zwingend „wie“ Gott sein muß, um mit ihm eins zu sein. In dem „fröhlichen Wechsel“, der sich ein Leben lang in Augenblicken des Glaubens wiederholt, gewinnt der Gläubige die Klarheit und Gewißheit, daß Gott keine Fiktion sei und seine biblische Verheißung, daß alle, die glauben, erlöst werden, keine Lüge.

Mit dieser glänzenden spirituellen Einsicht kam auch das düstere Bewußtsein, daß die Seele an sich, allein und getrennt von ihrem göttlichen Bräutigam, ein unglückseliges Geschöpf blieb, weder in der Lage, dem göttlichen Gesetz in diesem Leben Folge zu leisten, noch im nächsten Leben vor dem Urteil Gottes zu bestehen. In Luthers Sicht sah der deutsche Christ, im Gegensatz zum römischen, sein Leben nicht auf einem geistlichen Kontinuum von abnehmender Sündhaftigkeit zu zunehmender Gerechtigkeit. Seine Seele umspannte zwei Pole, und er führte ein Doppelleben – hoffnungslos und wirr in dem Leben, das er allein auf der Erde durchhalten konnte, jedoch ewig behütet in den Höhen, in die sein Glaube ihn jeden Augenblick hob. Deutsche Christen, die ein solches Selbstverständnis erlangten, ob durch ein traditionelles Glaubensbekenntnis oder über irgendeine weltliche Erfahrung, erwarben ein Gefühl einer dauerhaften Chance. Obwohl eine lutherische Formulierung, waren unzählige Anstrengungen früherer religiöser Erfahrungen und Einsichten hineingepackt worden. Hier war, mit einem Wort, eine Theologie für ein Volk, das in seiner Geschichte immer wieder Anlauf nahm und innehielt, die absolute Philosophie des Sich-aus-eigener-Kraft-Emporarbeitens, die weder Selbstzufriedenheit noch Verzweiflung an sich selbst zuließ. Hier war auch die mahnende Lektion, die Johann Wolfgang von Goethe später in seiner Dramatisierung von Dr. Faustus, einer deutschen Geschichte aus dem sechzehnten Jahrhundert, in eine zeitgemäße Form bringen würde.[50]

Eine neue bürgerliche Gesellschaft

Die neue Theologie leistete nicht nur eine kritische Neubeurteilung derjenigen Probleme, die die Seele bedrohten, sondern auch jener, denen sich die Gesellschaft als Ganzes gegenübersah. In der lutherischen Version hatten Christen, die im Gewissen und in der Seele „Herren über alle Dinge" waren, die Pflicht, in ihrem physischen Leben und ihren weltlichen Berufen „dienstbare Knechte aller Dinge" zu sein. Auch der Dissens innerhalb der Reihen lutherischer Kleriker und die Ansprüche der Bauern und der Handwerker im Namen des Christentums und der Reformation dehnten die Reichweite der Reformation im politischen, sozialen und Familienleben weiter aus.

Angesichts der Menge an Tinte, die moderne Gelehrte verbrauchten, um darzustellen, wie Luthers politisches und soziales Denken den Triumph des absoluten deutschen Territorialstaates ermöglichte, könnte eine lutherische Bürgergesellschaft als Widerspruch in sich erscheinen. Die religiösen Reformatoren unterstützten jedoch nicht nur die deutsche Nationalbewegung, sondern auch das Ziel einer guten und gerechten Gesellschaft für alle Deutschen. Bevor

Luthers Reformen die kirchlichen Gesetze auch nur einer einzigen Stadt oder Gemeinde verändert hatten, hatte er lange Abhandlungen über politische Philosophie, Armenhilfe, Ehe und Familie, jüdisch-christliche Beziehungen und Bildungsreform geschrieben.

Über zwei Punkte waren sich die konkurrierenden Reformatoren jener Zeit einig: Ein Erfolg bedeutete die Sicherung der Reform in Recht und Institutionen, und der effektivste Weg zum Gelingen war das Einbeziehen etablierter Macht. Entsprechend stellten die Lutheraner Separatismus und Revolution als ein Ausweichen vor der christlichen Moral und der bürgerlichen Pflicht dar – als Preisgabe und Zerstörung der Gesellschaft anstelle ihrer inneren Reform. Sowohl Thomas Müntzer, der einen Bauernaufstand anführte, als auch radikale Anabaptisten, die in Münster eine Terrorherrschaft errichtet hatten, verstanden das gut – ersterer bot den sächsischen Fürsten die friedliche Übernahme seiner Reformen an, während letztere rechtmäßig an die Macht kamen.[51]

Für das Zeitalter waren die Gesamtwirkungen der in Politik, sozialer Wohlfahrt, Privatleben und Bildung eingeschlagenen Reformen so bedeutend wie die in Kirche und Religion angestrebten. Im Ringen um gerechte Gesetze und redliche Institutionen konkurrierten Gott und der Teufel sowohl um die Seelen der einzelnen als auch um die irdische Herrschaft. Luther stellte sich zwei zeitgenössische Gewalten vor, die von Gott dazu bestimmt waren, die weltlichen und geistlichen Sphären des Lebens zu regieren – die Fürsten und Lehnsherren, um Körper und Eigentum zu überwachen, die Pastoren und Priester, um die Gewissen und Seelen zu schützen.

Für Luther bestand das deutsche Problem des sechzehnten Jahrhunderts im Erfolg des Teufels, gleichermaßen weltliche Herrscher und Klerus, Untertanen und Laien dazu verführt zu haben, ihre Seelen zu verkaufen und sich ihren moralischen und spirituellen Pflichten zu entziehen. Die Politiker taten dies, indem sie Ungerechtigkeit zuließen und die Verbreitung des Evangeliums behinderten, die Geistlichen durch falsche Erlösungsversprechungen und unangemessenen weltlichen Ehrgeiz und der Durchschnittsmensch dadurch, daß er sich so bereitwillig von beiden täuschen und unterdrücken ließ. Zusätzlich zum habgierigen ausländischen Papsttum wurden zwei andere Feinde erkannt, die die bürgerliche Gesellschaft in den frühen Jahrzehnten der Reformation bedrohten: katholische Herrscher, die protestantische religiöse Reformen unterdrückten, und abtrünnige protestantische Verkünder des Evangeliums und Revolutionäre, die den einfachen Mann dazu drängten, für angebliche christliche Rechte zu den Waffen zu greifen.

Bei der Verfolgung seiner Ziele verwischte auch Luther schicksalhaft die Grenzen der Autorität und der Macht, die er selber gezogen hatte. Er tat dies erstens, indem er den christlichen Adel deutscher Nation aufforderte, als christliche Laien sein Anliegen gegen eine widerspenstige Kirche aufzunehmen. So lobte er im Jahre 1523 eine Laiengemeinde in der kursächsischen Stadt Leisnig für ihr Beispiel, daß sie einen katholischen Priester durch einen lutherischen Pastor ihrer eigenen Wahl ersetzt hatte, und pries ihre Handlung mit den Worten, um „über die Lehre zu urteilen, Lehrer und Seelsorger ein- und abzusetzen, darf man sich gar nicht nach der Menschen Gesetz, Recht, Herkommen Brauch, Gewohnheit etc. richten“.[52] Wenn das eine neue Ekklesiologie war, so war es auch eine zeitgemäße rationale Erklärung.

Im Jahr 1528 wiederum, nachdem die Kirchen- und Schulvisitationen in Sachsen lückenhaftes religiöses Wissen und ungenügende Verbesserung der Moral unter den Laien in den ländlichen Gemeinden aufgedeckt hatten, ermahnte Luther die deutschen Fürsten, wiederum als christliche Laien, als eine Art „Notbischöfe“ zu fungieren. In dieser Eigenschaft sollten sie die unerfahrenen protestantischen Kirchen mit der für ihre angemessene Unterhaltung und Disziplin notwendigen Verwaltung, Autorität und Kraft ausstatten.[53] Trotz einschränkender Klauseln, die den Laienstatus der Fürsten und den außergewöhnlichen Charakter ihrer neuen Zuständigkeiten betonten, schuf diese Konzession einen beunruhigenden deutschen Präzedenzfall. Als Fürsten im Jahr 1523 Protestanten zu verfolgen begannen, versuchte Luther vergeblich, den Geist wieder in die Flasche einzufangen, indem er ihnen vortrug, „was sie *nicht* tun dürfen".[54] Von 1528 an beschränkten deutsche Fürsten ihre Herrschaft nie wieder – falls sie es jemals getan hatten – allein auf Körper und Eigentum. Luthers Verflechtung von weltlicher und geistlicher Macht ermöglichte es der neuen Kirche, ihr Anfangsstadium zu überleben und ihre Mission in relativer Sicherheit zu verfolgen. Aus ihr wurde eine kooperativere Staatskirche, die fähig war und darauf brannte, über die neuen Schulen, das neue Wohlfahrtssystem und die familiären Regelungen, die sie zu schaffen half, eine große Dosis Religion in das bürgerliche Leben einzubringen.

Schulen und Universitäten

Die erste überregionale Vereinigung des deutschen Volkes war sprachlicher und kultureller Art und ging von Luthers Predigten, Flugschriften, Bibel, Kirchenliedern und Katechismen in der Landessprache aus. Wenige zeitgenössische Deutsche waren wie er qualifiziert, die Reform der Schulen und Universitäten Deutschlands zu beaufsichtigen. Zwischen 1520 und 1546 waren ein Drittel aller deutschsprachigen Veröffentlichungen Erst- oder Nachauflagen Lutherscher Werke. Er schrieb und sprach ein einfaches, klares, rhythmisches Deutsch, das noch heute seine Texte von „der schrecklichen deutschen Sprache" abhebt, deren fragmentierte Multisubjektsätze eine Ewigkeit brauchen, bis sie zu den Verben kommen.[55] Diese Sprache war laut Luther auch die des sächsischen Hofes, die von „allen Fürsten und Königen Deutschlands" nachgeahmt werde, was es ihm ermöglichte, zur ganzen Nation zu sprechen.[56] Dieser Dialekt war auch eine frühe Form der gesamtdeutschen Sprache, die wir heute als Hochdeutsch kennen, das aus einer Mischung aus ostmittel- und niederdeutschen Dialekten entstand. Luther reicherte ihn mit Wörtern und Wendungen von Kollegen und Studenten aus anderen deutschen Regionen an – auch mit solchen seiner westsächsischen Ehefrau Katharina von Bora, deren Redegewandtheit er als der seinen überlegen lobte.[57]

Im Jahr 1524 appellierte Luther an die Ratsherren in ganz Deutschland, öffentliche Schulen für alle Knaben und Mädchen zu fördern. Denn die Welt „bedarf feiner, geschickter Männer und Frauen, daß die Männer wohl regieren könnten Land und Leute, die Frauen wohl ziehen und halten könnten Haus, Kinder und Gesinde."[58] Um darauf vorzubereiten, vermittelten die neuen Schulen sowohl eine neue religiöse als auch weltliche Bildung. Knaben erhielten bis zu zwei Stunden ordentlichen Unterricht und Mädchen mindestens eine Stunde, wobei sie sich für den Rest ihres Tages einer elterlich bestimmten hauswirtschaftlichen Tätigkeit zu Hause oder einer gewerblichen Lehre widmeten.[59]

Die Reformatoren, die weder dem einfachen Mann trauten, der für unfähig gehalten wurde, das Erforderliche zu tun, noch den Fürsten, die der Spielsucht bezichtigt wurden, verließen sich auf die Stadtregierungen, erfahrene Schulmeister und -meisterinnen bereitzustellen, um Kindern Sprachen, Geschichte und Geisteswissenschaften „mit Vergnügen und im Spiel" beizubringen. Luther, der sich an seine eigene Schulzeit als Hölle und Fegefeuer, häufig mit „Stäupen, Zittern, Angst und Jammer", erinnerte, schlug eine umfassende Bildung für deutsche Kinder vor, die nun in einer neuen Welt lebten, damit sie „Geschichte und Sprüche aller Welt" verstehen könnten und könnten also in kurzer Zeit gleich der ganzen Welt von Anbeginn Wesen, Leben, Rat und Anschläge, Gelingen und Ungelingen für sich fassen wie in einem Spiegel".[60]

Ein weiteres Ziel der Bildungsreform war es, die deutsche Geschichte klar darzustellen. Luther glaubte, daß aufgrund des Mangels an angemessen ausgebildeten Historikern wenig über die Geschichte der Deutschen bekannt war, wodurch es Menschen in anderen Ländern überlassen blieb, sie sich als Bestien vorzustellen, „die nichts mehr können, denn kriegen und fressen und saufen.“[61]

Als in den späten zwanziger Jahren des sechzehnten Jahrhunderts diese ehrgeizigen Versuche, die ländliche Bevölkerung umzuerziehen, vollständig zu scheitern schienen, griffen vormals progressive Pädagogen zur Rigorosität des alten Systems. Die Enttäuschung in Luthers Reaktion auf die Visitationsberichte war offensichtlich; er sah sich zu der Beschreibung veranlaßt, daß viele Pastoren im Lande „billiger Sauhirten und Hundeknechte sein sollten denn Seelwärter und Pfarrherrn“ und zu glauben schienen, daß das neue Evangelium eine Botschaft der „fleischlichen Freiheit“ sei.[62]

Die Lösung war der Katechismus in der Muttersprache, der sich an die religiöse Erziehung innerhalb der freundlicheren Umgebung des Familienkreises und der Kirche richtete. In einer Fassung für Kinder und für Erwachsene würde nun das tägliche Aufsagen der zehn Gebote, des Apostolischen Glaubensbekenntnisses und des Vaterunsers den deutschen Seelen die Aufklärung und den Schutz bringen, bei deren Vermittlung die Pastoren versagt hatten.[63]

Es wäre falsch, zu glauben, daß der katechetische Drill zu Hause und die Rückkehr des Aristoteles in die Hörsäle das Streben nach einer besseren Bildung beendeten. Der „fröhliche Wechsel“ des Glaubens wurde nicht über Nacht zu einer schweren Bürde. Ebenso gab die neue protestantische Oberschicht im Verlauf der Jahrhunderte weder ihren hohen Anspruch an die Gelehrsamkeit auf, noch kehrte sie zu den scholastischen Kommentaren zurück, die sie vorher verworfen hatte. Über die Jahrhunderte erfüllte die Verbreitung lutherischer und katholischer Theologie an Gymnasien und Universitäten die deutsche öffentliche Bildung mit religiösem Wissen,[64] was wiederum die konfessionellen Spaltungen verschärfte. Jedoch machte dasselbe Wissen aus den Deutschen das theologisch gebildetste Volk Europas und erleichterte die Kooperation beider Konfessionen mit dem Staat.

Manche haben argumentiert, daß die Reformation die

Mehrheit der Deutschen in einer Zeitverwerfung zwischen Religion und Säkularität und zwischen Mittelalter und Moderne beließ, immer „fragend und zweifelnd, bohrend und suchend, ohne Grenzen und Sicherheiten".[65] Das war ebenfalls etwas, was die Reformatoren an der mittelalterlichen Seelsorge kritisiert und womit sie ihre Reformen gerechtfertigt hatten. Deutsche, die im sechzehnten Jahrhundert bewußt protestantisch wurden, taten dies aufgrund des prinzipiellen Glaubens, daß viele traditionelle spirituelle Hilfeversprechen unaufrichtig waren und daher von geringem Nutzen für eine fromme Seele. Im Vergleich dazu schien Luthers „fröhlicher Wechsel" des Glaubens, selbst in der neuen, disziplinierenden Form des lutherischen Katechismus, den Protestanten eine glaubwürdigere spirituelle Beziehung zu sein.

Armenhilfe

Um die Wende zum sechzehnten Jahrhundert lebten zwei Drittel der sächsischen Bevölkerung auf dem Land, und ähnlich wie heute wurden die Armen von den Städten angezogen, wo es mehr Gelegenheiten zur Arbeit und zum Betteln gab.[66] Wie die meisten sozialen und familiären Angelegenheiten im Mittelalter war auch die traditionelle Betreuung der Armen religiös inspiriert. Die Almosengabe von Hand zu Hand und Aug' in Aug' war das ursprüngliche biblische Modell für den büßenden Christen gewesen, und wer solch eine persönliche Nächstenliebe zeigte, konnte im Gegenzug erwarten, einen Anteil des göttlichen Segens für die Armen für sich zu empfangen. Jahrhundertelang veranlaßte dieser Glaube fromme Christen dazu, den Armen auch Kleidung, Unterkunft und Bildung zu gewähren.

Im Gegensatz dazu betrachtete die neue lutherische Kirche Akte christlicher Nächstenliebe als eine moralische und bürgerliche Pflicht, nicht als spirituelle, und sie glaubte, daß sie – wenn sie auch Gott gefielen – niemanden erlösten. Gute Werke gehörten dem Empfänger, nicht dem

Geber, den Gott ungeachtet seiner Taten aus seinen eigenen gnadenvollen Gründen erlöste. Ein solches Argument half den Weg zu einem rationellen System der Armenhilfe freizumachen, ihre Reichweite auszudehnen und sie auf eine sicherere wirtschaftliche Grundlage zu stellen, etwas, was im Sinne beider Konfessionen war. Die Verlagerung der Verantwortung für die Armen vom Klerus und der Kirche auf die Gesellschaft insgesamt über die kommunalen Obrigkeiten und Landesregierungen war ein Meilenstein in der Geschichte.

Lutheraner halfen, Muster für Wohlfahrtsverordnungen zu schaffen, die zwischen achtbaren einheimischen Armen und fremden, arbeitsfähigen Bettlern, einschließlich Bettelmönchen, die an den Stadttoren abgewiesen wurden, unterschieden.[67] Das Leitprinzip hinter einer solchen Unterscheidung war eine frühe Version des später auf dem Reichstag zu Augsburg fixierten Prinzips zur Lösung der Probleme der religiösen Spaltungen des Zeitalters, das dem Herrscher eines jeweiligen Landes erlaubte, dessen offizielle Religion auszuwählen (die Formel „cuius regio, eius religio" – „wes das Land, des die Religion" – wurde erst später geprägt). Die Wohlfahrtsversion der Formel übertrug dem Herrscher eines Landes die Verantwortung für die darin lebenden Armen („Wes das Land, des die Armen") und band ihn durch seinen Amtseid daran, weder zuzulassen, daß die Armen seines Landes das eines anderen Herrschers belasten, noch, daß fremde Arme sein Land überbürden.

Bei der Verteilung von Wohltätigkeit, Spenden wie Leihgaben, zählte am meisten die Wiedereingliederung des Empfängers, da Wohlfahrt als ein Mittel der Wiederherstellung angesehen wurde, nicht als permanente Unterstützung. Die Wittenberger Verordnung, beeinflußt von Luther und seinen Kollegen, sah eine sorgsam gehütete „Gemeinschaftstruhe" für die Armen vor. Antragsteller hatten Gemeindemaßstäbe an Tugendhaftigkeit zu erfüllen (vergangenes Verhalten und gegenwärtige Führung wurden genau geprüft), und sobald sie sich wieder selbst versorgen konnten, hatten sie das Empfangene zurückzuzahlen. Arbeiter und Handwerker in Schwierigkeiten konnten Niedrigzinskredite beantragen, und es gab Subventionen für die Ausbildung der Kinder der Armen.

Die Finanzierung kam anfangs aus säkularisiertem Kirchenbesitz und den konfiszierten Stiftungsgeldern geschlossener Klöster und Kapitel. Da zu erwarten war, daß solche Mittel für andere Zwecke abgezweigt würden oder sich allmählich erschöpften, sah die Verordnung die gestaffelte Besteuerung des Klerus und der Bürger als besten Weg an, die Truhe gefüllt zu halten. Aufgrund der Anstrengungen des Wittenberger Pastors Johannes Bugenhagen fanden die ersten lutherischen Wohlfahrtsverordnungen bis Mitte des Jahrhunderts Nachahmer in ganz Norddeutschland und in Skandinavien.

Ehe und Familienleben

Als die Europäer im späten fünfzehnten und im sechzehnten Jahrhundert den Übergang vollzogen von einer Gesellschaft aus überwiegend unverheirateten Menschen – aufgrund ihres Unvermögens, für den Lebensunterhalt einer Familie zu sorgen – zu einer Gesellschaft, in der die Ehe zur dominierenden Lebensform wurde, lieferte die lutherische Familie innerhalb und außerhalb protestantischer Länder ein attraktives Vorbild.[68] Die religiösen Reformer wandelten die Ehe, motiviert auch durch den ganz persönlichen Wunsch, auch als Kleriker heiraten zu dürfen, von einem ausschließlich religiösen Sakrament in einen primär vom Staat sanktionierten sozialen Vertrag um und schufen damit effektiv die Ehe, wie wir sie heute kennen.[69] Wie bei anderen bürgerlichen Reformen war die Neugestaltung der Ehe Teil eines größeren Protestes gegen die mittelalterliche Kirche und Gesellschaft.

Im Jahr 1520 verhöhnte Luther die Kirchenrechtler, die die nichtbiblischen Ehegesetze der mittelalterlichen Kirche schrieben, als „Händler, die Vulven und Genitalien verkaufen“ und verurteilte ihre neuen Gesetze als bloße

„Fallstricke, um an Geld zu kommen“, ein Bezug auf die Zahlungen, die die kirchlichen Autoritäten verlangten, um Hindernisse gegen angeblich gesetzwidrige Ehen zu dispensieren.[70] Im Verlauf des Mittelalters erweiterte die Kirche die biblischen Heiratsverbote bis zum vierten Grad der Wahl- oder Blutsverwandtschaft oder bis zu Cousins und Cousinen dritten Grades. Sogar Patenschaft oder Adoption führte zum Verbot von Eheverbindungen. Und die Kirche erkannte gemischtreligiöse Ehen nur an, wenn der nichtchristliche Ehepartner sich zur Bekehrung bereit erklärte.

Die Reformation dagegen setzte den biblischen ersten Grad der Wahlverwandtschaft und den zweiten der Blutsverwandtschaft wieder ein und erlaubte Ehen mit Cousins jenseits des ersten Grades der Verwandtschaft durch Heirat und des zweiten Grades der Blutsverwandtschaft. Luther bezeichnete eine Vielzahl kirchenrechtlicher Ehehindernisse als frei erfunden und verurteilte sie mit ebenso schonungsloser Offenheit wie die Vorstellung, daß Christen Nichtchristen nicht heiraten dürfen: „Wie ich nun mag mit einem Heiden, Juden, Türken, Ketzer essen, trinken, schlafen, gehen, reiten, kaufen, reden und handeln, also mag ich auch mit ihm ehelich werden und bleiben.“[71]

Die Reformatoren betrachteten auch bestimmte Beschränkungen bei der Annullierung gescheiterter oder ungewollter Ehen als unbiblisch. Im Verlauf des sechzehnten Jahrhunderts erkannten sie mehrere akzeptable Gründe für die Beendigung einer Ehe an: Ehebruch, Impotenz (sexuelle Unfähigkeit), Polygamie oder Täuschung (eine verheimlichte erste Ehe), längeres Verlassen und tiefe Abneigung. Im Gegensatz zur mittelalterlichen Kirche, die nur Trennung von Tisch und Bett erlaubte und nicht die Auflösung der Ehe, billigte die Reformation die moderne Scheidung und Wiederverheiratung für jene, die willens und fähig waren, dies durchzustehen, deren Zahl jedoch bis zum neunzehnten Jahrhundert ziemlich klein blieb. In seine Definition einer „vollständig bestätigten“ Ehe schloß der Straßburger Reformator Martin Bucer, der Liberalste in dieser Angelegenheit, „Zustimmung der Herzen“ und

„reichlich geschlechtlichen Verkehr“ ein. Hier nahm die Reformation John Miltons Rechtfertigung des Fehlens „echter Gemeinschaft“ als angemessenen Grund für Scheidung vorweg – was heute „unüberbrückbare Differenzen“ genannt wird.[72]

Die Reformation und die Juden

Im Jahr 1523 schrieb Luther zur Überraschung seiner Zeitgenossen ein Versöhnungsangebot an die deutschen Juden. Der unmittelbare Anlaß war die Zurückweisung der vom Habsburger Erzherzog Ferdinand gegen ihn geäußerten Verleumdung als jemanden, der wie die Juden glaubte, daß die Mutter Jesu keine Jungfrau war. Luther griff diesen Vorwurf auf, um seine religiösen und bürgerlichen Reformen auszuweiten. Indem er darauf aufmerksam machte, was das Neue Testament eindeutig lehrte, daß Jesus ein von einer Jungfrau geborener Jude war, verteidigte er sich nicht nur selbst gegen den Erzherzog, sondern schmeichelte sich auch bei den deutschen Juden ein, die die Sicherheit und die Möglichkeiten, die seine Freundlichkeit ihnen gewährte, begrüßten. Als Ergebnis wohlwollenderer Behandlung durch die Christen erwartete er die Assimilation der Juden an die christliche Gesellschaft und die allmähliche Konversion „einiger“, vielleicht sogar „vieler“, zum Christentum.[73]

In den dreißiger Jahren den sechzehnten Jahrhunderts war die reformatorische Vision eines kulturell und religiös vereinten Deutschlands mit edelmütigen Herrschern, gerecht behandelten Bauern und assimilierten, sogar getauften Juden verschwunden, sie war ein Opfer der Bauernaufstände, religiöser Spaltungen und unrealistischer Erwartungen geworden. Wie Luthers Flugschriften gegen die Bauern Mitte der zwanziger Jahre verdeutlichten auch seine Schriften gegen die Juden in den späten dreißiger und frühen vierziger Jahren des sechzehnten Jahrhunderts den großen Abstand vom ursprünglichen Plan. Nachdem er im Jahr 1523 die Christen inständig gebeten hatte, die Konversion der Juden mit Honig statt mit Essig anzustreben, vergingen fünfzehn Jahre, bis er das Thema der christlich-jüdischen Beziehungen wieder öffentlich ansprach. Fehlende Fortschritte in der unmittelbaren Heimat und Berichte von christlichen Opfern im Ausland veranlaßten ihn, eine harte Haltung einzunehmen. In Böhmen und Mähren, so wurde ihm berichtet, missionierten Juden unter den Christen, von denen einige bestritten, daß Jesus der Messias sei, sich das jüdische Gesetz zu eigen machten, den jüdischen Sabbat einhielten und sich sogar beschneiden ließen.[74] Statt der Hoffnung, die Juden für das Christentum zu gewinnen, gab es für Luther nun Grund zur Befürchtung, daß seine frühere Freundlichkeit es den Juden ermöglicht hatte, den Christen zuvorzukommen. Danach betrachtete er die deutschen Juden als ein weiteres Glied in einer langen historischen Kette fremder Räuber in Deutschland, nicht mehr als wesensverwandte Staatsbürger und aussichtsreiche Bekehrungskandidaten, die er 1523 seinen christlichen Glaubensbrüdern anempfohlen hatte.

In der allerersten Zeile seines längsten und schärfsten Traktats mit dem Titel *Von den Juden und ihren Lügen* wurden jüdische Bemühungen vorgebracht, „auch uns, das ist die Christen, an sich zu locken".[75] Luther berichtet über zwei persönliche Begegnungen mit Juden in Wittenberg, von denen einer drei Rabbiner an seine Tür mitbrachte in der Hoffnung, einen neuen Juden in ihm zu finden, da sie gehört hatten, daß er damals die häbräischen Texte studierte.[76] Wäre es das Jahr 1523 gewesen, als die Reformation Auftrieb hatte, und nicht 1543, als er glaubte, daß seine Reform ihren Zenit überschritten hatte und er seine Enttäuschungen aufzählte, wäre sein deutsch-christliches Gewissen möglicherweise nicht so gereizt worden.

Das Gespenst des erfolgreich den Verführer spielenden deutschen Juden weckte in Deutschland Erinnerungen und Verdacht. Für einen Luther, der nun am Ende seiner Karriere stand, konnte es keinen unverfroreneren Schlag ins Gesicht geben als einen Versuch von Juden, ihn zu bekehren. Sowohl deutsche Geschichte also auch christliche Theologie gaben in dieser Angelegenheit den starken Vermutungen des Reformators Nahrung. Als christlicher Theologe glaubte er, daß die Zerstörung Jerusalems im Jahr 70 n. Chr. Gottes Übergabe der Fackel von den Juden an die Christen gewesen war, die fortan die „wahren Israeliten" waren. Für den Deutschen Luther waren das Beleidigen, das Bedrängen und das Schikanieren der Deutschen durch geschickt vorgehende fremde Völker eine ältere und erschütterndere Geschichte, die bis in römische Zeiten zurückreichte, zu seiner Zeit aber in der deutschen christlichen Welt aufgrund seiner eigenen beruflichen Kämpfe gegen das päpstliche Rom wieder aktuell wurde. Um seine Anschuldigungen, daß die Juden eine weitere arrogante, rachsüchtige, fremde Erscheinung in Deutschland geworden waren, zu dokumentieren, zog er Parallelen zwischen der Respektlosigkeit der Juden gegenüber Jesus („ein gehenkter Strauchdieb") und der Jungfrau Maria („keine Jungfrau") einerseits sowie dem Spott des Papstes gegenüber ihm – Luther – selbst (ein „Wechselbalg") und seiner Mutter (eine „Hure und Bademagd"). Die Juden, so glaubte er nun, hatten sich als Korachiter erwiesen (nach Korach, dem erfolglosen Führer eines Aufstands von Dissidenten gegen Moses) und waren nicht mehr wahre Israeliten oder wahre Deutsche.[77]

Luther fand es aufschlußreich, daß Juden die Christen als *Gojim* schmähten, was, wie er ausführte, keine unvoreingenommene Beschreibung von Christen war, sondern eine absichtliche Verleumdung, mit der Bedeutung

> „... wir armen Drecksäcke, Maden, Stank und Unflat ... aus Dreck und aus nichts gemacht ...wir als die blinden Heiden ... [die] nicht lernen [wollen] ... Daher rühmen [die Juden] sich die edelsten, ja allein edlen Menschen auf Erden. Wir (Gojim), Heiden, sind gegen sie und vor ihren Augen nicht Menschen, sondern kaum wert, daß wir arme Würmer von ihnen geschätzt werden. Denn wir sind nicht des hohen, edlen Geblüts, Stammes, Geburt und Herkommens." [78]

In rituellen Gebeten dankten die Juden Gott, daß sie als Israeliten und nicht als *Gojim* geboren worden waren, als Menschen statt als Tiere oder Sklaven, als Männer statt als Frauen – für Nichtjuden eine diskreditierende Reihe von Parallelen. In solchem Stolz und Vorurteil hörte Luther das Prahlen der Griechen (er erwähnt Plato) und der Italiener darüber, nicht wie die Deutschen als „Barbaren" geboren worden zu sein. Griechen, Römer, Byzantiner, Papisten und nun, in dieser Abfolge großer Kulturen, die jüdische Minderheit in Deutschland „dünken ... alle Welt eitel Unmenschen, Enten oder Mäuse gegen sie". Die Rabbis mit ihrem Talmud waren nicht anders als die Päpste mit ihren Dekretalen oder als sektiererische Protestanten mit ihren Auszügen aus dem Evangelium – allesamt anmaßende religiöse Eliten, die „in unserm eigen Lande" die Herren sein wollten.[79]

Das Zusammentreffen historisch verletzten deutschen Stolzes mit maßlosem christlichen Vertrauen in die Geschichte der Erlösung brachte Luthers späte Schriften gegen die Juden hervor. Das eine war die Frucht von jahrhundertelang wahrgenommener Herabsetzung der Deutschen als eines minderwertigen Volkes, das andere die einer fast ebenso alten Pflege christlicher Hybris. Daher folgerte Luther:

> „Ja, da steckts, das ist der Hader, da hebt sichs über ... nämlich, [die Juden] wollens nicht, sie könnens nicht leiden, daß wir Heiden ... die von ihnen ohn Unterlaß verspeiet, vermaledeiet, verflucht, gelästert, geschändet werden, sollten ihnen vor Gott gleich sein, und der Messias sollte sowohl unser als ihr Trost und Freude sein."[80]

Am Ende wollte Luther, daß die deutschen Fürsten den jüdischen Verrat mit „harter Gnade" belohnen sollten, ein Oxymoron, das eine erzwungene Anerkennung der messianischen Natur Jesu durch die Juden bedeutete. Sollte dies nicht gelingen, forderte er, sie in ein Land zu verbannen, in dem sie abseits von deutschen Christen leben und ihre Minderheitsreligion praktizieren könnten, ohne die Seelen der Christen zu bekehren oder zu verspotten. Dazu empfahl er die Verbrennung von Synagogen, Schulen und Häusern der nichtkonvertierten Juden; das Konfiszieren talmudischer Schriften und die Ächtung rabbinischen Unterrichts, den Entzug des freien Geleits, das Verbot des Geldverleihs und die Verteilung der vorhandenen, daraus erzielten Einkommen an zum Christentum bekehrte Juden und schließlich Zwangsarbeit – „daß man den jungen, starken Juden und Jüdinnen in die Hand gebe Flegel, Axt, Karst, Rocken, Spindel und lasse sie ihr Brot verdienen im Schweiß der Nasen". Für den Fall, daß solche Maßnahmen nicht zur Bekehrung zum Christentum führen, riet er den deutschen Fürsten, mit der außergewöhnlichen deutsche Toleranz Schluß zu machen, indem sie es dem gesunden Menschenverstand Frankreichs, Spaniens und Böhmens gleichtun sollen, die die Juden schon für immer hinausgeworfen hätten.[81]

Luthers Enttäuschung über die deutschen Juden wurde von deren Enttäuschung über ihn noch übertroffen. Josel von Rosheim, der Sprecher der deutschen Juden im Heiligen Römischen Reich, erklärte, daß solche Worte von einem christlichen Gelehrten unerhört und kaum vom Autor der Schrift *Daß Jesus Christus ein geborener Jude sei* zu erwarten gewesen seien. Deutsche Juden hatten damals im Kaiser einen mächtigen Verbündeten mit eigenen Interessen, der in hohem Maße auf ihre finanziellen Mittel angewiesen war. Noch hilfreicher war für sie damals, und im Verlauf der Zeit auch für die Reformation selbst, daß der Eindruck, den Luthers harte Worte auf seine Zeitgenossen machten, gering blieb. In Kursachsen wurde ein abgelaufenes Dekret von 1536 wieder in Kraft gesetzt, das nicht zum Konvertieren bereiten Juden Niederlassung und freies Geleit verweigerte. Martin Bucer bereitete eine harte neue Judenverordnung für das Land Hessen vor, deren Zweck es war, den hessischen Juden nur niedere Arbeiten zu erlauben. Bei der Ausführung jedoch beschränkte Landgraf Philipp die Zwangsmaßnahmen auf Restriktionen gegen jüdische Zinsforderungen, ein Verbot neuer Synagogen und von Bekehrungsversuchen zum Judentum sowie die Anwesenheit von Juden bei Predigten, die das Bewußtsein formten. Nirgendwo folgte ein Fürst Luthers Empfehlung, Synagogen zu verbrennen, jüdische Häuser niederzureißen oder jüdische Bücher zu beschlagnahmen.[82]

Luthers antijüdische Traktate existierten in den Gesamtausgaben seiner Werke weiter, fanden aber in der Regel keine Anwendung in lutherischen Glaubensbekenntnissen, Katechismen und Kirchenliedern. Eine der wenigen Ausnahmen war eine neuartige Aufführung der Juden in der lutherischen *Konkordienformel.* Dort erschienen Juden als letzte in einer Reihe von Ketzern, die kennzeichnend für den Aufstieg des Protestantismus waren, als ob nichtkonvertierende Juden eine weitere abweichende Nebenströmung des Luthertums wären: „Sakramentalisten [Zwinglianer], Calvinisten, Enthusiasten [Anabaptisten], Epikureer [Spiritualisten] und Juden."[83]

Im Jahr 1523 hatte Luther Deutschen, die kulturell keine waren, die Tür geöffnet, nur um sie zwei Jahrzehnte später zuzuschlagen. Weit einflußreicher in der deutschen lutherischen Welt waren die vielen Reformatoren, einschließlich seines Wittenberger Kollegen Justus Jonas und des Reformators Urbanus Rhegius, der zusammen mit den meisten politischen Führern des Protestantismus bereit war, unbegrenzte Zeit auf die Bekehrung der Juden zu warten, und Einschüchterung und Zwang ablehnte.[84]

Vor dem Nationalsozialismus gab es keine direkte Verbindung zwischen christlichem Antijudaismus und modernem rassistischem Antisemitismus, der in einem deutschen Regierungsprogramm zur Ausrottung der Juden existierte. Auch trat Luther niemals für einen manichäischen Dualismus des „ersten" und des „letzten" Menschen ein, jene Idee des aufsteigenden Ariers und des absteigenden Juden, mit der sich deutsche und andere Intellektuelle im neunzehnten Jahrhundert beschäftigten. Für ihn war es die junge evangelische Kirche, nicht das deutsche Judentum, deren Zukunft im sechzehnten Jahrhundert auf Messers Schneide stand. Obwohl er konvertierte Juden verdächtigte, hinsichtlich ihres christlichen Glaubens unaufrichtig zu sein, waren es Einstellung und Wille, nicht Blut oder Rasse, die den Unterschied ausmachten.[85] Selbst auf jenen Höhepunkten, auf die Luther den christlichen Antijudaismus trug, und vor dem Hintergrund spätmittelalterlicher, von Christen betriebener Verfolgung und Pogrome war Luthers Einstellung niemals der von den Nationalsozialisten propagierte rassistische Antisemitismus, ein Begriff, der nicht in den späten dreißiger und vierziger Jahre des sechzehnten Jahrhunderts, sondern im Jahr 1879 geprägt wurde.[86] Wenn es nach Luther gegangen wäre, wären nichtangepaßte Juden von zeitgenössischen Regierungen ebenso ins Exil geschickt worden, wie „störrische" Anabaptisten und andere sektiererische Abweichler vom protestantischen oder katholischen Christentum ausgewiesen wurden. Auch wurde Judaismus niemals, wie im Jahr 1529 der Anabaptismus, in deutschen oder Reichsgesetzen zum Kapitalverbrechen erklärt.

Dennoch bezogen später die Nationalsozialisten Luthers Schriften nüchtern-sachlich in die Holocaust-Maschinerie ein. Aber wie auch früheren Antisemiten wurde ihnen dieser Weg nicht von Luther aufgezeigt, sondern von zum Christentum übergetretenen Juden, deren Enthüllungen und deren Angriffe auf ihren eigenen früheren Glauben von dem deutschen Calvinisten Andreas Eisenmenger zusammengetragen und im Jahr 1711 veröffentlicht worden waren. Dieses im Gewand wissenschaftlicher Akribie publizierte Kompendium antijudaistischer Demagogie mit dem Titel *Entdecktes Judentum*, das sich in starkem Maße aus Hetzschriften christianisierter Juden speist, ist als das „literarische Munitionsarsenal" der Antisemiten des neunzehnten Jahrhunderts bezeichnet worden.[87] Auf keiner der mehr als zweitausend Seiten wird der Name Martin Luthers auch nur erwähnt.

Heutzutage untersucht kaum ein Gelehrter Luthers späte Schriften gegen die Juden in der Hoffnung, einen einschränkenden biographischen oder historischen Kontext zu finden, der den Theologen und seine Reform in einem weniger ungünstigen Licht darstellen würde. Statt dessen ist auf sein fortgeschrittenes Alter, seinen Gesundheitszustand und auf die Enttäuschung über seine Reformationsbestrebungen hingewiesen worden, die zu jener Zeit rapide an Boden verloren, nicht nur zugunsten protestantischer und katholischer Rivalen, sondern auch, so glaubte Luther aufrichtig, zugunsten opportunistischer Juden. Eine andere populäre Erklärung ist eine angebliche Besessenheit vom Gedanken der nahe bevorstehenden Wiederkunft Christi, wofür die Bekehrung der Juden oder ihre Entfernung aus der Gesellschaft der Christen ein maßgebliches Zeichen war.[88]

Die Erklärung, die der Wahrheit hier am nächsten kommt, ist wahrscheinlich die am meisten historische und am besten belegte. Von seinen frühesten Schriften an griff Luther den legalistischen Judaismus als Verfälschung des prophetischen Judaismus und des frühen Christentums an, welche die ursprünglichen Religionen des Glaubens und der Hoffnung in solche der rituellen Vorschriften und der guten Werke verwandelte. In den dreißiger Jahren des sechzehnten Jahrhunderts fürchtete er, daß seiner eigenen Reformation ein ähnliches Schicksal widerfahren könne. Weil sein Antijudaismus mit einer Interpretation der deutschen Vergangenheit als einer Geschichte der Plünderung durch Fremde verwoben war, konnte Luther zeitgenössische Juden ohne jeglichen Sinn für Verhältnismäßigkeit in eine lange Reihe von Völkern und Nationen setzen, von denen die Deutschen gedemütigt worden seien. Diese Verbindung von Geschichte und Theologie machte seine antijüdischen Texte besonders anfällig für eine Übernahme durch die Antisemiten des neunzehnten und zwanzigsten Jahrhunderts.[89]

Die Reformation aus Sicht der heutigen Kritik

Von Luthers zeitgenössischem Rivalen Thomas Müntzer bis zum Doyen der amerikanischen Deutschland-Historiker,

Gordon A. Craig, ist das große Thema der deutschen Reformation das der „ungehinderten Ausdehnung“ des absoluten deutschen Territorialstaates gewesen.[90] Eine ähnliche Schlußfolgerung ist aus den Wirkungen der Reformation auf das Familienleben gezogen worden – wobei die neue lutherische Familie als „Prototyp des uneingeschränkt patriarchalischen und autoritären Haushaltes“ hervorgehoben wird.[91] Am Anfang jedoch versprach die Reformation bahnbrechende Beziehungen zwischen Herren und Untertanen, Juden und Christen sowie Männern und Frauen. Die neue Theologie proklamierte spirituelle Gleichheit und Freiheit aller Christen ungeachtet des gesellschaftlichen Status, stellte ehrliche Bauern gierigen Grundbesitzern und einem korrupten Klerus gegenüber, schalt Christen für das Schikanieren von Juden und verteidigte eine Vorstellung der Ehe auf der Grundlage der Teilung der Autorität innerhalb der Familie zwischen beiden Ehepartnern. Als jedoch die Bauern mit Gewalt drohten, war Luthers Antwort an ihre Anführer barsch („Leiden, Leiden, Kreuz, Kreuz“), und als sie in Sachsen und Hessen rebellierten, plünderten, brandschatzten und ihre Herren töteten, war sein Rat an diese, ebenso unbarmherzig zu sein („steche, schlage, würge hier, wer da kann“).[92] In beiden Fällen sprach er für das bestehende Deutschland.

Solche Reaktionen haben moderne Gelehrte und Experten bewogen, laut darüber nachzudenken, ob die Männer hinter der Reformation eine bittere soziale und politische Ernte für spätere deutsche Generationen vorbereiteten. Nachdem die Reformation dabei versagt hatte, die Massen durch direkte Appelle für sich zu gewinnen, soll sie die alternative quasidemokratische kommunale Selbstverwaltung durch Unterstützung des autoritären Territorialstaates untergraben und dadurch eine frühzeitige deutsche Nationwerdung und parlamentarische Regierungsform auf Dauer unerreichbar gemacht haben.[93] Diese Interpretation der Reformation als eine ursprünglich progressive, am Ende (1525) mit Leichtigkeit vereinnahmte bürgerliche Bewegung spiegelt die Entwicklung Deutschlands im Verlauf des neunzehnten Jahrhunderts, wie sie von heutigen deutschen

Historikern interpretiert wird, die ebenfalls einen Verrat an einer keimenden Demokratie durch eine charakterschwache Mittelschicht sehen.[94]

Bei ihrer Einschätzung der Reformation haben moderne Kritiker besonders den Charakter und das Schaffen der immer noch berühmten Zeitgenossen untersucht, die in ihrem Mittelpunkt standen. Lucas Cranach war im sechzehnten Jahrhundert der zweitberühmteste Maler Deutschlands, ein enger Freund Luthers, drei Ratsperioden lang Bürgermeister von Wittenberg und bei seinem Tod einer der reichsten Männer der Stadt. Zum Nachteil für seinen Ruf unter modernen Historikern, die in seiner frühen Kunst einen einfühlsamen sozialkritischen Kommentar erkennen, lebte Cranach einundachtzig Jahre, lange genug, um eine Leinwandspur zu hinterlassen, die eine andere Geschichte erzählt. Die Biographie und das Repertoire Cranachs, dessen Skala von evangelischen Protesten zugunsten der Armen über erregende Aktbilder für das Bürgertum bis zu schmeichlerischen Porträts der politischen und wirtschaftlichen Elite reicht, werden auch als Metapher für die Hoffnungen und das Versagen der Reformation interpretiert.[95]

Dürers malerische Leistungen überspannten ebenfalls die politischen und sozialen Grenzen jener Zeit, und sein Vermögen war bei seinem Tod noch größer als das Cranachs. Weil er jedoch so viel früher als Luther und Cranach starb, mußte Dürer in den unversöhnlichen konfessionellen und politischen Konflikten späterer Jahrzehnte keinen Standpunkt einnehmen. Sein positiverer heutiger Ruf ist, wie der des frühen Cranach, zum Teil Friedrich Engels und Marxisten des neunzehnten Jahrhunderts zu verdanken, die ihn schnell in das Pantheon vormoderner proletarischer Helden stellten. Unter den Absolventen der Dürerschen Werkstatt waren drei Studenten, die als die „gottlosen Maler" von Nürnberg bekannt wurden.[96] Als die drei nach dem Bauernkrieg festgenommen und verhört wurden, weil sie Arbeiter gedrängt hatten, für höhere Löhne zu streiken, drückten sie ihre Zweifel an der Macht Gottes und des Rates der Stadt Nürnberg aus – Aktivitäten und Ansichten, die damals mit den Lehren des Revolutionärs Thomas Müntzer verbunden wurden. Auch Dürers Bildhauer landete wegen seiner Unterstützung des Bauernaufstandes im Gefängnis.[97]

Eine direktere Verbindung zu möglichen radikalen Gesinnungen Dürers bildet eine Zeichnung aus dem Jahr 1525, angefertigt, nachdem die Fürsten die aufständischen Bauern in Franken vernichtet hatten. Im Gewand einer Studie zur Perspektive in der Kunst zeigt es den Entwurf einer Gedächtnissäule für den Aufstand, bei dem ein Bauer auf einem Hühnerkäfig sitzt, ein Schwert auffällig in seinen Rükken gestoßen, die klassische bildliche Darstellung des Verrats, mit dem Begleittext: „Welcher ein Victoria aufrichten wollt darum, daß er die aufrührischen Bauren überwunden hätt, der möchte sich eins solchen Gezeugs darzu gebrauchen, wie ich hernach lehren will."[98]

War die Zeichnung ein Ausdruck der Sympathie für die Sache der Bauern oder für deren Ablehnung? Obwohl heutige Gelehrte beide Standpunkte vertreten, könnte die richtigere Interpretation dazwischen liegen. Das Denkmal scheint den gleichermaßen von Fürsten und Bauern verursachten Schaden zu beklagen, eine Andeutung einer graphischen Parallele zu Luthers Verwünschung beider Seiten vor und seiner Beschreibung der raubenden und mordenden Bauern als „tolle Hunde" nach dem Aufstand. Zur Entstehungszeit der Zeichnung verurteilten Dürers Kollegen, Freunde und Partner den Aufstand scharf, und seine eigenen beruflichen und persönlichen Aktivitäten während des Konfliktes lassen darauf schließen, daß er dies ebenfalls tat. Während hessische und sächsische Soldaten die Bauern massakrierten, malte Dürer Porträts der Fugger, zeitgenössischer Bankmagnaten, und der Ehefrau und der Schwester des Markgrafen Kasimir von Brandenburg-Ansbach, eines brutalen Schlächters der aufständischen Bauern, der auch Anabaptisten blenden ließ, bevor er sie seines Landes verwies.[99]

Dürers professionelle Verbindung mit Nürnbergs gottlosen Malern bedeutet natürlich ebensowenig, daß er ihren Atheismus und ihre Aufsässigkeit teilte, wie sein Umgang mit Mitgliedern der politischen und sozialen Elite bedeutete, daß er angesichts des Elends der Bauern kein Mitleid empfinden konnte. Auch Luther setzte sich für eine gerechte Behandlung der Bauern ein, bevor sie sich gegen ihre Herren erhoben, und für Gnade gegen sie, nachdem sie von den Fürsten niedergeworfen worden waren.[100] Daran gemessen hätte sich Luther Dürer im marxistischen Pantheon anschließen können, obwohl nach jedem zeitgenössischen Maßstab weder er noch Dürer auf diesen Thron hätten erhoben werden wollen.

Vierhundert Jahre nach Dürers Tod vereinnahmten die Nationalsozialisten ihn und Cranach willkürlich für ihre Propaganda. Im Jahr 1943 schmückte sogar Dürers *Selbstbildnis* von 1500 den Umschlag der nationalsozialistischen Zeitschrift *Volk und Rasse*, und Hitler lobte Dürer öffentlich als den „deutschesten aller Künstler“ und Nürnberg als die „deutscheste aller Städte“. Als die Nationalsozialisten in den dreißiger Jahren des zwanzigsten Jahrhunderts deutsche Museen von „entarteter“ moderner Kunst säuberten, ragten die Werke Dürers und Cranachs unter denen heraus, die deren Platz einnahmen.[101]

Neben Luthers frühen und späten Schriften gegen die Juden ist seine Verurteilung des Bauernaufstandes das, woran seine schärfsten Kritiker heute am meisten Anstoß nehmen.[102] In den frühen zwanziger Jahren des sechzehnten Jahrhunderts versprachen die Verfasser protestantischer Flugschriften den Bürgern in den Städten wie den Bauern auf dem Land eine neue spirituelle Gleichheit (die „Freiheit des Christenmenschen“, die „Priesterschaft aller Gläubigen“) anstelle der hierarchisch orientierten Seelsorge der Kirche. Wie die Juden im Jahr 1523 hörte auch der Mann auf der Straße in der Reformation eine zur rechten Zeit kommende politische Botschaft für Autonomie und gesellschaftlichen Zusammenhalt. Unterstützt wurden solche Angebote von Luthers Anprangerung der Tyrannei der Fürsten und Lehnsherren und der Einfältigkeit ihrer Untertanen:

> „Denn Gott der Allmächtige hat unsere Fürsten toll gemacht, daß sie nicht anders meinen, als sie könnten

> ihren Untertanen tun und gebieten, was sie nur wollen; und auch die Untertanen irren, wenn sie meinen, sie seien verpflichtet, dem allem so ganz und gar zu folgen.“[103]

Ungeachtet solcher Anteilnahme für die Bauern glaubte er, daß die umstrittenen Fragen von Leib und Eigentum Angelegenheiten für die weltlichen Gerichte waren und Verbreiter des Evangeliums und Revolutionäre sich damit nicht befassen sollten. Demgemäß sein Rat:

> „So soll nun und muß euer Titel und Name dieser sein: daß ihr die Menschen seid, die darum streiten, daß sie nicht Unrecht noch Übel leiden wollen noch sollen, wie das die Natur ergibt ... [Eure Klagen] von Freiheit des Wildbrets, der Vögel, Fische, des Holzes, der Wälder, von Diensten, Zinsen, Auflagen, Zöllen, Todfall usw. befehle ich den Rechtsverständigen, [weil] solche Stücke einen Christen nichts angehen ... Deshalb sollte die Bauernschaft hierin billig den christlichen Namen auch in Frieden lassen und unter dem Namen derer handeln, die gerne menschliches und natürliches Recht haben wollten ...“ [104]

Für eine auf Rechtstaatlichkeit basierende Gesellschaft wäre das eine richtige Anweisung, für die Bauern aber war es ein bitterer Rat. Als Bauernführer anschließend die Reformation gefährdeten, indem sie deren religiöse Lehren mit einer sozialpolitischen Revolution verknüpften, verspielten sie jede Chance, die Unterstützung Luthers zu behalten. Am Vorabend des Aufstandes verurteilte ein für seine Gesellschaft sprechender Luther die Weigerung der Bauern, selbst einen geringfügigen Zehnten zu zahlen, als „Diebstahl und Straßenraub“ und verachtete die Bitte der Bauern an Christus, sie aus der Leibeigenschaft zu befreien, als „Verfleischlichung“ der christlichen Freiheit. Die von revolutionären Bauern ins Auge gefaßte klassenlose, gottlose Gesellschaft war nicht die in sich geschlossene bürgerliche Gesellschaft, die die Reformation aufbauen wollte. Luther lehrte, eine Gesellschaft könne nicht überleben, „wo nicht Ungleichheit ist bei den Personen, daß einige frei seien, einige gefangen, einige Herren, einige Untertanen". Aber auch auf der Seite der Fürsten konnte Luther nichts Christliches finden. Mehr als alles andere hatte die von ihnen ausgehende Unterdrückung und Tyrannei den großen Aufstand und die Anarchie verursacht. Sein letztes Wort an beide Seiten war eine dringende Bitte, deren Vergeblichkeit ihm bewußt war: „So laßt euch um Gottes willen ... raten und greift die Sachen an ... mit Recht und nicht mit Gewalt noch mit Streit, auf daß ihr nicht ein unendlich Blutvergießen anrichtet in deutschen Landen."[105]

Nachdem die Bauern ihre Gutsherren in Schwaben, Franken und Thüringen angegriffen hatten, ermahnte Luther die Fürsten – konfrontiert mit dem Gespenst einer umfassenden Revolution –, die Rebellen erbarmungslos zu töten.[106]

Wenn, wie viele argumentieren, seine politische Philosophie dem deutschen Staat nach 1525 zu neuer politischer Autorität und Macht verhalf, so war dies nur die letzte in einer langen Reihe von Stufen. Wenn diese Steigerung das einzige gewesen wäre, was die Reformation den Fürsten zu bieten hatte, wäre ihr Reiz für sie gering gewesen. Der deutsche Staat war das ganze späte Mittelalter hindurch von selbst eindrucksvoll gewachsen. Im späten dreizehnten und im vierzehnten Jahrhundert waren die Fürsten die souveränen Herrscher innerhalb ihrer Länder geworden, und sie waren dies gemeinschaftlich innerhalb des Reiches im späten fünfzehnten Jahrhundert.[107] Lange bevor es eine sie unterstützende Reformation gab, hatten sie von sich aus die örtlichen Kirchen und Klöster reformiert, wobei sie klerikale Mißstände bestraften und bei der Seelsorge halfen. Der größte Gewinn der deutschen Staaten aus der Reformation war die Möglichkeit, eine unabhängige deutsche Kultur zu begründen und mit dem Papst in Rom zu brechen, der bis 1519 zu einer verderblicheren ausländischen Kraft in Deutschland geworden war als der noch nützliche und respektierte Habsburger Kaiser.

Die Verteidigung protestantischer Religionsfreiheit führte zu einer interterritorialen Militärallianz, dem Schmalkaldischen Bund, und zu einem politisch-religiösen Krieg gegen Kaiser Karl V. Am Ende des Krieges standen der deutsche religiöse Pluralismus und die konfessionelle Spaltung des westlichen Christentums. Nach 1555 bestimmten die Herrscher der Länder mit verschiedenen religiösen Konfessionen die offizielle Religion. In einigen Regionen lernten alte katholische und neue lutherische Gemeinschaften zusammenzuleben.[108] Wo Andersgläubigen der Gottesdienst in ihrem Glauben verboten war, konnten sie in ein Land auswandern, wo er gesetzlich erlaubt war, an Feiertagen in benachbarte Gebiete reisen, wo ihr Glaube praktiziert wurde, einen Gastpriester oder -pfarrer in Dienst nehmen, der an der Landes- oder Stadtgrenze die gewünschten Gottesdienste abhielt, und/oder ihren Glauben in aller Stille in der Privatsphäre ihrer eigenen Häuser praktizieren.

Die Besitzergreifung des deutschen Territorialstaates durch das Luthertum verstärkte nicht nur seine Souveränität, sondern stattete ihn auch mit einem ethischen und kulturellen Auftrag aus, den aufmerksam zu überwachen der neue Klerus und die ordnungsgemäß ernannten niederrangigen Verwaltungsbeamten verpflichtet wurden.[109] Unter den Lutheranern, die sich in der Mitte der vierziger Jahre des sechzehnten Jahrhunderts mit den Armeen des Reiches und des Papstes konfrontiert sahen, und unter den französischen und niederländischen Calvinisten, die in der zweiten Hälfte des Jahrhunderts ähnliche religiöse Kriege auszufechten hatten, entwickelte sich diese Überwachung zu einer prinzipiellen Doktrin des Widerstandes gegen Tyrannen. Als im Gefolge des Massakers der Bartholomäusnacht im Jahr 1572 Theodor Beza (Théodore de Bèze), Johannes Calvins Nachfolger, seine Verteidigung des Rechtes der jeweils niederen Autoritäten, Tyrannen, einschließlich Fürsten, Könige und Kaiser, zu stürzen, veröffentlichte, erschien das Werk als anonymes Traktat im lutherischen Magdeburg, dem legendären Zentrum deutschen Widerstandes gegen kaiserliche Okkupation und Tyrannei.[110]

4

Europas Tummelplatz

Deutschland im Dreissigjährigen Krieg

Der Dreißigjährige Krieg ist das „Trauma der Deutschen“ vor den Weltkriegen des zwanzigsten Jahrhunderts genannt worden.[1] Zum ersten Mal in ihrer Geschichte befanden sich die Deutschen in einem endlosen internationalen Konflikt von katastrophalem Ausmaß. Über dreißig Jahre eines abwechselnd heißen und kalten Krieges hinweg wurde aus Deutschland ein unfreiwilliges Schlachtfeld, auf dem militärisch überlegene Nationen ihre Konflikte ansiedelten und ihre Ressourcen vergrößerten. Obwohl deutsche Fürsten den Krieg auslösten, beherrschten weder das deutsche Volk, das die meisten Schmerzen und Opfer zu ertragen hatte, noch seine Führer, die fremden Mächten Angebote machten, seinen Verlauf oder die Bedingungen, unter denen er letztlich endete.

Unklarheiten

Die Grundursache des Krieges war die ein Jahrhundert alte Entschlossenheit des kaiserlichen Österreich, Böhmen, ein Land mit Kurrecht in Schlüsselposition, innerhalb der Habsburger Einflußsphäre zu behalten, und gleichzeitig den dort rasch anwachsenden Einfluß der Protestanten zurückzudrängen. Seit 1438 war der Heilige Römische Kaiser, Deutschlands Souverän, ein Habsburger gewesen. Auf Basis der Gründungsverfassung des deutschen Kurfürstenkollegiums von 1356 stellten die sieben deutschen Kurfürsten vor jeder neuen Herrschaft eines Kaisers ihre daran geknüpften Bedingungen auf, bevor sie ihn einstimmig wählten. Sobald jedoch das Haupt des Kaisers gekrönt war, entwickelte dieser schnell seine eigenen Vorstellungen – und niemals traf das mehr zu als im siebzehnten Jahrhundert.

Die für den Ausbruch des Krieges Verantwortlichen verwischten provokativ die Grenzen zwischen Religion und Politik. Der erste war der Erzherzog Ferdinand von Steiermark, einer Provinz im südlichen Österreich, der spätere Kaiser Ferdinand II. Zwischen 1598 und 1600 vertrieb er massenweise Protestanten aus seinem Land, darunter den Astronomen Johannes Kepler, der bald die Gesetze der Planetenbewegung entdecken und sich dem Hof von Ferdinands Cousin, Kaiser Rudolf II., anschließen sollte, dem aufgeklärten Förderer der Kultur und Wissenschaft jener Zeit. Die andere Schlüsselfigur, oder genauer gesagt, der Schauplatz, zu Beginn des Krieges war das Königreich Böhmen, ein Land der glühenden Religionsfreiheit, an der nördlichen Grenze zu Österreich gelegen. Dort hatten sich im Jahr 1575 einheimische Hussiten und Lutheraner zu einer neuen protestantischen Glaubensrichtung vereint, der Böhmischen Konfession.

Im Verlauf des ersten Jahrzehnts des siebzehnten Jahrhunderts erstarkte der Katholizismus, nachdem Ungarn und Transsilvanien (das heutige westliche Rumänien) im Jahr 1602 gewaltsam rekonvertiert worden waren. Für osteuropäische Protestanten war die vom Habsburger Österreich ausgehende Bedrohung immer unheilvoller geworden. Aus Furcht, die nächsten Opfer zu sein, baten die Böhmen den Kaiser um eine Sicherheitsgarantie, die er ihnen in Form eines Majestätsbriefes gab. Der Bruder Kaiser Rudolfs, der zukünftige Kaiser Matthias, verlieh dem Brief zusätzliches Gewicht, indem er ihn als Bedingung für seine Übernahme der böhmischen Königskrone anerkannte. Dieses Versprechen erwies sich jedoch als leer; kaum war er König der Böhmen geworden, hob er ihre Religionsfreiheit auf.[2]

Bemühungen der Protestanten, solche Schikanen eines derart mächtigen Souveräns abzuwehren, der außerdem der größeren deutschen Familie angehörte, wurden durch geographische und politische Spaltungen vereitelt. Das Reich mit seinen annähernd zwanzig Millionen Einwohnern umfaßte bis zu 2.500 unabhängige politische Gebilde, je nachdem, wie weit man in der politischen Skala nach unten ging – vom Kurfürsten bis hinunter zum niederen Schenk (ein adliger Diener von Herrschern höheren Ranges). Weit vor der Wende zum siebzehnten Jahrhundert waren die Institutionen, die im fünfzehnten Jahrhundert zum Schutz des Friedens und der Sicherheit des Reiches gegründet worden waren – der Reichstag, das Reichskammergericht und die interstaatlichen Verteidigungsblöcke, Reichskreise genannt – durch die Zunahme der Souveränität der Territorialstaaten, kaiserliche Vergeltungsmaßnahmen und neue religiöse Spaltungen untergraben worden.[3]

In der Mitte des sechzehnten Jahrhunderts waren neue Maßnahmen ergriffen worden, um zu verhindern, daß die konfessionellen Unterschiede zu endlosen Kriegen führen. Zusammen mit einer pragmatischen Billigung fürstlicher Souveränität über religiöse Konflikte, die dem Herrscher eines jeweiligen Landes das Recht gab, dessen offizielle Religion festzulegen, übernahm der Reichstag zu Augsburg auch einen „Geistlichen Vorbehalt“ („Reservatum ecclesiasticum“), der in einem vorausgehenden Vertrag in Passau 1552 beschlossen worden war. Diese Bestimmung verbot jedem Erzbischof, Bischof oder Abt, der nach 1552 protestantisch wurde, sein Amt und das Eigentum seiner Kirche mit ins protestantische Lager zu nehmen. Zum Protestantismus konvertierte hohe katholische Kleriker hatten Kirchenwürde und -eigentum statt dessen an einen angemessenen katholischen Nachfolger abzugeben. Die Absicht war, die Säkularisierung kirchlicher Fürstentümer von innen zu verhindern in einer Zeit, als die rebellische Konfession stark genug war, sich dies zunutze zu machen.

Um zu jener Zeit die Protestanten zur Zurückhaltung zu bewegen, einigte sich der damalige König von Böhmen und Ungarn, Ferdinand I., der wenig später Kaiser wurde, vertraulich mit ihnen darauf, daß jede Stadt, die bis 1552 zum Protestantismus übergegangen war, diesen Glauben beibehalten durfte. Dieses Zugeständnis wurde jedoch nicht in die Bestimmungen des Reichstags zu Augsburg von 1555 aufgenommen. Auch gab es in diesen Regelungen keine Vorkehrung für neue, später entstehende protestantische und katholische Gemeinden, eine Unklarheit, die bald Schaden anrichten sollte.[4] Um die Ersetzung katholischer Priester durch protestantische Pastoren in den von ihnen kontrollierten Gebieten zu rechtfertigen, beriefen sich die Protestanten ihrerseits weiterhin auf Ferdinands Erklärung.

Weder der Augsburger „Vorbehalt", der die Katholiken begünstigte, noch Ferdinands „Erklärung", die die Protestanten besserstellte, war absolut maßgeblich. Folglich waren diese Ausnahmebestimmungen für beide Seiten eine Grundlage für einen Konflikt über das Datum, bis zu welchem ein Land oder eine Stadt rechtmäßig zum Protestantentum übertreten oder in den Schoß der katholischen Kirche zurückkehren durfte, sowie über die Bedingungen, unter denen dies geschehen durfte. Vor dem siebzehnten Jahrhundert geriet dieser Streitpunkt nicht außer Kontrolle. Im Verlauf der sechziger und siebziger Jahre des sechzehnten Jahrhunderts lösten deutsche Protestanten jegliche Unklarheiten, die sie gehabt haben mögen, indem sie freigewordene Ämter einfach mit ihren eigenen Klerikern besetzten, etwas, wozu Luther örtliche evangelische Gemeinden schon 1523 ermuntert hatte.[5] Diese Praxis währte dreißig Jahre, bis die Katholiken ihr Mitte der achtziger Jahre des sechzehnten Jahrhunderts in Köln Einhalt geboten. Dort wurde ein Erzbischof, der nach seinem Übertritt zum Protestantismus an seinem Kirchenamt festhielt, vom Papst abgesetzt und (unter Säbelrasseln) durch einen loyalen katholischen Bischof ersetzt, womit der protestantische Diebstahl katholischen Eigentums ein Ende fand.[6] Die erfolgreiche Intervention ermutigte – unter Vermeidung eines Krieges – dazu, weitere, vorher zum Protestantismus übergetretene katholische Bistümer in Westfalen für den Katholizismus zurückzugewinnen.

Am Ende des Jahrhunderts wurde ein neues Element in die vergiftete Atmosphäre eingebracht: die gewaltsame Rekatholisierung protestantischer Städte durch kaiserliche Soldaten. Die erste, der es so erging, war im Jahr 1598 die seit den frühen achtziger Jahren protestantische Stadt Aachen im Nordwesten. Neun Jahre später wurde die gemischtreligiöse Reichsstadt Donauwörth in die katholische Gemeinde zurückgezwungen, nachdem Lutheraner die Mehrheit im Stadtrat errungen hatten. Als ein Jahr später der von katholischen Fürsten beherrschte Reichstag zu Regensburg die Rückkehr *allen* Landguts, Eigentums und aller Ämter forderte, die nach 1552 von den Protestanten übernommen worden waren, war zwischen den zwei Konfessionen der Punkt erreicht, an dem es kein Zurück mehr gab. Die Delegation der protestantischen Minderheit verließ umgehend die Verhandlungen und nahm vierzig Jahre lang an keinem anderen Reichstag teil.

Schnell formierten sich rivalisierende Militärbündnisse: die protestantische Union, angeführt von dem vom Luthertum zum Calvinismus übergetretenen Christian von Anhalt, Statthalter der Oberpfalz, und die katholische Liga unter Führung des Herzogs von Bayern. Kaum waren diese Bündnisse gegründet, begann jedes mit dem Anwerben europäischer Verbündeter. Die Union wandte sich an England, die Niederlande und Dänemark, während die katholische Liga sofortige Unterstützung nur von einem Vertreter aus dem eigenen Lager erhielt, nämlich von Erzherzog Leopold von Oberösterreich.[7]

Der Ausbruch des Krieges

Im Jahr 1618 kam es zu einer Revolte tschechischer und deutscher protestantischer Adliger gegen den neuen böhmischen König, Erzherzog Ferdinand von Steiermark. Mit spanischer Unterstützung hatte der von Jesuiten erzogene Ferdinand im vorhergehenden Jahr die böhmische Krone erlangt und sollte bald seinen kinderlosen Cousin Matthias als Heiliger Römischer Kaiser beerben. Daraufhin wählten die trotzigen Böhmen den calvinistischen Kurfürsten von der Pfalz, Friedrich V., zu seinem Gegenkönig, was einer Kriegserklärung gleichkam. Sein besonnener Schwiegervater, König Jakob I. von England (Friedrich hatte im Jahr

1614 dessen Tochter Elisabeth geheiratet), sah die Zerrüttung voraus, die aufgrund dieser Wahl der internationalen Ordnung drohte, und riet seinem Schwiegersohn, auf diese Königswürde zu verzichten.[8] Obwohl Friedrich den Rat seines Schweigervaters gesucht hatte, war er weder geduldig noch fügsam genug, ihn anzuhören, um das zu beherzigen, was er sagte.

Obwohl der Krieg für den Kaiser ungünstig begann, waren die deutschen Protestanten dem kaiserlichen Heer nicht gewachsen. Die protestantischen Armeen, konfrontiert mit überlegenen militärischen Führungseigenschaften einer Reihe von kaiserlichen Befehlshabern – Johann Tserclaes Graf von Tilly, Gonzalo Fernández de Córdoba, Kurfürst Maximilian von Bayern und Albrecht von Wallenstein – konnten vor 1631 keinen entscheidenden Sieg erringen. Die erste große Schlacht des Krieges, die Schlacht am Weißen Berg am Rande Prags im Jahr 1620, war so einseitig, daß der Kaiser Böhmen zurückgewann und seine Macht auch auf die Pfalz ausdehnte. Im Sog einer solchen Niederlage konnten die zerstrittenen deutschen Fürsten keine vereinte Front bilden. Wären die Lutheraner Sachsens als die Stärksten unter ihnen willens gewesen, sich den pfälzischen Calvinisten gegen den Kaiser anzuschließen, hätte das Ergebnis ein anderes sein können. Aber sie haßten ihre protestantischen Rivalen zu sehr, und der Krieg in Böhmen bedrohte sie damals nicht. Auch ihre Geschichte und Religion veranlaßte sie, sich der kaiserlichen Autorität zu fügen. Zwischen 1619 und 1620 kämpften sie sogar für den Kaiser in der Lausitz und in Schlesien in der Hoffnung, dort bedeutsame Zugewinne zu erringen.

Trotz der demütigenden Niederlage und unzuverlässiger Verbündeter machte der entthronte pfälzische Kurfürst und böhmische König Friedrich unermüdlich weiter, mit der Behauptung, sowohl das Reichsrecht als auch die religiöse Wahrheit (in dieser Reihenfolge) auf seiner Seite zu haben.[9] Zusätzlich zu seinem königlichen englischen Schwiegervater hatte er den König von Dänemark zum Onkel, was ihn auf umfangreiche Hilfe hoffen ließ. Solche Unterstützung erwies sich jedoch als umständlich und floß in den ersten Jahren nur spärlich, da der englische König den Konflikt diplomatisch gelöst haben wollte. Und während die pfälzischen Deutschen und ihre vermeintlichen Alliierten nervös wurden, sicherte der österreichische Kaiser seine Zugewinne auf die für sie schmerzhafteste Weise. Ferdinand ehrte seinen größten Kriegsherrn, Maximilian von Bayern, der in Böhmen und in der Pfalz siegreich gewesen war, indem er ihn an Friedrichs Stelle ohne jede Rechtsgrundlage zum Kurfürsten der Pfalz ernannte.[10]

Obwohl die Spanier sowohl dynastische als auch vertragliche Gründe hatten, sich in den Streit innerhalb des Reiches einzumischen, hielten sie sich anfänglich zurück. In den frühen zwanziger Jahren des siebzehnten Jahrhunderts hatte der König von England für seinen Sohn und zukünftigen Nachfolger Karl eine spanische Vermählung angestrebt, mit der er unter anderem eine diplomatische Lösung für seinen glücklosen Schwiegersohn in der Pfalz zu erzielen hoffte. Im Jahr 1623 traf die englische Delegation, einschließlich Karls, in Spanien ein, um den Ehevertrag auszuhandeln und den Streitpunkt Pfalz weiterzudiskutieren. Bevor jedoch damit begonnen werden konnte, wurde dem englischen Thronerben ein Angebot gemacht, das er nur ablehnen konnte, nämlich die Hand einer Prinzessin im Tausch für seine – und implizit des zukünftigen Kurfürsten der Pfalz – Bekehrung zum Katholizismus. Dank spanischer Arroganz endete die englische Mission in Spanien mit dem Ergebnis, Friedrich zu helfen, denn danach machten die Engländer gemeinsame Sache mit Frankreich, dem Feind Habsburgs. Eine königliche Vermählung Karls mit der Schwester des französischen Königs Ludwig XIII. besiegelte eine neue englisch-französische Allianz und stellte die Unterstützung in Aussicht, die Friedrich zur Rückgewinnung seiner pfälzischen Besitztümer brauchte.

Doch wieder sorgte wie aus heiterem Himmel Religion in der Politik für Verwirrung. Der neue französische Minister, Kardinal Richelieu, zeigte dem König von Frankreich eiligst die Schwierigkeiten auf, vor denen sein katholisches Land in der internationalen katholischen Welt stünde, sollte es in der Pfalz zugunsten der deutschen protestantischen Sache Druck ausüben. Nachdem er den deutschen Protestanten anfänglich heimliche finanzielle Unterstützung zugesandt hatte – der erste von vielen von Kardinal Richelieu in unruhige deutsche Gewässer geworfene Köder –, schickte er das französische Heer auf Manöver in die südöstliche Schweiz und nach Italien – ungefähr so weit weg vom Krieg in der Pfalz wie nur möglich.[11]

Die Dänen

Zum Glück für die deutschen Protestanten erkannten die Dänen, daß ein besiegtes und kaiserlich okkupiertes Norddeutschland eine ideale Aufmarschbasis für eine Unterwerfung und Besetzung ihres Landes durch das Reich wäre. Diese Sorge wurde auch von den Schweden geteilt, die damals mit den Dänen um die Kontrolle über die Ostsee und Deutschlands Seehäfen konkurrierten. Als Herzog von Holstein besaß der dänische König Christian IV. schon den Titel auf das Land am Nordende des Niedersächsischen Reichskreises.[12] England und die Niederlande, die zwei großen, der deutschen protestantischen Sache wohlwollend gegenüberstehenden Mächte, glaubten, daß bei dieser Ausgangslage die Dänen bestens positioniert waren, eine weitere kaiserliche Expansion nach Norden zu vereiteln.

Zweimal marschierten die Dänen zu diesem Zweck in Norddeutschland ein, zweimal wurden sie von den Armeen Kaiser Ferdinands besiegt, vernichtend im Jahr 1626 in der Schlacht von Lutter am Barenberge in Braunschweig. Mit dieser Niederlage schien die Besetzung Dänemarks, die die Dänen mit dem Einmarsch in das Reich verhindern wollten, zur Gewißheit geworden – und die Dänen waren nicht allein mit ihrer Angst. Nach dem Sieg Tillys bei Lutter nahm die Armee des kaiserlichen Generalissimus Albrecht von Wallenstein auf dem Weg nach Holstein Mecklenburg und Pommern in Besitz. Angesichts dieser Wende des Geschehens hielten die potentiellen europäischen Verbündeten des pfälzischen Kurfürsten den Finger in den Wind und gingen dem Kaiser so weit wie möglich aus dem Weg. Die Franzosen schlossen sich jetzt den Spaniern gegen England an, während die Schweden Polen angriffen.

Solche halsbrecherische Expansion des Reiches bedrohte nicht nur Skandinavien, sondern auch das europäische Machtgleichgewicht, und die großen Mächte konnten eine ungehinderte Fortsetzung dieses Kurses nicht zulassen. Bei einem schwachen Versuch, den Status quo ante von 1625 wiederherzustellen, gewannen England, die Niederlande und Schweden im Jahr 1629 die verlorenen dänischen Territorien König Christians zurück.[13] Das war jedoch eine Restauration für die Versenkung, da die Dänen auf absehbare Zeit außerhalb des Reiches bleiben würden, und die deutschen Protestanten mußten sich ihre Verbündeten anderswo suchen.

Das Verhalten Habsburgs im Gefolge des Sieges beschleunigte diese Suche. Nach dem Weißen Berg ängstigten die Habsburger ganz Europa mit ihrer unbarmherzigen Rekatholisierung ihrer östlichen Länder – ein Mißbrauch von Macht und Recht, der nicht in Böhmen haltmachte. Ferdinand II. verfügte über Klerus und Kircheneigentum, als sei er der Papst, und hatte dadurch das Gespenst des Cäsaropapismus beschworen, eine für katholische ebenso wie für protestantische Länder verstörende Zurschaustellung totalitärer Macht. Zwischen 1625 und 1628 straften bayerische und österreichische Reichsheere das Rheinland mit Blockaden und in großer Dichte stationierten Truppen. Im protestantischen Böhmen und in der Pfalz wurden Eigentum beschlagnahmt, führende Persönlichkeiten des Landes verwiesen und die Laien gezwungen, wie Kinder zu Füßen herbeigeholter italienischer Missionare zu sitzen.[14]

Zwischen dem dänischen Rückzug und der Unentschlossenheit norddeutscher Protestanten nutzte der Kaiser seine Gelegenheit so weit wie möglich aus, die konfessionelle Uhr um siebenundsiebzig Jahre zurückzudrehen. In seiner bis dahin energischsten Erklärung, dem Restitutionsedikt von 1629, berief er sich hinsichtlich der Übernahme katholischer Ländereien durch die Protestanten wieder auf das Stichdatum des Passauer Vertrages, 1552, und verfügte, was Katholiken seit 1608 gefordert hatten: die Rückführung all jener Ländereien unter die katholische Jurisdiktion, die nach jenem ursprünglichen Datum an Protestanten gegangen waren. Damit waren – neben Hunderten kleinerer protestantischer Güter – die Bistümer Niedersachsens und Westfalens in Gefahr.[15] Trotz der tiefen Verwurzelung des Protestantismus in diesen Regionen stellte eine solche konfessionelle Umkehr eine ganz reale Bedrohung dar und hätte sich möglicherweise auch vollzogen, hätte es nicht die Militärmacht der lutherischen Schweden gegeben.

Für die deutsche protestantische Welt kam das Restitutionsedikt zu einer besonders heiklen Zeit. Da seit der Formierung der konfessionellen Bündnisse im Jahr 1608 kein Reichstag abgehalten worden war, hatten die Deutschen seit mehr als zwei Jahrzehnten ihre Beschwerden vor dem höchsten Forum des Reiches nicht zur Sprache gebracht. Diese Situation änderte sich im Juli 1630, als es den Kurfürsten gelang, dem Kaiser in Regensburg auf einem der wenigen Kurfürstentage seit 1608 ihren Willen aufzuerlegen. Dort verschafften sich die Deutschen Gehör und erreichten die Entlassung und den Rückzug des verhaßten Wallenstein nach Böhmen, eine geringfügige Erleichterung, die nicht lange vorhalten würde.

Einige Historiker, die in Wallenstein den einzigen Hauptakteur sehen, der ausreichend Macht und Willen hatte, Deutschland zu vereinigen, betrachten seinen Abzug für die kaiserliche Seite als verheerend. Jedoch: Hätte der Kaiser sein Edikt kraft überlegener Waffengewalt ohne realpolitischen Kompromiß mit den deutschen Protestanten durchgesetzt, wäre eine daraus resultierende Einheit von langer Dauer gewesen?[16] Im Jahr 1629 war an eine Rückkehr zum Status quo von 1552 nicht ernsthaft zu denken. Für eine funktionierende reichsweite Lösung zu diesem Zeitpunkt hätten die Einigungsbedingungen ein bestimmtes Maß an religiöser Freiheit zugestehen müssen. Mit der Forderung nach Wallensteins Entlassung hatten die protestantischen Kurfürsten das wahre Friedenshindernis präzise identifiziert.

Die Schweden

Im Jahr 1630, nach der Niederlage der Dänen und der kaiserlichen Rekatholisierung, fielen die Schweden in die stark angeschlagene protestantische Welt Deutschlands ein, überredet von den katholischen Franzosen und Bayern, von denen keiner den katholischen Kaiser dort allmächtig werden lassen wollte. Wie die Dänen marschierten die Schweden in Deutschland erst in zweiter Linie deshalb ein, um ihren protestantischen Glaubensbrüdern zu helfen. Das Ziel der Schweden, die aufgrund der brutalen Habsburger Expansion unter Wallenstein bis an die Ostseeküste aufgerüttelt und auch vor einer Aggression der Polen vom Norden ihres Landes aus auf der Hut waren, war die Verwandlung Norddeutschlands in einen zuverlässigen Puffer zwischen Skandinavien und dem kaiserlichen Österreich-Deutschland. Zu diesem Zweck warben sie bei zwei norddeutschen Titanen um Unterstützung, dem lutherischen Sachsen und dem calvinistischen Brandenburg, die erst spät die Gefahr erkannt hatten, in die die kaiserlichen Generäle sie versetzten. Aber diese großen Staaten wollten auch nicht, daß der schwedische lutherische König Gustav Adolf ihre Souveränität in Frage stellte.[17]

Als Ferdinand die Verärgerung der Deutschen erkannte, stellte er den Kurfürsten ein abgeändertes Restitutionsedikt in Aussicht, das er zuvor in Regensburg abgelehnt hatte, und versprach ihnen ein neuerliches Treffen über die Angelegenheit noch vor dem Jahresende. Dieses Versprechen sollte jedes voreilige Handeln der Kurfürsten verhindern, insbesondere das Schmieden einer französisch-deutschen Allianz. Die Norddeutschen jedoch waren es endgültig leid, für die kaiserliche Katze die Maus zu spielen. Im März 1631 erhielt eine protestantische Versammlung in Leipzig den

Segen der Theologen, sich dem Edikt mit Waffengewalt zu widersetzen. Indem die Norddeutschen danach handelten, machten sie deutlich, daß die protestantischen Fürsten der dreißiger Jahre des siebzehnten Jahrhunderts ebensowenig blind der höheren kaiserlichen Autorität folgten wie die lutherischen Fürsten, die einhundert Jahre früher den Schmalkaldischen Bund gegründet hatten. Das daraus resultierende Leipziger Manifest vom April 1631 führte zur Aufstellung einer vierzigtausend Mann starken protestantischen Armee, die verpflichtet wurde, die Reichsverfassung – die durch das kaiserliche Edikt gebrochen worden war – und die protestantischen Freiheiten in Deutschland zu verteidigen.[18]

Auf diese Weise warnten die norddeutschen Fürsten ihre Feinde, sowohl Kaiser Ferdinand, der ihre Territorien militärisch zu erobern und religiös anzugleichen beabsichtigte, als auch König Gustav Adolf, der – nicht weniger bedrohlich – die deutschen Länder unter einer neuen Fremdherrschaft restaurieren wollte. Währenddessen hofften die Franzosen, die opportunistisch gegen alle Seiten intrigierten, auf eine katholische Restauration der deutschen Länder, die stark genug war, jeglicher Wiederherstellung eroberter protestantischer Gebiete zu begegnen und gleichzeitig die Habsburger zu vertreiben. Zu diesem Zweck vereinbarten die Franzosen einen Nichtangriffspakt mit den Bayern. Mit angemessener Unterstützung hätte jedes dieser neuen konfessionellen Bündnisse, die Leipziger Protestanten oder die französisch-bayerischen Katholiken, die Dinge möglicherweise ein für allemal regeln können, wenn die Schweden nicht die militärische Überlegenheit besessen hätten und entschlossen gewesen wären, Norddeutschland zu ihren eigenen Bedingungen zu befrieden.

Die schwedische Besetzung Norddeutschlands stellte die Stationierung einer weiteren antihabsburgischen Kraft auf dem Kontinent in Aussicht, die sich nach Ansicht der Franzosen niemals mit den norddeutschen Fürsten gegen sie verbünden würde. Die Franzosen boten den Schweden, wie schon zuvor den Bayern, Unterstützung für fünf Jahre zum

Verfolgen einer abgestimmten Außenpolitik in Deutschland an. Doch wie es in den Wirren eines Krieges passieren kann, fanden sich die Schweden und die Deutschen (mit Ausnahme der Bayern) auf derselben Seite, nachdem das kaiserliche Heer unter General Tilly die Stadt Magdeburg, damals der einzige zuverlässige deutsche Verbündete Schwedens, im Mai 1631 vollkommen zerstört hatte. Das Massaker an zwanzigtausend Einwohnern wurde zu einer der meistbeschriebenen Greueltaten des Krieges und trieb Sachsen und Brandenburg in eine unerwartete Militärallianz mit Schweden.[19]

Vier Monate später, im September 1631, errang die neue protestantische Allianz mit überlegener Truppenstärke, Taktik und Motivation bei Breitenfeld den ersten Sieg der Protestanten in diesem Krieg. Dort verloren die kaiserlichen Truppen zwei Drittel ihrer Soldaten, ein Gemetzel, das mit dem von den Protestanten in Magdeburg erlittenen vergleichbar war. Im Mai 1632 war Tilly tot, und die Armeen von Gustav Adolf, begleitet vom pfälzischen Kurfürsten Friedrich, marschierten gemeinsam in München ein.[20] Schweden hatte mit seiner erfolgreichen Positionierung in Deutschland eine Beherrschung der Ostsee durch die Kaiserlichen vereitelt und das ursprüngliche Ziel seiner Festlandsmission verwirklicht.

Letzte Schlachten

Während die Schweden das Glück des Kaisers wendeten, war dieser nicht untätig gewesen. Im Frühling 1632 rief er den unbesiegbaren Wallenstein aus dem Ruhestand und rüstete ihn mit einer neuen kaiserlichen Armee aus. Auf eindrucksvolle Weise überrollte er bis Anfang November Sachsen – und wurde zwei Wochen später von den Schweden überrascht, als er seine Soldaten voreilig in die Winterquartiere schickte. Nach der darauffolgenden Schlacht bei Lützen im November 1632 war Gustav Adolf tot auf dem Schlachtfeld zurückgeblieben und ein besiegter

Wallenstein auf der Flucht zurück nach Böhmen. In diesem nicht enden wollenden Krieg hatten jedoch die einander gegenüberstehenden Armeen bald neue Rekruten und nahmen die Kampfhandlungen wieder auf. Wallenstein hatte die Zügel wieder fest in der Hand und führte, nun zum letzten Mal, den Oberbefehl über eine kaiserliche Armee. Seine Macht war so groß geworden, daß er für seinen Herrn eine Bedrohung war. Nachdem der Kaiser im Januar 1634 Beweise für eine Verschwörung gegen seine Autorität entdeckt hatte, ließ er seinen großen General einen Monat später ermorden.[21]

Zwischen 1633 und 1634 verschanzten sich die Schweden in Pommern und Preußen und machten das katholische Mainz zum Zentrum ihrer Operationen im westlichen Deutschland. Die belagerte Stadt, die mitten am Wegverlauf des Krieges lag, verlor 25 Prozent ihrer Behausungen, 40 Prozent ihrer Einwohner und 60 Prozent ihres Reichtums – ein für eine deutsche Stadt in dieser Phase des Krieges typischer Grad an Verwüstung.[22] Obwohl der Kurfürst von Brandenburg seit 1632 formell mit den Schweden verbündet war, dachte er, um sie aus dem Lande zu vertreiben, über eine unheilige Allianz mit dem Kaiser nach, so groß war inzwischen der Unmut der Norddeutschen über die schwedische Besatzungsmacht geworden. Die Aussicht darauf verflüchtigte sich jedoch über Nacht, nachdem die kaiserliche Habsburger Armee die Schweden und ihre sächsischen Verbündeten im September 1634 bei Nördlingen vernichtend geschlagen hatte, ein Massaker an zwölftausend Protestanten. Zum Glück für die Norddeutschen begannen die erschöpften Schweden im November mit ihrem Rückzug in die Heimat.

Nach dem Abzug der lutherischen Schweden waren nur katholische Länder stark genug, um die Interessen der Norddeutschen und Protestanten vor dem Kaiser zu schützen; nach Nördlingen jedoch konnten diese Katholiken nicht die kaiserlichen österreichischen Habsburger sein. Die norddeutschen Protestanten wandten sich an Frankreich, den traditionellen Feind Habsburgs, ein verzweifelter Schritt zurück, der, so wußten beide Seiten, nicht lange halten konnte. Dies war zum Glück nicht nötig, da das Gespenst dieser neuen Allianz den Kaiser an den Verhandlungstisch zwang. Ende Mai 1635 hatte der Kurfürst von Sachsen mit dem Kaiser den Frieden von Prag unterzeichnet, dem sich in der Folge u. a. der Kurfürst von Brandenburg anschloß, worin diese grundverschiedenen deutschen Mächte sich nun darauf einigten, raubgierige Fremde aus deutschen Ländern herauszuhalten. Die endgültigen Friedensbestimmungen untersagten den Fürsten, Bündnisse mit ausländischen Mächten einzugehen, sahen ein gemeinsam versorgtes stehendes deutsches Heer unter kaiserlichem Oberbefehl vor, wiesen die deutschen Fürsten (mit Ausnahme Böhmens und der Pfalz) an, den Status quo von 1618 wiederherzustellen, setzten das Restitutionsedikt auf 40 Jahre aus und verschoben das Datum zur Fixierung der konfessionellen Verteilung von Protestanten und Katholiken und ihrer Besitzstände im Reich um realistische fünfundsiebzig Jahre von 1552 auf 1627.[23]

Obwohl der Frieden von Prag ein Sieg des Pragmatismus über die Religion genannt worden ist, war er tatsächlich ein Triumph für beide und verdankte sein Zustandekommen mindestens ebensosehr der physischen Erschöpfung und der Trägheit der Geschichte.[24] Seit dem dreizehnten Jahrhundert hatten sich der Kaiser und die Fürsten abwechselnd bis zum Tod bekämpft und freiwillig innerhalb eines locker zusammengehaltenen Reiches verbündet. In der andauernden Krise des siebzehnten Jahrhunderts wurde der Frieden von Prag zu einem weiteren mißratenen deutschen Balanceakt.

Frieden

Der Dreißigjährige Krieg begann aus Furcht der Deutschen vor dem eigenen Kaiser – Ferdinand II. – und endete mit ihrer Abkehr von fremden Verbündeten – Schweden und Frankreich –, die die Deutschen selbst ins Land geholt hatten, um ihn zu bekämpfen. Der Frieden von Prag und der Tod von Ferdinand II. im Jahr 1637 räumten zwar mit dem ersteren auf, während letztere nie vollständig verschwanden, und zwar deshalb, weil Schweden und Frankreich zuviel in das Deutsche Reich investiert hatten, als daß sie nach einem internen deutschen Frieden einfach den Schauplatz verlassen konnten. Für die Skandinavier ließ der zwischen Kaiser und protestantischen Kräften geschlossene Prager Frieden die ursprüngliche Bedrohung durch eine Invasion und Besetzung des Nordens wiederaufleben, derentwegen die dänischen und schwedischen Armeen nach Deutschland gekommen waren. Jeglicher dauerhafter Nachkriegsvertrag würde sie für ihre Opfer entschädigen und ihre zukünftige Sicherheit garantieren müssen. Auch die Franzosen waren nicht bereit, sich zurückzuziehen, ohne sichere Sammelplätze im Reich und an seinen Grenzen zu erhalten, die ihnen eine leichte Rückkehr im Fall einer zukünftigen Aggression des Kaisers oder eines deutschen Staates ermöglichen würden.

Im Jahr 1641 wurden die Städte Münster und Osnabrück als die beiden Orte der Friedensverhandlungen des Kaisers im Namen der Deutschen mit den Franzosen beziehungsweise den Schweden benannt. Dort schmiedeten ab 1643 Diplomaten, welche die drei Parteien repräsentierten, im Verlauf von sechs Jahren die endgültigen Friedensbedingungen. Eine Einstellung der Feindseligkeiten in Norddeutschland begleitete die Friedensverhandlungen jedoch nicht. Aber selbst die entschlossensten Krieger mußten nun die politischen und ökonomischen Kosten einer Fortsetzung des Konfliktes abwägen – für den Habsburger Kaiser ein irreparabel geschädigtes Reich, für den französischen König ein Bürgerkrieg daheim. Innerhalb Deutschlands hatten alternierende Tyrannei und Anarchie des Krieges einen gewaltigen Berg an Zerstörung und Furcht hinterlassen, den abzutragen es Jahrzehnte, sogar Jahrhunderte brauchen würde. In einigen Gebieten schienen Hunderte Dörfer und städtische Anwesen einfach verschwunden zu sein, andere dagegen kaum Not erlitten zu haben. Die schlimmsten Verwüstungen gab es in der Pfalz, in Mecklenburg, Pommern,

Brandenburg und Württemberg. Eine genaue Bilanz der Gesamtverluste an Menschenleben aufgrund von Tötungen, Unterernährung und Krankheiten ließ sich nur schwer aufstellen, weil örtliche Amtsträger in der Hoffnung, von der Regierung möglichst viel Steuernachlaß und Unterstützung für den Wiederaufbau ihres Dorfes, ihrer Stadt oder ihrer Region zu erhalten, die Berichte über die Zahl an Toten und Vermißten nach den Kriegswirren aufbauschten. Heutige Schätzungen reichen von minimal 15 bis 20 Prozent bis maximal 30 bis 40 Prozent einer Gesamtbevölkerung von vielleicht achtzehn Millionen.[25]

Im endgültigen Westfälischen Frieden von 1648 wurden den Schweden Teile von Pommern mit seinen begehrten Ostseehäfen, zwei Bistümer und fünf Millionen Taler zugesprochen, was eine erhebliche Reduzierung gegenüber der ursprünglichen Forderung von ganz Pommern, Teilen Mecklenburgs und dreißig Millionen Talern bedeutete. Die Franzosen erhielten die strategischen Stützpunkte, die sie innerhalb und am Rande des Reiches begehrten: drei benachbarte Bistümer, zwei Brückenköpfe über den Rhein und, am wertvollsten, Elsaß und Lothringen.[26] Sie wurden alle zu Aufmarschgebieten für die Franzosen in späteren französisch-deutschen Konflikten, während ihr Verlust für die Deutschen ein Grund war, diese Konflikte auszulösen.

Innerhalb des Reiches erkannte der Westfälische Frieden die deutschen Fürsten als Souveräne innerhalb ihrer Länder an sowie deren Freiheit, als solche mit ausländischen Mächten Allianzen einzugehen, solange letztere nicht den Kaiser bedrohten. Im Gegenzug wurde die historische Rolle des Kaisers als Oberherr aller, die innerhalb des Reiches lebten, lediglich bestätigt, ebenso wie seine königlichen Befugnisse, das Universitätsprivileg zu erteilen und Adelstitel zu verleihen.[27] Der Westfälische Frieden löste die heftig umstrittenen Punkte der Religionsfreiheit für Minderheiten und der Restitution säkularisierten katholischen Grundbesitzes, indem das im Frieden von Prag festgesetzte Stichdatum der Rechtmäßigkeit des konfessionellen Status und der Besitzstände um drei Jahre auf den 1. Januar 1624 zurückversetzt wurde. Wo vor diesem Datum Gottesdienste religiöser Minderheiten stattgefunden hatten, wurde dies rechtmäßig beibehalten, und Land sowie Eigentum, die an oder nach diesem Datum unter katholischer Rechtsprechung standen, blieben es weiterhin. Schließlich erklärte der Frieden den Calvinismus zur dritten rechtmäßigen Religion innerhalb des Reiches, während das Verbot des Anabaptismus und ähnlicher Sekten aufrechterhalten wurde.

Aus religiöser Sicht bestärkte der Vertrag die Akzeptanz konfessioneller Unterschiede und reduzierte die Rolle des konfessionellen Bekenntnisses in der Politik. Im späten siebzehnten Jahrhundert konnte der Kurfürst des lutherischen Sachsen zum Katholizismus übertreten und immer noch die offizielle Staatsdelegation beim Reichstag anführen.[28]

Nach 1648 hingen die Schatten ausländischer Flügel bedrohlicher als je zuvor über den Deutschen, nunmehr aufgrund eines internationalen Vertrages, der von den Heeren Frankreichs und Schwedens garantiert wurde. Die deutschen Fürsten gingen aus dem Krieg sowohl politisch mächtiger als auch gespaltener hervor, während der Status des Kaisers etwa auf den eines großen deutschen Fürsten reduziert worden war. Von nun an würden vor einem Waffengang rechtliche Auseinandersetzungen stehen, da das größere Deutschland durch den Krieg ein völkerrechtlich anerkanntes Land mit außenpolitischem Eigeninteresse geworden war.[29] Am Ende fanden sich die Deutschen wiederum in einem Käfig und hatten Gründe, aufgebracht und nervös zu sein. Ob sie zukünftig von ausländischer Intervention verschont bleiben würden, hing von nichts so sehr ab wie von ihrer eigenen Disziplin. Deutschland würde in dem Maße sicher vor den großen Mächten Europas sein, wie seine Herrscherhäuser in Ordnung blieben – das heißt, nicht herausfordernd, aber in der Lage, Herausforderungen zu begegnen.

5

Sieg über sich selbst

Der Absolutismus und Preussens Aufstieg

Deutschland, das seit dem Mittelalter ein Kreuzweg internationaler Handelsstraßen und im siebzehnten Jahrhundert für die Großmächte Europas ein Schlachtfeld gewesen war, wandelte sich im achtzehnten Jahrhundert zu einem Land absolutistischer Staaten. Der Grund dafür war, daß die souveränen deutschen Staaten, kurz zuvor im Westfälischen Frieden mit Macht ausgestattet, sich noch weiter von ihrem historisch einenden imperialen Habsburger Zentrum lösten. Historiker nennen diese Entwicklung Kleinstaaterei, aber die Konsequenzen vergrößerter Macht und Konkurrenz der Staaten waren in der deutschen Geschichte niemals klein. Aus Österreich, Bayern, Brandenburg-Preußen, Sachsen und Württemberg wurden innerlich zentralisierte Mächte mit ihren eigenen Berufsarmeen, Staatsbürokratien, internationalen Bündnissen, weltoffenen Höfen, barocken Palästen und mit dem Ehrgeiz, französisch zu sein – und sogar zu sprechen.[1]

Nachdem der Kaiser drei Jahrhunderte lang einer beweglichen Hierarchie deutscher Fürsten und Städte vorgesessen hatte, befand er sich nach 1648 in Verhandlungen mit Botschaftern faktisch gleichrangiger und im Falle Preußens in naher Zukunft sogar überlegener deutscher Staaten. Der Westfälische Friede tat kaum mehr, als die Staaten an ihre historische Beziehung zum Kaiser zu erinnern, wobei es jedem einzelnen überlassen wurde, deren Details mehr oder weniger nach Belieben, wenn überhaupt, auszuhandeln. Die mächtigeren Staaten traten dem Kaiser gegenüber auf, als sei er der Vertreter irgendeiner ausländischen Macht.[2]

Vor diesem Hintergrund beschrieb der zeitgenössische Rechtsgelehrte Samuel Pufendorf, der den Begriff „Dreißigjähriger Krieg“ geprägt hatte, die politische Struktur des Reiches im Jahr 1667 als politische und verfassungsmäßige

„Ungeheuerlichkeit“: ein Teil – der Kaiser, das Reich – monarchistisch, der andere – die Fürsten, die Staaten – konföderativ, jedoch nach 1648 verfassungsmäßig auf eine Weise organisiert, die eine Ausweitung bornierter Fürstenherrschaft zuließ.[3] Ein kaiserlicher Rat unterstrich in vergleichbarer Weise die böswilligen Absichten der europäischen Mächte, die diese Situation erzeugt hatten, und beklagte, daß der Westfälische Friede die Deutschen zum „Raub der Nachbarn“ gemacht habe, zum „Gegenstand ihrer Spöttereien, [zu einem Volk,] uneinig unter [sich] selbst ..., kraftlos durch [seine] Trennungen, stark genug, [sich] selbst zu schaden, ohnmächtig, [sich] zu retten ...“[4]

Obwohl der Krieg und der Friede traditionelle Zurückhaltung gelockert hatten, würde das Zeitalter des Absolutismus nicht überall gleichmäßig ausgeprägt sein. In vielen Staaten und Städten gab es weiterhin politische Kontrolle und Gegengewichte, und niemals waren Anwälte beschäftigter. Die privilegierten Stände – Adel, Klerus und Bürgerliche – des Herzogtums Württemberg zum Beispiel behielten bis in das neunzehnte Jahrhundert hinein ein funktionierendes Parlament bei.[5] Dennoch, die Teilung erhöhte die Verwundbarkeit des alten Deutschen Reiches. Im späten siebzehnten Jahrhundert hatten Handelskähne, die den Rhein in Richtung Nordsee befuhren, durchschnittlich alle zehn Kilometer an der Grenze irgendeines Fürstentums Zoll zu entrichten.[6] Und wie die Franzosen mit der Einnahme großer Teile des Elsaß und der Pfalz in den achtziger und neunziger Jahren des siebzehnten Jahrhunderts zeigten, stellte das territoriale Wildern in Deutschland nach 1648 kaum eine Herausforderung oder ein Risiko dar.

Statt verlorene Reichsgebiete zurückzuholen und die Einheit des Reiches wiederherzustellen, sahen die österreichisch-habsburgischen Oberherren des Kaiserreiches dessen Fundamente durch neue in- und ausländische Mächte im Kern erschüttert. In der zweiten Hälfte des Jahrhunderts führte Kaiser Leopold I. kostspielige Kriege gegen Frankreich und sah tatenlos zu, wie die osmanischen Türken Österreich in Panik versetzten, einschließlich seiner Residenz Wien, die er mit seiner Familie im Juli 1683 fluchtartig verließ.[7] Im frühen achtzehnten Jahrhundert, während der Herrschaft Kaiser Karls VI., mußten die Habsburger ihre erhalten gebliebenen Länder und ihre Ansprüche auf verlorengegangene deutsche Besitztümer mittels einer Abänderung der Erbfolgeregelung im Reich sichern. Nachdem alle Söhne Karls im frühen Kindesalter gestorben waren, ermöglichte er es seiner ältesten Tochter, Maria Theresia, auf der Grundlage eines umstrittenen, passend „Pragmatische Sanktion" genannten Dokuments, ihn im Jahr 1740 als Kaiserin zu beerben.[8] Im gleichen Zeitraum mußten die Österreicher, ohne nennenswerte Möglichkeit, an dieser Entwicklung etwas zu ändern oder sie unter Kontrolle zu halten, auch den Aufbau der preußischen Armee im Norden verfolgen, die bald ihre Nemesis und der neue Oberherr des Deutschen Reiches werden würde.

Während Österreich seine Herrschaft über das sich wandelnde Deutsche Reich – wenn nicht gar seinen Einfluß darauf – verlor, baute es auf Kosten der Osmanen sein unmittelbares Reich aus, dessen andere bedeutende Länder Ungarn und Böhmen waren. Um die Mitte des achtzehnten Jahrhunderts waren die Jahrzehnte selbst der nominellen kaiserlichen Souveränität über das Deutsche Reich gezählt. Nachdem die Habsburger ihre brudermörderischen Neigungen drei Jahrhunderte lang unter Kontrolle gehalten hatten, sollten sie nun von ihnen zerrissen werden. Im Verlauf des achtzehnten Jahrhunderts hörte die Vereinigung Deutschlands auf, die Aufgabe des Habsburger Kaisers zu sein, und wurde zur Herausforderung für den stärksten deutschen Fürsten. Im achtzehnten Jahrhundert und für sehr lange Zeit danach sollte dieser Fürst ein Preuße sein.

Brandenburg-Preußen

Im Jahr 1700 war das ausgedehnte katholische Habsburger Österreich mit seinen neun Millionen Einwohnern immer noch der Sitz des Heiligen Römischen Reiches Deutscher

Nation. Im Vergleich dazu war Preußen ein Land mit nur drei Millionen Einwohnern, und der Fläche nach waren zehn europäische Staaten größer. Mitte des achtzehnten Jahrhunderts jedoch stellte das protestantische Preußen der Hohenzollern die drittstärkste Armee Europas auf und nahm Österreich ins Visier. Bevor beide aneinandergerieten, annektierte und vereinte das Sparta des Nordens seine näheren Nachbarn. Über mehr als ein Jahrhundert hinweg formierte sich das moderne Preußen allmählich, Stück für Stück , wobei seine geographische Vielfalt der soziopolitisch-kulturellen Mannigfaltigkeit seiner Länderbestandteile entsprach. Der Vertrag von Westfalen hatte den Prozeß eingeleitet, indem er Hinterpommern, Magdeburg, Minden und die Rheinland-Provinzen den zwei großen territorialen Kernlanden Preußens hinzufügte: dem fernen östlichen Grenzgebiet Ostpreußen, das vom deutschen Ritterorden besiedelt worden war, und dem großen, zentralen Kurfürstentum Brandenburg.

Der Schlüssel zum Erfolg Preußens lag in einer Dynastie von Herrschern, die die seltene Fähigkeit besaßen, Eroberung und Aufbau zu verbinden. Friedrich Wilhelm, bekannt als der „Große Kurfürst", legte die wirtschaftlichen und militärischen Fundamente, indem er den Adel erfolgreich unter seine Herrschaft brachte.[9] Sein Sohn und Nachfolger, Kurfürst Friedrich III., wurde stark genug, um sich im Jahr 1701 selbst als Friedrich I. zum „König in Preußen" zu krönen und die europäische Bühne zu besteigen. Aus Preußen, das nicht länger den Ostseemächten, insbesondere Schweden, gegenüber ungeschützt war, wurde nun für die nächsten zwei Jahrhunderte das Königreich der Hohenzollern mit seiner eigenen Erbkrone. Friedrich setzte auch die preußische Expansion in Gang, indem er Österreich herausforderte. Somit begann jene Rivalität, in deren Verlauf sich das Machtzentrum des Deutschen Reiches von den Habsburgern zu den Hohenzollern verschieben und das auf Österreich basierende Heilige Römische Reich 1806 aufgelöst werden sollte, wobei Österreich nur der Titel des Kaisers von Österreich verblieb.

Friedrich, ein großer Förderer der Künste und der Bildung, ließ sein Berliner Schloß zum bedeutendsten Profanbau des protestantischen Barock umgestalten und gründete 1694 – noch als Kurfürst von Brandenburg – in Halle eine der führenden deutschen Universitäten des achtzehnten Jahrhunderts. Sein Sohn und Nachfolger, Friedrich Wilhelm I., brachte das in den Hintergrund gerückte calvinistische Erbe der Dynastie wieder zur Geltung, indem er die verschwenderische Hofhaltung seines Vaters durch einen Hof ersetzte, der die preußischen Tugenden der Disziplin und des Gehorsams pflegte. Diese waren auch die Säulen des Militärs, dessen Größe Friedrich Wilhelm, der den Militärdienst als höchsten Akt der Selbstaufopferung des Staatsbürgers pries, verdoppelte. Obwohl diese große Armee im Jahr 1720 Vorpommern den preußischen Ländern hinzugewann, verbrachte sie weit mehr Zeit mit Paraden im Stechschritt als damit, über ausländische Feinde hinwegzumarschieren.

Das änderte sich unter Friedrich Wilhelms Sohn, Friedrich II., „dem Großen", der von 1740 bis 1786 regierte. Der neue König erbte eine unverhältnismäßig große Armee von achtzigtausend Soldaten, der im Jahr seiner Thronbesteigung achtzig Prozent der Staatseinnahmen gewidmet waren, vergrößerte ihren Umfang auf mehr als das Doppelte und beschäftigte ein Sechstel der preußischen Einwohnerschaft in Diensten, die mit dem Militär verknüpft waren.[10] Zusätzlich führte er erfolgreich zwei andere große Initiativen seines Vaters fort: die Öffnung des öffentlichen Dienstes für die Mittelschicht und die Kodifizierung des preußischen Rechts.[11]

Pietismus und Politik

Im Jahr 1711 wandte sich der Calvinist und künftige König Friedrich Wilhelm I. dem Pietismus zu, einer von Halle ausgehenden Reformbewegung innerhalb der etablierten protestantischen Konfessionen und, so glaubten Kritiker, gegen diese gerichtet. Der Pietismus tauchte unmittelbar nach dem Dreißigjährigen Krieg auf und versprach, das zu erreichen, was nach Ansicht seiner Anhänger Staatsautorität und orthodoxer Protestantismus, lutherischer oder calvinistischer, niemals würden leisten können: Deutschland spirituell, moralisch und sozial zu erneuern. In einer Gesellschaft rigider Klassentrennung, formelhafter Religionen und eiserner Autorität beflügelte die Verheißung des Pietismus die Phantasie vieler Menschen.

Die aufgeklärten und der säkularen Welt zugewandten Pietisten stellten die Religion unmittelbar in den Dienst der Gesellschaft und des Staates. Indem Friedrich Wilhelm die Bewegung guthieß, öffnete er den Hallenser Absolventen, die überdurchschnittlich oft Verwalter, Geistliche und Lehrer wurden, die Türen der Regierung, des Militärs, der Krankenhäuser und der Schulen. Diese von oben vollzogene Integration neuer Religion und alter Politik, die die Kooperation zwischen Kirche und Staat intensivierte und religiöse und soziale Reformen behutsam voranbrachte, erwies sich für beide Seiten als fruchtbar.[12] Zusätzlich zu seiner Universität umfaßte Halles Bildungssystem Schulen für Mädchen, Waisen und die Armen, eine Lateinschule mit Internat für Knaben aus der Oberschicht und ein berühmtes Priesterseminar.

Drei herausragende lutherische Persönlichkeiten wiesen den Weg: Johann Arndt, der Autor des leicht mystisch gefärbten Erbauungsbuches *Vom wahren Christentum*, Philipp Jakob Spener, Autor des anderen pietistischen Klassikers, *Pia Desideria*, und August Hermann Francke, ein erfolgreicher Geschäftsmann und Professor für orientalische Sprachen und Theologie, der auf Spener als Führer der Bewegung folgte und zudem der Begründer eines bedeutenden Bildungs- und Sozialwerkes, der nach ihm benannten Franckeschen Stiftungen, ist. Die Hohenzollernkönige sahen im Pietismus eine besonders gute Lebensvorbereitung für ihre Bürger und Untertanen und förderten die Verbreitung seiner Bildungsphilosophie in ganz Preußen. Er stillte nicht nur tiefempfundene Sehnsüchte und flößte moralische Prinzipien ein, er unterzog Studenten auch einer praktischen Ausbildung, verlangte das Studium des Rechts und der Rhetorik, die Beherrschung moderner wie auch alter Sprachen und Bekanntschaft mit den Gewerben der realen Welt – wobei letzteres eine pragmatisch-technische Ergänzung der traditionellen akademischen Lehre war.[13] Auf diese unterschiedlichen Weisen war die pietistische Herausforderung der Orthodoxie eine Ausweitung und Vertiefung des Bemühens der Reformation, eine bürgerliche Gesellschaft zu fördern, die auf Laieninitiative und prinzipiengeleiteter Kooperation zwischen Kirche und Staat basierte.

Obwohl der Pietismus großzügig von den Hohenzollern unterstützt wurde, war er bei dem etablierten Klerus weniger beliebt, der seine Rechtgläubigkeit anzweifelte und seinen Einfluß auf den liberalen Klerus fürchtete, eine Furcht, die anhand der Schimpfnamen klar erkennbar wurde, die seine Kritiker Spener entgegenschleuderten: Quäker, Rosenkreuzer, Chiliast (Millenarier) und Fanatiker.[14] Das Bündnis mit weltlicher Autorität zog die Pietisten tiefer in die Politik, wo sie sich auf die moralische Zurückhaltung verlassen mußten, die von der Reformation und der Gegenreformation mit dem Amt des Fürsten verknüpft wurden, um eine ordnungsgemäße Trennung von Kirche und Staat sicherzustellen. Diese Zurückhaltung stellte den Fürsten als christlichen Laien und Verwalter öffentlichen Gutes dar, dessen bürgerlich-politische Ziele die Kirche teilen und unterstützen könnte, ohne ihre spirituelle Mission in Frage zu stellen. Beide Seiten hatten bei ihrer Kooperation viel zu gewinnen, aber auch – im Falle gegenseitiger Übervorteilung – viel zu verlieren.[15]

Der Einfluß der Hohenzollern auf Klerus und Kirchen der Pietisten rief den Vorwurf des weltlichen Kompromißlertums hervor. Francke wurde nachgesagt, die Trennlinie zwischen Kirche und Staat auf eine unerträgliche Weise und somit heuchlerisch überbrückt zu haben, indem er an einem Tag mit autokratischen Königen freundschaftlich verkehrte, am anderen jedoch versuchte, Waisen auf der Straße zu helfen.[16] Kritiker glaubten auch, daß der Hang zur Vollkommenheit den Pietismus für eine Einverleibung durch die Aufklärung anfällig machte. Spener sprach gern von der Notwendigkeit, „zu einigem Grad der Vollkommenheit zu gelangen", womit er eine erkannte Verpflichtung meinte, sich bei seinen moralischen Handlungen vom Heiligen Geist leiten zu lassen. Hier nahm er Immanuel Kants säkulare Idee des kategorischen Imperativs des Gewissens vorweg, die eine allgemein anwendbare Antwort auf moralische Herausforderungen postulierte.[17] In Franckes Brückenschlag kann man jedoch eher den dialektischen als den häßlichen Deutschen erkennen – einer, der glaubte, wie seine Kirche ihn lehrte, daß der Mensch gleichzeitig in parallelen religiösen und weltlichen Universen leben muß.

Ein aufgeklärter König

Nach 1740 vervollständigten die militärischen Unternehmungen und zivilen Reformen Friedrichs des Großen die Wandlung Preußens zum führenden Staat Deutschlands und zu einer der Großmächte Europas. Seine Entwicklungsjahre deuteten nicht auf ein derart triumphales Ergebnis hin, und wäre nicht die unsichtbare Hand der Geschichte gewesen, würde man ihn heute möglicherweise Friedrich den Kleinen nennen. Der Grund dafür ist, daß er in einer königlichen Familie voller Konflikte aufwuchs, deren Leidenschaften und Uneinigkeiten sein Leben zu lähmen und sogar früh zu beenden drohten. Seine Mutter und seine Großmutter waren Prinzessinnen aus dem Haus Hannover, deren Brüder englische Könige wurden, ein Stammbaum, der bedeutende Gelegenheiten bot, im In- und Ausland Einfluß zu gewinnen. Friedrichs lebensfrohe Mutter fühlte sich in der strengen, maskulinen Welt ihres Mannes nicht wohl, auch ließ sie nicht zu, daß die preußischen Tugenden ihre Kinder erdrückten. Sie strebte Ehepartner aus dem englischen Königshaus für ihre älteste Tochter und ihren ältesten Sohn an – den Prince of Wales für Wilhelmine und die Princess Royal für Friedrich. Im Gegensatz dazu war ihr

Vater entschlossen, die Dynastie vollständig deutsch und die guten Beziehungen mit den Habsburgern zu erhalten, die damals ihre Allianz mit Großbritannien überdachten.[18]

Im Kampf der Eltern um Herz und Geist ihrer Kinder konnte Friedrich Wilhelm sein eigener ärgster Feind sein, absolut fähig, sich seinen Nachwuchs ohne Intervention einer intriganten Mutter zu entfremden. Er machte sich Sorgen, daß die nachsichtige Aufzucht der Kinder durch die Königin seinen Sohn und Erben „unmännlich" werden lassen und somit ein preußisches Königreich in Gefahr bringen könnte, dessen Nachbarn es nur überrumpeln wollten, wie der König dem Knaben erzählte, als dieser zwölf Jahre alt war. Als Vater wie als König drückte Friedrich Wilhelm die älteste aller deutschen Ängste aus, als er die geopolitischen Manöver Englands und Frankreichs beobachtete: „Ich werde Pistolen in die Wiegen meiner Kinder legen, damit sie helfen können, Fremde von Deutschland fernzuhalten!"[19] Er ließ Friedrich früh in der Kunst der Kriegsführung unterweisen, indem er ihn nicht nur in die Obhut eines hugenottischen Hauslehrers, sondern wenig später auch zweier preußischer Offiziere gab, die speziell für die militärische Erziehung des Kronprinzen zuständig waren. Auf Drängen der Mutter wurde ihm eine eigene Privatbibliothek von mehreren tausend Bänden eingerichtet, welche ihm in seiner Jugendzeit ermöglichte, die führenden französischen, englischen und deutschen Autoren zu lesen.[20]

Obgleich der König den Einfluß der Königin auf seinen Sohn fürchtete, beunruhigte ihn mehr das Schreckgespenst, daß seine Feinde bei Hofe ihn auf ihre Seite ziehen könnten. Der Widerstand des jungen Friedrich gegen die Pläne seines Vaters, ihn mit der Prinzessin von Braunschweig-Bevern, Elisabeth Christine, zu verheiraten, komplizierte die Beziehung weiter. Friedrich wollte, wenn er schon eine Gemahlin haben sollte, seine englische Cousine heiraten. Nachdem er schon früher geplant hatte, nach England zu fliehen, wagte er den Versuch schließlich in dem Jahr, als er seine Volljährigkeit erreichte und seine Krone beanspruchen konnte.[21]

Ein weiterer Faktor, der Vater und Sohn voneinander entfremdete, war Friedrichs offensichtlich aufblühende Homo- oder Bisexualität – ein umstrittenes Thema unter Historikern, von denen viele nur eine „generell enthaltsame" Natur einräumen, insbesondere in bezug auf die Frau, die seine Gemahlin wurde.[22] Es gibt jedoch Anzeichen, und die Folgen passen so zu der Geschichte, daß sich das Abtun des Themas als pures französisches Geschwätz verbietet. Beleg dafür, daß sich der Junge sexuell zu Männern hingezogen fühlte, mag das gewesen sein, was sein Vater mit seiner „Unmännlichkeit" meinte, hervorgerufen vielleicht in der intimen Gesellschaft seiner männlichen Militärlehrer, von denen zumindest einer homosexuell gewesen sein soll.[23]

Als ein Hauptbeweis gilt Friedrichs intime Freundschaft in den Jahren 1729/30 mit dem acht Jahre älteren Offizier Hans Hermann von Katte, der mit Friedrich ein Verhältnis gehabt haben soll „wie ein Liebhaber mit seiner Mätresse."[24] Katte begleitete den zukünftigen König bei seinem fehlgeschlagenen Versuch, sich mit seinen königlichen Verwandten in England zu vereinen. Nachdem sie zusammen verhaftet worden waren und entdeckt worden war, daß sie ihre Flucht gemeinsam mit dem britischen Gesandten geplant hatten, empfing der König seinen zurückgekehrten Sohn mit einem Stockhieb auf die Nase. Friedrich, damals Oberstleutnant der preußischen Armee, hätte wegen Fahnenflucht und Hochverrat vor Gericht gestellt werden können, und die Möglichkeit seiner Hinrichtung führte dazu, daß sich die Fürsten Europas hinter ihn stellten. Im ungebärdigen achtzehnten Jahrhundert dienten Gerüchte über die Hinrichtung von Königen, insbesondere eines zukünftigen Königs durch dessen Vater und Vorgänger, nirgendwo den Interessen der Fürstlichkeiten.

Obwohl am Ende von seinem Vater begnadigt, wurde Friedrich fast zweieinhalb Jahre lang, von 1730 bis 1732, in der Festung Küstrin an der Oder unter Arrest gehalten, mit der Bibel und einem Exemplar von Johann Arndts *Wahrem Christentum* als einzigen Begleitern. Dort unterlag er einem gnadenlosen Regiment, dessen Zweck es war, aus ihm einen königlichen Hohenzollern zu machen. Da seine Mutter und seine Schwester an der Vorbereitung der Flucht beteiligt gewesen waren (der König hatte unmittelbar danach auch Wilhelmine mit Schlägen empfangen), war es ihnen ein Jahr lang verboten, in direkten Kontakt mit ihm zu treten. Er durfte jedoch ihre Briefe empfangen, solange sie in Deutsch und nicht in landesverräterischen Fremdsprachen geschrieben waren. Der grausamste Schlag seiner Gefangenschaft kam am Anfang, als sein Vater Katte im Küstriner Gefängnishof enthaupten ließ und Friedrich zwang, jeden Moment der Hinrichtung von seinem Gefängnisfenster aus zu beobachten.[25]

Am Ende seiner Gefangenschaft war Friedrich zur Unterwerfung unter den Willen seines Vaters erniedrigt worden, wenigstens nach außen hin. Im Februar 1732 heiratete er trotz seiner Proteste, daß er für das andere Geschlecht nichts empfinde, die Prinzessin von Braunschweig-Bevern, eine Verbindung angeblich ohne sexuelle Beziehungen und ganz gewiß ohne Nachwuchs.[26] Mitte der dreißiger Jahre lebte das königliche Paar in Rheinsberg, einem speziell hergerichteten Schloß im französischen Stil sechzig Kilometer nordwestlich von Berlin. In den dazwischenliegenden Jahren hatte Friedrich, als er 1733 bis 1735 mit österreichisch-russischen Truppen im polnischen Erbfolgekrieg gegen die Franzosen kämpfte, seine erste Kostprobe einer Schlacht erhalten und dabei wertvolle Einblicke aus erster Hand in die militärischen Taktiken der zukünftigen Feinde Preußens gewonnen.[27]

Friedrichs Leben war ein Wechselspiel zwischen Literatur und Krieg, in dem Bücher und Argumentation mit strategischer Planung und Schlachten um seine ungeteilte Aufmerksamkeit konkurrierten. Unmittelbar nachdem er König geworden war, gründete er – aus bereits bestehenden Institutionen – die Königliche Akademie der Wissenschaften und Schönen Künste zu Berlin. Die Akademie rekrutierte, geleitet von einem ausgezeichneten französischen Mathematiker, Pierre Louis Moreau de Maupertuis, die besten Begabungen, die in Europa verfügbar waren und die um den König einen Gelehrtenkreis bildeten.[28]

Friedrich führte seine Regierung von zwei Orten aus: vom renovierten Schloß Charlottenburg außerhalb Berlins und von Sanssouci, einem eigens erbauten Refugium in Potsdam, wo sich auch jene – meist französischen – Intellektuellen versammelten, von denen er sich am meisten angezogen fühlte. Nach der Jahrhundertmitte waren unter den Besuchern Voltaire, der berühmteste Philosoph jener Zeit, und Jean le Rond d'Alembert, der Mitherausgeber der achtundzwanzigbändigen französischen *Encyclopédie*, eines komplexen Wegweisers durch Philosophie, Politik und Religion der Aufklärung, aber auch durch Mathematik, Technik und Naturwissenschaften.

Sowohl bei der Arbeit als auch in der Freizeit sprachen der König und seine Gefährten französisch. Obwohl seine Regentschaft von der deutschen Aufklärung begleitet wurde und eine gesamtdeutsche Literatur – Lessing, Goethe, Schiller – und Musik – Bach, Händel, Haydn, Mozart, Beethoven – zu blühen begannen, verschmähte Friedrich sein heimatliches Deutsch als eine „barbarische Sprache", deren Zeit als Literatursprache noch nicht gekommen sei.[29] Im Jahr 1780 erzeugte er erheblichen Unmut, indem er öffentlich die deutsche Sprache kritisierte. Selbst für eine Zeit, die allgemein in alles Französische vernarrt war, war er eine Art Spektakel. Hier war ein deutscher König, von all seinen Zeitgenossen als der größte von allen erachtet, der französisch so viel leichter als deutsch zu lesen vermochte, daß er schwierige deutsche Bücher, die er lesen wollte, zunächst ins Französische übersetzen ließ – eine Ironie, die er noch dadurch steigerte, daß er sich der Ansicht anschloß, nur 1,25 Prozent der Franzosen verfügten über irgendwelche intellektuelle Fähigkeiten.[30]

Friedrichs eigenes literarisches Vermächtnis umfaßte Poesie, politische und militärische Traktate, philosophische Abhandlungen und eine riesige Korrespondenz mit den führenden Intellektuellen der Zeit. Er machte sich die Moden der Zeit, Freimaurertum und Pietismus, zu eigen, deren Universalismus und Perfektionismus seine eigenen hehren Ambitionen widerspiegelten. Ein erstes philosophisches, machiavellistische Politik zurückweisendes Werk, *L'Antimachiavel*, rühmte Könige, die sich für ihre Untertanen aufopferten und ihnen dienten, gegenüber denjenigen, die sie täuschten und manipulierten.[31] Solch jugendlicher Idealismus würde die Schlesischen Kriege, auf deren Schlachtfeldern Friedrich entdeckte, daß selbst gute Fürsten von Zeit zu Zeit machiavellistisch sein müssen, nicht überleben. Sein Fürstenspiegel zeugte jedoch von der Fortdauer hoher deutscher politischer Ideale, deren Ursprünge Jahrhunderte zurückreichten, bis ins achtzehnte Jahrhundert hinein.[32]

Der Philosophenkönig

Daß ein so ernster und idealistischer König einem derart zweifelhaften und zynischen Menschen wie Voltaire folgen konnte, war bezeichnend, wenn nicht sogar machiavellistisch konsequent. Die beiden einander entgegengesetzten Leidenschaften des Königs, das Geistesleben und der Tod seiner Feinde, paßten nahtlos zu dem Mann und seiner Zeit. Voltaire diente seinen Zielen, indem er seinen Ruf als Philosophenkönig in ganz Europa verbreitete, während Friedrich sich im Gegenzug Voltaire als Herrscher anbot, der begierig war, von den Franzosen aufgeklärt zu werden.

Schon bevor Friedrich König wurde, hatte er als Vierundzwanzigjähriger Voltaire in der Hoffnung geschrieben, ihn als seinen Lehrer nach Berlin zu holen. Über zweiundvierzig Jahre hinweg – mit Unterbrechungen – nutzte Voltaire die Vernarrtheit des Königs aus, ebenso schnell dabei, den jüngeren Mann lächerlich zu machen, zu verleumden, zu täuschen und auszuspionieren, wie er mit ihm sein Wissen und seine scharfzüngigen Plaudereien teilte. Aber selbst wenn Friedrich, wie in Samuel Johnsons Beschreibung, „Voltaires Laufbursche“ war, war er auch einer, der sich zu wehren wußte.[33]

Die beiden begegneten einander erstmals in Cleve im Jahr

1740 und entwickelten fortan eine intensive intellektuelle und persönliche Beziehung. Als Voltaire im Jahr 1743 zum ersten Mal Berlin besuchte, reisten die beiden gemeinsam nach Bayreuth in Franken. Das waren die Jahre, in denen Friedrichs Armee dabei war, Schlesien zu erobern, was Voltaire dazu veranlaßte, die Existenzberechtigung eines Philosophenkönigs, der einen aggressiven Krieg führte, in Frage zu stellen. In Berlin fand Voltaire weniger hochgeistige Gründe, um verärgert zu sein, benahm sich schlecht in Gesellschaft der königlichen Familie und soll unter Friedrichs Augen dessen Schwester Ulrike erfolgreich den Hof gemacht haben. Der Besuch begann mit einem häßlichen Austausch von Beleidigungen und Spott, bei dem Voltaire offen die Homosexualität des Königs behauptete, während Friedrich, behutsamer, in seinen Gedichten Voltaires Treulosigkeit beklagte.[34]

Die Beziehung verschlechterte sich weiter im Verlauf von Voltaires Besuchen in Berlin und Potsdam in den frühen fünfziger Jahren. Intellektuell stellte keiner von beiden die Überlegenheit der französischen Sprache und Kultur über die deutsche in Frage, und Friedrich war bereit, auch gegenüber den Italienern nachzugeben. Während jedoch der König deutsche Rückständigkeit zurückhaltend anerkennen mochte, war es unverzeihlich von Voltaire, von dessen Großmut ihre Freundschaft auch abhing, sich daran zu weiden. Friedrichs Prosa mag nicht so gut gewesen sein wie seine Poesie, aber als Voltaire seinen scharfen Geist auf beide richtete, wurden sie beide für unzureichend befunden – und die Verspottung der Gedichte des Königs war nur der Anfang. Obwohl Voltaire die Gastfreundschaft in Sanssouci genossen hatte, fuhr er damit fort, Friedrichs hochgerühmten Kreis von Geistesgrößen gegenüber geschwätzigen Literaten als „die sieben Weisen Griechenlands in einem Bordell“ zu verhöhnen.[35]

Während Voltaire in Sanssouci war, brachte er Friedrich in Verlegenheit, als er bei einer illegalen Währungsspekulation, unterstützt von einem jüdischen Mittelsmann, ertappt wurde. Das Spektakel mit antijüdischem Unterton stellte die Geduld des Königs auf die Probe, und er verbannte im Frühjahr 1751 seinen berühmten Gast nach Berlin. Dort stellte ein gedemütigter und empörter Voltaire Friedrichs inniggeliebten Rückzugsort als homosexuellen Zirkus dar, was den einstmals antichambrierenden König vielleicht zum ersten Mal wirklich umfassend die wahre Dimension des Pferdefußes am großen Franzosen erkennen ließ. Schon im Jahr 1749, als Friedrich Voltaire nach Berlin lockte, beschrieb er ihn als einen verachtenswerten Feigling einerseits und ein bewundernswertes Genie andererseits.[36]

Wegen des zerrütteten Verhältnisses erbat Voltaire seinen Abschied und reiste unverzüglich nach Frankfurt zurück. Dabei nahm er neben Ehrengeschenken des Königs auch eine Sammlung seiner Gedichte und andere Manuskripte mit, die dieser keinesfalls außer Landes gebracht wissen wollte, da er befürchtete, daß sie in die falschen Hände geraten könnten – anscheinend hatte ihm sein Vater erfolgreich die Gefahren unköniglicher Effeminiertheit eingeimpft. Mit zwei Vergeltungsmaßnahmen, einer privaten und einer vor den Augen der Öffentlichkeit, verdeutlichte Friedrich seine persönliche Verbitterung. Er ließ Voltaires Zimmer in Sanssouci neu mit Tieren schmücken, die moralische Schwächen der Menschen symbolisieren (Affen, Pfauen, Schlangen und Kröten), und da sich Zweifel an der Rückgabe seiner Gedichte regten, gab er Befehl, Voltaire auf der Heimreise nach Frankreich zu verhaften. Das geschah im Mai 1753 in Frankfurt, wo ein erschrockener und äußerst erzürnter Voltaire unter Hausarrest gesetzt wurde.[37] Somit erinnerte der Philosophenkönig den König der Philosophen daran, wer der preußische König war – eine Lehre, die ihm Voltaire in den klatschsüchtigen Salons von Paris und London heimzahlte.

Die Schlesischen Kriege

Im Jahr 1740 bestiegen Friedrich und Maria Theresia, er achtundzwanzig Jahre alt und unzweifelhaft König, sie dreiundzwanzig und eine höchst umstrittene zukünftige Kaiserin, ihren jeweiligen Thron, er den preußischen, sie den österreichisch-habsburgischen. Bald danach setzte sich Friedrich über die pragmatisch sanktionierte Reichserbfolge der Kaiserin hinweg und fiel mit seiner Armee in Schlesien ein, das damals Teil des Österreichischen Kaiserreiches war.[38] Damit begann der erste von drei aufeinanderfolgenden und zunehmend blutigen preußisch-österreichischen Kriegen um dieses weitgehend deutsche protestantische Land. Obgleich der Großteil der Kämpfe sich auf schlesisches Gebiet beschränkte, wurde auch in Sachsen, Mecklenburg, Polen, Böhmen und Mähren Blut vergossen, wodurch aus den Schlesischen Kriegen ein europäisches Ereignis wurde.

Die anfänglichen Eroberungen fanden im Stil des deutschen „Smart War“ statt, wonach konzentrierte preußische Truppen ein Segment der feindlichen Linien angriffen – eine Taktik, die auf die Zeit der germanischen Volksstämme zurückgeht und dazu diente, beim Feind Panik auszulösen.[39] Friedrich setzte sie im Jahr 1741 gegen die Österreicher bei Mollwitz ein, seiner ersten großen Schlacht, die weniger aufgrund des militärischen Sachverstandes des Königs bekannt ist als dafür, die zwei großen deutschen Staaten in einen Konkurrenzkampf gezogen zu haben, der erst 125 Jahre später bei Königgrätz (heute Hradec Králové, Tschechische Republik) enden würde. Friedrich beging einen Anfängerfehler, formierte seine Truppen falsch und verlor das Kommando, das Generalmajor Kurt von Schwerin an sich riß, damit den Tag rettete und der Held der Schlacht wurde. Mit Proklamationen religiöser Freiheit, die seine Soldaten an Kirchentüren hefteten, versprach der nominell calvinistische Monarch, der sich auf ein postreligiöses Zeitalter freute, schlesischen Katholiken und Protestanten gleichen Schutz.

Bei Chotusitz verlor Friedrich, der gemeinsam mit französischen, bayerischen und sächsischen Verbündeten kämpfte, im Jahr 1742 wiederum die Kontrolle über das Schlachtfeld und errang dennoch einen zweiten Sieg über die Österreicher, der ihm die faktische Kontrolle über Schlesien gab.

Nach dem Sieg nahm er den Titel „König *von* Preußen“ an, der die geringerwertige Herrschaft seines Vaters als „König *in* Preußen“ ersetzte. Nach späteren Siegen bei Hohenfriedberg und Soor während des kürzeren zweiten Schlesischen Krieges wurde der König bei seiner Heimkehr mit dem Ruf „Friedrich der Große“ begrüßt. Nach fünf Jahren Kampf mit Unterbrechungen waren die Fläche Preußens um die Hälfte und seine Einkünfte um ein Drittel vergrößert worden.[40] Die Großmächte Europas hatten nun einen neuen Mitgliedsstaat in ihren Reihen.

Die Kriegsjahre leerten die Staatskasse Preußens, die Friedrich durch Plünderung neu annektierter Länder und durch Erhöhung von Steuern in den älteren Ländern wieder füllte. Daß sie auch vom König ihren Tribut gefordert hatten, zeigte sich an einer neuen Einleitung zu seiner früheren Abhandlung über Machiavelli. Nun beteuerte er, daß kein Opfer, das ein Herrscher von seinem Volk verlangen dürfe, schlimmer sein könne, als vom Feind besiegt zu werden, ein Eingeständnis des hohen militärischen und zivilen Preises, den der Sieg in Schlesien gekostet hatte. Um 1745 glaubte der gereifte König mit Machiavelli, daß ein erfolgreicher Herrscher zuallererst zu gewinnen habe.

Im achtzehnten Jahrhundert praktizierten Herrscher Realpolitik unsentimental; es ist jedoch schwer, einen deutschen Fürsten oder König vor dem zwanzigsten Jahrhundert zu finden, der seine Herrschaft als völlig willkürliche, profane und zynische Angelegenheit betrachtete. Obwohl Friedrich durch den Krieg gründlich ernüchtert war, blieb seine Vision einer guten und gerechten Gesellschaft im Jahr 1746 so leuchtend, wie sie 1739 gewesen war, was ihn folgendes zu schreiben veranlaßte:

> Ein Fürst ist der erste Diener ... des Staates, [dessen Pflicht es ist,] Dienst und Verdienst zu belohnen, einen gewissen ... Ausgleich zwischen Reich und Arm herzustellen, die Glücklosen jedes Lebensbereiches zu entlasten [und] Erhabenheit in jedem Glied des Staatskörpers zu züchten.[41]

Auf die härteste Probe gestellt wurden Idealismus und Verstand des Königs jedoch während des dritten und letzten Schlesischen Krieges, des sogenannten Siebenjährigen Krieges von 1756 bis 1763. In dieser monotonen Abfolge von sechzehn größeren Schlachten gab es folgenschwere Niederlagen, Pyrrhussiege und manch wundersame Rettung und Triumphe. Die Hälfte dieser Schlachten gewann Preußen, jedoch fast immer unter hohen Verlusten an Menschenleben. In dieser letzten Eroberungsrunde trat Preußen mit britischer Unterstützung einer scheinbar übermächtigen Koalition aus Österreich, Frankreich und Rußland entgegen, die entschlossen war, Schlesien an Habsburg zurückzuführen und die preußische Expansion anderenorts rückgängig zu machen. Friedrich, dessen Staat gegen ernsthafte Angriffe aus drei Himmelsrichtungen schutzlos war, äußerte, dabei vielleicht Worte neu formulierend, die ihm sein Vater in seiner Jugend eingehämmert hatte, ein Gefühl des Grauens davor, von „Schurken ... umzingelt" zu sein.[42] Im Verlauf des neuen Krieges besetzten die Russen zweimal Berlin und, zusammen mit den Schweden, auch Pommern und Neumark, während die Franzosen Minden und Cleve einnahmen und die Österreicher Schlesien zurückeroberten.

Friedrich nahm sich ein Beispiel am ersten Schlesischen Krieg und begegnete der gegen ihn gerichteten Koalition strategisch, indem er Sachsen zum Puffer und Auffangraum machte. Innerhalb eines Jahres erlitt Preußen in der Schlacht von Kolin 1757 die erste und hinsichtlich der prozentualen Truppenverluste schwerste Niederlage in allen Schlesischen Kriegen: 9.428 Soldaten, 281 Offiziere, 22 Regimentsfahnen und 45 Kanonen.[43] Im selben Jahr waren preußische Armeen aber auch siegreich, obwohl zahlenmäßig bei Roßbach zwei zu eins und bei Leuthen sechs zu vier unterlegen. Zeitgenossen glaubten, daß Roßbach der größte jemals von Preußen erfochtene Sieg war, obwohl bei Leuthen kein einziger Österreicher dem Tod oder der Gefangenschaft entkam. Nach einem Pyrrhussieg bei Zorndorf blieben achtzehntausend Russen und dreizehntausend

Preußen tot auf dem Schlachtfeld zurück; darauf folgten zwischen 1758 und 1759 in kurzen Abständen drei schwere Niederlagen: Hochkirch, wo ein Drittel von Friedrichs Heer den Tod fand; Kunersdorf, von dessen Schlachtfeld nur schätzungsweise 30.000 von ursprünglich 48.000 Mann wieder abmarschierten, und Maxen, wo die Preußen über neunzig Prozent der Mannschaften verloren, weil sich ihr Befehlshaber von Finck zu Friedrichs großem Zorn den Österreichern ergab. Dieser bis dahin tiefste Punkt in der deutschen Militärgeschichte sollte später von Adolf Hitler beschworen werden, als das Dritte Reich im Jahr 1945 vor der totalen militärischen Niederlage stand. Der Führer proklamierte, seinem Notstab Zeitungsausschnitte über den Tod Franklin Roosevelts entgegenwedelnd, das Dahinscheiden des amerikanischen Präsidenten als Vorboten der Wiederholung des „Wunders des Hauses Brandenburgs" im Jahr 1763 – ein Jahr wechselnder Allianzen, das Friedrich einen umfassenden Sieg brachte.[44]

Zusätzlich zu den Zehntausenden getöteten Soldaten forderten die Schlesischen Kriege eine halbe Million Zivilopfer, was einem Zehntel der Vorkriegsbevölkerung Preußens entsprach. Bei Kriegsende 1763 war ein Viertel der Bevölkerung mittellos und auf der Suche nach Nahrung, eine so erschreckende Menge lebenden Strandgutes, daß Friedrich jenen Beamten bestrafen ließ, der die Schadensbilanz überbrachte.[45]

Ein moderner Staat

Schaut man weiter in die Zukunft, waren dieses Blutvergießen und die Verschwendung an Mitteln nicht vergebens. Preußen war eine europäische Großmacht geworden und würde es bleiben. Wie zu Anfang seiner Regentschaft bestand Friedrichs Antwort auf die Herausforderung stets darin, zu bauen und wiederaufzubauen, womit seine Regierung innerhalb von Monaten nach der Beendigung des Krieges begann. Seine Herrschaft ist „aufgeklärter"

Absolutismus genannt worden, weil sie hierarchisch und brutal war, jedoch für ihre Zeit optimistisch und progressiv. Im Verlauf seiner sechsundvierzigjährigen Herrschaft gründete er spezielle Regierungsbehörden für strategische Wirtschaftsentwicklung, eine Initiative, die half, Berlin auf Dauer zu einer europäischen Kulturmetropole zu machen. Der König ließ auch ein Maß an Pressefreiheit zu, das ihm postum den Titel eines „Propheten der uneingeschränkten Pressefreiheit" eintrug.[46]

Sehr fortschrittlich war auch die Kodifizierung preußischen Rechts, ein Projekt, das im Jahr 1780 ernsthaft in Angriff genommen und nach Friedrichs Tod in den Jahren 1793/94 abgeschlossen wurde – denselben Jahren, in denen die Franzosen Europa mit einer neuen Welle der Anarchie, der Entchristianisierung, des Königsmordes und einem „La Terreur" genannten Bürgerkrieg „beschenkten". Nachdenklich gestimmt durch die rapide Degeneration der Französischen Revolution, deren Versprechen nicht eingehalten wurden, verwandelten die deutschen Gesetzgeber, die für die endgültige Version des im Jahr 1794 veröffentlichten preußischen „Allgemeinen Landrechts" verantwortlich waren, dieses in ein konservativeres Gesetzeswerk, als Beobachter vorher erwarten konnten. Dennoch: gemessen an den Maßstäben der Zeit war es progressiv. Es ließ nur in einem Bruchteil der in anderen Staaten üblichen Fälle die Todesstrafe aus politischen Gründen zu, während gerichtlich angeordnete Folter, willkürliche Verhaftungen und Hinrichtungen für Bagatelldelikte, die alle im so modernen Frankreich weiterhin stattfanden, verboten waren.

Friedrichs bürgerliche Reformen zielten auf die sozialen Probleme zeitgenössischen Familienlebens, insbesondere uneheliche Geburten und die Betreuung der Waisen.[47] Die Schulbildung für alle wurde nachdrücklich bekräftigt, und der König drängte die christlichen Konfessionen zu religiösem Pluralismus und religiöser Toleranz. Gegen Ende von Friedrichs Herrschaftszeit entwickelten sich eine neue Mittelschicht und eine bürgerliche Gesellschaft in einem solchen Maße, daß deutsche Intellektuelle die Revolutionen in Amerika und Frankreich als verspätete Versuche betrachten konnten, Preußen und Österreich einzuholen![48]

Trotz der Reformen des Königs war sein innenpolitisches Programm am Ende nicht so durchgreifend und diszipliniert wie seine Kriegsführung. Die oberen Klassen wurden bei Anstellungen im öffentlichen Dienst weiterhin bevorzugt. Und obwohl der König auf seinen königlichen Landgütern die Leibeigenschaft abschaffte, stellte er ihr weiteres Bestehen auf den Ländereien des Landadels nicht in Frage – ein inkonsequentes Zugeständnis, offenbar um diesen dafür zu belohnen, daß er Friedrich in den Kriegsjahren entscheidend unterstützt und seine Pflicht erfüllt hatte. Mit den preußischen Juden ging Friedrich ebenfalls unverändert um. Im Glauben, daß jüdische Händler in Großstädten einen ungerechtfertigten Vorteil gegenüber christlichen hatten, vertrieb der areligiöse König, der Katholiken und Protestanten tolerierte und ihre gegenseitige Anerkennung verlangte, eine große Anzahl Juden aus den Städten Preußens in die Grenzregionen.[49]

Der absolute Musiker

In einer der neuesten Biographien wird Friedrich als ein zwischen gegensätzlichen Prinzipien hin- und hergerissenen Herrscher dargestellt: einerseits der monarchischen Autokratie verschrieben, andererseits den Rechten und der Würde des Individuums. Sein Leben lang war er ein Bewunderer von John Locke und der entstehenden amerikanischen Demokratie und gewährte in einer seiner letzten Amtshandlungen den Vereinigten Staaten das, was im achtzehnten Jahrhundert die Entsprechung des Status der meistbegünstigten Nation war.[50]

Friedrichs innerer Konflikt zwischen Autokratie und Liberalismus spiegelte die sich entwickelnde Politik des Jahrhunderts wider. Im Vergleich mit dem amerikanischen, französischen und britischen Regierungssystem ging Friedrich konservativer an Entscheidungen heran, was eine ältere deutsche Auffassung von ausgewogener Herrschaft einschloß, in der Autorität und Ordnung als Ergänzung und Schutz der Freiheit und Gleichheit betrachtet wurden. Ein Herrscher hatte Autorität über Individuen, nicht weil er an sich souverän oder absolut war, sondern weil er die Ordnung repräsentierte und durchsetzte, die die individuellen Freiheiten innerhalb einer bürgerlichen Gesellschaft möglich machte.[51]

Hierin kann Friedrich mit einem Zeitgenossen verglichen werden, der in einer anderen Disziplin herrschte und einer anderen alten Tradition den Vorrang gab: Johann Sebastian Bach, der 1747 nach Potsdam kam, um seinen Sohn Carl Philipp Emanuel zu besuchen, der Cembalist an Friedrichs Hof war. Friedrich, der von der Anwesenheit des großen Musikers erfuhr, lud Bach senior zu einer Zusammenkunft ein, eine, wie sich herausstellte, peinliche Veranstaltung, da Friedrich den widerstrebenden, aber unterwürfigen sächsischen Hofkomponisten herausforderte, sich an einem der musikalischen Lieblingsstücke des Königs zu versuchen. Friedrich bat ihn auch, ein Fugenthema, das er ihm vorgab, auszuführen, ein Wunsch, den Bach erfüllte und zwei Monate später in wesentlich erweiterter Gestalt vollendete, indem er dem König aus Leipzig das ihm gewidmete „Musikalische Opfer" zusandte.

Daß ein Treffen dieser beiden unangenehm sein könnte, war aus zwei Gründen vorhersehbar. Der Philosophenkönig der deutschen Aufklärung war auch musikalisch ein eher nach vorn schauender, am damaligen Zeitgeschmack orientierter Mann. Er zog den leichteren Rokokostil Bachs tiefgründigerem, traditionellem kirchlichem Barock vor.[52] Zweitens und wichtiger, in diesen beiden Männern traf eine prinzipienfeste alte, ihres Weges sichere deutsche Tradition (Bach) auf eine neue, experimentelle Richtung, die ihren Weg erst finden mußte (Friedrich). Dies traf nicht nur auf die Musik zu, sondern auch auf die Philosophie und die Politik, ein Konflikt, den das kommende neunzehnte Jahrhundert in Deutschland, immer noch Friedrichs relativ vorsichtigem Beispiel folgend, bis ins Extrem führen würde.

Andererseits waren beide Männer in ihrem jeweiligen Fach kosmopolitisch und bereit, Vorhandenes aufzugreifen, beide damit gesegnet und dazu verdammt, wortwörtlich und kulturell am Kreuzweg Europas zu leben. Der Philosophenkönig von Sanssouci war ein intellektueller und kultureller „Allesfresser“, auch eine Art Dilettant, der wollte, daß sein Reich *au courant*, also französisch, sei. Der sächsische Musiker war nicht weniger ein „Entleiher“, da er sein eigenes Repertoire aufbaute, indem er französische und italienische Vorbilder meisterte und vervollkommnete, so wie es Händel in der ersten, Haydn und Mozart in der zweiten Hälfte des achtzehnten Jahrhunderts ebenfalls taten. Vor allem aber war Bach ein genialer Erfinder und Vollender.[53]

Mehr als fünfundzwanzig Jahre lang, zwischen 1723 und seinem Tod 1750, hatte Bach in Leipzig Kantaten für die Kirchen der Stadt zu komponieren.[54] Seine Auftraggeber erwarteten von seiner Musik sowohl theologische als auch politische Korrektheit, also einen wahrhaftigen und triumphierenden Ausdruck der lutherischen Lehre. Als Bedingung für seine Beschäftigung hatte er einen Treueeid auf die Konkordienformel aus dem sechzehnten Jahrhundert schwören müssen, das endgültige lutherische Glaubensbekenntnis, das zum Abschluß des Kulturkampfes zwischen Gnesio- (konservativen) und philippistischen (liberalen) Lutheranern formuliert worden war. Als gläubiger Lutheraner brachte Bach tiefgründiges theologisches Wissen und einen loyalen politischen Willen für diese miteinander verknüpften Verpflichtungen mit. Die daraus resultierenden Kompositionen, ungefähr dreihundert Kantaten, waren komplexe Aussagen aus zweihundert Jahren Hauptströmung religiösen und nationalen Glaubens. Wie Lucas Cranach der Ältere während der deutschen Renaissance und Reformation war Bach in seinem Handwerk der deutscheste der Deutschen während der Aufklärung.

Bachs Kompositionen repräsentierten jedoch nicht die Musik der Aufklärung, wie sie der König verstand, und schon gar nicht die französische. Was Bachs Werk auszeichnete und ihm bleibende Bedeutung verlieh, war der musikalisch-emotionale Ausdruck des Bedürfnisses der Menschheit nach Transzendenz und Erhabenheit und zugleich ihres völligen Unvermögens, sie je zu erlangen. Im Gegensatz dazu hegte der neue Glaube der Aufklärung, insbesondere als er im neunzehnten Jahrhundert seine Stimme fand, keinen Zweifel an der Fähigkeit der Menschheit, das Rätsel der Geschichte zu lösen, um der Götter zu spotten und selbst Gott zu spielen. Hier erreichte jenes Streben, das vermeintliche Modernisierungsbewegungen seit der Antike angetrieben hatte, als Adam und Eva vor dem Sündenfall ihr Vorbild waren und das unverfälschte Licht der Vernunft ihr Werkzeug, wohl seine bisher höchste Anmaßung. Im Gegensatz dazu bekräftigte Bachs Musik das dialektische Wesen der Realität und die Bipolarität im Zentrum des menschlichen Herzens, beides jenseits aller menschlicher Ergründbarkeit geheimnisvoll und komplex.

Bach vermittelte dies musikalisch, indem er feststehende und unerschütterliche Themen alternierend der Harmonie und der Dissonanz unterwarf, wobei er immer wieder jegliches akustisches Bollwerk, das der Zuhörer möglicherweise zu errichten hoffte, zerstörte und wiederherstellte. Im Verlauf forderte Vielfalt die Einheit heraus und Unordnung die Ordnung, und jedes wetteiferte im Gegenzug mit dem anderen. Das Wechselspiel von Verlust und Wiederherstellung von Harmonie ließ den Zuhörer mit einem von Zeit zu Zeit angenehmen, aber niemals endgültigen oder sicheren Gefühl der Versöhnung zurück, was auch die Absicht des Nebeneinanders von Gesetz und Evangelium in der zeitgenössischen lutherischen Predigt war: Einklang nur im Zwist, Gerechtigkeit nur in der Sünde.[55] Sehr ähnlich auch, und im selben Hauptstrom deutscher Tradition stehend, würden Goethes mahnende Worte an die Aufklärung sein, nicht im Augenblick zu verweilen, wie schön er auch sei.[56]

III

AUFKLÄRUNG, REAKTION UND EIN NEUES ZEITALTER

6

Trojanische Pferde

Von der französischen zur deutschen Revolution

Verglichen mit der Amerikanischen und der Französischen Revolution erscheinen die aufklärerischen Initiativen der Höfe des preußischen Königs Friedrich des Großen, der österreichischen Kaiserin Maria Theresia und der Herrscher kleinerer deutscher Staaten bescheiden. In Amerika und Frankreich wurden Tyrannen gestürzt, erhielten Bürger neue Freiheiten und wurden Regierungen von Grund auf neu strukturiert. Im Gegensatz dazu gingen die Ideen der nationalen Einheit, eines frei gewählten überregionalen Parlaments und verfassungsmäßig garantierter Individualrechte in Deutschland gegen Ende des achtzehnten Jahrhunderts mit dem Herannahen des neunzehnten Jahrhunderts einer unsicheren Zukunft entgegen.[1]

Im späten achtzehnten und im frühen neunzehnten Jahrhundert führten die Franzosen den Deutschen ein Modell einer liberalen Gesellschaft vor und gaben ihnen einen kräftigen Anstoß in seine Richtung. Zuvor, während des Dreißigjährigen Krieges, hatten sie dabei geholfen, die Deutschen vor dem späteren Kaiser Ferdinand von Ungarn zu retten, einem der Schlächter von Nördlingen im Jahr 1634, nur um danach selbst bei ihnen Verwüstungen anzurichten.[2] Jetzt überquerten die Franzosen den Rhein wiederum als Befreier, diesmal mit dem Gedankengut einer epochalen Aufklärung und einer sozialen Revolution im Gepäck, die die Deutschen von der Herrschaft der österreichischen Habsburger wie auch der preußischen Hohenzollern zu befreien versprachen.

Die einzigen Parallelen zur französischen Aufklärung und Revolution, die die Deutschen in ihrer eigenen Geschichte hatten, waren die Renaissance und die Reformation des fünfzehnten und sechzehnten Jahrhunderts. Damals behaupteten sie erfolgreich ihre sprachliche, politische und kulturell-religiöse Unabhängigkeit gegen die italienisch-päpstliche und die spanisch-habsburgische Herrschaft. Wie bei früheren deutschen Reformen, aber weitaus radikaler, säkularisierte die französische revolutionäre Regierung klösterliche Ländereien und religiöse Orden und übertrug die Regulierung der Schulen und des Familienwesens von der Kirche auf den Staat. Neue weltliche Gesetze garantierten die Gleichheit der Bürger vor dem Gesetz und, bei Beschäftigung und Karriere, den Vorrang des Verdienstes vor der Herkunft.[3] Obwohl zeitgenössische deutsche Intellektuelle die französische Kultur als seicht und künstlich im Vergleich zu ihrer eigenen betrachteten, hatten die Deutschen eindeutig einiges aufzuholen.[4]

Konkurrierende Modelle der Aufklärung

Aus der Entfernung erschien Frankreich im Jahr 1789 als das hellste Licht der westlichen Zivilisation. In der französischen Aufklärung und Revolution sahen sich die Deutschen einer neuen Welt gegenübergestellt, die eine größere Herausforderung für ihre eigene war als jeder andere vorherige Konkurrent oder Feind. Würden sie sich dieser modernen Welt anschließen, an ihrer alten festhalten oder einen Mittelweg suchen? Die Deutschen waren nicht die einzigen, denen sich diese Fragen stellten. Von Schweden bis Italien und von England bis Rußland hatte praktisch jedes große europäische Land seine eigene Aufklärung, die meisten davon als Antwort auf die der Franzosen. In jedem Fall glaubte man eine genauere Vorstellung des Menschen erlangt zu haben und mit ihr die Verheißung der Gedankenfreiheit und der Befreiung von politischer Tyrannei und sozialer Ungerechtigkeit. Von da an würde der sicherste Pfad zur Wahrheit über den souveränen, kritischen Geist des Menschen führen.

Die Bewegung nahm ihren Ausgang in England und Frankreich, wo zukunftsweisende Denker der Aufklärung eine natürliche, von überprüfbaren Gesetzen beherrschte Welt postulierten. Anstelle abstrakter Hypothesen und historischer Prinzipien wurde mit den Worten Voltaires gesagt, daß eine „exakte Analyse der Gegenstände"[5] sowohl Gott als auch die Welt offenbaren würde, wie sie wirklich sind. Immanuel Kant schrieb über diese neue Freiheit von vererbter, insbesondere klerikaler Autorität:

> *„Aufklärung ist der Ausgang des Menschen aus seiner selbstverschuldeten Unmündigkeit. Unmündigkeit* ist das Unvermögen, sich seines Verstandes ohne Anleitung eines anderen zu bedienen. *Selbstverschuldet* ist diese Unmündigkeit, wenn die Ursache derselben nicht am Mangel des Verstandes, sondern der Entschließung und des Mutes liegt, sich seiner ohne Leitung eines anderen zu bedienen. Sapere aude! Habe Mut, dich deines *eigenen* Verstandes zu bedienen! ist also der Wahlspruch der Aufklärung."[6]

Keines zeitgenössischen Denkers Initialen wurden tiefer in die Steine eingemeißelt, die die Wege zur Aufklärung und Revolution in Frankreich pflasterten, als jene Jean-Jacques Rousseaus: „Alles ist gut, wie es aus den Händen des Schöpfers kommt", erklärte er in seinem Bildungsroman *Émile*, „alles entartet unter den Händen des Menschen." Aus der Natur in die Zivilisation verpflanzt, wurde der Mensch, der, dem Selbst und der Selbstliebe treu geboren, verwandelt und seitdem verfälscht und sich selbst entfremdet.[7] Solch eine Übertreibung sprach der ursprünglichen menschlichen Natur mehr Redlichkeit und der entwickelten Zivilisation mehr Übel zu, als beide wohl tatsächlich aufwiesen. In diesem Grundgedanken jedoch fanden Revolutionäre über das ganze soziale Spektrum hinweg eine Rechtfertigung für ihr Handeln.[8]

Im Verlaufe des letzten Jahrzehnts des achtzehnten Jahrhunderts verwandelte eine Reihe von französischen Politikern – Jacques Pierre Brissot, Georges Danton, Jean-Paul Marat, Maximilien Robespierre und Louis de Saint-Just

– die Gedanken der französischen Aufklärung in einen sozialpolitischen Blitz. Sie alle starben eines gewaltsamen Todes: Marat wurde im Bad erstochen, Brissot, Führer der Girondisten, 1793 guillotiniert, die anderen 1794. „Wenn der Mensch jetzt verdorben ist", interpretierte Robespierre Rousseau, „so sind dafür die bösartigen gesellschaftlichen Institutionen verantwortlich." Im Sturm auf die Bastille und in der Hinrichtung des Königs und der Königin der Franzosen vier Jahre später sah Robespierre die Geburt eines neuen „Königreiches, das nicht von dieser Welt" sei, eines Reiches, in dem sich „messianische Träume" erfüllen würden.[9]

Deutsche Denker wurden frühzeitig und begeistert von der französischen Aufklärung angezogen. Von der Mitte des achtzehnten Jahrhunderts an entfaltete der preußische Hof Friedrichs des Großen diese Aufklärung neben der deutschen, deren Vorbild und großer Förderer der König selbst war. Obwohl Friedrich Französisch besser und häufiger sprach als Deutsch und Franzosen in seiner Tafelrunde in Sanssouci bevorzugte, glaubte er wie andere zeitgenössische deutsche Intellektuelle, daß Berlin den Franzosen ebensoviel beibringen könne wie Paris den Deutschen. Dieser Glaube wurde durch die Disziplin- und Rücksichtslosigkeit des zu Gast weilenden Voltaire nur gestärkt, der unverfroren Selbstverwaltung und königliche Herrschaft, die Freiheit des Individuums und die Staatsautorität in der Person des Königs gegeneinander aufstellte.

Die deutsche Alternative fand in einer von der Berliner Akademie in den achtziger Jahren des achtzehnten Jahrhunderts ausgeschriebenen Preisaufgabe ihren aufschlußreichen Ausdruck. Angeregt von Friedrich, der ihren Abschluß nicht erleben würde, zog ihr Thema mehr Teilnehmer an als irgendein anderer derartiger Wettbewerb in der Geschichte der Akademie. Die debattierte Frage lautete: Ist es nützlich, das Volk zu täuschen? Sollte ein Herrscher, weltlich oder religiös, seine Untertanen als aufgeklärt behandeln, oder sollte er ihnen einfach Befehle erteilen? Darf er ihnen vertrauen, von selbst die Wahrheit zu entdecken, oder muß er sie ihnen systematisch beibringen? Einige Autoren glaubten, daß die Befähigung zur Vernunft und die eigene Handlungsfreiheit wichtiger wären als jegliche Wahrheit, die durch Handeln selbst entdeckt werden könnte, während für andere alles von der Verkündung der Wahrheit und ihrer konsequenten Befolgung abhing. Der Sturm auf die Bastille im Jahr 1789 beleuchtete ein allen Bemühungen der Essayisten innewohnendes Thema, das auch in den Gedanken des aufgeklärten deutschen Despoten eine wichtige Rolle spielte, der die Frage gestellt hatte: Mit welcher Erfolgswahrscheinlichkeit und welchen Risiken klärt eine Regierung die Massen auf?

Im Gegensatz zu Frankreich wurde damals die soziale und politische Geschichte Deutschlands nicht im Namen des neuen Gottes Vernunft auf den Kopf gestellt, auch hatten die Deutschen die Konsequenzen des Betreibens der Aufklärung auf die französische Weise noch nicht vollständig durchdacht.[10] Die gleichmäßige Aufteilung des Preises der Berliner Akademie auf die besten Aufsätze auf beiden Seiten der Diskussion verdeutlicht, daß Deutschland im Jahr 1792 sich noch nicht in ein Frankreich verwandelt hatte. Für die Deutschen gab es strenggenommen eine Koexistenz von individueller Aufklärung (Vernunft und Freiheit) und objektiver Wahrheit (höhere Autorität und die Unterordnung darunter), und es war ein moralischer Imperativ, sie als solche zu behandeln. Mit der französischen Aufklärung, Revolution und Besetzung Deutschlands ging diese prinzipielle Überzeugung nicht verloren, auch nicht mit der eigenen demokratischen Revolution in Deutschland ein halbes Jahrhundert später.

Was die französische Aufklärung und Revolution für die Deutschen verlockend machte, waren deren Freiheitsbestimmungen: Gleichheit vor dem Gesetz, Abschaffung der Privilegien von Klerus und Adel sowie die Beschäftigung und Förderung von arbeitenden Menschen auf der Grundlage von Befähigung und Können anstatt von sozialem Status. Diese Rechte und Freiheiten waren bis zurück ins Mittelalter auch Teil der Protest- und Reformgeschichte in Deutschland gewesen. Somit konnten deutsche Intellektuelle in Berliner Wirtshäusern und Salons die Frage debattieren, ob die Franzosen mit ihrer Aufklärung und Revolution dabei waren, „zu versuchen, einen Staat aufzubauen, der auf soliden preußischen Prinzipien basierte" – eine Frage, die österreichische Intellektuelle mit Bezug auf „solide österreichische Prinzipien" auch in ihren Wirtshäusern und Salons aufwarfen.[11]

Die Unterschiede waren sicherlich größer als die Gemeinsamkeiten. Preußische Schulen konfrontierten die zukünftigen Staatsbürger nicht mit einer „bösartigen Gesellschaft", auch wurde nicht zu Revolutionen im französischen Stil gegen eine „unnatürliche" politische Autorität ermuntert. Die Bildung des aufgeklärten Deutschen beinhaltete nicht das revolutionäre „*liberté, égalité, fraternité*" des aufgeklärten Franzosen.[12] Der Zweck der Bildung war die Reifung des einzelnen unter einer Regierung und innerhalb einer Gesellschaft, die als notwendig und förderlich dafür erachtet wurden.

Was der besonnene Kant für die aufgeklärte deutsche Philosophie war, war der Leiter der Sektion Kultus und Unterricht des Innenministeriums, Wilhelm von Humboldt, für die aufgeklärte deutsche Bildung. Seine erstmals 1792 veröffentlichten Betrachtungen zur Macht des Staates über das Individuum erneuerten Gedanken, die in einer Abhandlung mit einem ähnlichen Titel drei Jahrhunderte zuvor von Martin Luther niedergeschrieben worden waren, in der der protestantische Reformator Herrscher davor warnte, ihre politische Autorität auf die privaten Reiche der Seele und des Gewissens auszudehnen.[13] Für Humboldt lag die primäre Rolle des Staates bei der Formung seiner Bürgerschaft in der Sicherung des Rechts auf Wachstum und Reifung des Individuums. Indem der Jugend ermöglicht wurde, frei „ihr Wesen zu entfalten" und zu werden, wozu sie von Natur aus bestimmt waren, diente der Staat auch seinem eigenen Besten, da man annahm, daß die Bürger im Ergebnis sich selbst gegenüber treu und dem Staat gegenüber loyal sein würden. Individuelle Freiheit war somit nicht, wie bei den

Franzosen, primär ein in der Öffentlichkeit und gegen die etablierte politische Autorität zu verfolgender Selbstzweck.

Beim Vergleich zwischen dem französischen und dem deutschen Modell der Aufklärung betrachten viele Historiker das deutsche als Bildung zur Selbstverwirklichung statt zur Selbstverwaltung – mehr eine ästhetische oder geistige Lebensvorbereitung als eine wirkliche Ausbildung für das moderne politische Leben.[14] Weil sich die Deutschen eine positivere Beziehung zwischen dem Individuum und dem Staat zu eigen machten, verwarfen sie politische Gewalt französischer Dimension und beugten sich bereitwilliger dem König und dem Land. Damit drückten sie eher eine kollektive Angst vor Anarchie aus als irgendeine Vorliebe für Despotismus. Aus deutscher Sicht bedrohte die französische Version der Freiheit das Gleichgewicht zwischen Freiheit und Autorität, zwischen Individuum und Staat. Von Luthers „gerechtem Gläubigen" bis zu Kants „aufgeklärtem Menschen" und Humboldts „natürlich entfalteter" Persönlichkeit führte der wahre Deutsche sowohl ein souveränes privates als auch ein aufopferndes öffentliches Leben. Und beides setzte voraus, daß er religiös frei, philosophisch informiert und gesellschaftlich gebildet im Dienste an seinem Nachbarn und am Staate war.

Trotz allem, was die Deutschen an der französischen Aufklärung begrüßten, begegnete kein anderes europäisches Volk die ihr folgende Umwälzung mit größerer Besorgnis und fand seine Befürchtungen über das französische Modell mit größerer Bestimmtheit bestätigt. Indem die Franzosen die Freiheit zu einer unumschränkt individuellen Angelegenheit erklärten, wichen sie schließlich weit vom Kurs der Aufklärung ab.

Die französische Krankheit

Mit anderen Nachbarn der Franzosen verfolgten die Deutschen im Juni 1789 aufmerksam, wie eine revolutionäre verfassungsgebende Versammlung die Generalstände des alten Regimes in Frankreich ersetzte. Mit dieser Veränderung wurden die ersten zwei gesellschaftlichen Stände, der Klerus und der Adel, dem bevölkerungsreicheren dritten Stand untergeordnet: dem kaufmännischen Besitzbürgertum und den gehobenen Berufen, denen viele Regierungsbeamte angehörten. Mit widerstrebender Zustimmung des französischen Königs versammelte sich die neue regierende Körperschaft und stimmte nicht als Hierarchie sozialer Schichten ab, sondern als Versammlung gleichrangiger Mitglieder eines klassenlosen Parlaments. Der Juli brachte den Sturm kleiner Handwerker und Ladenbesitzer auf die Bastille, der August die Abschaffung der Leibeigenschaft und die Verkündung der Menschen- und Bürgerrechte, die jedem Franzosen das Streben nach Leben, Freiheit und Eigentum garantierten. Im Oktober schlossen sich bewaffnete Pariser Frauen den Massen vor dem Palast von Versailles an, um vom König die Kapitulation gegenüber der Revolution zu verlangen.

Im Sommer 1790 schaffte die französische Nationalversammlung die Zünfte ab, was den Verdacht der Deutschen bestätigte, daß Freiheit, Gleichheit, Brüderlichkeit nicht das einzige oder gar das wirkliche Ziel der Revolution gewesen war. Für die einfachen Menschen wurde der neue Egalitarismus zu einer sehr teuren Angelegenheit, weshalb sich Frankreich im Verlauf der revolutionären neunziger Jahre in ein Auswanderungsland verwandelte.[15] Im Juli bezahlte die neue Regierung die wachsenden Rechnungen der Revolution mit Schuldverschreibungen, die durch konfisziertes Kirchenland abgesichert waren. Die Zivilverfassung des Klerus, wie die neue konfiszierende Gesetzgebung genannt wurde, ließ die früheren Plünderungen der Kirche durch die karolingischen und salischen Könige geringfügig erscheinen und machte aus dem französischen Staat praktisch den Eigentümer der französischen Kirche, der in der Lage war, die Anzahl der Priester zu verringern und sie in eine neue Art Beamte zu verwandeln. Diese Gesetzgebung trieb Katholiken von der Aufklärung weg und in die Arme reaktionärer Herrscher. Hierin lagen auch die Ursachen des sogenannten modernistischen Konflikts zwischen Kirche und Staat, dessen deutsche Spielart die späteren Jahrzehnte deutscher nationaler Einigung schwer belasten würde.[16]

Keine Revolution sieht weiter in die Zukunft oder ist beängstigender für Beobachter als diejenige, die nicht weiß, wohin sie geht. Sorge über die Richtung der Französischen Revolution ließ die erbitterten Rivalen Österreich und Preußen für kurze Zeit ein Bündnis schmieden, nachdem französische Soldaten an der Westgrenze Deutschlands zusammengezogen worden waren. Offenbar im Glauben, daß der Feind des eigenen Feindes ein Freund ist, hatte Preußen anfänglich den Jakobinismus – den organisierten, antimonarchischen Republikanismus, der damals Frankreich aufwühlte – in südlichen und nördlichen (im heutigen Belgien) österreichischen Ländern gefördert. Der preußische König Friedrich Wilhelm II., der später die Dummheit dieser Politik erkannte, und der neue österreichisch-habsburgische Kaiser Leopold II. schlossen im Jahr 1790 ein diplomatisches Abkommen, die Konvention von Reichenbach, in der sie übereinkamen, bei der Vernichtung der Revolution, der neuen französischen, für beide Monarchien tödlichen Krankheit, zu kooperieren.

Im Verlauf der nächsten zwei Jahre, 1790 bis 1792, boten die beiden deutschen Mächte auch französischen Emigranten auf der Flucht vor der Revolution freies Geleit und Zuflucht an und hießen verfolgte Hugenotten und Katholiken in ihren Ländern willkommen. Die neuen Verbündeten drohten auch, in Frankreich einzumarschieren, sollte dessen königliche Familie in Gefahr geraten. Im Jahr 1792, als sich französische Armeen am Rhein zusammenzogen, brach Österreich einen sechsunddreißig Jahre alten Nichtangriffspakt mit Frankreich. Das zwei Jahre währende diplomatische Abkommen wurde kurz darauf von einem Vertrag zwischen den beiden deutschen Mächten zur gegenseitigen Verteidigung ersetzt.[17]

Nicht jeder deutsche Intellektuelle hatte die französische Aufklärung und Revolution nach der ersten Bekanntschaft mit ihnen mit Zustimmung verfolgt. In bemerkenswerten

Fällen wurden sie verhalten begrüßt. Kant, der Vater der deutschen Aufklärung, schränkte seine Unterstützung ein, indem er jegliches Recht der Bürger ablehnte, gegen eine ordnungsgemäß eingesetzte Regierung zu rebellieren. Der Jurist Justus Möser war ebenfalls zurückhaltend und warnte, die Idee „abstrakter Rechte, die jedem gehören", könne Individuen in den Dienst des eigenen Selbst stellen und „gefährliche Illusionen" fördern, auf jeden Fall antisoziale.[18] Anfangs war Goethe entzückt von Napoleon, der seine Werke in Paris öffentlich würdigte. Er wollte jedoch nicht, daß Deutschland Frankreich nachahmte. Mehr aus Furcht vor Torheit als vor Modernität setzte er ostentativ die lutherische Zurückdrängung „ruhiger Bildung" mit dem gleich, was Frankreich („Franztum") „in diesen verworrenen Tagen" tat.[19] Wegen solch einer scheinbaren Zurückhaltung in einer Zeit der Revolution haben moderne Historiker ihm vorgeworfen, „vor der Verantwortung der Macht zu fliehen." James J. Sheehan etwa kritisiert: „[Goethe] glaubte, daß radikale Veränderung riskant sei, Ideale illusorisch und das Volk ein wankelmütiger Pöbel. Er zog sehr die Art politische Neutralität vor, die in einem wohlgeführten, wohlwollenden autoritären Regime möglich war – eine Neutralität ... die gleichbedeutend mit der Akzeptanz des Status quo war."[20]

Goethes Bevorzugung der „süßen Frucht privaten Glücks" vor „eindringenden politischen Kräften", in diesem Fall der französischen Armee, kann ebenso plausibel als frühzeitige Warnung davor interpretiert werden, wohin solche Kräfte die Welt führen könnten. Unter Erinnerung an die „unglückliche Geschichte" der Vereinigung Deutschlands bezweifelte er die Weisheit einer die Franzosen nur nachahmenden deutschen Bewegung, wobei er möglicherweise fürchtete, daß die Deutschen noch geschicktere Imperialisten sein würden.[21] Mit Hegel blieb er ein standhafter Gegner des nachaufklärerischen romantischen Nihilismus, der glaubte, daß die transzendente Kraft hinter der Realität feindselig, nicht wohlwollend sei.[22] Auch Friedrich Schiller ahnte „falsche Ideale" im revolutionären Zeitalter mit seinen „tiefverwurzelten zerstörerischen Trieben ... die den langen, gefahrvollen Weg der Menschheit von der Barbarei zur Zivilisation bedrohen."[23] Vielen anderen deutschen Intellektuellen und gewöhnlichen Menschen offenbarte sich die dunkle Seite der Revolution erst, als sie sich im Ursprungsland tyrannisch gegen sich selbst und gegen die Deutschen im Rheinland richtete.

Wenn am Ende die französische Aufklärung die Deutschen auch ideologisch erschütterte, war eine Revolution im Stil der Franzosen soziologisch unmöglich. Der deutschen Gesellschaft mangelte es hinsichtlich Zahl und Charakter an Akteuren, wie sie Frankreich hatte. Es gab weder eine vergleichbare wirtschaftlich erfolgreiche, Eigentum besitzende deutsche Bourgeoisie, die man hätte angreifen können, noch gab es Massen an Sansculotten, die bereit waren, sich auf die Reichen und Privilegierten zu stürzen.[24] Trotz der Zuversicht vieler junger Intellektueller in den neunziger Jahren des achtzehnten Jahrhunderts waren die Verwüstungen des Dreißigjährigen wie auch des Siebenjährigen Krieges noch in frischer Erinnerung, und wenige Deutsche blieben so optimistisch wie die Franzosen in bezug die Fähigkeit der Menschheit, über sich selbst hinauszuwachsen.[25]

Es war dies der Grund, weshalb in Deutschland mehr Exemplare von Edmund Burkes *Betrachtungen über die Französische Revolution* verkauft wurden als in England. Als die Leitfiguren der deutschen Aufklärung Burke lasen, wird ihnen wahrscheinlich Luthers Fürstenspiegel für den sächsischen Kurfürsten Johann Friedrich in ihre belesenen Sinne gekommen sein. Darin sann Luther, wie Burke, über die Frage nach, ob die zeitgenössische Politik „einen Luther" bräuchte, einen kompromißlosen Reformer, nur um den Gedanken aufgrund der Befürchtung zu verwerfen, daß die Gesellschaft statt dessen „einen Müntzer" ermächtigen würde, einen zügellosen Revolutionär. Ebenso wie Burke hatte Luther die Aufrührer seiner Epoche an die historisch schlechten Aussichten auf den Erfolg eines grundstürzenden Umbaus erinnert und statt dessen bescheidenere und beharrliche Verbesserungen vorgeschlagen. Weil es, so

Luther, keine Hoffnung auf eine andere Regierungsform im Heiligen Römischen Reich gebe ... sei es nicht ratsam, sie zu wechseln. Vielmehr möge jeder, der dazu in der Lage sei, sie lieber stopfen und flicken, den Mißbrauch bestrafen und Verbände und Salben auf die Pocken legen.[26]

Französische Herren

Zwischen den Sommern von 1792 und 1794 lenkte das ununterdrückbare Bedürfnis der Revolution, sich selbst neu zu erfinden, die Aufmerksamkeit Europas wieder auf Paris. Inmitten intrigierender Jakobiner und ihrer vor Wut schäumenden Verbündeten, der Sansculotten, hatte eine neue Runde der Revolution begonnen. Diese zweite Revolution, die entschlossen war, die ursprüngliche utopische Charta der ersten beim Wort zu nehmen, führte zu Massakern auf den Straßen, zur Hinrichtung des Königs und kurz darauf der Königin und zur sogenannten Terrorherrschaft, die Aufstieg und Fall Robespierres begleitete.

Während die Sache der Freiheit und der Aufklärung daheim durch Massaker und Guillotine bedroht wurde, begannen die Franzosen, ihre Revolution nach Norden und Osten zu exportieren. Nach der Kriegserklärung im April 1792 an Österreich und dessen kleinmütigen Verbündeten Preußen rückte die Revolutionsarmee in das deutsche Rheinland ein, wobei die Städte Speyer, Worms und Mainz „befreit" wurden. Dann begann sie mit einer Wendung nach Osten eine militärische Expansion über Europa hinweg, die zwei Jahrzehnte später unter großer Gefahr im tiefsten, dunkelsten, kältesten Rußland enden würde.

Zusammen besaßen Österreich und Preußen eine militärische Macht, die diese Offensive in ihren ersten Jahren hätte aufhalten können. Zu der Zeit jedoch, als ihre vereinten Anstrengungen den Ausschlag hätten geben können, teilten sie mit Rußland gierig Polen untereinander auf und kämpften um die Beute, mit meist vorteilhaftem Ausgang für Preußen. Kaiser Franz II. erklärte Frankreich nicht vor

März 1793 den Krieg. Danach erwiesen sich die Armeen der einzelnen deutschen Staaten den Franzosen nicht gewachsen, die nun das Rheinland in ein neues Labor für ihre Aufklärung und Revolution verwandelten.

Dort, wie auch in jedem Land, das sie danach eroberten, pflanzten die Franzosen die Saat der Revolution, indem sie den örtlichen Adel unterdrückten, die Leibeigenschaft aufhoben und mittels allgemeinen Wahlrechts für Männer neue, gewählte Regierungen einsetzten. Die Franzosen trösteten die von ihnen besiegten größeren deutschen Staaten, indem sie ihnen erlaubten, sich ihrerseits kleinere einzuverleiben, und fanden damit eine effiziente Art und Weise, die Konsolidierung des deutschen Rheinlandes zu beginnen und seine Herrscher zu vereinnahmen. Solches Anfachen des territorialen Eigeninteresses dämpfte auch das deutsche Nationalgefühl und das Gefühl nationaler Einheit, wodurch die Besetzung und Ausbeutung eroberter deutscher Länder weiter erleichtert wurde. Aber wie sich mit der Zeit ebenfalls zeigen sollte, erleichterte dieses angeglichene und besser lenkbare Rheinland, das während der französischen Okkupation auf geschickte Art und Weise neu zusammengestellt worden war, auch den deutschen Widerstand, sobald die Deutschen wieder in der Lage waren, ihr Vaterland zurückzufordern.[27]

Die frühzeitige Entscheidung Preußens, sich gänzlich aus dem Konflikt zurückzuziehen, sicherte die französische Kontrolle. In Anspruch genommen durch jakobinische Bedrohungen in seinen neuen polnischen Territorien und in Ermangelung der für einen Zweifrontenkrieg nötigen Ressourcen tauschte Preußen einfach seine besetzten rheinischen Territorien im Westen gegen französische Neutralität im Norden Deutschlands und die Zusicherung neuer Länder östlich des Rheins ein (Baseler Friede 1795). Indem Preußen somit aus dem Sog Frankreichs trat und den Alleingang wagte, erkaufte es sich ein Jahrzehnt relativen Friedens, das ihm erlaubte, seine neuerworbenen Länder zu befrieden und zu konsolidieren.

Ungeachtet der Bezeichnung war das preußische

Handeln Verrat und anderen deutschen Staaten (Baden, Bayern und Württemberg folgten ihm im Jahr 1796) ein unheilvolles Vorbild, womit die Verwundbarkeit Österreichs vergrößert und der Niedergang des Reiches beschleunigt wurde.[28] Innerhalb von zwei Jahren gab Österreich seine rheinischen, belgischen und lombardischen Besitztümer zugunsten eines sich ausdehnenden Frankreich auf und zog sich auf sein unmittelbareres Reichsgebiet zurück. Wie der französisch-preußische Friede von Basel erhob der französisch-österreichische Friede von Campo Formio im Jahr 1797 die regionale Identität über eine gemeinsame deutsche Identität, womit das Reich dem Einzelstaat geopfert wurde.[29]

Nach einer zweiten großen Niederlage bei Hohenlinden Ende 1800 überließ Österreich den Franzosen das westliche Rheinland. Nun hatte Frankreich eine Brandmauer an seiner östlichen Flanke und einen ungehinderten Zugang nach Osteuropa.[30] Mit Napoleon als dem Projektanten verlief die Neugliederung des Rheinlands zügig, was die Verdrängten demütigte, die neuen Herren aber hoch erfreute. Die Grenzveränderungen traten offiziell in Kraft, nachdem der Reichstag den in Paris entworfenen und in Regensburg verfaßten „Reichsdeputationshauptschluß" angenommen hatte, der die gigantische Reorganisation und Einverleibung deutscher Länder durch Frankreich im Verlauf der Besatzung sanktionierte. Kaiser Franz II. erklärte diesen Beschluß am 17. April 1803 zum Gesetz. Alle geistlichen Fürstentümer mit Ausnahme dreier rheinischer wurden säkularisiert; fünfundvierzig von einundfünfzig Reichsstädten hörten auf, als solche zu existieren; und die größeren Staaten verschlangen die privaten Ländereien der Reichsritter. Ebenfalls für immer verschwanden 112 kleine Staaten im Süden und Westen, die hauptsächlich von Baden, Bayern, Württemberg und Hessen-Darmstadt vereinnahmt wurden. Durch die Eliminierung so vieler politischer Einheiten, in die Deutschland seit der Zeit der Hohenstaufen aufgeteilt gewesen war, waren die mehr als dreihundert souveränen Territorien, die die Franzosen im

Jahr 1800 vorfanden, bis zu deren Abzug zu fünfunddreißig zusammengelegt worden.[31]

Tropfen, die Fässer zum Überlaufen bringen, und letzte Anstöße

Während Preußen den Neutralitätspakt mit Frankreich einhielt und Frankreich seine vertraglichen Versprechungen den Habsburgern gegenüber brach, schmiedete Österreich bei einem letzten Versuch, das Reich zu retten, neue Allianzen mit Rußland und England. Daß Kontingente aus Baden, Bayern und Württemberg im neuen französisch-österreichischen Krieg an der Seite Napoleons kämpften, während Preußen und andere deutsche Staaten wieder neutral blieben, verdeutlicht den Wertverlust des von den Habsburgern geführten Reiches zur Zeit der Jahrhundertwende. Die große Schlacht jenes Krieges fand im Jahr 1805 in Austerlitz statt, möglicherweise der größte Sieg Napoleons. Unter den deutschen Staaten, die österreichischen Besitz als Beute empfingen, war sein stiller Verbündeter Preußen.

Im Jahr 1806 wurde das Heilige Römische Reich offiziell aufgelöst. Napoleon hätte die Reichskrone für sich selbst beanspruchen können, nachdem Franz II. im August auf sie verzichtet hatte. Jedoch schuf er – noch vor dem offiziellen Erlöschen – aus der Asche des Reiches den Rheinbund, einen weiteren Pufferstaat zwischen Frankreich und seinen östlichen Feinden der unmittelbaren Zukunft. Von ursprünglich sechzehn süd- und westdeutschen Reichsständen, die sich formell vom noch bestehenden Reich losgesagt hatten, wuchs der neue Bund mit dem Beitritt ost- und norddeutscher Staaten auf neununddreißig Mitglieder. Allerdings blieben ihm Preußen, Österreich, Dänisch-Holstein und Schwedisch-Pommern fern.

Nach Erschleichung des Friedens und dem Erblühen während der französischen Besatzungszeit erlebte Preußen unter allen deutschen Staaten nun das böseste Erwachen. Im

Oktober 1806 vernichteten französische Armeen, die vorher schon im Süden ihren Willen durchgesetzt hatten, Preußen in der Doppelschlacht bei Jena und Auerstedt. Am östlichen Ende des preußischen Königreichs besetzten sie Königsberg (heute Kaliningrad), während sie am westlichen Ende den neuen Staat Westfalen gründeten, in dem westpreußische Regionen, Hannover und zwölf kleinere Staaten vereint wurden und über den Napoleons Bruder Jérôme als König herrschte. Die endgültige Beilegung des Krieges im Jahr 1807, der Frieden von Tilsit, erlaubte Preußen lediglich, seine östlichen Länder (Brandenburg, Ostpreußen und Schlesien) zu behalten, reduzierte seine Einwohnerzahl um die Hälfte und ließ vier französische Besatzungssoldaten auf jeden preußischen Soldaten zurück. Hätte der Zar nicht dieses Rumpfpreußen als Pufferstaat zwischen Rußland und Frankreich benötigt, hätte Preußen sehr wohl gänzlich verschwinden können.[32] Dies war der Lohn preußischer Neutralität im andauernden deutschen Krieg gegen die Franzosen.

Im Verlauf der nächsten sechs Jahre bauten die Franzosen Deutschland von dessen Fundamenten her neu auf, insbesondere im Rheinland. Der Code Napoléon begünstigte vergleichsweise offene Gesellschaften mit größerer sozialer Gleichheit und Menschenrechten (die Leibeigenschaft war im ganzen Rheinland aufgehoben), freiem Handel und religiöser Toleranz.[33] Unter dem Druck der Franzosen führten Österreich und Preußen ebenfalls liberale Reformen durch, meist als opportunistische Maßnahmen, die ihre eigene Befreiung begünstigten. Eingedenk dessen, daß die einfachen Preußen bereitwilliger die für die Vertreibung der Franzosen notwendigen Opfer bringen würden, wenn ihnen ein größerer Anteil an ihrem Land und an den Aufstiegsmöglichkeiten zugestanden würde, die die Regierung bieten konnte, gingen die preußischen Minister Baron Karl vom und zum Stein und Karl August Graf Hardenberg daran, die Bürokratie zu beschneiden, Leibeigene zu befreien und die Mittelschicht auszuweiten. Um Napoleon besiegen zu können, mußte die auf nur noch zweiundvierzigtausend

Mann reduzierte preußische Armee auch an die Sache glauben, für die sie kämpfte. Auch hier wurden größere individuelle Freiheit und größeres Selbstvertrauen herbeigeführt, indem Dienstgrad und Beförderung konsequenter nach Befähigung, Verdienst und Opfermut vergeben wurden.[34]

Obgleich das Schüren von Haßgefühlen zwischen einzelnen Territorien schon lange eine erprobte Formel war, die Deutschen zu besiegen, hatte es in der Vergangenheit auch nationale Gefühle geweckt. Unter der Asche der deutschen Niederlage schwelte außerdem der Haß auf die Franzosen. Wie die Rheinländer frühzeitig unter der Okkupation erfuhren, waren die Franzosen nicht gekommen, um zu befreien und aufzuklären, sondern um zu beherrschen und auszubeuten. Im Gegensatz zu zeitgenössischen französischen Darstellungen wie auch denen vieler moderner Historiker, daß die Rheinländer den Franzosen einen begeisterten Empfang bereiteten, sah die große Mehrheit statt dessen „ihr Eigentum geplündert und mutwillig zerstört, ihre Ernte verwüstet, ihren Besitz beschlagnahmt, ihre Pferde und Wagen sowie Menschen eingezogen, ihre Kirchen entweiht [und] ihre Priester verfolgt."[35]

Während die französischen Reformen die rechtliche und administrative Modernisierung deutscher Länder beschleunigten, wünschten sich die Deutschen zunehmend, je mehr die Franzosen die Dinge veränderten, insbesondere in Österreich und Deutschland, daß alles beim alten bliebe. Diese Reaktion war mehr das Ergebnis der von den Deutschen seitens der Franzosen erfahrenen persönlichen Behandlung als das ihrer Reformen, die den Deutschen weder gänzlich neu noch verboten waren. Abgesehen aber von eingewurzelten deutschen Gewohnheiten und Traditionen war die französische Armee ihr eigener schlimmster Feind. Auch wenn die Franzosen die Deutschen aufklärten, ihre Länder konsolidierten, ihre politischen Institutionen wirkungsvoller gestalteten und ihre Wirtschaftsentwicklung förderten, so plünderten und verdrängten sie andererseits die Deutschen, erlegten ihnen eine enorme Steuerlast auf und zogen sie gegen ihren Willen in die französische Armee ein. Neue Handelsbeschränkungen zwangen eine zuvor international orientierte deutsche Wirtschaft zu einer engen Konzentration auf den französischen Markt. Neben neuen Steuern mußten Österreich und Preußen auch mit Kriegsentschädigungen und umfangreichen Einberufungen in die französische Armee zurechtkommen. Das Maß voll machten häufige Kontakte mit einquartierten französischen Soldaten und hochrangigen Beamten, die sich als Herren und Meister über die Deutschen stellten und deren heimische Kulturen und Religionen geringschätzten.[36]

Auch gab es strukturelle und auf Mentalität beruhende Barrieren, die sich über lange Zeiträume entwickelt hatten. Wenn die Deutschen philosophisch und soziologisch nicht gut auf eine Revolution in französischem Stil vorbereitet waren, so standen sie Reformen, die unmöglich zu erreichende Ideale und utopische Ziele verfolgten, historisch ebenfalls ablehnend gegenüber. Die Hinrichtung des französischen Königs und der Königin und die rücksichtslosen Urteile, die die französischen Revolutionstribunale aussprachen, vermittelten den Deutschen das Bild einer außer Kontrolle geratenen Aufklärung und Revolution. Auch die politische Standesgesellschaft Deutschlands arbeitete daran, den napoleonischen Absolutismus in Schach zu halten.[37] Historisch hatten die Deutsche gleichsam gestufte politische Identitäten und Loyalitäten, wodurch sie gleichzeitig selbstbewußte Dorf- oder Stadtbewohner, Untertanen eines spezifischen Landes oder Staates und Angehörige eines überregionalen Reiches waren.

Auch Deutschlands gebildete und akademische Schichten lenkten die Nation weg von einem französischen Revolutionsmodell. Vom Klerus und von den Humanisten, die im Mittelalter Fürsten und Kurfürsten berieten, bis zu den Akademikern und Beamten der Frankfurter Nationalversammlung und den wechselnden Berufskabinetten der späten Weimarer Republik wurde die etablierte Gesellschaft von Deutschlands gebildeter Elite sowohl herausgefordert als auch verteidigt.[38] Darin kam eine Vorliebe für sorgfältig kontrollierte Veränderung, für geordneten Fortschritt zum

Ausdruck – eine Gesellschaft, die gleichzeitig liberal und konservativ sein konnte.

Unter den Bedingungen der anmaßenden französischen Armee und des inneren Drucks von Trägheit und Tradition war der Erfolg der französischen Aufklärung und Revolution in Deutschland verständlicherweise begrenzt. Trotz all ihrer Anziehungskraft auf die Deutschen waren die Verkündung der Menschen- und Bürgerrechte und der Code Napoléon nicht die Allheilmittel für die Gebrechen Deutschlands. Wenn die Deutschen große Fortschritte machen sollten, dann war zusätzliche Belehrung durch die Franzosen nicht das, was sie benötigten. Was nach 1813 am meisten gebraucht wurde, war die Freiheit, diesen Sprung aus ihrer Geschichte eigenständig machen zu können.

Deutschlands Aufstieg

Als die deutschen Feindseligkeiten mit den Franzosen wiederaufgenommen wurden, griff ein wiederauflebendes Österreich als erstes an und wurde besiegt, woraufhin nur die Briten auf der iberischen Halbinsel in der Offensive blieben, wo sie einen spanischen Aufstand anfachten. Die Leistung der Russen war bedeutsamer, da sie schließlich Napoleon zu einer der schlimmsten militärischen Entscheidungen in der Geschichte des Krieges provozierten: zum Einmarsch seiner Grande Armée in Rußland. Die für diesen Auftrag zusammengestellte Armee war mindestens siebenhunderttausend Mann stark, wovon ein Drittel zwangseingezogene Deutsche waren, zu denen sich noch italienische, holländische und polnische Kontingente gesellten. Als die Armee Moskau nach ihrer Ankunft im September 1812 niedergebrannt und verlassen vorfand, begann sie im Herbst, inmitten des um sie herum einbrechenden russischen Winters und unerbittlich verfolgt von den Kosaken, sich zurückzuziehen.

Weihnachten 1812 stieß bei Tauroggen an der litauischen Grenze eine russische Armee auf ein preußisches Hilfskorps unter General Ludwig Yorck von Wartenburg, das per Vertrag mit den französischen Truppen verbündet war. Yorck ergriff die Gelegenheit und ging mit seinen Truppen zu den Russen über. Er entband seine Soldaten von ihren Pflichten gegenüber Napoleon und dem König und „neutralisierte" sie, was in der Konvention von Tauroggen festgeschrieben wurde. Yorck hatte formell Hochverrat begangen, damit aber den Ausgangspunkt für Deutschlands Befreiung von napoleonischer Fremdherrschaft gelegt. Trotz der Niederlagen in den Schlachten bei Großgörschen und Bautzen fügten die vereinten preußischen und russischen Armeen Napoleon ausreichend Verluste zu, um einen Waffenstillstand zu erzwingen und ihn an den Verhandlungstisch zu bringen, wo Österreich als ehrlicher Makler für die Deutschen auftrat.[39] Das Scheitern dieser Gespräche bereitete den Weg für die Völkerschlacht bei Leipzig im Oktober 1813, wo Österreich und Großbritannien sich Preußen, Rußland und Schweden bei der Niederschlagung Napoleons anschlossen. Obwohl Napoleon den darauffolgenden Frieden brach, nochmals kämpfte und wieder verlor, war Leipzig sein eigentliches Verderben gewesen.

Restauration

Der Erste Pariser Friede im Jahr 1814 verwies das besiegte Frankreich in seine Grenzen von 1792 zurück, und der Wiener Kongreß 1814/15 entwarf die Karte Europas neu, um fast überall die vorrevolutionären nationalen Grenzen wiederherzustellen. Der Kongreß, der das Prinzip nationaler Unabhängigkeit und der Souveränität der Staaten beschwor, gab selbst Frankreich den Großmachtstatus zurück und gestattete ihm, das Elsaß zu behalten. Preußen gehörte zu den größten Gewinnern und erhielt das verlorengegangene Rheinland bis hin nach Westfalen zurück.

Bei der Lösung der Nachkriegsaufgabe, der Restauration des alten Europas, sprach der Außenminister Österreichs, Klemens Fürst von Metternich, für die alte Garde. Was alle jetzt, nach zwanzig Jahren des Krieges und drei Millionen Toten, am meisten fürchteten, war der Aufstieg einer neuen imperialen Macht, die in der Lage wäre, wieder einen Krieg napoleonischen Ausmaßes zu führen. Die europäische Staatengemeinschaft unter Führung Großbritanniens, Frankreichs und Rußlands sah in einem geeinten Deutschland eine solche Macht und suchte eine vorübergehende Lösung in der Gründung eines neuen, handlungsunfähigen Deutschen Bundes, zu dessen Mitgliedern Preußen und Österreich zählten. Zusammengesetzt aus fünfunddreißig Mitgliedsstaaten und vier Großstädten (Bremen, Frankfurt, Hamburg und Lübeck) war diese neue Organisation ein kaum bedrohlicher Nachfolger des verflossenen Heiligen Römischen Reiches. Ihre gesetzgebende Körperschaft versammelte sich in Frankfurt unter dem Vorsitz der multinationalen Österreicher, die ihr eigenes östlich gelegenes Reich besaßen und nicht die Absicht hatten, auf ihre eigenen Kosten von einem größeren Deutschland absorbiert zu werden. Der Bund hatte, eingezwängt zwischen den Befugnis gebenden Gesetzen und den internationalen Aufpassern, die an seinem Tische saßen, wenig Gelegenheit, sich vernehmbar durchzusetzen, und noch weniger zu einer konzertierten Aktion. Viele der von ihm behandelten Angelegenheiten benötigten eine Zweidrittelmehrheit, manche sogar Einstimmigkeit, womit praktisch ein Patt gewährleistet war. Und die Könige Großbritanniens, Dänemarks und der Niederlande konnten sich aufgrund ihrer Nebentitel, die an einzelne Länder des Bundes gebunden waren, nach Belieben in seine inneren Angelegenheiten einmischen.[40]

Fürst Metternich rechtfertigte bekanntlich das reaktionäre Programm der Restauration mit der Aussage, daß der Übergang von alten Strukturen zu neuen riskanter sei als der Rückzug von den neuen Strukturen zu den brüchigen alten.[41] Das neue, dreigeteilte Deutschland aus Österreich, Preußen und dem übrigen Deutschen Bund war in sich selbst zu uneins, um für seine Nachbarn eine Bedrohung darzustellen, und schien ein Rückfall in den Zustand des geteilten Fränkischen Reiches nach dem Vertrag zu Verdun und des Heiligen Römischen Reiches nach dem Westfälischen Frieden zu sein. Diese Wahrnehmung täuscht jedoch, denn Österreich und Preußen waren nun Großmächte, die einen großen Groll gegen ebenbürtige Nationen hegten und einen noch größeren jeweils gegeneinander. Die daraus resultierenden Konflikte und deren Lösung sollten die europäische Geschichte bis in die Mitte des zwanzigsten Jahrhunderts antreiben.

Die gesellschaftliche Ordnung

Die Rückkehr zu alten geographischen und politischen Grenzen wurde von der Wiederherstellung alter gesellschaftlicher und familiärer Hierarchien begleitet. Nach der Mitte des Jahrhunderts versahen liberale Kritiker die Restaurationsgesellschaft nach 1820 mit dem Begriff „Biedermeier" (was wörtlich bedeutet: ein ehrlicher, konventioneller Verwalter; die Bezeichnung wurde in der zeitgenössischen satirischen Literatur geprägt). Mit dem Beiklang von Durchschnittlichkeit und Naivität wurde der Begriff zum Synonym für das apolitische, nach innen gewandte, reibungslos verlaufende Leben der Mittelschicht, gleichermaßen abseits der ärmlichen ländlichen wie auch der turbulenten industriellen Welt. Als Mittelpunkt der „Biedermeier-Familie" wurde ein zufriedener Familienvater als der unerschütterliche, liebenswürdige und vertrauensvolle „deutsche Michel" dargestellt. Spöttisch betrachtet deuteten solche Bilder ein Deutschland an, das nicht mehr auf der Höhe der Zeit war und leicht von seinen Feinden ausgenutzt werden konnte.[42] Um die Wende zum zwanzigsten Jahrhundert jedoch schauten die Deutschen wehmütig auf die vermeintliche Behaglichkeit und Friedlichkeit der Biedermeierzeit zurück.[43]

Betrachtet man solche Karikaturen aus ihrer Zeit mit Blick auf die Zukunft, so übertrieben sie einen Teil der Geschichte Deutschlands, der nicht notwendigerweise sein Schicksal war. Die festgefügte, friedfertige bürgerliche Familie und die von ihr verkörperte prinzipientreue Gesellschaft waren lange Zeit ein deutsches Ideal gewesen und im neunzehnten Jahrhundert nicht mehr und nicht weniger erfolgreich und gleichförmig als in früheren oder späteren Zeiten.[44] Die Biedermeier-Jahrzehnte des neunzehnten Jahrhunderts waren ebenso vielfarbig wie alle anderen Dezennien in der deutschen Geschichte, an einem Ende gebunden an eine Gesellschaft starrer Stände auf der Grundlage von Herkunft und Privileg, gleichzeitig aber am anderen Ende nach einer leistungsorientierten, von der Unternehmerklasse geprägten Gesellschaft ausgreifend. Im Verlauf des neunzehnten Jahrhunderts bestimmten zunehmend individuelles Talent und individuelle Leistung den Wert der Deutschen am Arbeitsplatz, eine Entwicklung, über die in den Bildungs- und staatsbürgerlichen Reformansätzen der Reformationszeit nachgedacht wurde und die in den Agrar- und Militärreformen im Preußen des späten achtzehnten Jahrhunderts einigen Boden gewonnen hatte.

Dennoch besaß der alte Adel die Mittel – Land, Geld und Beziehungen –, um die Kontrolle über das öffentliche Leben aufrechtzuerhalten. Selbst in der Niederlage, als die Aristokraten gezwungen waren, die Leibeigenschaft der Bauern auf ihrem Land aufzuheben, erhielten sie eine sehr großzügige Entschädigung für ihren Verlust an kostenloser Arbeitskraft. Zu den Adelsschichten, die für den Aufstieg der Mittelschicht im öffentlichen Dienst die größten Hindernisse darstellten, gehörte das Personal der fürstlichen Höfe, Verwaltungen und Armeen. Widerstand gegen Reformen konnte jedoch auch von jenen ausgehen, die viel aus einem Niedergang der alten Aristokratie zu gewinnen hatten. Ehrgeizige Mitglieder der aufstrebenden Mittelschicht waren nicht immun gegen die Verlockung der Adelsprivilegien. Andererseits unterstützten nicht wenige Aristokraten die das Bürgertum fördernden Reformen.[45]

In der offeneren und flexibleren Gesellschaft des neunzehnten Jahrhunderts formierte die Mittelschicht in den dreißiger und vierziger Jahren ein eigenes Elitekorps im öffentlichen Dienst. Dessen Erfolg war weniger die Folge der egalitären Rhetorik der Freiheitsbewegung als die der wirtschaftlichen Macht, die sie als hochproduktive Gruppe ansammelte. Weil jedoch in den Jahrzehnten der Restauration Ächtung und Verlust der Anstellung der Preis für das Aufdecken von Skandalen waren, wirkte die größere Nähe zum Zentrum der Macht hemmend auf Kritik seitens der Mittelschicht. Dennoch konnten bürgerliche Beamte ihre Ohren vor den Gesuchen der Reformer und der Revolutionäre, die ihren Forderungen Nachdruck verliehen, nicht verschließen.[46] Petitionen für mehr Presse- und Versammlungsfreiheit sowie für ein Rechtssystem, das Klassen und Privilegien ignoriert, wurden ihnen oft vorgelegt.

Die Mittelschicht hatte ihre eigenen, für sich selbst sprechenden Intellektuellen außerhalb des Beamtenkorps in Gestalt unabhängiger Schriftsteller und Dichter, Journalisten und Redakteure sowie Anwälte und Ärzte – alle aus beruflichen Gründen an einer offeneren und gerechteren Gesellschaft interessiert. Anders als die Mittelschicht-Beamten von innen konnten die Angehörigen dieser Berufsgruppen die Regierung gleichsam von außen kritisieren, was allerdings durch die Zensur stark eingeschränkt und mit aller Konsequenz nur aus dem Exil möglich war, wie etwa von Heinrich Heine und Karl Marx praktiziert. Als Außenseiter machten sie auch gemeinsame Sache mit der unteren Mittelschicht, deren vornehmliche Sorge die materielle Sicherheit war. Gleichermaßen bedroht von der Konkurrenz aus der Arbeiterklasse wie auch aus den rasch anwachsenden eigenen Reihen, schwankten Handwerker und Ladenbesitzer zwischen sozial konservativer und revolutionärer Richtung. Während der unbeständigen dreißiger und vierziger Jahre des neunzehnten Jahrhunderts waren die Intellektuellen der Mittelschicht und eine geringgebildete untere Mittelschicht die willigsten Rekruten der deutschen Revolution.[47]

Dem Jahr 1848 entgegen

Trotz zweier Jahrzehnte der Restauration hatte Deutschland dennoch eine Begegnung mit seinem eigenen „1789“. Die Deutschen waren, da sie sich historisch sowohl im konservativen als auch im liberalen Sog bewegten, diejenigen Europäer, die die sozialpolitischen Alternativen des neunzehnten Jahrhunderts am wenigsten für unvereinbar halten sollten. Trotz der Bemühungen des Wiener Kongresses, die Uhr zurückzudrehen, hatten zu viele Deutsche die Segnungen zunehmender Chancen und größerer Freiheiten erkannt, um friedlich in die starre, hierarchische Welt Fürst Metternichs zurückzukehren. Die große Frage für die Deutschen war nun das Ausmaß, in dem sich die alte und die neue Welt aneinander anpassen würden, denn sie hegten dauerhafte Sympathien für bestimmte Aspekte von beiden.

Das Wartburgfest 1817

Das erste bedeutende Treffen der Nachkriegsnation fand auf der Wartburg bei Eisenach in Thüringen statt, am Ort der Lutherschen Übersetzung des Neuen Testaments ins Deutsche und für viele der Entstehungsort einer modernen gesamtdeutschen Kultur. Dort feierten am 18./19. Oktober 1817 fünfhundert Studenten und Professoren von zwölf deutschen Universitäten drei bahnbrechende Ereignisse: dreihundert Jahre protestantische Reformation, die 1815 vollzogene Gründung der ersten Burschenschaft und den vierten Jahrestag der Niederlage Napoleons bei Leipzig.

Die Burschenschaftsbewegung war die Reaktion einer neuen Studentengeneration auf die französische Okkupation und den Versuch des Wiener Kongresses, die deutsche Nationalentwicklung erstarren zu lassen. Sie zog vornehmlich idealistische protestantische Jünglinge an, die fest entschlossen waren, eine authentische deutsche Kultur innerhalb eines freien, reformierten und vereinten deutschen Staates zu erhalten. Obwohl französische Refrains in ihren

Liedern widerhallten, war ihre Melodie eine deutsche, die mittelalterliche und imperiale deutsche Geschichte in Verse faßte.

Die Zahl der Studenten, die sich der Bewegung anschlossen, war verhältnismäßig klein und die der Teilnehmer am Fest noch geringer. Dennoch repräsentierten sie einen Bereich der Gesellschaft mit einem Einfluß, der größer war als die Zahl seiner Angehörigen, und waren höchst engagiert (viele ließen sich Bärte wachsen und kleideten sich im Stil früherer deutscher Generationen).[48] Inmitten dieser von Fürst Metternich als revolutionär erachteten patriotischen Leidenschaft marschierten die Teilnehmer des Festes gegen die beginnende Restauration und für einen Nationalstaat und eine freiheitliche Verfassung.

Der zur Schau gestellte Patriotismus war engstirnig chauvinistisch. Von Ausnahmen abgesehen, versagten die Burschenschaften ungetauften Juden die Mitgliedschaft, was diese dazu bewog, ihren eigenen Verband zu gründen. Auf dem Wartburgfest wurden eine Reihe ungenehmer Bücher verbrannt: u. a. die preußischen Polizeigesetze, der Code Napoléon und rabbinische Schriften.[49] Darin scheinen die protestantischen Burschenschafter dem drei Jahrhunderte zuvor gegebenen Beispiel Luthers gefolgt zu sein. Im Dezember 1522 hatten Luther und seine Studenten in Wittenberg Bücher des kanonischen Rechts, päpstlicher Dekrete und der scholastischen Theologie aus Protest gegen die Verurteilung der Reformation durch Kaiser und Papst verbrannt.[50]

Im Jahr 1819 ermordete Karl Sand, ein radikaler Student, den populären reaktionären Schriftsteller August von Kotzebue. Diese Tat gab den Fürsten einen Vorwand, die Burschenschaften zu verbieten und den Betrieb städtischer Zeitungen einzustellen, die damals die beiden Medien der revolutionären Stimme waren. Bei einem Treffen in Karlsbad im Jahr 1819 verhängten die Fürsten, wiederum von Fürst Metternich angeführt, neue repressive Maßnahmen, die bis 1848 in Kraft blieben.

Obwohl das primäre Ziel der Studenten ein vereintes Deutschland mit Großmachtstatus war, war ihre politische

Liberalität ernst gemeint, womit die Bewegung in den Jahren unmittelbar nach dem konservativen Rückzug des Wiener Kongresses zu einer fortschrittlichen Kraft wurde. Nach 1819 von den Fürsten in den Untergrund getrieben, sollte die Bewegung in den vierziger Jahren des neunzehnten Jahrhunderts in einer dann älteren und umsichtigeren Generation wieder auftauchen.[51]

Die Julirevolution in Frankreich

In den zwanziger und dreißiger Jahren des neunzehnten Jahrhunderts war Abwarten das Vernünftigste, was die deutschen Liberalen und Revolutionäre tun konnten, während in der Schweiz, in Italien, Polen und Frankreich sporadische Proteste und Aufstände nationale Freiheitsbewegungen sowohl am Leben als auch in Gefahr hielten. Besonders das Versagen der Bourbonen-Dynastie in Frankreich zermürbte die dort herrschenden Regierungen. Hier wurden die Voraussetzungen für die sogenannte Julirevolution von 1830 geschaffen, eine Reaktion auf die Aufhebung eines unerwarteten Wahlsieges der Liberalen durch König Karl X. Sein unverfrorenes Unterdrücken abweichender Meinungen und das Manipulieren einer Neuwahl brachte die Mittelschicht gegen die Monarchie auf und trieb die ärmeren Franzosen auf die Straßen von Paris, wo die Kämpfe fast zweitausend Menschenleben kosteten. Nach den Unruhen bereitete eine liberale Fraktion französischer Abgeordneter die Abdankung des Königs vor und errichtete an dessen Stelle eine konstitutionelle Monarchie. Obwohl die Regierung die revolutionäre Trikolore als Fahne beibehielt, bevorzugte sie die Mittelschicht und einen politischen Weg der Mitte, da das Gespenst einer erfolgreichen proletarischen Revolte die Unterschicht ebenso verhaßt gemacht hatte wie den tyrannischen König.

Einer ansteckenden Krankheit gleich löste die Julirevolution Proteste und Vorsichtsmaßnahmen aus. Obwohl Berlin und Wien weitgehend verschont blieben, wurden Polizei und Soldaten in vielen deutschen Ländern in Alarmbereitschaft versetzt. Im Norden (Braunschweig, Hessen-Kassel, Hannover und Sachsen) und im Süden (Baden, Württemberg und Bayern) unterstützten örtliche Demokratiebewegungen die Proteste. Über das legislative Ergebnis hinaus vergaßen weder Franzosen noch Deutsche so bald die beängstigenden Tage im Juli, als Könige und die Mittelschicht die legale und anarchische Macht der Massen von neuem vor Augen geführt bekamen. Unter denen, die sich diese Lektion zu Herzen nahmen, war der damals fünfzehnjährige zukünftige deutsche Reichskanzler Otto von Bismarck.[52]

Das Junge Deutschland

Das Ringen in Frankreich wurde von einflußreichen deutschen Gruppierungen beobachtet, die ihr Land auf einen demokratischen Weg bringen wollten. Die Bewegung des Jungen Deutschland verlangte für alle Deutschen, einschließlich Frauen und Juden, jene Rechte und Freiheiten, für die damals in anderen Ländern gekämpft wurde. Zu den wichtigsten Vorbildern der Bewegung gehörte der Dichter und Essayist Heinrich Heine, ein konvertierter Jude und lautstarker Unterstützer der Julirevolution, dessen populäre Reiseberichte mit ihren Lobliedern auf die radikale Demokratie ihn nach 1830 ins Pariser Exil zwangen. Seine Stimme war nicht die einzige, die in Deutschland zum Schweigen gebracht wurde. Wie die deutsche Burschenschaftsbewegung von 1817 hatte auch das Junge Deutschland seine herausfordernde Schloßdemonstration – in Hambach in der bayerischen Pfalz im Jahr 1832. Dort zogen bei dem Fest, das „der Höhepunkt des frühen deutschen Liberalismus" genannt worden ist, an die dreißigtausend Teilnehmer aus allen Bevölkerungsschichten mit Protest- und Jubelrufen um die Schloßruine herum.[53] Zum ersten Male verbürgt führten Demonstranten die schwarzrotgoldene Fahne als Zeichen des Strebens nach Einheit und Freiheit mit sich, jene Fahne, die später über den drei

Gremien wehen sollte, die von der modernen deutschen Demokratie als ihre direkten Vorläufer betrachtet werden: über der Frankfurter Nationalversammlung von 1848/49, dem Parlament der Weimarer Republik von 1919 bis 1933 und nach dem Zweiten Weltkrieg – symbolisch, da erst darüber befunden werden mußte – über dem Parlamentarischen Rat von 1948/49.

Weniger als ein Jahr nach dieser Bekundung plünderten wiederauftauchende Mitglieder der Burschenschaftsbewegung in Frankfurt das Militärdepot der Regierung.

In diesen Jahrzehnten des eskalierenden Protestes und der Unterdrückung hatte die Freiheitsbewegung einen stillen Verbündeten in den führenden Industriellen, die in ihrer beruflichen Welt ebenso heftig an die Tür des Fortschritts und der Veränderung klopften, wie es die sozialen und politischen Reformer der Zeit in der ihren taten. Im zweiten Viertel des Jahrhunderts verwandelten Gaslaternen Berlin in eine Stadt, die nun nicht mehr frühzeitig zu schlafen brauchte. Die ersten deutschen Passagierzüge fuhren zwischen Nürnberg und Fürth im Süden und zwischen Berlin und Hamburg im Norden. Spinnereien und Webereien schossen im mittleren Deutschland wie Pilze aus dem Boden. Und von Bremen aus überquerte das erste deutsche Dampfschiff den Atlantik nach New York.

Ebenso lebenswichtig für den Fortschritt und die Modernisierung Deutschlands war die Liberalisierung des Handels. Vor 1834 hemmten achtunddreißig Tarif- und Zollgebiete den interregionalen Verkehr und bedrohten aus Rücksicht auf lokales Gewerbe und örtliche Industrie den neuen Handel. Wie mittelalterliche Burgen über das Land verstreut, signalisierten diese Barrieren Kleinstaaterei und reizten zum Konflikt. Auf Initiative Preußens wurde, verhängnisvollerweise unter Ausschluß Österreichs, im Jahr 1834 der Deutsche Zollverein gegründet, der Länder mit einer Gesamtbevölkerung von dreiundzwanzig Millionen integrierte.[54] Das Ergebnis waren ein rapides Wirtschaftswachstum unter den Mitgliedern und eine bleibende Erinnerung an die Vorzüge der Einheit und des freien Handels.

Die Revolution von 1848/49

Mitte der vierziger Jahre des neunzehnten Jahrhunderts hatte eine weitgehend der Mittelschicht angehörende Führung die sozialen und politischen Ziele der Vorkämpfer der deutschen Freiheitsbewegung übernommen. Es ging den Revolutionären um eine unmittelbare Rolle bei der Gestaltung des Staates über den Weg freier Wahlen und in seinem Wirken in den Gerichten, im öffentlichen Dienst und im Militär. Mehrere entscheidende Rechte gehörten zu diesen Zielen: das allgemeine Wahlrecht für Männer, die Freiheit der Rede, der Presse, der Religion und der Arbeit sowie die Einführung von Schwurgerichten.

Obwohl die Forderungen von Protest zu Protest variierten, blieben die grundsätzlichen Klagen und Forderungen der Revolutionäre klar und deutlich bestehen. Sie fanden in der Mitte des Jahrhunderts ihren beredten Ausdruck in einem deutsch-englischen Führer für neuangekommene Emigranten, die dem Vaterland vor und nach 1848 entflohen. Der Führer, zusammengestellt von einem in Boston lebenden emigrierten deutschen Pfarrer, schmeichelte der Neuen Welt ebenso, wie er die Alte verdammte, indem er den Emigranten, die die nordamerikanische Küste erreichten, einen „großen Segen" versprach. Er vermittelte jedoch auch treffend die Botschaft der Autorität und Ordnung der Alten Welt inmitten der Freiheit und Gleichheit:

> „[Der] deutsche Emigrant ... betritt ... ein ... Land ... frei von ... Despotismus ... Privilegien und Monopolen, ... unerschwingliche[n] Steuern [und] Glaubens- und Gewissenszwang ... [J]eder [kann] reisen, wohin er will, und sich niederlassen, wo es ihm gefällt; kein Paß wird verlangt, keine Polizei mischt sich in seine Angelegenheiten und hemmt seine Bewegungen ...
>
> Nichts ist ... gefährlicher und schädlicher, als das von Monarchieen herrührende Vorurtheil ..., daß einige durch ihre Geburt zu Fürsten und Edelleuten ... bestimmt seien; während wieder andere als gewöhnliche Unterthanen

geboren, wovon weder sie noch ihre Nachkommen sich befreien können ... In Bezug auf die natürliche Gleichheit der Menschen [sind dies] sehr irrthümliche Begriffe. Solche Gedanken müssen [die Einwanderer] aus ihrem Gedächtnis vertilgen ... Nur Pflichttreue und Verdienst geben hier ein Recht auf Achtung. Der Reiche steht auf einem Fuß mit dem Armen; der Gelehrte ist nicht mehr als der schlichteste Handwerker, und deswegen sollte kein Deutscher sich schämen, eine [im Herkunftsland weniger geachtete] Beschäftigung zu ergreifen ...

[Hier verleiht] Reichthum und Grundbesitz seinem Besitzer nicht das mindeste politische Recht vor dem ..., was der ärmste Bürger hat, wo kein Adel, keine bevorzugten Klassen ... [und] keine stehende Heere die physische und moralische Kraft des Volkes schwächen, wo kein zahlreicher Beamtentroß in träger Ruhe das Brod des Armen verzehrt und vor allem, wo keine Fürsten und ihre verderbten Höfe das sogenannte „göttliche Recht der Geburt“ repräsentiren ... Daß in einem solchen Lande die *geistige Kraft, Thätigkeit* und *Ausdauer* einen weit größeren Spielraum haben und weit schnellere Früchte tragen, als in Monarchieen.

[S]o sehr auch jeder Arbeiter seines Lohnes Werth ist ... so ernstlich muessen wir nichtsdestoweniger die Leidenschaften derjenigen missbilligen, welche durch Verletzung des Gesetzes ein vermeintliches Recht geltend zu machen suchen. Denn wenn die Klagen der arbeitenden Klassen wohlbegründet sind, so stehen gesetzliche Mittel ... dem Volke zu Gebote, seine Rechte zu wahren ... Die Freiheit des Wortes und der Presse, das allgemeine Stimmrecht und das unbeschränkte Recht der Associationen ... benimmt dem gewaltsamen Widerspruch [gegen das Gesetz] jeglichen Vorwand ... das Volk selbst ist der Herrscher. Der Stimmkasten, die Gerichtshöfe, die Hallen der Gesetzgebung und jenes ehrwürdige Kapitol in Washington sind die einzigen Kampfplätze, wo die unblutigen Kämpfe für die öffentliche Wohlfahrt ausgefochten werden.“[55]

Nach 1846 bildeten Agrar- und Wirtschaftskrisen die Hauptvoraussetzungen für die Revolution. In ganz Deutschland setzten regionale Parlamente die Herrscher unter Druck, ein nationales Parlament einzuberufen, um eine nationale Verfassung zu schreiben, während Arbeiter und Studenten mit der Forderung nach politischen Reformen auf die Straße gingen. Im März 1848 zwangen diese vereinten Kräfte Fürst Metternich, nach London zu fliehen, und vertrieben den österreichischen Kaiser Ferdinand aus Wien.[56]

In Berlin mußte der preußische König Friedrich Wilhelm IV. zusehen, wie auf dem Rasen vor seinem Palast Blut vergossen wurde. Zu spät und verzweifelt bot er den Revolutionären verfassungsmäßige Zugeständnisse an, wurde aber unter Hausarrest gestellt und sah seine Regierung in schwache liberale Hände gegeben. Auf Anweisung der Aufständischen stimmte er der Wahl eines neuen nationalen Parlaments am 1. Mai zu. In diesen Monaten gab der zukünftige deutsche Kanzler Otto von Bismarck sein politisches Debüt, entschieden auf der Seite des Königtums.[57]

Am 18. Mai 1848 versammelte sich ein nationales Parlament in der Frankfurter Paulskirche, um seine Beziehung zur Monarchie zu debattieren, die Grundrechte des deutschen Volkes zu definieren und die Mitgliedsstaaten eines neuen Deutschen Reiches zu bestimmen. Diese Debatten dauerten in Frankfurt bis Mai 1849 an, danach verpufften sie im Juni in einem Rumpfparlament in Stuttgart.[58] Die Abgeordneten kamen aus allen deutschen Regionen und repräsentierten einen gesellschaftlichen und beruflichen Querschnitt der Mittelschicht. Die Richtlinien ließen die Wahl von 649 Abgeordneten zu, obwohl tatsächlich weniger gewählt wurden. Mit einer Ausnahme nahmen nie mehr als 450 Abgeordnete gleichzeitig an einer Sitzung teil. Die große Mehrheit waren gebildete Beamte und Akademiker, mehr als 600 besaßen einen Universitätsabschluß, 80 Prozent davon in Jura, und alle waren für ihre Berufe dem Staat verpflichtet.[59]

Diese Faktoren können das Wanken der Abgeordneten

zwischen Kühnheit und Unentschlossenheit erklären. Neben dem tiefsitzenden Glauben der Deutschen an individuelle Freiheit und an staatliche Autorität hatten die Abgeordneten auch persönliche Gründe, nicht zu weit zu gehen. Es war ein Spiegel jener Zeit, daß die weniger einflußreichen Klassen verschwindend gering vertreten waren. Die untere Mittelschicht war kaum vorhanden, während nicht ein einziger Vertreter aus der Arbeiterklasse unter den Abgeordneten saß. Aber obwohl das liberale, gebildete Deutschland die Frankfurter Nationalversammlung beherrschte, übersahen die Abgeordneten in den Gesetzen, die sie verfaßten, die soziale und politische Wohlfahrt der Allgemeinbevölkerung nicht.

Das Parlament erklärte sich zur souveränen Stimme des deutschen Volkes mit einer politischen Autorität, welche die jedes einzelnen Mitgliedsstaates überragte, und übertrug per Gesetz bis zur Vollendung eines Verfassungswerkes die provisorische Zentralgewalt an einen Reichsverweser mit gesamtnationaler Vollzugsmacht. Dieser sollte die Befehlsgewalt über die Streitkräfte erhalten, Minister ernennen, die der Versammlung verantwortlich waren, und die völkerrechtliche Vertretung Deutschlands übernehmen. Über Krieg und Frieden und Verträge mit ausländischen Mächten sollte er nur im Einverständnis mit der Nationalversammlung beschließen. Doch trotz des erhabenen Titels und der Einräumung der Exekutivgewalt sollte der Regent in Wirklichkeit ein untergeordneter Partner in der neuen konstitutionellen Monarchie werden.

Anfangs war das politische Ziel die größtmögliche deutsche Konföderation, einschließlich der deutschsprachigen österreichischen Länder, unter einem Habsburger Regenten, eine Ehre, die Erzherzog Johann von Österreich angetragen wurde. Bevor Österreich sich dieser „großdeutschen Lösung“ als Führungsmacht anschließen konnte, verlangte die Versammlung von ihm die Loslösung von den nichtdeutschen Ländern der Österreichisch-Ungarischen Monarchie, was die Österreicher ablehnten. Auch wenn sie dazu bereit gewesen wären, hätte es weiterhin gute Gründe gegen eine größere deutsche Konföderation gegeben. Obwohl diese Lösung mit siebzig Millionen Deutschen ein größeres Staatsgebilde versprach, war die Stabilität eines solchen Gebäudes fraglich. Der stärkste Wunsch der Versammlung war ein uneinnehmbarer deutscher Staat, und das sprach gegen eine führende Rolle Österreichs. Gleichgültig ob mit dem nichtdeutschen Reich des österreichischen Habsburg oder ohne es, seine Führerschaft würde eine Fortsetzung der österreichisch-preußischen Rivalität um die Hegemonie in Deutschland bedeuten, deren jüngere Historie eine Geschichte der Teilung und der Katastrophe gewesen war. Im März 1849 stimmte eine Mehrheit der Versammlung für ein kleineres und enger miteinander verbundenes Deutschland unter der Führung der preußischen Hohenzollern in der Person Friedrich Wilhelms IV.[60]

So wie bei früheren deutschen Vereinigungen und Konföderationen hing der Erfolg von der Anerkennung durch die Großmächte Europas ab, die nur langsam kam und wenn, dann verhalten ausfiel. Diese Mächte hatten kein Interesse an einem vereinten und in seiner militärischen und ökonomischen Macht gestärkten Deutschland. Nur die Vereinigten Staaten erkannten die Nationalversammlung als Deutschlands offizielle Reichsgewalt an. Noch entmutigender war das Schweigen der großen deutschen Mächte – Österreich, Preußen, Bayern und Hannover –, von denen keine die Reichsverfassung als ihrer eigenen übergeordnet anerkennen sollte.[61] Deutschlands zahlreiche Staatsoberhäupter sahen in der Frankfurter Versammlung eher einen Turm zu Babel als einen nationalen Weckruf. Die großen deutschen Staaten verwarfen mit breiter Unterstützung aus dem Volk die von der Versammlung angestrebte Übernahme der obersten Befehlsgewalt über das Militär. Sogar selbst als die neue Nationalregierung sich auf die Aufnahme der Amtsgeschäfte vorbereitete, erachteten sie ihre mächtigsten Beteiligten als ein Staatsschiff ohne Dampf, das kaum die unruhigen Gewässer Europas überstehen würde und daher am besten im Trockendock zu belassen sei, und stellten im Frühjahr 1849 sicher, daß dies geschah.

Nachdem die Frankfurter Nationalversammlung am 22. Mai 1848 eröffnet worden war, um über das Thema Grundrechtsgesetz zu debattieren, beschloß sie im Dezember 1848 dessen vierzehn Artikel. Wegen der darin enthaltenen Abschaffung der agrarischen Leibeigenschaft ist dieser umfassende Schutz der persönlichen, politischen und der Eigentumsrechte etwas übertrieben „das Ende des Mittelalters in Deutschland" genannt worden.[62] Nicht nur, daß viel Mittelalterliches schon in früheren Jahrhunderten abgeschafft worden war, auch die moderne Abschaffung der Leibeigenschaft war weder so grundsätzlich noch so endgültig, wie das Wort „Abschaffung" nahelegt. Adlige Großgrundbesitzer erhielten großzügige Entschädigungen für die Emanzipation ihrer Bauern, und obwohl deren Freiheit kein geringer Zugewinn war, war die neue Klassengesellschaft fast ebenso geschichtet und gnadenlos wie die Standesgesellschaft, aus der die Deutschen seit dem Mittelalter zu entkommen versucht hatten. Eine wohlhabende agrarische und industrielle Gesellschaftsschicht stand weiterhin einer riesigen Zahl abhängiger Arbeiter gegenüber, die sich am unteren Ende der Gesellschaft oder nahe daran befanden, unzufriedene Massen, die revolutionären politischen Parteien neue Möglichkeiten eröffneten. In realen sozialen und ökonomischen Begriffen ausgedrückt: Das Mittelalter endete in Deutschland 1848/49 nicht, sondern zog lediglich in die Städte und ihre Vororte.[63]

Im Einklang mit der französischen Aufklärung und der Napoleonischen Revolution trennte die Grundrechtsgesetzgebung Kirche (kanonisches Recht) und Staat (weltliches Recht). Präzedenzfälle dafür gab es schon in der Reformation. Im Gegensatz zur Frankfurter Versammlung jedoch, die den Bürgern erlaubt hätte, örtliche Kleriker auf ähnliche Weise zu wählen wie die Mitglieder des Parlaments, erwog die Religion der Reformation, die stärker auf die Bedürfnisse der Laienfrömmigkeit und die weltlichen Pflichten des Klerus einging, nie einen gänzlich säkularisierten Staat.[64]

Ebenfalls im Gegensatz zum Europa nach der Aufklärung führten die Herrscher und der Klerus in früheren Jahrhunderten ihre jeweilige Macht auf dieselbe göttliche Quelle und Zustimmung zurück, womit sie Partner in einer gemeinsamen weltlich-religiösen Unternehmung waren statt Rivalen in einem Nullsummenspiel zwischen Kirche und Staat.

Aus einer langen historischen Perspektive betrachtet ließ die Frankfurter Versammlung jene royalistischen Argumente aus dem Hochmittelalter wiederaufleben, deren Zweck es war, die Kirche in eine fügsame Abteilung des Staates zu verwandeln. Indem die Revolution von 1848/49 diese Konfrontation auf den neuesten Stand brachte, schuf sie die Voraussetzung für einen modernen „Kulturkampf" zwischen Rom und Berlin, der mit einem protestantischen Zorn geführt wurde, der dem Roms ebenbürtig war.[65] In diesem Fall wie in vielen anderen Situationen des neunzehnten Jahrhunderts stand 1848/49 im Gegensatz zur Hauptströmung der deutschen Geschichte, die niemals einer völligen Unterordnung der Religion unter die Gesellschaft oder der Kirche unter den Staat das Wort redete. Historisch hatten die Deutschen dem Dualismus den Vorzug gegeben: separate, aber miteinander verbundene und kooperative staatliche und religiöse Sphären.

Das Grundrechtsgesetz, das die radikalsten der damals landesweit diskutierten Vorschläge vermied, sollte dazu dienen, die Gesellschaft durch zunehmende Gewöhnung an die Freiheit voranzubringen – das heißt, so viele Deutsche wie möglich in die Mittelschicht zu führen, was bedeutete, Gleichberechtigung und Chancen auszuweiten. Von Anfang an hatte dieser vernünftige Ansatz eine unsichere Zukunft. Am 24. Mai, zwei Tage nachdem die Frankfurter Nationalversammlung ihre Beratungen über das Grundrechtsgesetz aufgenommen hatte, setzte eine Berliner Versammlung, die sich speziell zusammengefunden hatte, um dem preußischen König einen Platz in der Verfassung zuzuweisen, als ersten Punkt einen Antrag auf die Tagesordnung, der die Revolutionäre der vierziger Jahre – also sie selbst – als „Diener des Vaterlandes" verewigen sollte. Schon das Vorbringen eines solches Ansinnens sandte die falsche Botschaft an den preußischen König, der, obwohl besiegt, seit dem Tag große Zweifel an der verfassunggebenden Versammlung in Frankfurt hatte, an dem er gezwungen worden war, sie einzuberufen. Beabsichtigten die Achtundvierziger jetzt, nicht nur das Gesetz, sondern auch die Geschichte umzuschreiben?[66]

Angesichts der Zeitläufte war die Weigerung der Versammlung, eine allein von einem König geschriebene Verfassung in Erwägung zu ziehen, ausreichend zu rechtfertigen. Nicht aber, daß sie vom König von Preußen erwartete, daß er ihrem eigenen Verfassungsentwurf seine Ehrerbietung erweise. Im Dezember 1848 löste Friedrich Wilhelm die ehrgeizige Preußische Nationalversammlung auf und verkündete seine eigene preußische Verfassung. Als Rechtfertigung für diese Handlung verwies er auf die untergeordnete Position, die die Verfassung der Versammlung ihm zuzuschreiben beabsichtigte. Er spürte, was er den „Ludergeruch der Revolution" nannte, und verachtete insgeheim eine jede Krone, die ihm die Versammlung antragen würde, als Hundehalsband. Als die Kaiserdeputation der Frankfurter Nationalversammlung ihm am 3. April 1849 die Kaiserkrone anbot, antwortete er, indem er sie bat, die Könige, Fürsten und freien Städte des Reiches in dieser Angelegenheit zu befragen. Das war eine rhetorische Erinnerung daran, daß er als Monarch in der jahrhundertealten Erbfolge deutscher Herrscher stand, die ihre Kronen direkt von Gott erhielten.[67]

Danach konnte die Frankfurter Nationalversammlung nur noch zerfallen. Die österreichische Delegation zog sich am 5. April zurück und die preußische am 14. Mai, womit eine kleine linke Fraktion zurückgelassen wurde, die in Stuttgart, wohin das Rumpfparlament im Juni gezogen war, die Lichter löschte. Obwohl verständnisvolle Historiker den „revolutionären Exzeß" und die „zweifelhafte Demokratie" in der Verfassung der Frankfurter Versammlung anerkennen, hat die moderne Geschichtsschreibung der Trägheit der Monarchie und ihrer Sucht nach Macht die Schuld am Scheitern der deutschen Demokratiebewegung von 1849 gegeben.[68] Das jedoch ignoriert den Schrecken, den die politischen Träume der Versammlung der stabilen Mittelschicht und der unter ihr aufstrebenden schwächeren unteren Mittelschicht sowie der Arbeiterklasse eingejagt hatte. In diesen progressiv-regressiven Jahrzehnten wollten die Deutschen das, was sie hatten, nicht dadurch riskieren, daß sie sich auf einen unsicheren politischen und sozialen Wandel einließen. Trotz ihres Wertes als Präzedenzfall und ihrer vielversprechenden Zukunftsaussichten spaltete und politisierte die Revolution von 1848/49 die zeitgenössischen Deutschen.

Vorwärts fallen

Am 18. Juni 1849 verschlossen preußische Soldaten die Türen hinter dem, was von der Frankfurter Nationalversammlung geblieben war und sich nach Stuttgart geflüchtet hatte. In der deutschen Geschichtsschreibung ist diese Zurückweisung der Demokratiebewegung durch den König oft mit der Unterdrückung des großen Bauernaufstandes von 1525 verglichen worden als jeweils reaktionäre Versuche, den Lauf der Zeit aufzuhalten.[69] Dieses Urteil jedoch wird der Komplexität und dem Verlauf deutscher Geschichte vor 1848 kaum gerecht. Nach 1525 fanden in der Tat zaghafte Reformen statt, und einige Gründe für Beschwerden der Bauern wurden beseitigt. An vielen Orten wurden aufgezwungene Zehnte, Frondienste und Sterbesteuern aufgehoben. Wasserläufe, Wälder, Wiesen und Felder wurden in Gemeinschaftsnutzung rücküberführt, und das Recht, die Feldfrüchte zu umzäunen und auf Feldern Hunde laufen zu lassen – Maßnahmen gegen futtersuchende Tiere – wurde wiederhergestellt.[70] Wesentlicher war, daß jede Seite ein neues Verständnis für die Leidensgrenze des anderen erlangte: Für die Bauern lag sie in der willkürlichen und unnachgiebigen Aufhebung traditioneller Rechte und Privilegien, für die Fürsten in anarchischer und utopischer Revolution von unten.

Deutschland 1848/49 ist eine Geschichte der einerseits angestrebten, andererseits abgelehnten politischen und sozialen Umstrukturierung und der Repression sowohl seitens der Könige als auch der Revolutionäre. In den Jahren vor und nach der Frankfurter Nationalversammlung wurden Könige in die Flucht geschlagen und verhaftet und Parlamente und Verfassungen willkürlich aufgelöst und aufgehoben. Danach waren die Monarchen und Aristokraten so stark wie zuvor, die deutsche Mittelschicht war in ihrer Identität noch gestärkt worden und bildete von nun an das stabile Zentrum einer Gesellschaft, die mehr Freiheit und Sicherheit anstrebte. Viele deutsche Länder hatten weiterhin Verfassungen, unter denen Herrscher und Parlamente sich die gemeinsame Regierungsmacht teilten. Und wie bei den Fürsten und Bauern von 1525 hatten beide Konfliktparteien gelernt, was die jeweils andere tolerieren konnte und was nicht, was auch nicht sehr viel anders war als damals.[71]

Daß die Frankfurter Nationalversammlung sich nicht durchsetzte, zerstreute ebenso viele Befürchtungen wie dadurch geweckt wurden. Die meisten Deutschen stellten erleichtert fest, daß ihr Land nicht auf die Schnellspur einer höchst experimentierfreudigen sozialpolitischen und ökonomischen Zukunft gewechselt war. Und wieder einmal, wie durchweg in der deutschen Geschichte, waren die europäischen Großmächte hoch erfreut darüber, daß ein vereintes, größeres Deutschland weiterhin nicht zur Debatte stand.

Die Jahre 1848/49 sind keine tragische Geschichte einer unvollendeten deutschen Demokratie, sondern eine weitere Folge in einer langen Serie von Kämpfen zwischen den beiden Seelen von Doktor Faustus – das heißt von Deutschen, die zutiefst mit sich selbst uneinig sind.[72] In dem Maße, wie die Frankfurter Nationalversammlung ihren Zweck verfehlte, lag dies nicht an der zu akademischen oder philosophischen Ausrichtung der Abgeordneten oder an der hoffnungslosen Rückständigkeit der gegnerischen Fürsten oder an einem krankhaften Drang der Deutschen nach hierarchischer Herrschaft. Letztlich waren sowohl das Königtum als auch die Mittelschicht, sowohl Konservative als auch Liberale die Feinde der Versammlung. Die Revolution von 1848/49 scheiterte aus denselben Gründen wie manch frühere deutsche Reform oder Revolte – weil die Zeitgenossen glaubten, daß die Proportionen zwischen Autorität und Freiheit, Sicherheit und Gleichheit nicht stimmten. Soweit die Arbeit der Versammlung sich zunehmend den grundlegendsten deutschen Bedürfnissen zuwandte, würde man sich ihrer erinnern und sie wiederaufleben lassen, wenn nachfolgende Parlamente die Suche nach der schwer zu bestimmenden deutschen politischen Mixtur wiederaufnehmen würden.

7

Absoluter Geist und absolutes Volk

Die intellektuellen Strömungen des neunzehnten Jahrhunderts

In der ersten Hälfte des neunzehnten Jahrhunderts blühten in zahlreichen deutschen Ländern Demokratiebewegungen auf, während ihre Herrscher entweder in die Flucht geschlagen wurden oder freiwillig zurücktraten und den Weg zur Errichtung neuer parlamentarischer Regierungen freimachten. Verglichen mit der Französischen Revolution erscheint die deutsche blaß. Sowohl die liberalen wie die konservativen Deutschen, die beide panische Angst vor einer organisierten jakobinischen Anarchie hatten, verhinderten, daß die französische Freiheit sich in nennenswertem Maße nach unten auf der gesellschaftlichen Leiter ausdehnte. Wenn es eine eindeutige Wahl zu treffen galt, bevorzugten die Deutschen politischen Stillstand oder Botmäßigkeit anstelle einer Revolution von unten. Sowohl auf der Linken wie auf der Rechten gab es jedoch Kritiker, wobei die einen die deutsche Aufklärung als unzureichend reformerisch, die anderen sie als unzulänglich restaurativ verurteilen.

Der zukünftige deutsche Kanzler Otto von Bismarck sollte nach der Jahrhundertmitte ebendiese Debatte inszenieren. Nach seinem Auftauchen als nationale politische Figur während des Todeskampfes der Frankfurter Nationalversammlung fungierte er in der damaligen politischen Auseinandersetzung als Blitzableiter, der die rivalisierenden liberalen und konservativen Fraktionen gegen einen sich oft verändernden, aber – in seiner Vorstellung – die Nation rettenden Mittelweg ausspielte.[1] Auf dem Feld des Geistes gab es eine Reihe von brillanten Köpfen, von denen fast alle vom Glauben abgefallene Lutheraner waren, die entscheidende Streitpunkte des Denkens und der Kultur mit Verve angingen, angefangen beim verhältnismäßig besonnenen Immanuel Kant und im grimmigen Friedrich Nietzsche kulminierend. Diese Entwicklungen waren miteinander verknüpft, da deutsche Religion und Philosophie nicht weit von Gesellschaft und Politik abschweiften. Am Ende half die Revolte der Intellektuellen dabei, das deutsche politische Patt in eine der produktivsten – und destruktivsten – Übergangszeiten der deutschen Geschichte zu verwandeln, eine, deren Einfluß noch am Anfang des einundzwanzigsten Jahrhunderts stark zu spüren ist.[2]

Von Kant bis Nietzsche

Kants kopernikanische Revolution

Der Königsberger Philosoph Immanuel Kant ist wohl der überragende Geist der deutschen Aufklärung gewesen. Seine Argumente öffneten lange verschlossene Augen, setzten aber auch neue Scheuklappen auf. Kant, ein dialektischer Denker der deutschen dualistischen Tradition, grenzte Wissen auf das streng wissenschaftliche ein – das er die „reine Vernunft" nannte –, ließ es sich jedoch emporschwingen, indem er dessen transzendentale moralische Seite, oder „praktische Vernunft", aufzeigte. Er erhöhte die menschliche Natur, indem er die Stimme Gottes in ihr Zentrum setzte, und er wies sie zugleich in ihre Grenzen, indem er diese Stimme auf ein introspektives Gewissen beschränkte, womit er das Individuum, nicht die Gesellschaft und die Politik, zum Ziel ihrer kritischen Einwürfe machte. Einem konservativen, vor Veränderungen stehenden Deutschland erschienen Kants Lehren, die die alte und die neue Welt verbanden, als die perfekte Philosophie.

In einer Reihe herausfordernder Studien analysierte Kant die Macht der Vernunft, des Willens und des Urteilsvermögens des Menschen. Für Normalsterbliche waren seine Schlüsse wiederum sowohl schmeichelhaft als auch ernüchternd. Sie waren schmeichelhaft, weil er zeigte, daß die bekannte Welt mehr ein Erzeugnis des Geistes war als ein Spiegelbild der Realität selbst, jedoch ernüchternd, weil er nachwies, daß das, was der Geist verläßlich wissen kann, begrenzt und subjektiv sei. Die Sphäre des wahren Wissens war, obwohl nie zuvor so gewiß, aufgrund der Rigorosität der reinen Vernunft auch so klein wie nie zuvor.

Philosophen und Theologen, die maßgebend über entscheidende spirituelle Gegebenheiten sprechen wollten – über Gott, die Seele, Freiheit und Unsterblichkeit –, empfanden die neuen Kantschen Beschränkungen als entmutigend.[3] Sicher, die Sinnes- und Verstandeskräfte des Menschen konnten Objekte in der ihn umgebenden Welt zuverlässig erkennen, verarbeiten und kategorisieren. Aber solche alltäglichen Gegebenheiten waren nur als „Phänomena" erkennbar; ihre sie definierenden Identitäten oder „Essenzen" – die Dinge an sich – blieben ewig verborgen. Was ist, jenseits der Federn und der Schuppen, ein Huhn oder ein Fisch? Die Vernunft konnte das nicht mehr mit Bestimmtheit sagen; die inneren Identitäten der Dinge blieben „noumenal", jenseits der Sinneswahrnehmung und des sicheren Erfassens. Mit einem Wort, der menschliche Verstand wußte nur, was unmittelbar ins Auge fiel, und hier nur das, was an der Oberfläche war. Für Kant war dies kein Skeptizismus oder Atheismus, nur eine klarsichtige Anerkennung der menschlichen Grenzen.

Während jedoch die reine oder wissenschaftliche Vernunft schnell an Grenzen stieß, besaß die Vernunft in ihrer vollen Spannweite das Vermögen des Willens und der Urteilskraft, das es ihr erlaubte, sich über die Empirie zu erheben. Kant postulierte somit eine „praktische Vernunft", eine Art moralische Intelligenz, die in eine großartige, wenn auch nicht aufzeigbare spirituelle und transzendentale Welt eingeweiht war. Die Schwelle solchen Wissens lag jenseits der reinen Vernunft, jedoch konnte die praktische Vernunft diese Welt „intuitiv" erfassen. Die eine, reine Vernunft konnte Unbedeutenderes mit größerer Sicherheit erkennen, während die andere, praktische Vernunft Höheres ungenauer wahrnahm.

Kant leitete die transzendentale Kraft der Vernunft

aus einer spürbaren Neigung zum Guten ab, die er in der Menschheit für universal und daher für den unumstößlichen Beweis eines ununterdrückbaren inneren Gesetzes hielt: „Handle so, als ob die Maxime deiner Handlung durch deinen Willen zum allgemeinen Naturgesetze werden sollte." Kant glaubte, daß, wann immer die praktische Vernunft einem moralischen Dilemma gegenüberstand, diese interne Maxime zur unterschwelligen Erinnerung daran würde, daß Menschen einem höheren Gesetz gegenüber verantwortlich seien und in der Lage, frei das Gute zu wählen oder einer ebenso starken inneren Neigung zum Bösen nachzugeben. Dieses innere Gesetz wurde zur Grundlage dafür, auf die Existenz entscheidender spiritueller Realitäten jenseits des Horizonts der reinen Vernunft zu schließen: Gott, die Seele, Freiheit und Unsterblichkeit.

Anders als die französischen *philosophes* konnten sich Kant und die deutsche Aufklärung nicht von der traditionellen Religion lösen. Sie leiteten jedoch deren moralische Neuordnung und endgültige Säkularisierung ein. Kant nannte sie „eine Religion innerhalb der Grenzen der [praktischen] Vernunft allein", in der Jesus Christus der „historische Archetypus" oder die perfekte Verkörperung dessen wurde, was die praktische Vernunft intuitiv wußte. Entsprechend war der Heilige Geist das auf die perfekte Kurzformel gebrachte „Gute und die reine Veranlagung zum Guten" der Menschheit, und die biblische Goldene Regel wurde in den erhabenen „Kategorischen Imperativ" umbenannt.[4]

Scharfe Gefechte

In den Jahren vor der deutschen Revolution von 1848/49 und der deutschen Reichseinigung 1871 fachten liberale Denker die Glut der politischen Veränderung an, während Konservative Brandmauern aus der deutschen Vergangenheit errichteten. Die politischen Schlachten fanden ihre Ergänzung in ebenso heftigen akademischen Gefechten, in denen Philosophen und Schriftsteller versuchten, Lehren sowohl aus der radikalen französischen als auch aus der konservativen deutschen Aufklärung zu ziehen. Dieser Kampf wurde gleichermaßen an parallel verlaufenden wie an sich kreuzenden Fronten geführt. Auf der akademischen Ebene dekonstruierte eine Reihe von Philosophen, dem Beispiel Kants folgend, Schritt für Schritt das traditionelle Christentum. Einer, der Philosoph Ludwig Feuerbach, betrieb dies mit den antiintuitiven Argumenten des klassischen Luthertums. Weniger abgehoben formten reaktionäre Intellektuelle mit ihrem eigenen Gebräu aus Romantik, Nationalismus, Rassentheorie und Sozialdarwinismus eine chauvinistische, antihistorische „Neuzeit"-Kultur. Zusammen speisten diese parallel verlaufenden akademischen und volksnahen Bewegungen einen soziokulturellen Aufstand gegen die Vergangenheit, der erheblich zu Deutschlands Katastrophen im zwanzigsten Jahrhundert beitrug.

Fichte und Hegel

Kants Aufteilung der Vernunft rief die Opposition der Romantiker und geistig verwandter Idealisten hervor. Indem absolute Wahrheit außerhalb des Erfaßbaren gesetzt wurde, untergrub die neue kritische Philosophie die Einheit der Realität, die diese Denker voraussetzten, und bedrohte die Selbstsicherheit ihrer transzendentalen Höhenflüge.[5] Als erster schlug der Jenaer Philosoph Johann Gottlieb Fichte einen Weg vor, wie Kants undurchdringliche phänomenale Welt zu umgehen sei. Er reintegrierte die Vernunft und stellte ihre große Reichweite wieder her, indem er Handlungen des menschlichen Bewußtseins zur absoluten Realität erklärte. Aus der phänomenalen Welt wurde so die eigene Selbstobjektivierung des Ich: Die „Realität" hinter der Realität war nicht, wie Kant argumentiert hatte, unerreichbar „noumenal", sondern das allschöpfende, allwissende menschliche Ich selbst. Mit diesem Argument stattete Fichte die Vernunft mit der absoluten schöpferischen Macht aus, die mittelalterliche Philosophen nur Gott zuschrieben. Mit einem Wort, der Mensch setzte und erkannte souverän die ihn umgebende Welt.[6]

Das gesamte Ausmaß des romantisch-idealistischen Aufstandes gegen die Aufklärung offenbarte sich am deutlichsten in Georg Wilhelm Friedrich Hegels philosophischer Enthüllung der Geschichte des „absoluten Geistes", womit er die höchste Kraft und den höchsten Sinn hinter allem meinte. Seine *Phänomenologie des Geistes*, die dem Glauben Ausdruck schenkte, daß das Vernünftige das Wirkliche und das Wirkliche das Vernünftige sei, war angesichts von Kants zurückhaltenden Studien über die Grenzen der Vernunft eine kühne wissenschaftliche Aneignung der Welt des Noumenalen.[7] Am fernen Ende dieses Weges stand Friedrich Nietzsche, der Prophet des Todes Gottes, der das Kommen eines „Übermenschen" erwartete oder den Menschen jenseits des Menschen – eine selbsterschaffene neue Gattung, die in der Lage war, den Platz und die Macht Gottes zu übernehmen.

Die Durchschnittsdeutschen besaßen nicht den Schutz und die Privilegien eines Lehrstuhls, um das „Maß aller Dinge" zu sein und den „Alleingang" in der Art des Übermenschen zu wagen. Dennoch wollte der Mann auf der Straße mit dem „Weltgeist" vereint sein, was er tun konnte, indem er „Kollektivmensch" wurde: bescheiden als Mitglied eines Chorvereins oder eines Jagdklubs, energisch, indem er einer politischen Partei beitrat und – wie es eine wachsende Zahl Megalomaner im Verlauf des neunzehnten Jahrhunderts tat – indem er mit dem übergeschichtlichen, pangermanischen „Volk" eins wurde, der völkischen Entsprechung des „absoluten Geistes".

Hegels großes deutsches Projekt

Kant und die Aufklärung modernisierten den uralten Konflikt zwischen Glauben und Wissen – nun praktischer und reiner Vernunft –, indem sie eine schärfere Linie in den philosophischen und theologischen Sand zogen. Als Philosoph, der fest entschlossen war, die vereinigende Erfahrung der Religion von primitivem Gefühl auf die Ebene der rationalen Vernunft zu heben, sah Hegel sein Lebenswerk durch Kants Trennung von reiner und praktischer Vernunft in Frage gestellt. Daß Kant das Individuum auch zum Herren seiner beschränkten Sphäre gemacht hatte, war ein schwacher Trost. Hegel stellte sich der Kantschen Herausforderung und wurde so zum Philosophen seines Zeitalters.

Er repräsentierte jedoch eine Art Rückkehr zu den Scholastikern des Mittelalters, deren verbindender Wahlspruch „fides quaerens intellectum" [Der Glaube verlangt nach der Einsicht] eine bescheidenere Version seines eigenen gewesen war. Wie sie glaubte Hegel, daß ein Gott, der vom Verstand nicht richtig erfaßt werden könne, in einer aufgeklärten Welt in Vergessenheit geriete. Nur sofern Gott und das moralische Gesetz auf der höchsten menschlichen Ebene erfaßt wurden, die für Hegel das philosophische Bewußtsein jenseits von Religion und Kunst darstellte, konnte der Mensch jene Gewißheit erlangen, zu der er prädestiniert war.

> „Soll nämlich Gott nicht erkannt werden, so bleibt dem Geiste als etwas, das ihn interessieren könnte, nur das Ungöttliche, Beschränkte, Endliche übrig. Freilich muß sich der Mensch notwendig mit dem Endlichen abgeben; aber es ist eine höhere Notwendigkeit, daß der Mensch einen Sonntag des Lebens habe, wo er sich über die Werktagsgeschäfte erhebt, wo er sich mit dem Wahrhaftigen abgibt und dieses sich zum Bewußtsein bringt."[8]

Obwohl Hegel als Kind der Reformation dargestellt wurde, ähnelte seine große Befürchtung mehr jener der Scholastiker, die Luther bekämpft hatte. Sie bezog sich auf die Nichterkennbarkeit Gottes und folglich auf seine mögliche Nichtexistenz, wobei keiner dieser beiden Aspekte Luther geplagt hatte, für den Gottes Transzendenz und Realität über den Glauben an die Bibel sichergestellt war. Was die Lutheraner verunsicherte, war die beunruhigende

Möglichkeit eines unangebrachten Vertrauens in den göttlichen Willen. Im Schreckgespenst eines Gottes, der sowohl existierte als auch log und somit ein wahrer, ewig bösartiger „Leibhaftiger" war, liegt die lutherische Vision des Nihilismus im sechzehnten Jahrhundert, eines Nihilismus, der den Menschen nicht nur unwissend und allein im Universum zurückließ, sondern auch einer unberechenbaren und übermächtigen Kraft ausgeliefert. Der lutherische Glaube war vor allem die Gewißheit, daß Gott zu seinem Wort stehe und daß ihm zuversichtlich vertraut werden könne.

Atheismus und Nihilismus, die Hegel und Goethe im neunzehnten Jahrhundert umgehen sahen, waren ein Widerhall dessen, was die alten Scholastiker für möglich gehalten hatten (wo kein Wissen über Gott, da kein Gott, und wo kein Gott, da keine Zukunft der Menschheit) – nur wurden sie jetzt von einer neuen Generation von Philosophen bereitwillig als eine für die Menschheit *befreiende* Chance ergriffen. Unter der gegebenen Bedingung der strengen Kantschen Eingrenzungen der Vernunft glaubten nachaufklärerische Denker, daß sie einer Welt gegenüberstanden, die weder eine Transzendenz noch eine Wahrheit jenseits des individuellen menschlichen Bewußtseins besaß. Mit dem Abstreiten eines objektiven Maßstabs zum Erkennen oder Bewerten der Welt jenseits des menschlichen Geistes konnte die Welt selbst nur so real und wirklich sein, wie dieser Geist sie einschätzte.[9] Für Hegel waren solche Schlußfolgerungen nicht nur voller erkenntnistheoretischer, sondern auch existentieller und politischer Gefahren, angesichts deren er danach strebte, die Transzendenz zu retten, indem er ihre Existenz philosophisch aufzeigte oder rationale Kritik übte.

Es war der im letzten Viertel des neunzehnten Jahrhunderts wirkende Friedrich Nietzsche, der den von Luther und der Reformation vorhergesehenen, noch bedrohlicheren Nihilismus aufgriff, der in einer von einem verlogenen Gott beherrschten Welt den Menschen vollständig sich selbst überließ. Mit Zarathustra, seinem imaginären Propheten des „Übermenschen", enthüllte Nietzsche den jüdisch-christlichen Gott als ebenjenes Schreckgespenst, das Luther fürchtete – als Schwindel ohne Dauer, der sein Interesse an der Menschheit verlor und ihr seine Gnade entzog, sobald sie seine Erwartungen nicht erfüllte. Darin sah Nietzsche keinen Gott, der für die Menschheit, sondern vielmehr einen, der *wegen* der Menschheit gestorben war, aus Trauer und Scham darüber, was die bourgeoise Gesellschaft des neunzehnten Jahrhunderts aus seiner ursprünglichen Schöpfung gemacht hatte.[10]

Nach Hegel

Indem Hegel umfangreiche Argumente für die Verknüpfungen der Vernunft mit dem Transzendenten vorbrachte, glaubte er, die ursprüngliche Einheit von Gott, Mensch und Universum erhalten zu können. Und indem er diese Einheit in das vollständig rationale Bewußtsein hob, hauchte er der umfassenden Weltsicht der romantischen Idealisten von Johann Gottfried Herder bis Goethe neues Leben ein. Sowohl die Idealisten, für die Hegel sprach, als auch die Romantiker, welche die Aufklärung noch mehr verachteten, strebten eine Einheit und Sicherheit des Wissens an, die die Kantsche Philosophie versagte. Auch die Kirche, angeführt von ihrem eigenen modernistischen Flügel, der bereit war, ihre Lehre und Geschichte durch Moral und Vernunft zu ersetzen, schloß sich diesen philosophischen Diskussionen an.[11] In veröffentlichten Reden an die „gebildeten Verächter" der Religion beschuldigte der Berliner Theologe Friedrich Daniel Schleiermacher, der bald der berühmteste Lutheraner nach Luther werden sollte, den „kalten weltlichen Geist" der Aufklärung, die Religion durcheinanderzuwirbeln, als sei sie „ein Haufen metaphysischer und ethischer Krümel."[12].

Diese neuerdings verbündeten Gruppen – Romantiker, Idealisten, liberale Katholiken und pietistische Lutheraner – standen gefährlicheren Feinden entgegen als Kant und der Aufklärung, mit denen sie, trotz hitziger Auseinandersetzungen, weiterhin manches gemeinsam hatten. Hegel spürte die größere Gefahr, und weil er noch ehrgeiziger war als die Aufklärer, hob er die Vernunft noch höher – über Kant, die Heilige Schrift und die Geschichte hinaus – und unterwarf jede maßgebende Stimme der philosophischen Vernunft. Mit solchen verstiegenen Ansprüchen legte er auf naive Weise ein großes Beil in die Hände der subversiven Kinder der Aufklärung, deren Namensvetter er wurde – der sogenannten Jung- oder Linkshegelianer, einer unsentimentalen Reihe von Denkern, die bereit waren, die kulturelle und soziale Welt auf den Kopf zu stellen.[13]

Anfangs stand Hegel fest an der Seite Goethes bei der Unterstützung der Hauptströmung des deutschen Dualismus, der immer Unvereinbarkeiten bevorzugte, ein Spiegelbild des Glaubens, daß menschliches Leben in seinem Kern gegensätzlich war. Nikolaus von Kues, der im fünfzehnten Jahrhundert die „Koinzidenz der Gegensätze" feierte, und Luther, für den der Mensch bestenfalls „gleichzeitig gerecht und sündig" blieb, waren frühe Beispiele.[14] Hier koexistierten Gott und Mensch, Ewigkeit und Zeit, Gut und Böse dialektisch, das eine so unauslöschlich wie das andere und unentbehrlich für das Verständnis der Menschheit.

Sowohl philosophisch als auch politisch suchten die neuen radikalen Denker nach Vereinfachungen und Klärungen. Indem sie die absolute Souveränität der Vernunft annahmen und transzendente Realitäten für nicht existent erklärten, fanden sie eine Lösung für eine entmystifizierte, nachaufklärerische Welt und verkündeten sie lauthals. In schneller Folge wurden die Kernbestandteile des Glaubens der alten Ordnung, angefangen beim klassischen Christentum, angegriffen. Anders als Kant und Hegel, die das Christentum rational und moralisch auslegten, taten die Linkshegelianer es als mythisch und sogar schädlich ab.

In seinem im Jahr 1835 veröffentlichten Werk *Das Leben Jesu, kritisch bearbeitet* bestritt David Friedrich Strauß, ein Kirchenhistoriker und Schüler Hegels, die Geschichtlichkeit Jesu und stellte klassische christliche Glaubenselemente als historische Mythen dar, die nicht anders als die anderer Weltreligionen seien. Zu der Zeit war sein Buch für viele beunruhigend und kostete ihn eine Professur in Zürich. Das 1841 veröffentlichte und von Friedrich Engels und Karl Marx freundlich begrüßte Werk des Erlanger Philosophen Ludwig Feuerbach, *Das Wesen des Christentums*, argumentierte, daß Theologie Anthropologie sei und der Mensch selbst sowohl Ursprung als auch Bezugspunkt der Aussagen über Gott. Die Eigenschaften Gottes (mächtig, weise, gütig, gerecht, gnädig) „projizierten“ das, was der Mensch selbst zu sein glaubte oder anstrebte. Zur Untermauerung seiner These zitierte Feuerbach eine wohlbekannte Aussage von Martin Luther – „Wie du von Gott gläubest, also hast du ihn“– und schloß aus diesen Worten, daß der Glaube, als menschliche Projektion verstanden, Gott erschaffe.[15]

Feuerbachs Darstellung des Christentums zielte auf christlichen Individualismus und politische Autoritätsgläubigkeit, die im Verlauf der deutschen Geschichte vereinbar gewesen waren. Deren Erhöhung des Individuums über die Gemeinschaft hielt er für die größte Bedrohung einer progressiven bürgerlichen Gesellschaft und liberalen Demokratie.[16]

Als Doktorand hatte Feuerbach von Hegel gelernt, daß die Vernunft nicht auf das Individuum beschränkt, sondern universal und gesellschaftlich sei (Hegels Hauptargument gegen Kant). „Insofern ich denke“, schrieb Feuerbach in seiner Dissertation, „bin ich nicht länger ein Individuum“.[17] Mit utopischer Voraussicht projizierte er eine aufgeklärte Gemeinschaft der Liebe, der Gleichheit und des Teilens, sobald der christliche Personalismus erfolgreich entlarvt und verworfen worden war. Ausgehend von solchen Überlegungen formulierte er einen neuen sozialen Imperativ, wobei er vielleicht Kants mehr individualistischen polemisch im Sinn hatte:

„... denke *in* der Existenz, *in* der Welt als ein Mitglied derselben, nicht im Vakuum der Abstraktion als eine vereinzelte Monade, als ein absoluter Monarch, als ein teilnahmsloser, außerweltlicher Gott ...“[18]

Karl Marx

Wie Feuerbach war Karl Marx ein leidenschaftlicher, aber kritischer Schüler Hegels. Aufgrund des polemischen Charakters ihrer Arbeit erlangte keiner von beiden nach Abschluß seiner Dissertation eine bezahlte akademische Position. Nach einer kurzen Zeit als Privatdozent leitete Feuerbach die Porzellanfabrik seines Schwiegervaters, während Marx die akademische Welt gänzlich mied und als politischer Journalist für die linksliberale *Rheinische Zeitung* arbeitete, bevor sie von der Regierung im Jahr 1843 verboten wurde.[19] In den revolutionären vierziger Jahren lebte Marx zunächst in Paris, das ihn freundlich aufnahm.

Obwohl Marx sich Feuerbachs Theorie der Projektion und des antichristlichen Gesellschaftsprogramms zu eigen machte, glaubte er, daß Feuerbach und Hegel den gleichen Fehler begingen. Obwohl sie Mann und Frau mit der gottgleichen Macht der Vernunft ausgestatten hatten, schickten sie sie nicht in die apokalyptische Schlacht gegen die Ungerechtigkeit der realen Welt. Von beiden war Hegel dieser Überlegung näher gekommen, indem er den politischen Menschen, oder den Menschen, der im Staat lebte und arbeitete, als die höchste Verkörperung der Menschheit pries. Anders als Rousseau und Robespierre, mit denen Marx übereinstimmte, konnte Hegel im Staat jedoch nicht den grimmigsten Feind des Individuums ausmachen, sondern lobte ihn vielmehr dafür, den Individuen Stabilität, Größe und Sinn jenseits dessen zu geben, was sie als einzelne von sich aus erreichen könnten.[20] In Hegels Entwurf der Geschichte entstand die Zivilisation mit den Persern, die sie an die Juden weiterreichten, welche sie den Griechen weitergaben, die sie auf die Römer übertrugen, die sie ihrerseits mit den Deutschen teilten, welche sie schließlich im modernen preußischen Staat vollendeten.[21] Für Marx war dies Hegels großes „Luftschloß" – die Verkennung des despotischen preußischen Staates und seiner fügsamen christlichen Einwohner als des höchsten politischen Gemeinwesens der Menschheit.

Trotz solcher Kritik wußte Hegel so gut wie Marx, daß die Arbeit im Staat „entfremdet" war, ein Begriff, den Marx aus dem Hegelschen Werk entnahm und auf das neue Industriezeitalter anwandte. In der philosophischen Tradition, die Hegel repräsentierte, war der transzendentale „absolute Geist" jenseits des Individuums der notwendigste Teil des Lebens. Ohne ihn besaßen weder Arbeit noch Regierung eine Legitimität, noch konnte man darauf zählen, daß ein Arbeiter oder ein Herrscher, der sich für die letztgültige Realität hielt, seine Pflicht täte.[22]

Die Linkshegelianer übten keinerlei Toleranz gegenüber einer Realität, der es an Vollkommenheit fehlte, und hielten der Welt ihre Schwächen vor. Marx' Kritik der deutschen Gesellschaft und Kultur war die bis dahin romantischste und schonungsloseste. Während er zustimmte, daß das kollektive politische Leben das erfüllteste menschliche Leben sei, lehnte er die Vorstellung ab, daß christliche Ideale einen maßgeblichen Anteil daran hätten. Aufgrund ihrer Erhöhung des Individuums sei religiös sanktionierte Transzendenz die Quelle willkürlicher gesellschaftlicher und politischer Macht gewesen, die die gemeinschaftlichen und ethischen Fundamente der Gesellschaft eher untergrub als sicherte. Bei dieser Bewertung stimmte Marx vollständig mit der linkshegelianischen Kritik des Christentums überein. Wie Feuerbach vor und Nietzsche nach ihm führte er alles, was ihm an der zeitgenössischen Gesellschaft mißfiel, auf den „transzendentalen christlichen Staat" zurück, ganz ähnlich wie Hitler es auch in den dreißiger Jahren des zwanzigsten Jahrhunderts tun würde, als er die Juden und ihren Glauben zum Sündenbock stempelte und die Christen gedanklich hinzugesellte. Bürgerliche Demokratie und der liberale Staat waren für Marx das Erbe der Ehe von Kirche und Staat,[23] in der das Individuum unter tragischem Verlust kollektiven Lebens und ethischer Gemeinschaft über die Menschheit triumphierte.[24]

Bei der Suche nach einer endgültigen Lösung faßte Marx das Privateigentum ins Auge, die Quelle der Spaltung zwischen den Besitzenden und den Besitzlosen,[25] die niemals ohne den Erfolg des christlichen Individualismus stattgefunden hätte. Das Überleben der Gattung schien somit von der Wiederbelebung des Gemeinschafts- oder Massenmenschen abzuhängen, die nur durch die Beseitigung individueller religiöser und politischer Freiheiten zu erlangen sei – was den Tod Gottes und der liberalen Demokratie bedeuten würde.[26] Ein neues politisches Kollektiv wurde in Aussicht genommen, in dem Beamte und Arbeiter, das Bürgertum ebenso wie das Proletariat zusammen in einer klassenlosen Gesellschaft leben sollten.[27]

Marx sah in der Revolution von 1848 eine Gelegenheit, seinen Weckruf zu verbreiten. Von Brüssel aus, wohin er im Jahr 1845 gezogen war, beobachtete er die Unterdrückung der Frankfurter Nationalversammlung. Dort organisierten er und Friedrich Engels den schon bestehenden Bund der Gerechten zum Bund der Kommunisten um, zur Keimzelle späterer kommunistischer Parteien, und veröffentlichten im Jahr 1848 die endgültige Fassung ihres *Kommunistischen Manifests*. Nachdem Marx aus Brüssel ausgewiesen worden war, wurde England für ihn eine zweite Heimat, von wo aus er mit anderen die internationale kommunistische Bewegung führte und wo er neben anderen Werken sein Hauptwerk, das *Kapital,* schrieb, von dem er nur Band I selbst vollenden konnte. Diese Kritik des Kapitalismus beschreibt die „Entpersönlichung" der Arbeiter und die „Barbarisierung" des bürgerlichen Lebens, Verbrechen gegen die Menschlichkeit, die die Philosophen und Politiker jener Zeit nach Marx' Auffassung bewußt ignorierten.[28]

Wo Hegel und Feuerbach den Menschen in der Theorie

mit Macht ausgestattet hatten, verwandelte Marx abstrakte Konstrukte in realen Protest und ermahnte die Massen der armen Arbeiter, sich in die Politik zu stürzen – eine proletarische Version der Veränderung der Geschichte durch Blut und Eisen. Bei einer marxistischen Machtergreifung würden Arbeiter und Arbeiterinnen sowohl sich selbst als auch die höheren gesellschaftlichen Klassen durch die Schaffung einer egalitären Gemeinschaft jenseits des hierarchischen Nationalstaates retten. Marx formulierte seine Beschreibung dieses Ereignisses mit Begriffen, die sein alter Lehrer und Gegner Hegel als Parodie gelesen hätte: Der wahre Kommunismus ist „die wahre Auflösung des Streits zwischen Existenz und Wesen, zwischen Vergegenständlichung und Selbstbestätigung, zwischen Freiheit und Notwendigkeit, zwischen Individuum und Gattung. Er ist *das aufgelöste Rätsel der Geschichte* ...“[29]

Diese Worte waren phantasiereich und beunruhigend, aber nicht wirklich visionär. Phantasiereich, weil im neunzehnten Jahrhundert die meisten Deutschen nicht glaubten, daß der Sinn der Geschichte jemals vollständig offenbar werden könne, ganz sicher nicht durch eine proletarische Revolution. Das Argument, daß die Proletarier, wenn man ihnen die Kontrolle über die Produktionsmittel überließe, freundlicherweise den Mittelstand befreien würden – was letzterer für sie niemals getan hatte –, war ein auf den eigenen Vorteil bedachter, ein beliebiger, dem Hegelschen vergleichbarer Mythos.[30] Andererseits waren sie beunruhigend, weil im Verlauf des neunzehnten Jahrhunderts eine kritische Masse von Menschen an solche millenaristischen Träume zu glauben begann. Schließlich müssen diese Worte als weniger denn visionär betrachtet werden, weil sie es nicht vermochten, die Möglichkeit eines moderaten politischen Marxismus vorherzuschen, der im Verlauf der siebziger Jahren des neunzehnten Jahrhunderts und danach von den Sozialdemokraten pragmatisch aufgenommen und erfolgreich umgesetzt wurde.[31]

Diese radikalen Strömungen der Aufklärung, des Romantizismus und der posthegelianischen Kritik wurden von technologischen Sprüngen begleitet, die sie verstärkten – Gaslaternen, Telegraph, Eisenbahnlinien und Dampfschiffe – und ebenfalls unbegrenzte menschliche Herrschaft über das Leben symbolisierten. Zu Lebzeiten Marx' wurden an den Universitäten und im Beamtentum Gespräche über vollkommene Menschen und Gesellschaften salonfähig, wodurch in Deutschland die historische Sicht des Menschen und der Gesellschaft als nie letztgültig und mit Fehlern behaftet in Frage gestellt wurde. Statt handfeste Beweise für das Gegenteil zu suchen, bemühte sich das alte Deutschland, sich über Bildung und Selbstaufopferung zu verbessern, und lehnte dabei jegliche Vorstellung einer endgültigen Lösung des menschlichen Konflikts im Diesseits ab.

Das von einer erfolgreichen proletarischen Revolution versprochene moralische Universum rief einen neuen kollektiven Imperativ hervor, der sowohl auf der Straße als auch im Gewissen widerhallte und auf einen vollständigen soziopolitischen Umbau von Gesellschaft und Politik drängte. Für Deutsche mit guten Geschichtskenntnissen spiegelten sich in solchem Ehrgeiz die gescheiterten Visionen von Meister Eckhart und Thomas Müntzer, Helden des späten Mittelalters, die von den Romantikern und Marxisten als Vorläufer des soziokulturellen Aufstandes des neunzehnten Jahrhunderts rehabilitiert wurden. Diese frühen Revolutionäre hatten auch eine endgültige Lösung der historischen Widersprüche angestrebt – Eckhart durch eine spirituelle Gemeinsamkeit,_„jenseits aller Trennungen", Müntzer durch eine „blutige Säuberung" der soziopolitischen Oberschicht.[32] Beide Projekte, von den Zeitgenossen als hochfliegend betrachtet, starben gleichsam schon bei ihrer Geburt.

Friedrich Nietzsche

„Die Welt ist tief, und tiefer als der Tag gedacht." Also sprach Friedrich Nietzsches persischer Prophet des antichristlichen Lebensstils.[33] Hierin lag eine Schelte der Aufklärung, weil sie die ungeheure Notlage des Menschen in der zeitgenössischen Welt unterschätzt habe. In Nietzsches neuer Ausdrucksweise war der Mensch des neunzehnten Jahrhunderts der „letzte Mensch“ geworden, die Menschheit durch die Aufklärung oder die linkshegelianischen Kritiker nicht mehr zu retten.[34] Die einzige Hoffnung der Menschheit lag in dem Sprung in eine neue Gattung jenseits derjenigen, welche die bürgerliche, christliche, liberale demokratische Gesellschaft hervorgebracht hatte.

Nietzsche beschwor seinen neuen Menschen aus der Asche des jüdisch-christlichen Mythos, einer gescheiterten Aufklärung und der davon abhängigen liberalen Demokratie.[35] Der Übermensch, ausgestattet mit einem absoluten Willen zur Macht, hatte die Freiheit, sich und die Welt ganz nach seinem Belieben umzugestalten. Sein Glaubensbekenntnis war ewige Wiederkehr – ein Leben ohne einzigartige Spur und Zugewinn. Nicht länger der fügsame, von einem transzendenten Gott geschaffene und erlöste Christenmensch, war der neue Mensch sich selbst Anfang und Ende und alles was dazwischenliegt, ohne Rechtfertigung, Zweifel oder Bedauern.[36]

Solche besonderen Individuen würden, unbeeindruckt von der Sinnlosigkeit des Lebens, den Weg für alle erkunden.[37] Nietzsche fand für sie einen Namensvetter in Dionysos, dem griechischen Gott des Weines und der Fruchtbarkeit. In seiner Konstruktion war Dionysos unzerstörbar, das absolute Gegenteil von Jesus „dem Gekreuzigten“, der starb. Der neue Mensch überlebte den modernen Nihilismus mittels lebensbejahender, orgiastischer Ekstase. Nietzsche verglich dieses Erlebnis mit der Macht der Musik, die gleichzeitig erhebend und tragisch sei, wenn sie für einen Augenblick die gegensätzlichen Kräfte versöhnte, die dazu bestimmt waren, „ewig voneinander getrennt“ zu sein.[38] Luthers „Augenblick des Glaubens“ war ähnlich konfliktbeladen gewesen und blieb es auch in seiner musikalischen Verkündung durch Bach.[39] Anders als bei der Ekstase des Nietzscheschen Übermenschen jedoch hinterließ der lutherische Glaube eine unauslöschliche Bekräftigung der Transzendenz, die die Personen, die ewig vereint sein sollten, versöhnte, wenn auch nur für kurze Zeit.

Wie sein Zeitgenosse Bismarck glaubte Nietzsche, daß der militärische und parlamentarische Erfolg Preußens weniger das Resultat von Ideen als das von Blut und Eisen gewesen war.[40] Im zwanzigsten Jahrhundert jedoch spielten Nietzsches eigene Ideen eine nicht unbedeutende Rolle. Seine Werke wurden in den Belgrader Cafés von den Attentätern des österreichischen Erzherzogs Franz Ferdinand diskutiert.[41] Und *Also sprach Zarathustra* trugen zahllose deutsche Soldaten in ihren Tornistern. Im Jahr 1914 wurde eine Sonderausgabe von 150.000 Exemplaren an der Front ausgeteilt, zusammen mit dem *Neuen Testament* und Goethes *Faust* – in dieser Hinsicht das vollständige, polarisierte Spektrum des alten und des neuen Deutschland.[42]

Wenn das neue Evangelium von Zarathustra und Dionysos auch half, deutsche Soldaten in die Schützengräben zu treiben, und sie tröstete, sobald sie sich einmal darin befanden, so tat es nichts, um sie wieder herauszuholen. Deutschlands moderne Kultur ließ die Generation von 1914 ebenso vollständig im Stich, wie es seine Militärmacht tat. Diese Generation, die das Entsetzen über die Niederlage und die Kapitulation, die Reparationszahlungen und die Entbehrungen nicht vergessen konnte, würde sich mit der Zeit auf Übermenschenart rächen.

Das absolute Volk

Dem Streben der hohen Philosophie nach einem neuen Zeitalter schloß sich das Streben der Volkskultur an. Was Hegel den „absoluten Geist“ und Schleiermacher das „allgemeine... Sein alles Endlichen im Unendlichen und durch das Unendliche“ nannte, bezeichneten weniger bedeutende Gelehrte, öffentliche Intellektuelle, Verleger, Journalisten und Propagandisten schlicht als „das Volk“.[43] Während erstere die Ideengeschichte durchstreiften und einflußreiche Gedankenspiele spielten, reagierten letztere spontan auf die Erschütterungen der Kriege, die Umbrüche der industriellen Revolution und die Zudringlichkeiten des neuen deutschen Staates.[44] Aber auch „das Volk" war ein noumenales Wesen, in dem und durch welches jeder individuelle Deutsche zum Jedermann werden konnte.[45]

Der Sieg über Napoleon im Jahr 1813 stillte das starke Verlangen der Deutschen nach Rache für die französische Besetzung und die Plünderung ihrer Länder und löste eine chauvinistische völkische Kultur aus, die entschlossen war, Deutschland zu vereinen und in eine europäische Großmacht zu verwandeln. Dieses Ziel hatte kaum Gestalt angenommen, als der Wiener Kongreß sich darauf einigte, im Nachkriegseuropa den monarchischen Status quo ante wiederherzustellen, ein Restaurationsversuch, der in Deutschland fast ein halbes Jahrhundert lang Proteste und Revolutionen hervorrief.[46]

Unter den ersten Denkern des völkischen Nationalismus waren Ernst Moritz Arndt und Friedrich Ludwig Jahn. Diese Männer, die im Gefolge der Befreiungskriege unter dem Einfluß von Herder und Fichte schrieben, zapften deutsche Wurzeln an, die weit tiefer reichten als jeder politische Staat. Der Bonner Theologieprofessor Arndt schrieb überschwenglich über die Deutschen im Jahr der Niederlage Napoleons. Indem er sie als ein „ursprüngliches Volk" bezeichnete, das seine ethnische Reinheit noch bewahrt habe, beschwor er eine transhistorische deutsche Kultur, um die Treue zum Vaterland zu erwecken. Der lutherische Pietist Jahn, Gründer der nationalen Burschenschaftsbewegung und Schöpfer des modernen Turnens, verband körperliche Fitneß und Nationalismus zu einem ethnischen Evangelium, das bei Studenten Anklang fand.[47]

Eine weitere Übergangsfigur in der deutschen völkischen Bewegung war der Münchner Professor Wilhelm Heinrich Riehl, ein öffentlicher Intellektueller und Journalist, der das „wesentliche" Deutschland in den Heimatstädten und -dörfern jedes deutschen Jugendlichen sah. Riehl, ein Zeitgenosse Richard Wagners, fand in den großen Bayreuther Opern nichts von der Schlichtheit und Wärme, die er mit dem Deutschtum verband, und empfahl an ihrer Stelle deutsche Volkslieder.[48] Riehls Gegenstück zu Hegels Verständnis des „absoluten Geistes" war die emotionale Verwurzelung im „Volk", die dem durchschnittlichen Deutschen ein vergleichbares Selbstwertgefühl und eine vergleichbare Selbsttranszendenz verlieh. Mit dem Hinweis auf ein seiner Meinung nach von allen Deutschen geteiltes ursprüngliches „Deutschtum" spielte er Standes- und Klassenunterschiede als Ursachen sozialer Konflikte oder politischer Spaltung herunter. In Verbindung damit schloß er „dauerhaft ruhelose Menschen", von denen man behauptete, daß sie sich der Integration widersetzten – nämlich ärmere Arbeiter, Wanderarbeiter, Juden und Journalisten –, aus der privilegierten deutschen Gemeinschaft aus.[49]

Als sich die chauvinistische völkische Kultur im Verlauf des Jahrhunderts ausbreitete, reproduzierte sich Riehls Argument. Wenn es ein transzendentales Deutschtum jenseits von Stand und Klasse gab, so gab es auch einen ursprünglichen deutschen Glauben jenseits historischer religiöser Konfessionen.[50] In diesem Glauben war das deutsche Volk selbst der Offenbarer und das Offenbarte, das kollektive deutsche „Volk" als eine letztgültige Realität. Trotz all ihrer offenkundigen Grobschlächtigkeit und Anmaßung war die Idee einer transhistorischen Volksreligion ein folgerichtiger Schritt von der Kantschen und Hegelschen Transformation des Christentums und nicht weit entfernt von Nietzsches Evangelium der ewigen Wiederkehr.

Den eher nüchternen Predigern und Organisatoren wie Arndt, Jahn und Riehl schlossen sich auf der Suche nach einer deutschen Identität einflußreiche Exzentriker und Visionäre an. Ein bemerkenswertes Beispiel war der Jenaer Verleger Eugen Diederichs. Er veranstaltete dionysische Feste, gewandet in Zebrafellhosen und einen türkischen Turban, eine Tracht, die die universale Person anschaulich machte, für die er sich hielt. Er und seine Kollegen führten eine neue Generation von Romantikern an, von denen viele aus der im Jahr 1817 begründeten deutschen Jugendbewegung kamen.[51] Diederichs, der weder engstirnig chauvinistisch noch antisemitisch war, nahm sich die mystischen Lehren Meister Eckharts zum Vorbild für ein religiöses Modell der Menschheit. Neben Eckharts Werken veröffentlichte er zahlreiche fundierte Werke über frühe und mittelalterliche deutsche Kultur, die das transhistorische deutsche Volk dokumentieren und den völkischen Nationalismus organisieren sollten.[52]

Die Suche nach immerwährenden rassisch-ethnischen Wurzeln endete ebenso leicht im Trüben wie im Licht. Während sie Romantiker wie Diederichs und den Schriftsteller Bogumil Goltz zum „Weltbürgertum" brachte, förderte sie auch bigotte Versuche, die Völker der Erde kulturell und biologisch zu charakterisieren und einzustufen.[53] Zu den unheilvolleren Ergebnissen zählte im neunzehnten Jahrhundert die Rassenprofilbildung. In einer gegenüber Utopien und diesseitiger Vollkommenheit weniger leichtgläubigen Kultur hätten solche Phantasien nicht diesen großen Erfolg gehabt. „Zwei Seelen wohnen, ach! in meiner Brust, die eine will sich von der andern trennen" – mit diesen Worten erinnerte Goethe daran, daß auch im neuen Jahrhundert unvermindert Zweideutigkeiten und Konflikte das Menschsein prägen würden.[54] Daß das Vollkommene auf halbem Wege immer auf das Unvollkommene treffen mußte, war ein mit der Fiktion eines „neuen Zeitalters" unbegrenzten menschlichen und gesellschaftlichen Fortschritts schwer in Einklang zu bringendes Axiom.

Deutsche Rassentheoretiker bezogen einen ersten Baustein von Kant, der eine Verbindung zwischen Geographie, rassenspezifischen Charakteristiken und dem, was er die „Lebenskraft" eines Volkes nannte, annahm. Wie für Feuerbach aus der Theologie, wurde für Kant aus der Geographie Anthropologie: an unterschiedlichen Orten gibt es unterschiedliche Rassen, Motivationen und Verhaltensweisen. Dieser moderaten Verknüpfung zwischen Rasse und Kultur fügte der „Rassenkundler" Joseph Arthur Comte de Gobineau, der Nietzsche stark beeinflußte, andere Bestimmungen hinzu: die reineren Rassen überlebten und überwältigten die vermischten und schwindenden Rassen. Ein zweiter rassischer Eckpfeiler war die Entdeckung der sogenannten Arier, eines postulierten indoeuropäischen Volkes, von dem man annahm, daß es aus seiner angestammten Heimat in Zentralindien im Verlauf des zweiten Jahrtausends v. Chr. nach Westen gewandert sei. Aus Studien naturwüchsiger Bauernkulturen schlossen zeitgenössische englische und deutsche Philologen, daß dieses zweifelhafte und möglicherweise erfundene Volk die ursprünglichen Vorfahren der Angelsachsen darstellte.[55]

Als alle diese Teilstücke der Rassentheorie zusammengesetzt wurden, tauchte eine absehbare Frage auf: Welches Volk ist das reinste und stärkste der Welt? Viele Deutsche glaubten, daß es die nordisch-arische Rasse sei, das heißt sie selbst. Richard Wagners Schwiegersohn Houston Stewart Chamberlain, der in der zweiten Hälfte des Jahrhunderts umfassend über dieses Thema schrieb, verwandelte das Haus der Wagner-Familie in Bayreuth in eine Produktionsstätte für derartiges biologisch-rassistisches/nationalistisches Denken. Chamberlain, seit 1916 deutscher Staatsbürger und wohlhabender Sohn eines englischen Admirals, war eine hochrangige Autorität auf dem Gebiet der Rassen der Welt mit besonderem Interesse an der Geschichte deutsch-jüdischer Beziehungen, einem Thema, zu dem er im Jahr 1899 einen Bestseller – *Die Grundlagen des 19. Jahrhunderts* – veröffentlichte. Obwohl er kein primitiver Antisemit war, bezeichnete er die deutschen Juden dennoch als die größten Widersacher arischer Reinheit. Obwohl die Juden eine zahlenmäßig kleine und schwindende Rasse seien, stärke sie ihr frommes Festhalten am alttestamentarischen Gesetz und mache sie für Deutsche zu einer glaubhaften Bedrohung.[56] Anders als Gobineau glaubte Chamberlain, daß reine Rassen nicht natürlich entstehen, sondern „wie Rennpferde und Foxterrier“ gezüchtet werden könnten.[57] Wie unheilvoll solche akademischen Spekulationen waren, bestätigte sich Jahrzehnte später, als Adolf Hitler, damals ein ums Überleben ringender Parteiführer der Nazis, der Chamberlains Bücher gelesen hatte, den alten Mann an seinem Sterbebett aufsuchte und ihm die Hände küßte.[58] Obwohl es sich damals niemand hätte vorstellen können, begann mit diesem Kuß der lange Abstieg des deutschen

Rassismus in die Judenverfolgung und den Völkermord an den Juden.

Alternativen

Im deutschen neunzehnten Jahrhundert gab es keinen Mangel an einflußreichen Menschen mit gegensätzlichen Standpunkten, die die Neuzeitphantasien mit dem Hauptstrom deutscher Vergangenheit konfrontierten. Zwei, die das revolutionäre Feuer nicht scheuten, um ihre Zeitgenossen daran zu erinnern, wer die Deutschen gewesen waren, waren Ludwig van Beethoven und Johann Wolfgang von Goethe, wobei letzterer unbeschadeter aus dem Bemühen hervorging als ersterer.

Zwischen Aufklärung und Utopie: Ludwig van Beethoven

Wie Bach, der die deutsche dualistische Tradition musikalisch im experimentierfreudigen achtzehnten Jahrhundert bewahrte, wuchs Beethoven in einer musikalischen Familie auf, die in Bonn dem Erzbischof und Kurfürsten von Köln diente. Anders als Bachs Familie war diejenige Beethovens zerrüttet. Im späteren Leben versuchte er, ihr gänzlich zu entkommen, indem er wechselweise vorgab, er sei der uneheliche Sohn von Friedrich Wilhelm II. oder von Friedrich dem Großen. Am Bonner Hof geriet der junge Beethoven in den Bann der französischen Aufklärung und von Kants hehrem Evangelium des kategorischen Imperativs. Er nahm diese formenden Einflüsse im Jahr 1792 mit nach Wien, wo sie die bewegende, heroische Musik durchdrangen, die er dort hervorzauberte.[59]

Vor dem anmaßenden Aufstieg General Napoleons vom Ersten Konsul der Republik im Jahr 1799 zum Kaiser der Franzosen im Jahr 1804 bewunderte Beethoven, zusammen mit der großen Mehrheit deutscher und österreichischer

Intellektueller, den französischen General, und er hatte offenbar die Absicht, ihm seine dritte Sinfonie zu widmen. Er zog die Ehrung jedoch zurück, nachdem der neue Kaiser die französische Aufklärung und Revolution durch seine expansive, imperiale Herrschaft verunglimpft hatte. Dennoch blieb Beethoven den Versprechungen einer säkularen, brüderlichen Utopie treu, die zu erfüllen er zumindest mit musikalischer Phantasie anstrebte.[60] Dabei scheint sich seine Selbstwahrnehmung , wie die Napoleons, von einer aufgeklärten hin zu einer für den Moment utopisch-visionären entwickelt zu haben. Diese Schlußfolgerung wird durch die offenbar auf ihn selbst bezogenen Wahlsprüche nahegelegt, die im späteren Leben auf seinem Schreibtisch unter einer Glasscheibe auffällig zur Schau gestellt wurden. Die aus altägyptischen Quellen stammenden und über einen Aufsatz Schillers vermittelten Sprüche lauteten wie folgt:

> „Ich bin, was da ist.
> Ich bin alles, was ist, was war und was sein wird, kein sterblicher Mensch hat meinen Schleier aufgehoben.
> Er ist einzig von ihm selbst, und diesem Einzigen sind alle Dinge ihr Dasein schuldig."[61]

Im ägyptischen Original waren dies Aussagen menschlicher Autonomie und Unabhängigkeit gewesen, wobei die ersten zwei von Frauen, die dritte von einem Mann stammen. Bezogen auf die Kultur Deutschlands im neunzehnten Jahrhundert wurden aus ihnen Ansprüche auf Selbstvergötterung. Im Alten Testament war „Ich bin, der ich bin" Gottes Antwort an Moses, als er nach seinem Namen gefragt wurde (Exodus 3,14). Ähnliche protonietzscheanische Ansprüche waren zuvor vom jungen, damals von der Aufklärung inspirierten Beethoven geäußert worden.[62]

Beethovens Utopismus fand seinen denkwürdigsten Ausdruck in der „Ode an die Freude" aus der neunten Sinfonie, deren Worte dem Text eines von Schiller geschriebenen studentischen Trinkliedes entnommen waren. Als eine Art musikalischer Napoleon, der den ursprünglichen Traum der Revolution erfüllt, schuf Beethoven einen sinfonischen Vorgeschmack auf die elysischen Gefilde, den mythischen Aufenthaltsort der gesegneten Toten. Dort, wie die Ode ergreifend vermittelt, feiert eine vereinte Menschheit einen kurzen Moment lang brüderliche und schwesterliche Harmonie jenseits aller irdischen Widersprüche und Konflikte, eine Vorahnung ewiger Eintracht und ewigen Friedens.[63]

In der nachsichtigen Betrachtung eines Biographen aus dem späten zwanzigsten Jahrhundert wird gesagt, daß sein brüderlicher und schwesterlicher Traum den Utopismus entschuldigt, da ohne den unerreichbaren Traum die Menschen „kein Gegengewicht gegen die bodenlosen Schrecknisse der Zivilisation [besäßen], nichts, was Auschwitz und Vietnam als Paradigma der Humanitätspotentiale entgegenzusetzen wäre."[64]

Mit diesen Worten vollzieht der Utopismus des neunzehnten Jahrhunderts den Sprung in das zwanzigste, wobei die „Neuzeitler" beider Jahrhunderte in Beethovens Ode die Waffe finden, mit der die moderne Tragödie zu besiegen sei. Was den utopischen Traum bei Beethoven vielleicht entschuldbar macht, nicht aber bei Napoleon am Anfang des Jahrhunderts noch bei Nietzsche an dessen Ende, ist Beethovens Einschränkung dieses Traums auf das kurze Erlebnis jubelnden Glaubens, musikalischer Ekstase oder selbstaufopfernder Liebe – Augenblicke, die nicht dauern, die aber auch nicht besiegt werden können. Er hatte keine Illusionen, ob sich solche rettenden Augenblicke in das reale Leben übertragen lassen und das Rätsel der Geschichte lösen würden. In der klassischen deutschen Tradition wurde die Versuchung, ebendieses zu tun, als totalitärer Augenblick angesehen – einer, in dem ein bloßer Mensch sich einbildete, Gott zu sein, wofür Beethoven Napoleon reumütig verurteilte.

Der Glaube, daß Augenblicksgefühle der Eintracht oder Visionen der Vollkommenheit im diesseitigen Alltagsleben überdauern können, ist die Vorstufe zu Nihilismus und Faschismus. Solch ein Glaube läßt ahistorische Phantasien erblühen, die sich niemals jenseits der Idee verwirklichen können. In dem Ausmaß, wie sie unnachgiebig angestrebt werden, zerstören sie zunehmend den Trost, den kostbare Augenblicke der Gnade in der Tat vermitteln können. Historisch haben solche Phantasien Generationen von Zynikern, Misanthropen und gescheiterten Revolutionären hervorgebracht, die nach dem Erhaschen eines flüchtigen Blicks auf das Heil die bedrückenden Jahre unvollkommenen Lebens nicht vergeben können, die noch gelebt werden müssen.

Die einfache Wirklichkeit: Johann Wolfgang von Goethe

Auschwitz und Vietnam sind Realitäten: Eine Welt jenseits aller Widersprüche und Konflikte ist die Sache von Träumen und für jene, die nicht aus ihnen erwachen können, auch von Alpträumen. Kein Deutscher hat den Unterschied zwischen Utopie und Realität sowie die vorhersehbaren Konsequenzen dessen, sich einer der beiden Seiten hinzugeben, besser erklärt als Johann Wolfgang von Goethe. Seine die Zeiten überdauernde Studie des Menschen, der Gott sein wollte – *Faust* –, war die eindrucksvollste Herausforderung des klassischen Deutschland an die stetige Entwicklung des neuzeitliche Denkens und der neuzeitlichen Kultur von Kant bis Nietzsche. Die Vollendung des 1775 begonnenen Werkes beschäftigte Goethe sein Leben lang. Im ersten Teil, im Jahre 1808 veröffentlicht, wurde eine aus dem sechzehnten Jahrhundert stammende Geschichte über einen gelehrten Doktor Faustus wiedererzählt, der für übermenschliches Wissen und übermenschliche Macht seine Seele an den Teufel verkaufte. Der zweite Teil, der vierundzwanzig Jahre später, im Jahr 1832, erschien, begleitete das Leben Fausts bis zu dessen Auflösung in Zeit und Ewigkeit.

Man wird bei der Lektüre von Goethes *Faust* schon bald entdecken, daß dies keine moderne, sondern die bewußte Modernisierung einer mittelalterlichen Geschichte ist, eine Wiederaufnahme der deutschen dualistischen Tradition für ein zeitgenössisches Publikum, das die in seiner Geschichte und Tradition so klar erteilten Lektionen vergessen hatte.[65] Das Werk beginnt mit einem Prolog im Himmel, wo Mephistopheles, der Teufel selbst, der mit Vergnügen die Zwienatur der Menschheit beobachtet, die Güte der Schöpfung Gottes in Frage stellt und die Aufklärung einer direkt aus der Reformation stammenden Kritik unterzieht.

Der kleine Gott der Welt bleibt stets von gleichem Schlag
Und ist so wunderlich als wie am ersten Tag.
Ein wenig besser würd' er leben,
Hättst du ihm nicht den Schein des Himmelslichts gegeben;
Er nennt's Vernunft und braucht's allein,
Nur tierischer als jedes Tier zu sein.[66]

Faust, der einerseits über eine moralisch gefährdete Menschheit bekümmert ist, während er sich andererseits danach sehnt, sich mit würdigen Taten zu den Göttern aufzuschwingen, beschreibt den ewigen Konflikt, der das Menschsein prägt.

Den Göttern gleich' ich nicht! Zu tief ist es gefühlt;
Dem Wurme gleich' ich, der den Staub durchwühlt, [...]
Dies hohe Leben, diese Götterwonne!
Du, erst noch Wurm, und die verdienest du? [...]
Vermesse dich, die Pforten aufzureißen, [...]
Hier ist es Zeit, durch Taten zu beweisen,
Daß Manneswürde nicht der Götterhöhe weicht.[67]

Gott wettet mit Mephistopheles, daß der Mensch, eine ehedem gute Schöpfung, noch immer gut ist, und erlaubt seinem Widersacher, Faust auf die Probe zu stellen. Obwohl Faust aufgrund seiner eigenen gefallenen Natur in einem Leben voller ungelöster moralischer Konflikte gefangen ist, ist Gott zuversichtlich, daß er auf dem rechten Weg bleiben, sich wacker schlagen und die seinem Streben angemessene göttliche Vergebung erhalten werde. Faust weiß allzu gut und bekennt unumwunden, daß er weder ein zufriedener noch ein guter Mensch ist. Seine gelehrten Anstrengungen haben ihn weder der Ewigkeit näher gebracht, noch haben sie ihm Ruhe gegeben. Er sehnt sich danach, tiefer ins Leben einzutauchen und seine Geheimnisse aufzuklären, zu welchem Zweck er „des Teufels Strick" akzeptiert. Mit der Erlaubnis Gottes macht Mephistopheles ebendieses Angebot – sein persönliches Geleit und seine dunkle Macht über das Leben – das Faust, dessen Wille zur Macht auf einem Höhepunkt ist, um den Preis seiner Seele annimmt.[68]

Werd' ich zum Augenblicke sagen:
Verweile doch! du bist so schön!
Dann magst du mich in Fesseln schlagen,
Dann will ich gern zugrunde gehn![69]

Am Ende fand Faust einen sterblichen Augenblick wahren Friedens nicht in irgendeiner persönlichen Verschmelzung mit dem Unendlichen oder im Verlust des Selbst „im großen Einssein" noch in irgend etwas, was für immer bleiben würde. Statt dessen entdeckte er den von ihm gesuchten Frieden in dem selbstlosen Augenblick einer ganz diesseitigen moralischen Handlung. Die ihm von Mephistopheles verliehene Macht nach Kräften ausnutzend, hatte er im Leben eine Stellung errungen, die es ihm erlaubte, zugunsten anderer edelmütig zu handeln, indem er schützende Dämme errichten und Sumpfland um den Besitz seiner Nachbarn herum urbar machen ließ, wobei er aus diesem selbstlosen Wirken in seiner Schlußvision eine ihm zuvor unbekannte persönliche Genugtuung schöpfte:

Das letzte wär' das Höchsterrungene.
Eröffn' ich Räume vielen Millionen,
Nicht sicher zwar, doch tätig-frei zu wohnen.
Grün das Gefilde, fruchtbar; Mensch und Herde
Sogleich behaglich auf der neusten Erde, [...]
Ja! Diesem Sinne bin ich ganz ergeben, [...]
Nur der verdient sich Freiheit wie das Leben,

Der täglich sie erobern muß. [...]
Solch ein Gewimmel möcht' ich sehn,
Auf freiem Grund mit freiem Volke stehn.
Zum Augenblicke dürft' ich sagen:
„Verweile doch, du bist so schön!“[70]

Aufgrund der Bestimmungen ihres Paktes gaben diese abschließenden Worte Mephistopheles das Anrecht auf Fausts Seele. Gott jedoch hob ihre Abmachung auf und sandte Engel, um für den Himmel den Anspruch auf Fausts „unsterblichen Teil“ geltend zu machen.[71] Dies war jedoch kein grandioser utopischer Schluß. Faust hatte den flüchtigen Augenblick lediglich begrüßt; er drängte nicht, um ihn zu erzwingen. Auch wurde aus ihm nicht ein eindeutig guter Mensch oder mehr als nur ein Mensch. Er blieb die mit Makeln behaftete, zwiespältige Person, die er immer gewesen war, nur jetzt ausgestattet mit einem klareren Wissen über sich selbst, das er aus seinem Versagen und den Momenten seines Dienstes für andere gewonnen hatte. Auch war das Geschenk, das er seinen Nachbarn machte, nicht irgend etwas Göttliches. Dennoch hatte Faust das getan, worum Gott mit dem Teufel gewettet hatte: das Wohl anderer über sein eigenes gestellt, und darauf kam es im letzten an.

8

Revolutionärer Konservatismus

Das Zeitalter Bismarcks

Über keine deutsche Führungspersönlichkeit der Neuzeit gehen die Meinungen so sehr auseinander wie über Fürst Otto von Bismarck, in dessen Amtszeit als Ministerpräsident von Preußen und als deutscher Reichskanzler von 1862 bis 1890 Deutschland zum ersten Mal in seiner Geschichte eine geeinte Nation wurde. Je nach Autor, den man liest, soll Bismarck entweder Deutschlands politische Modernisierung blockiert oder aber eingeleitet haben. Eine Gruppe von Historikern sieht die neue Zeit der Wissenschaft, der Industrie, der Demokratie und der parlamentarischen Regierung einfach an ihm vorbeigehen. Für eine andere war er das bewußte Werkzeug der „unsichtbaren Macht", die Deutschland trotz unangenehmer Kompromisse vorwärtsbrachte, und zwar weiter, als es die Fähigkeit der „wahren Parteigänger der Zukunft" vermochte.[1] Hat dieser mittelmäßige Schüler und gescheiterte Beamte Ordnung und Freiheit erfolgreicher im Gleichgewicht halten können als die Elite-Akademiker und akademischen Beamten, aus denen sich die Frankfurter Nationalversammlung zusammensetzte? Oder war seine Kanzlerschaft die bis dahin verhängnisvollste Niederlage des modernen deutschen nationalen Staatswesens?

Der zukünftige Graf und Fürst wuchs in einem konfliktbeladenen Elternhaus auf, in dem unübersehbar beide Eltern den Sproß formten. Seine weltgewandte, ehrgeizige Mutter lenkte ihn in Richtung einer Karriere in der Regierung, indem sie ihn in den besten Berliner Schulen einschrieb, während sein eher zurückhaltender Vater ihn in das ländliche Leben als pommerscher Junker einführte. Nachdem er sich durch die Schulen und durch eine kurze, unglückliche Karriere im öffentlichen Dienst gekämpft hatte, kehrte er in die väterliche Welt zurück, um Trost und neue Orientierung zu finden.[2] Er würde jedoch weiterhin in beiden Welten beheimatet bleiben, und das auf zunehmend höheren Ebenen des Einflusses und der Macht.

Religion und Politik

Mit sechzehn Jahren von Pastor Friedrich Schleiermacher konfirmiert, ließ sich Bismarck in seinen frühen Zwanzigerjahren spirituell treiben, wobei er in der kurzzeitigen Begegnung mit den Werken Shakespeares, Heines und der Junghegelianer eher düsteren Trost fand. Pommersche Pietisten öffneten ihm die Tür zu einem neuen Leben, indem sie ihn mit Johanna von Puttkamer, der Tochter eines pommerschen Gutsherrn, bekannt machten, die er im Jahr 1847 heiratete.[3] Während Bismarck ihr den Hof machte, erlebte er eine religiöse Bekehrung, die seinen Glauben an historische, den Willen eines Individuums übersteigende Kräfte vertiefte, was von da an ein elementarer Grundsatz seiner politischen Philosophie war.

Im späteren Leben trug er einen Kalender mit Bibelversen und begleitenden Kommentaren von Luther bei sich, und oft beschrieb er aphoristisch den lutherisch-pietistischen Glauben so, daß der Dienst am Mitmenschen nur über den Weg des selbstlosen religiösen Glaubens möglich sei. Dieses Erbe beeinflußte auch seine Ablehnung des aufklärerischen Glaubens an die Macht der Vernunft, die Menschheit zu vervollkommnen, ein weiterer klassischer deutscher Grundsatz, den er mit Goethe teilte. Im Juni 1847 verteidigte der junge, provinzielle Bismarck den deutschen „christlichen" Staat und bekämpfte die politische Emanzipation der Juden. Obwohl er für sich in Anspruch nahm, kein Feind der Juden zu sein, und bekannte, „sie vielleicht sogar zu lieben", äußerte er die Besorgnis, daß ihre vorrangige Treue immer einer nonkonformistischen religiösen Nation gelten werde,[4] ähnlich wie die der ultramontanen Katholiken, mit denen Bismarck in den siebziger Jahren einen erbitterten Kampf führte.

Zu dieser Zeit waren die Juden keine glaubhaftere Bedrohung für den deutschen Staat und für das Christentum, als sie es im sechzehnten Jahrhundert gewesen waren. Um 1870 stellten Juden nur 1,25 Prozent (etwa fünfhunderttausend Personen) der deutschen Bevölkerung, die ansonsten christlich war, zwei Drittel davon protestantisch, wenn man Österreich ausnimmt.[5] Aber ähnlich wie die unbedeutende Anzahl der zur Zeit Luthers lebenden Anabaptisten erregten die Juden die große Mehrheit der Gesellschaft der Bismarckära in weit größerem Maße, als ihr zahlenmäßiges Gewicht erwarten ließ. Im sechzehnten Jahrhundert weckte eine plötzliche beträchtliche Zuwanderung von Anabaptisten in deutsche Städte, am auffälligsten in Münster in Westfalen, Argwohn und löste Verfolgungen aus.[6] In der zweiten Hälfte des neunzehnten Jahrhunderts riefen überproportionale Präsenz und überdurchschnittlicher Einfluß der jüdischen Minderheit Mißgunst und Repressionen hervor. Gebildete Juden besetzten freie Stellen an Schulen und Universitäten in weit höherem Maße, als es ihrem Anteil an der Gesellschaft entsprach. Ihre Bedeutung im Bankenwesen, in den akademischen Berufen, in Wirtschaft und Handel, im Zeitungswesen und in den linksliberalen Parteien war ebenso überdurchschnittlich.[7] Deutsche Christen nahmen eine Elite wahr, die hinreichend mit Macht und Einfluß ausgestattet war, um eine bedrohliche neue Zukunft einzuleiten, womit aus dem Juden, in den Worten des Harvard-Historikers David Blackbourn, ein „perfektes Symbol für das verstörend Moderne" gemacht wurde. Unter solchen Umständen wurde der Begriff „Antisemitismus" geprägt.[8]

Im Gegensatz zum Wunsch des jungen Bismarck wurden Juden in den deutschen Staaten im Verlauf der sechziger Jahre in zunehmendem Maße umfassend rechtlich und staatsbürgerlich gleichgestellt. Politisch vorbereitet worden war diese Entwicklung von der zum Teil philosemitischen Frankfurter Nationalversammlung.[9] Im Jahr 1869 erkannte der Norddeutsche Bund die Gleichberechtigung aller deutschen Staatsbürger an, „unabhängig vom religiösen Bekenntnis."

Obwohl seit langer Zeit öffentlicher Dienst, militärische Offiziersränge und Konfessionsschulen christliche Domänen waren, wurde diese Anerkennung im Jahr 1871 in ein Reichsgesetz umgewandelt.[10] Während Bismarck zwanzig Jahre zuvor geglaubt hatte, daß Juden im öffentlichen Dienst einen christlichen Staat „herabsetzen" würden, verkündete er als neuer Kanzler ihre politische Emanzipation. Auch lobte er die Gewandtheit der Juden in der Staatskunst, wie er im Verlauf eines Jahrzehnts der Zusammenarbeit mit der Nationalliberalen Partei feststellte.[11] In privaten Gesprächen empfahl er gemischtreligiöse Ehen und lobte jüdisch-christliche Nachkommenschaft als etwas Besonderes – insbesondere, wenn der Mann christlich und die Frau jüdisch war.[12]

Auch in einer anderen entscheidenden Angelegenheit wies das ältere Deutschland Bismarck in seinen prägenden Jahren den Weg, wobei sich seine traditionellen religiösen Überzeugungen mit klassischen politischen Haltungen verbanden. Im Mai 1847, inmitten eines zur Revolution von 1848 anschwellenden Stroms von Protesten, sprach Bismarck, der damals zweiunddreißig Jahre alt war und aus eigenem Entschluß eine Karriere im öffentlichen Dienst aufgegeben hatte, als neues, konservatives Mitglied der Junker im preußischen Landtag. In einer vorbereiteten Erklärung widersprach er dem Argument, daß Deutschland nach 1813 seine Einheit und seinen Fortschritt den liberalen Reformen verdankte, die damals von den deutschen Revolutionären mit Nachdruck gefordert wurden. Nicht Sozialphilosophie oder politische Propaganda, sondern „Mißhandlung und Demütigung" durch die Franzosen – unerwartete und unkontrollierbare intuitive historische Kräfte – hätten Einheitsbestrebungen und Fortschritt in Deutschland ausgelöst.[13]

Die Naivität eines solchen Glaubens wurde später in einem Brief an seine Frau nach der französischen Kapitulation bei Sedan im Jahr 1870 offenbar. An diesem Tag hatte Bismarck den gefangengenommenen Kaiser Napoleon III. besucht, der ihn bat, ein Treffen mit dem preußischen König zu vermitteln. „Unsere Unterhaltung war schwierig", schrieb er an Johanna, „wenn ich nicht Dinge berühren wollte, die den von Gottes gewaltiger Hand Niedergeworfnen schmerzlich berühren mußten."[14] Bismarck glaubte nicht, daß es im nationalen Interesse Deutschlands war, dessen Siege oder Niederlagen als ewige Schlüssel zur Geschichte zu betrachten. Beides wurde den Deutschen – oder ihren Gegnern – von einer nicht vorhersehbaren Fügung auferlegt. Somit war eine Nation am besten beraten, wachsam gegenüber dem zu sein, was die Geschichte noch für sie bereithielt, weshalb Eiferer, die in den Jahren vor der Revolution von 1848/49 die öffentliche Ordnung bedrohten, von Bismarck heftig verurteilt wurden.

Nach jener Revolution vergaß er nie, daß die liberalen Gesetzgeber der Frankfurter Nationalversammlung trotz all ihrer Ideale und allen Philosophierens die deutsche Spaltung vertieften und die österreichisch-preußische Konkurrenz um die Führerschaft in Deutschland verschärften. Als Berlins Gesandter zum Bundestag in Frankfurt im Jahr 1851 hatte er die neue internationale Herausforderung beobachtet. Dort bemerkte er provokativ und prophetisch, daß Deutschland für Österreich *und* Preußen nicht groß genug sei. Zu jener Zeit war Österreich bei weitem größer und mächtiger und versuchte, sich in die preußisch geführte Zollunion hineinzudrängen.[15]

Ministerpräsident und Kanzler

Trotz der Aufhebung der Verfassung der Frankfurter Nationalversammlung durch Friedrich Wilhelm IV. und des sorgfältigen Zurechtstutzens seiner eigenen Verfassung bestanden in den deutschen Staaten weiterhin parlamentarische Regierungen neben Monarchien. Auch das industrielle und wirtschaftliche Wachstum trieb die Modernisierung ungeachtet der politischen Gezeiten weiter an. Im Jahr 1862 ernannte der neue preußische König Wilhelm I. Bismarck zum Ministerpräsidenten, nachdem er in ihm einen

„untrüglichen Instinkt für das politisch Machbare" erkannt hatte. Als Wilhelm im Jahr 1871 Kaiser wurde, wurde Bismarck sein Reichskanzler, eine Position, die er neunzehn Jahre lang mit außerordentlichen Machtbefugnissen innehaben sollte, länger als jeder andere deutsche Kanzler.[16]

Vom ersten Jahr seiner Herrschaft an hatte Wilhelm einen solchen Mann sehr nötig. Seit den späten fünfziger Jahren drohte aufgrund von Meinungsverschiedenheiten mit dem Parlament, besonders in bezug auf die Kontrolle des Militärbudgets, eine Verfassungskrise. Um das Jahr 1860 waren Mannschaftsstärke und Gefechtsbereitschaft der Preußen hinter die der großen Rivalen Frankreich und Österreich zurückgefallen. Zum Leidwesen eines auf Ausweitung seiner Armee erpichten Königs kontrollierte eine liberale Mehrheit das Parlament und überwachte, wie es die Verfassung vorschrieb, eifersüchtig den Militärhaushalt. Weil solchen Haushalten auf vorläufiger Basis zugestimmt wurde, konnte der König das Militär nicht einseitig von sich aus stärken, wobei jedoch Parlamentsmitglieder zutreffend argwöhnten, daß er und sein Ministerpräsident dies heimlich taten.

Nach der Wahl vom Mai 1862 entwickelte sich die Angelegenheit wegen der gewachsenen Zahl von Abgeordneten der linksliberalen Fortschrittspartei zur Krise. Wilhelm, der entschlossen war, seinen Willen durchzusetzen, drohte damit, seine parlamentarischen Gegner zu unterdrücken oder selbst auf den Thron zu verzichten.[17] Bismarcks Kabinett, ein perfekter Keil zwischen dem König und seinen parlamentarischen Feinden, bewahrte ihn davor, diese beiden Drohungen wahr zu machen. Beide Seiten fürchteten Bismarck – die Liberalen, weil sie in ihm die tote Hand der Vergangenheit zu sehen glaubten, der König, weil er wußte, daß sein Ministerpräsident unter den gegenwärtigen Umständen der Mächtigere war.

Trotz seiner prinzipienfesten Verwurzelung im alten Deutschland versprach Bismarck einen verfassungsmäßigen Mittelweg – etwas, was er guten Gewissens tun konnte, weil er eine Realität akzeptiert hatte, die Wilhelm und andere

Monarchen der Restauration nicht anerkennen konnten: die Französische Revolution hatte die Welt verändert, und parlamentarische Regierungen sollten langfristig zum Bild Deutschlands und anderer europäischer Staaten gehören. Zu dieser Erkenntnis paßte auch Bismarcks Fähigkeit, entgegengesetzte Kräfte in ein Gleichgewicht zu bringen – in diesem Fall föderalistische und zentristische Kräfte in den Gemeinwesen, den Staaten und später im Reich.[18]

In der entscheidenden Angelegenheit, der preußischen Armee, enttäuschte Bismarck seinen König nicht. Jahrelang fand er Wege, oft verschlungene und in mindestens einem Fall verfassungswidrige, die Armee in dem Umfang zu finanzieren, wie es die Regierung für erforderlich hielt.[19] Nachdem Bismarck im Jahr 1867 dem Parlament das Recht eingeräumt hatte, nach 1871 den Militärhaushalt jährlich festzulegen, stimmte es im Zieljahr zu, dieses Budget nur alle sieben Jahre einer Revision zu unterziehen. Mit dieser bemerkenswerten Wendung wurde die parlamentarische Opposition mit einbezogen, während die Regierung die Freiheit erhielt, die preußische Militärmacht ganz nach ihrem Zeitplan aufzubauen.[20]

Als der Ausbau der Streitkräfte gewährleistet war, hatte Bismarck freie Hand, sein Hauptziel zu verfolgen: einen vereinten deutschen Bundesstaat unter preußischer Führung. Bei der Verfolgung dieses Ziels mußte er mit Österreich rechnen, das immer noch der Konkurrent in der deutschsprachigen Welt war. Nachdem Österreich im Jahr 1859 eine schmachvolle Niederlage gegen die Italiener erlitten hatte, war es in den frühen sechziger Jahren zu einer verblassenden internationalen Macht geworden.[21] Dennoch bestand Bismarck diplomatisch auf einer gemeinsamen österreichisch-preußischen Führung der deutschen Konföderation. Auch griff er die Idee eines neuen Bundesparlaments bereitwillig auf in der Hoffnung, die Demokratiebewegung nach 1848 sowohl zu beschwichtigen als auch ihre Unterstützung zu gewinnen. In der Mitte der sechziger Jahre hatten diese Zugeständnisse Preußen in eine Position manövriert, von der aus es Deutschland, in Bismarcks Worten vom September 1862, durch „Blut und Eisen" vereinigen konnte.[22]

Sehr hilfreich war für ihn dabei die Einverleibung der nördlichsten Herzogtümer Schleswig und Holstein durch Dänemark. In beiden gab es eine deutschsprachige Bevölkerung, in Holstein, das Mitglied des Deutschen Bundes war, war sie in der Mehrheit. In Erwartung einer österreichisch-preußischen Invasion im folgenden Jahr wurde Holstein mit breiter Unterstützung aus der gesamten deutschen Bevölkerung von hannoverschen und sächsischen Soldaten besetzt. Das deutlich unterlegene Dänemark mußte im Oktober 1864 beide Herzogtümer an Österreich und Preußen abtreten. Im darauffolgenden Jahr wurden sie mit dem Vertrag von Gastein unter gemeinsame österreichisch-preußische Verwaltung gestellt, obwohl Österreich Holstein besetzt hielt und Preußen Schleswig.[23] Da sich beide Herzogtümer im geographischen Hinterhof Preußens befanden, war es logisch, daß sie letzten Endes von den Preußen verwaltet werden würden. Das in finanziellen Schwierigkeiten befindliche Österreich war bereit, dies im Tausch gegen Gebiete des preußisch okkupierten Schlesien an seiner nordöstlichen Grenze zuzugestehen. Schlesien jedoch war von Preußen im Jahrhundert zuvor unter großen Schwierigkeiten erkämpft worden, was allerdings nicht der Hauptgrund für Bismarcks Weigerung war, es herzugeben. Da er schon lange der Überzeugung gewesen war, daß die beiden Mächte nie gütlich in einem Großdeutschland zusammenleben könnten, verwarf er den Gasteiner Vertrag, zog sich aus dem Deutschen Bund zurück und ließ preußische Truppen in Holstein einmarschieren.[24]

Österreich mobilisierte aus gleichgesinnten Ländern des Bundes eine Armee, um seine neuen Besitztümer zurückzugewinnen und eine Präsenz im Norden zu erhalten, ein Versuch, der letztlich scheiterte. Die entscheidende Kraftprobe zwischen Habsburg und Hohenzollern fand im Jahr 1866 auf dem Schlachtfeld bei Königgrätz in Böhmen statt. In der größten Einzelschlacht des neunzehnten Jahrhunderts schlug Preußen die verbündete österreichisch-sächsische

Armee vernichtend. Mit dem Prager Frieden vom August 1866 schied Österreich, fortan die neue Monarchie Österreich-Ungarn, aus dem deutschen Staatenverband aus, und der Deutsche Bund wurde aufgelöst. An seine Stelle trat 1866/67 der neugeschaffene Norddeutsche Bund. Er umfaßte 22 Staaten nördlich des Mains unter Führung „Großpreußens", das inzwischen die im Krieg mit Österreich verbündeten Staaten Schleswig-Holstein, Hannover, Kurhessen, Nassau und Frankfurt annektiert hatte. – eine eindrucksvolle Union östlicher und rheinischer Länder.[25]

Während mit der Niederlage Österreichs ein großes Hindernis für ein neues Deutsches Reich aus dem Weg geräumt war, wurde ein anderes, höheres, in Preußens Weg gelegt. Historisch war Frankreich derjenige Staat, der auf Veränderungen in Deutschland in der Größenordnung von Königgrätz am empfindlichsten reagierte. Nunmehr der Schwächere von beiden, hatte Frankreich allen Grund, wachsam zu sein, und machte in Erwartung einer Expansion der Hohenzollern mobil.

Am Ende führte eine relativ harmlose Entwicklung dazu, daß sich die beiden Kontrahenten im Deutsch-Französischen Krieg von 1870/71 auf dem Schlachtfeld trafen. Ein Verwandter König Wilhelms, Leopold von Hohenzollern-Sigmaringen, war ersucht worden, den spanischen Thron zu besteigen. Da die Franzosen sich selbst zukünftig in einer deutschen Zange sahen, beschwerten sie sich lautstark beim preußischen König, der anfangs dazu neigte, Leopold von dem Vorhaben abzuraten. Die Franzosen verlangten jedoch eine verbindliche Zusage Hohenzollerns, *niemals* den spanischen Thron zu besteigen, ein Ansinnen, das der preußische König nicht versprechen konnte.

Die Depesche, die über eine Unterredung des preußischen Königs mit dem französischen Botschafter Benedetti informierte, in der Wilhelm die Forderung der französischen Regierung zurückwies – als Emser Depesche bekannt –, fiel gerade im rechten Moment in Bismarcks Hände. Bismarcks Gedanken kreisten damals vor allem darum, Deutschland über einen Krieg mit Frankreich zu vereinen, und einen

Hohenzollern auf den spanischen Thron zu setzen schien ihm eine nützliche Herausforderung gegenüber den Franzosen zu sein. Die Depesche gab ihm noch eine weitere Gelegenheit, die Franzosen zu provozieren. Bevor er sie veröffentlichen ließ, spitzte er sie durch geschickte Kürzungen zu und trieb so die Beleidigung des französischen Stolzes auf die Spitze, womit er für einen Krieg sorgte, von dem er zutreffend annahm, daß die Franzosen ihm weder ausweichen noch ihn gewinnen könnten.[26]

Sechs Tage später, am 19. Juli 1870, erklärte Frankreich Preußen den Krieg, und vier Monate später, nachdem deutsche Armeen Paris belagert hatten, ergaben sich die französischen Streitkräfte bei Sedan und Metz. In der endgültigen Friedensregelung wurden das Elsaß und Lothringen den Deutschen zugesprochen und Frankreich mit Reparationszahlungen in Höhe von fünf Milliarden Francs belastet – für die Deutschen, die sich an die französischen Plünderungen ihres Landes in vorherigen Kriegen und Okkupationen erinnerten, ein angemessener Schadenersatz. Obwohl die Franzosen ihre Kriegsschuld innerhalb weniger Jahre abbezahlten, war sie nicht so bald vergessen, womit sichergestellt war, daß zukünftige Kriege und Reparationszahlungen wie ein Damoklesschwert über beiden Ländern hängen sollten.[27]

Europa durchgerüttelt

In den siebziger Jahren, nach den Siegen Preußens über Dänemark, Österreich und Frankreich, erglühte der deutsche Nationalismus, und bereits 1871 wurde nach dem Beitritt der süddeutschen Staaten der Norddeutsche Bund zum Deutschen Reich unter Führung Preußens. Was die europäischen Großmächte am meisten gefürchtet hatten, schien nun zu geschehen: Deutschland war vereint und stark genug, seinen Willen in ganz Europa durchzusetzen. Mit Benjamin Disraelis treffenden Worten war die deutsche Revolution von oben „ein größeres politisches Ereignis" als die französische von unten, eine Bemerkung, deren Wahrheit sich insbesondere in bezug auf die Fähigkeit Deutschlands erwies, die Staaten Europas neu zu ordnen.[28]

Mit seinem neuen politischen und militärischen Erfolg wurde Deutschland auch mit seiner eigenen größten Befürchtung konfrontiert: der Formierung ihm feindlich gesinnter Großmachtkoalitionen. Was der deutschen Führung den Schlaf raubte, war das Gespenst einer österreichisch-russisch-britischen oder einer österreichisch-russisch-französischen Allianz, wobei sich aus beiden ein nicht zu beherrschender Dreifrontenkrieg ergeben konnte. Die Hauptziele der deutschen Außenpolitik im Verlauf der siebziger Jahre waren daher die Eindämmung Rußlands und die Isolierung Frankreichs.[29]

Im April 1871 wurde die Verfassung des Norddeutschen Bundes mit kleinen Änderungen in diejenige des neuen, vereinten Deutschen Reiches umgewandelt.[30] Aus historischer Perspektive betrachtet war sie eine für die damalige Zeit gute Verfassung, da sie versuchte, die monarchisch-exekutiv-autoritären Elemente mit den föderativ-legislativ-demokratischen ins Gleichgewicht zu bringen. Die Regierung wurde durch einen Bundesrat aus 58 Vertretern der 25 Bundesstaaten und einen frei gewählten Reichstag mit 382 Abgeordneten kontrolliert. Letzterer ermöglichte eine Abstimmung über den Willen der Nation unabhängig von der Elitenführerschaft der Mitgliedsstaaten, und Gesetze mußten beide Häuser passieren, bevor sie in Kraft gesetzt werden konnten. Die Fürsten hatten jedoch weiterhin die Oberhand, und Preußen hatte aufgrund der Tatsache, daß es mit der Zahl seiner Stimmen ohne Unterstützung anderer ein Veto einlegen konnte, beträchtlichen Einfluß, aber repräsentative Stimmen aus der gesamten neuen Nation hatten auch ein Mitspracherecht.[31]

Auf Drängen Bismarcks nahm König Wilhelm, der zuvor Präsident des Norddeutschen Bundes war, im Januar 1871 im Schloß von Versailles den Titel eines deutschen Kaisers an. Während für Bismarck dieser Titel in erster Linie ein Integrationssymbol für das neuerstehende Reich war, befürchtete Wilhelm, daß mit seinem neuen Titel die Leistungen Preußens und der Hohenzollern hinter das Deutsche zurücktreten würden. Diese tiefe Befürchtung war ein Beweis für die fortdauernde Bedeutung der individuellen deutschen Staaten und Dynastien, aus denen sich das kaiserliche Deutschland zusammensetzte. Anders jedoch als die Kaiserkrone der Frankfurter Nationalversammlung, die so grob von Wilhelms älterem Bruder, König Friedrich Wilhelm IV., abgewiesen worden war, nahm Wilhelm die seine in Versailles aus den Händen der Könige und Fürsten des Reiches entgegen, nicht von bloßen Parlamentsabgeordneten. Mit der Ernennung zum ersten deutschen Kanzler erhielt auch Bismarck in Versailles einen Reichstitel. Durch diese zeremonielle Umwandlung des Norddeutschen Bundes in ein Reich gewann sein „Kleindeutschland" das historisch attraktive Erscheinungsbild eines älteren und umfassenderen Herrschaftsgebietes.[32]

Wurde das neue kaiserliche Deutschland von Historikern früher als engstirnig, affektiert und illiberal abgetan – letzteres ein Bezug auf Bismarcks Unerbittlichkeit –,[33] sind in jüngerer Zeit die Chancen anerkannt worden, die es eröffnete. Selbst für Bismarck war das neue Reich immer in Entwicklung begriffen, nie eine aus Stein gefügte Nation. Getreu seiner Geschichtsphilosophie, die Führer und Staaten lediglich als Werkzeuge größerer Fügungen und kollektiver menschlicher Kräfte betrachtete, sah er im neuen Reich eine Schöpfung des Volkes einschließlich der liberalen Abgeordneten und nicht das Werk eines Königs oder eines Kanzlers.

Trotz des preußischen Charakters der neuen Verfassung waren die zeitgenössischen Liberalen ihr gegenüber so positiv eingestellt, wie man nur erwarten konnte. Nicht wenige rechneten es Bismarck als Verdienst hoch an, das erreicht zu haben, was der Revolution von 1848 mißlang: ein Regierungssystem sowohl mit starker Exekutive als auch einem starken repräsentativen Parlament. Wenn Bismarck, wie sie meinten, der Armee zu viel Unabhängigkeit gab, so gab er ihr auch die für die Zeit nötige Effektivität und machte sie dadurch stark genug, um das politische Überleben und die Entwicklung der neuen Nation zu sichern. Die Zuneigung der Liberalen zu Bismarcks Politik und ihre Abneigung gegen sie zwischen den Triumphen von 1866 und 1871 wurden einprägsam von dem zeitgenössischen Schriftsteller, Publizisten und Philosophen Rudolf Haym zusammengefaßt:

> „Er ist mir – ich denke namentlich an das allgemeine gleiche Stimmrecht– bald im Liberalismus zu weit gegangen, bald wieder hat er bedenkliche Neigungen und Sympathien zum Konservativen, bald endlich unterstützt er eine Interessenpolitik, welche ... die edleren Motive des Anteils am Staatsleben mißachtet und verwirrend, ja korrumpierend wirken muß. Allein dem allen gegenüber sage ich mir, daß in seinem Kopf wie in keinem zweiten die Idee, das junge Reich lebensfähig, dauerhaft und widerstandsfähig zu machen, lebendig ist ... Alle seine Wendungen und Inkonsequenzen erklären sich aus der Gewalt, welche die Idee über ihn besitzt.“[34]

Daß der vorherrschende Einfluß Preußens (sein König, sein Ministerpräsident und seine Armee bildeten jetzt den Kern des Deutschen Reiches) nicht erdrückend war, wird durch die unabhängigen Regierungen und Armeen bezeugt, die weiterhin in den über zwanzig anderen deutschen Staaten existierten.[35] Bei aller exekutiven Autorität Bismarcks, insbesondere in außenpolitischen Angelegenheiten, mußte er seinen Willen innerhalb definierter verfassungsmäßiger Grenzen durchsetzen. Der Kaiser und die Armee handelten unabhängig von ihm, und kein Gesetz passierte das Parlament ohne Mehrheitsvotum aller Abgeordneten.

In den siebziger Jahren war das eine Mehrheit liberaler Stimmen, da Liberale verschiedener Couleur bis zu drei von vier parlamentarischen Sitzen einnahmen. Trotz ihrer erfolgreichen, auf Stimmengewinn gerichteten Rhetorik glaubte Bismarck, daß das wahre Ziel der Nationalliberalen und der Fortschrittspartei ein interventionistischer Staat sei – eine konservative Version desjenigen Ziels, das zu verfolgen sie ihm vorwarfen.[36] Obwohl er heftig auf die Opposition einschlagen konnte und die Sozialdemokraten dabei als „Staatsfeinde“ brandmarkte, hielt er im ersten Jahrzehnt als Reichskanzler öfter seine Zunge im Zaum und schmeichelte den mächtigen Männern, mit denen er Meinungsverschiedenheiten hatte. Sein heutiger Ruf als vollendeter Machiavellist, der den Liberalen spielte, wenn die herrschenden Parteienkoalitionen es erforderten, und der aus tiefstem Herzen kommende konservative Rache nahm, sobald die Umstände es erlaubten, übersieht, daß er eine Neigung zur pragmatischen Gesetzgebung hatte und daß er den Spatz in der Hand der Taube auf dem Dach vorzog.

Die Kirche in der Defensive

Mit der Schaffung eines neuen Deutschen Reiches auf der Grundlage Preußens machte Bismarck die Reichsträume vieler frommer Katholiken zunichte, die sich ein größeres Deutsches Reich unter der Führung Österreichs vorstellten. Die gleichen Feinde hegten auch einen Groll gegen eine modernistische protestantische Kultur, die auf die französische Besatzungszeit zurückging, als im Rheinland Kirchenland konfisziert und kirchliche Autorität abgeschwächt worden war. Diese Kultur erkannte einen Gott allein „in den Grenzen der Vernunft“ (Kant) an oder einen Gott, der eine Projektion des Selbst war – heilsam nach Auffassung einiger (Feuerbach); schädlich nach Auffassung anderer (Marx); und in einer krassen Darstellung unlängst verstorben (Nietzsche).[37]

Die Antwort der katholischen Kirche auf den Modernismus war im neunzehnten Jahrhundert dieselbe, wie sie es im sechzehnten Jahrhundert gewesen war: eine Flucht *ultra montes*, über die Alpen, zur Autorität des Papstes nach Rom. In den siebziger Jahren des neunzehnten Jahrhunderts schien nur die päpstliche Autorität eine sichere Zuflucht vor der Lawine des Modernismus zu sein. Der Ultramontanismus war erstmals im achtzehnten Jahrhundert von den Jesuiten beschworen worden und hatte in Deutschland nach der napoleonischen Revolution eine Wiederbelebung erfahren, gefördert von einem Papsttum, das seine spirituelle Mission schon beim kleinsten Kompromiß mit der neuen säkularen Welt gefährdet sah. Einige katholische Kleriker und Laien wünschten sich jedoch ein moderneres und aufgeklärteres Christentum und waren von der Idee der Messe in der Landessprache und einer weniger richtenden und zermoniellen Seelsorge angetan.[38]

Diese neue Krise der Kirche veranlaßte die Päpste, ihre Autorität mittels fraglicher neuer Dogmen zu bekräftigen und freigewordene Stellen in Deutsachland mit ultramontanen Klerikern zu besetzen. Im Jahr 1854 verkündete Pius IX. die unbefleckte Empfängnis der Jungfrau Maria. Diese Doktrin tat für die Kirche des neunzehnten Jahrhunderts das, was die Doktrinen der eucharistischen Wandlung und der Absolution nach Buße für die des Mittelalters getan hatte – sie konfrontierte Laien und Herrscher mit der außerordentlichen transzendentalen Macht des Papstes über dieses und das nächste Leben. Pius' Enzyklika *Syllabus Errorum* aus dem Jahr 1864, mit der sich die Kirche von „dem Fortschritt, dem Liberalismus und der modernen Zivilisation" des Staates distanzierte, schockierte Liberale und Konservative wegen ihrer Verurteilung einer Reihe von Errungenschaften, auf die die säkulare Welt besonders stolz war: Trennung von Kirche und Staat, konfessionslose Schulen, religiöser Pluralismus und religiöse Toleranz. Ein letzter Schlag kam mit dem päpstlichen Unfehlbarkeitsanspruch im Jahr 1870. Mit dieser Doktrin, die an die Bulle *Unam Sanctam* von Papst Bonifatius VIII. aus dem Jahr 1302 erinnerte, erhob Pius einen verzweifelten Protest gegen die säkulare Expansion Frankreichs auf Kosten der Kirche, indem er erklärte, daß Könige als christliche Laien den Päpsten in allen Angelegenheiten des Glaubens und der Moral untergeordnet und unterworfen seien.[39]

Im Verlauf des darauffolgenden „Kulturkampfes", wie der namhafte Pathologe und Abgeordnete der Fortschrittspartei Rudolf Virchow den Konflikt nannte, glaubten sowohl die Kirche wie der Staat, daß ihr Überleben als Institution auf dem Spiel stand.[40] Für die Nationalliberale Partei waren die vom Papst geäußerten Ansprüche und Verurteilungen ein Angriff auf die noch junge Demokratiebewegung, während Bismarck meinte, daß sie die römische Kurie lediglich als einen weiteren räuberischen ausländischen Staat entlarvten. Er wies die vom Vorsitzenden der Zentrumspartei Ludwig Windthorst vorgetragenen Sonderwünsche für Katholiken mit bittersüßem Humor zurück, wobei er einmal erklärte: „Mein Leben erhalten und verschönen zwei Dinge, meine Frau und – Windthorst, die eine ist für die Liebe da, der andere für den Haß." Bismarck beschwor die Trennung von Kirche und Staat und hielt es für das beste, wenn Religion und Theologie so weit wie möglich aus dem Parlament herausgehalten würden.[41]

Deutsche Katholiken, die den *Syllabus* und die päpstliche Unfehlbarkeit unterstützten, wurden als Bindestrich-Deutsche behandelt, von denen man annahm, daß deren primäre Loyalität nicht dem neuen deutschen Staat, sondern einer bedrohlichen fremden Macht in Rom galt. Aus ähnlichen Gründen kritisierte Bismarck opponierende Konservative der Zentrumspartei und sozialdemokratische Liberale als „Staatsfeinde", wobei er ihnen eine stärkere Bindung zu politischer Ideologie als zur neuen deutschen Verfassung unterstellte.[42]

Mit seiner Weigerung, „nach Canossa zu gehen", stellte sich Bismarck an die Seite der modernen Kritiker, die die historische Zusammenarbeit des deutschen Staates und der Kirche ablehnten. Diese Zusammenarbeit, die seit der Reformation bestand, hatte eine politisch fest geschlossene bürokratische Staatskirche geschaffen, die das Tun und Lassen beider beschleunigte wie auch bremste. Im Verlauf des Kulturkampfes beschränkte die Regierung das Wirken der christlichen Kirchen auf eine strikt moralisch-sakramental-spirituelle Sphäre, wobei der Klerus aus öffentlichen

Schulen entfernt und konfessionsgebundene politische Lobbyverbände verboten wurden. Ein neues Ministerium für Religionsangelegenheiten beaufsichtigte beide Konfessionen, und ein „Kanzelparagraph" untersagte politische Kommentare während der Seelsorge. Schließlich unterwarfen die „Maigesetze" von 1873/74 alle Kandidaten für geistliche Ämter einer staatlichen Eignungsprüfung.[43]

Eine Mehrheit der deutschen Bischöfe und katholischen Laien sprach sich gegen den *Syllabus Errorum* und die päpstliche Unfehlbarkeit aus. Damit besaß die Regierung einen wichtigen Keil, den sie zwischen die örtlichen katholischen Amtsträger und das päpstliche Reich jenseits der Alpen treiben konnte. Deutsche Kleriker, die sich öffentlich auf die Seite des Papstes stellten, riskierten den Verlust ihrer Bistümer oder ihrer Gemeinden. Andererseits erwiesen sich katholische Laien der Kirche gegenüber weit weniger kritisch, indem sie bei den Wahlen der Zentrumspartei drei Viertel der katholischen Stimmen gaben. Schließlich fiel der tollkühne Kampf der Regierung mit der Zentrumspartei und der Kirche der Wahlurne zum Opfer, da konservative Protestanten, die wußten, daß sie die nächsten Leidtragenden sein könnten, ebenfalls gegen Bismarck stimmten. Auch daß Windthorst, der Vorsitzende der Zentrumspartei, Bismarck dafür bloßstellte, daß er seine politischen Gegner als Staatsfeinde brandmarkte, war eine wirksame Zügelung des Angriffs der Regierung auf die Kirche.[44] Es waren der Tod von Pius IX. und die Amtsübernahme durch Papst Leo XIII., die beiden Seiten einen Rückzug ermöglichten, bei dem sie das Gesicht wahren konnten. Mit der Orientierung seines Pontifikates auf das christliche soziale Handeln und der Abwendung von politischer Konfrontation bewies der neue Papst bei der Anpassung an die sich verändernde Welt mehr Realismus, als es sein Vorgänger vermocht hatte.[45]

Wer gewann den Kulturkampf? Weil die Hauptfiguren Absolutisten waren, erhielt jede Seite etwas von dem, was sie wollte. Im Verlauf des Konfliktes wurden unaufhebbare Grenzen gezogen, und danach standen sowohl das Papsttum als auch der deutsche Staat einer disziplinierteren deutschen katholischen Kirche gegenüber, während Bismarck und die liberalen Parteien erkannten, daß sie sich am Ruder eines wahrhaftig interventionistischen Staates befanden. Mit Bismarcks Schikanen gegenüber dem katholischen deutschen Christentum Vergleichbares sollte es erst den dreißiger Jahren des zwanzigsten Jahrhunderts wieder geben,[46] und die Regierung war in einer stärkeren Position, Gläubigen und Bürgern ihre Gesetze aufzuzwingen. Sie tat dies jedoch unter großem Verlust an nationaler Einheit und an nationalem Vertrauen, was viele Bürger veranlaßte, Deutschland in Richtung Amerika und anderer freier Länder zu verlassen.[47]

Wahre Gesichter

Drei Entwicklungen im Verlauf der siebziger Jahre trugen dazu bei, daß aus Bismarcks pragmatischer Herrschaft gegen Ende des Jahrzehnts eine stärker von Prinzipien geleitete wurde. Dies waren eine sich verschärfende Wirtschaftskrise, eine zunehmende Linksorientierung der Nationalliberalen Partei und zwei Attentate auf Kaiser Wilhelm I.

Die Innenpolitik

Die Wirtschaftskrise begann am Anfang des Jahrzehnts, und zusammen mit dem Kulturkampf veranlaßte sie die Konservativen, sich gegen den Kanzler zu wenden. Unter diesen Umständen war die einzige realistische Alternative Bismarcks im Gesetzgebungsprozeß die nationalliberale Mehrheitsfraktion. Er hatte mit ihr zuvor bei der Krise des Militärbudgets gemeinsame Sache gemacht, und sie unterstützte seine Strategie eines um Preußen vereinten Deutschland. Aber aufgrund ihres linken Flügels mit seinem Anführer Eduard Lasker, den Bismarck noch mehr zu hassen lernte als den Vorsitzenden der Zentrumspartei

Windthorst, blieb die Allianz unumgänglich unangenehm.[48] In den frühen und mittleren siebziger Jahren war Bismarck eine Art Kanzler des Lavierens, der gezwungen war, mit mehreren Parlamentsfraktionen Kompromisse einzugehen, um seine Programme zu verwirklichen.

Die Wirtschaftskrise traf industrielle und landwirtschaftliche Belange hart, insbesondere Hüttenwerker, Bauern und Hersteller von Wollprodukten, und Importe aus dem Ausland verschärften die Situation noch weiter. Wachsender Druck zugunsten eines Zollschutzes brachte die Regierung auf einen Kollisionskurs mit der Nationalliberalen Partei, deren programmatisches Hauptkennzeichen der ungehinderte Handel war. Obwohl Zölle dringend benötigte Staatseinnahmen verhießen, war Bismarck noch im Jahr 1877 in dieser Angelegenheit unentschlossen. Dann, zwischen der Bereitschaft Papst Leos zur Beendigung des Kulturkampfes und der Unterstützung neuer Eisenzölle seitens der Zentrumspartei, schien eine Einfuhrzöllen gegenüber aufgeschlossenere Wählerschaft zu locken.[49]

Bismarck feuerte die erste Salve in der Auseinandersetzung um Zölle, indem er ein staatliches Monopol auf Tabak vorschlug. Als Antwort darauf brachten die Sozialdemokraten den Parlamentsbetrieb mit verbalem Klassenkampf ins Stocken, indem sie der Regierung die Bevorzugung reicher Bauern vorwarfen.[50] Bismarcks Animosität ihnen gegenüber war sowohl philosophisch als auch emotional fundiert. Während er eine Grundsicherung bei Krankheit, Unfall, Invalidität und für das Alter unterstützte,[51] glaubte er, daß die großzügigeren Vorstellungen seiner Opponenten nur die Erwartungen unrealistisch erhöhen und das empfindliche soziale Gleichgewicht in Richtung eines proletarischen Aufstandes kippen würden. Nach einer erfolgreichen, aber nur kurzlebigen proletarischen Erhebung in Paris im Jahr 1871, der Pariser Kommune, wurde aus diesem Glauben Überzeugung. Und noch zehn Jahre später warnte Bismarck, daß auch Deutschland ebenso schnell außer Kontrolle geraten könnte wie Paris, sollten Männer mit „unerschütterlichem Optimismus und grenzenlosem Glauben an gesellschaftlichen Fortschritt" an die Macht gelangen. Die Zeiten, meinte er, erforderten ein Ersticken der Flammen des sozialen Fortschritts, statt sie weiter anzufachen.[52]

Nach den persönlichen Angriffen im Parlament suchte Bismarck die Konfrontation mit den Nationalliberalen in der Hoffnung, den radikalen Flügel der Partei zu isolieren und die Mehrheit näher an die Regierung zu ziehen. Im Jahr 1878 lieferten zwei Attentate innerhalb von zwei Monaten auf den einundachtzigjährigen Kaiser den notwendigen Vorwand. In beiden Fällen feuerten die Attentäter auf ihn, als er die Allee Unter den Linden entlangfuhr. Beim ersten Versuch, mit einer Pistole, wurde das Ziel vollständig verfehlt, beim zweiten, diesmal mit einer Schrotflinte, wurde Wilhelm schwer verletzt.[53] Bismarck hatte zuvor zwei erfolglose Attentate auf sein eigenes Leben politisch ausgenutzt, das eine, das aus kürzester Entfernung am Vorabend des Preußisch-Österreichischen Krieges verübt worden war, das andere, bei dem ihn der Schuß, abgefeuert aus Protest gegen die antikatholischen Maigesetze, nur knapp verfehlt hatte. Beide Waffen machte er zu Dienstzimmertrophäen; die erste schwang er, als er im Krieg mit Österreich Mut zusprach, und aus der zweiten machte er ein nützliches Requisit, wenn er während des Kulturkampfes antikatholische Gefühle schürte.[54]

Obwohl es keinen Beweis gab, daß die Sozialdemokraten in die Attentate auf das Leben des Kaisers verwickelt waren, machten es die schwierigen Zeiten und Straßenproteste Bismarck leicht, seine politischen Feinde anzuklagen. Eine Woche nach dem ersten Versuch wurde der Entwurf eines Sozialistengesetzes („Gegen die gemeingefährlichen Bestrebungen der Sozialdemokratie") vorgelegt, der allen sozialistischen Organisationen die Versammlungs- und Redefreiheit versagte. Obwohl mit einem Stimmenverhältnis von fünf zu eins abgelehnt, war der Gesetzentwurf der Höhepunkt eines dreijährigen Kreuzzuges gegen „Staatsfeinde" und hatte die beabsichtigte abschreckende Wirkung. Nach dem zweiten Versuch berief sich Bismarck auf seine außerordentlichen Notstandsvollmachten und löste das Parlament mit dessen einmütiger Zustimmung auf. Jedoch lehnten die Kabinettsmitglieder seine Forderung nach Kriegsrecht, eintausend zusätzlichen Polizisten und polizeilichen Kontrollpunkten an den Ein- und Ausfallstraßen nach und von Berlin ab.[55] Bei den dann folgenden Neuwahlen verloren die beiden liberalen Parteien zusammen einen Sitz mehr, als die beiden konservativen Parteien dazugewannen; somit waren die zwei Seiten ungefähr gleich stark. Im darauffolgenden Jahr 1879 traten die neuen Zölle in Kraft, womit sich Bismarcks Bruch mit den Nationalliberalen vollendete.[56]

In den späten siebziger Jahren konnte Bismarck seine Ziele mit weniger politischen Kompromissen verfolgen. Obwohl Historiker hier eine Art „Umschwung" erkennen, scheint seine überlegtere und proaktivere Herrschaft mehr die neue Stärke seiner Regierung nach den Kämpfen mit den Sozialdemokraten und der Kirche widerzuspiegeln.[57] Er setzte nun sein seit langem angestrebtes Sozialistengesetz durch, das von 1878 bis 1890 in Kraft war. Seine gestärkte Position verhinderte jedoch nicht, daß das Parlament mit nunmehr gleichmäßigeren Kräfteverhältnissen so blockiert war wie ehedem. Wie zuvor blieben die Ziele des Kanzlers hinter dem zurück, was die Opposition wollte, oder die Ziele der Opposition gingen über das hinaus, was der Kanzler für machbar oder wünschenswert hielt – wobei seine Kritiker ihm vorhielten, die Zeiten aufzuhalten, und er ihnen vorwarf, ihnen vorauseilen zu wollen. Unter den gegebenen Bedingungen war Bismarcks Verknüpfung des neuen Deutschland mit dem alten wohl ein besserer Weg, eine heterogene junge Nation mit ausgeprägten Anfangsschwierigkeiten zusammenzuhalten.[58]

Der Berliner Kongreß

Das kaiserliche Deutschland weckte europäische Ängste vor deutscher Expansion und deutsche Ängste vor europäischen Präventivschlägen. Als Widerhall des Gefühls Friedrichs des Großen, der sich ständig „von Schurken umzingelt" sah, sprach Bismarck von „Alpträumen über Bündnisse".[59] Wie in den Jahren nach dem Dreißigjährigen Krieg, als fremde Mächte sowohl das Recht zur Gesetzgebung wie auch die militärische Macht innerhalb Deutschlands innehatten, waren Disziplin und Wachsamkeit in der Innenpolitik und darüber hinaus für das Überleben Deutschlands entscheidend. Diese Sorge um die innere Sicherheit behinderte Deutschlands Beteiligung am Wettkampf um Kolonien in Übersee und um internationales Ansehen erheblich – eine schmerzliche Selbstbeschränkung für das stolze neue Reich.

Kurz nach den Attentaten auf Kaiser Wilhelm im Sommer 1878 führte die Furcht vor einem paneuropäischen Konflikt Österreich, Frankreich, Großbritannien und Rußland mit Deutschland zum Berliner Kongreß zusammen – eine Reverenz vor dem neuen Ansehen, das Deutschland in der Welt genoß. Das große Thema des Kongresses war Rußlands erfolgreiches militärisches Vorrücken durch Bulgarien und das Osmanische Reich, das es in die Lage versetzte, den Balkan zu beherrschen und seine Kriegsschiffe durch die Dardanellen in die Welt der Kolonien zu schicken – Möglichkeiten, die den Russen im Vertrag von San Stefano im März 1878 nach der Niederlage der Türken eröffnet wurden. Österreich, Großbritannien und Deutschland hatten genug Sorgen mit dem, was die anderen taten, und sie alle waren entschlossen, die russische Expansion auf Kosten der Türkei und Österreichs einzudämmen. Da keine der großen Mächte wegen des Balkans in den Krieg ziehen wollte, wurde der Kongreß einberufen, um Rußland zu bewegen, den Vertrag freiwillig zu modifizieren. Der Staatsmann, der von den großen Mächten dazu erkoren wurde, diese schwierige diplomatische Aufgabe zu leiten, war Bismarck.[60]

Der Kongreß fand nicht nur wegen der Balkankrise statt, sondern auch, um die Regeln zu bekräftigen, nach denen jeder Mitgliedsstaat sich den anderen gegenüber verhalten sollte – eine Botschaft, die besonders dem neuen Deutschen Reich galt. Das Leitprinzip war: besitzen und besitzen lassen, wobei jedes Mitglied sich bereit erklärte, die lebenswichtigen Interessen eines anderen nicht zu berühren, während es seine Interessen auf der Weltbühne durchsetzte. Weniger wichtige Länder sollten sich kleinere Häppchen nehmen dürfen, es aber nicht so weit treiben, daß die Formierung von Großmachtbündnissen und eine daraus folgende gesamteuropäische Zuspitzung der Lage provoziert würden. Die zwei Sorgen Deutschlands waren Rußland, das Bismarck durch seine diplomatische Annäherung an Großbritannien zügelte, und der alte Feind Frankreich, dessen internationale Bündnisse Deutschland historisch Ungemach bereitet hatten.[61]

Dank Bismarcks staatsmännischem Geschick und den unabhängig voneinander erreichten Übereinkünften der Hauptakteure wurde der Friede gerettet. Der deutsche Kanzler verließ den Kongreß als eine Art Held. Später, während seines Ruhestandes und bei seinem Tod, sollte sich die Gemeinschaft der Europäer seiner erfolgreichen Diplomatie ehrend erinnern.

Kaiser Wilhelm II.

Im Jahre 1888 wurde der kränkliche älteste Sohn Kaiser Wilhelms I., Kronprinz Friedrich Wilhelm, als Kaiser Friedrich III. Nachfolger seines Vaters – aber nur für neunundneunzig Tage. Ihm folgte sein ältester Sohn, der neunundzwanzigjährige Wilhelm, dessen Mutter die Tochter Königin Victorias war, als Kaiser Wilhelm II. Politisch entschlossener als sein schwächlicher Vater, aber auch unstet und unberechenbar, betrachtete sich der junge Wilhelm als ein gänzlich moderner Mensch, der bereit war, sich ungestüm in die Zukunft zu stürzen – auch über Bismarck oder das Parlament hinweg, wenn sich ihm einer von ihnen in den Weg stellte. Trotz der Unterschiede an politischer Erfahrung war der nun dreiundsiebzigjährige Bismarck der Verwundbarere von beiden. Nachdem die streng Konservativen im Verlauf der siebziger Jahre seinen politischen Willen angezweifelt hatten, machten sie ihn nun für die neue Stärke der sozialistischen Antijunkerbewegung und der katholischen Zentrumspartei verantwortlich, wobei sie erstere auf seine Unterstützung des allgemeinen Wahlrechts für Männer zurückführten und letztere auf sein unnachgiebiges Ausfechten des „Kulturkampfes".[62]

Sobald Wilhelm II. Kaiser geworden war, versuchte Bismarck, sich unentbehrlich zu machen, indem er blinden Alarm schlug, das heißt, indem er das Gespenst eines unmittelbar bevorstehenden proletarischen Aufstands und eines Führungschaos beschwor, das nur er mit seiner Erfahrung verhindern konnte. Idealismus und Unerfahrenheit machten den jungen Kaiser jedoch furchtlos angesichts der Gefahr, aber ängstlich in der Durchsetzung der Innenpolitik, Reaktionen, die Bismarck entwaffneten. Und zu allem Übel teilte er Bismarcks Selbstbewußtsein und auf Konfrontation ausgerichteten Stil gänzlich.[63]

Eineinhalb Jahre gegenseitiger Gehässigkeiten über die Distanz zweier Generationen hinweg endeten mit dem Rücktritt Bismarcks. Der große Mann sorgte für seine eigene Entlassung, indem er über ein vom Kaiser auf die Tagesordnung gesetztes Arbeitsschutzgesetz hinwegging und dabei gleichzeitig ein weiteres eigenes Rachegesetz gegen die Sozialdemokraten zu verwirklichen suchte. Wilhelms Großvater, der das Genie Bismarcks erkannt hatte, hätte ihn gewähren lassen, wohingegen der brüskierte Enkel nun seinen Kopf forderte.[64] Vom Kaiser aufgefordert, das Gesetz zurückzunehmen, erkannte Bismarck, der kurz zuvor eine schmachvolle Wahlniederlage erlitten hatte, daß seine Zeit gekommen war, und reichte im März 1890 seinen Rücktritt ein. Die Frage war, wie Wilhelm es formulierte, „ob die Dynastie *Hohenzollern* oder die Dynastie *Bismarck* regieren solle."[65] Bismarcks Abgang vollzog sich nicht würdevoll, wie es dem großen Staatsmann gebührt hätte. Sein mit kritischem Rat versehenes Rücktrittsschreiben enthielt eine Warnung an den Kaiser, wohin seine Politik die Nation wahrscheinlich führen würde, nämlich in den Krieg – eine Warnung, die sich als weitblickend herausstellen sollte.[66]

Ein grundlegender Fehler Bismarcks während seiner Kanzlerschaft war seine Unfähigkeit, ernsthaft an eine liberale parlamentarische Regierung der Mittelschicht zu glauben. Schon in jungen Jahren prangerte er roboterhafte Bürokraten und Gesetzgeber an, schwor sich, nie selbst einer zu werden, und schrieb: „Die Bürokratie ist krebsmäßig an Haupt und Gliedern; nur ihr Magen ist gesund, und die Gesetzesexkremente, die sie von sich gibt, sind der natürlichste Dreck von der Welt."[67]

Bismarck glaubte, daß die Sicherheit der Nation, die er mit der außerordentlichen Macht des Kanzlers regierte, unter einer solchen Regierung nicht gewährleistet wäre. Um inmitten der möglichen Bündisse der Rivalen Deutschlands die nationale Einheit und Sicherheit zu erhalten, war ein autoritäres System nötig – eine agile und disziplinierte Monarchie und Bürokratie.[68] Das Streben nach einem solchen Staat brachte ihm viele Feinde ein, und er war, einmal aus dem Amt entfernt, ihrer langgehegten Verachtung ausgeliefert. An seinem achtzigsten Geburtstag im Jahr 1895 verweigerte ihm das Parlament die erwartete Glückwunschadresse, ein Affront, für den sich der Kaiser später entschuldigte, nachdem aus der ganzen Welt Protestnoten von Herrschern eingetroffen waren, die sich an Bismarck als einen Freund internationaler Stabilität und des Friedens erinnerten.[69]

Diese Beleidigung stellte gleichermaßen eine Zurückweisung der klassischen deutschen Vergangenheit und des Kanzlers dar. Für zeitgenössische und moderne Kritiker war Bismarcks Deutschland nicht nur im geographischen Sinn kleiner. Die meisten argumentieren, daß die fortschrittlichen Entwicklungen, die seine Kanzlerschaft begleiteten – nationale Einheit, eine auf der Industrie basierende Wirtschaft, ein interventionistischer Staat und eine internationale Zusammenarbeit der Regierungen – auch ohne ihn entstanden wären.[70] Mit seiner Philosophie der Geschichte, die über die Vorstellung spottete, daß große Ereignisse großen Männern geschuldet seien, hätte er diesem Gedanken sehr wohl zustimmen können, selbst wenn viele Zeitgenossen glaubten, daß seine Existenz von entscheidender Bedeutung war – im Guten wie im Bösen.

Heutzutage betrachten selbst wohlgesinnte Biographen Bismarck mit Ironie als den Mann, der Deutschland in die moderne Welt führte, während er alles tat, um es zurückzuhalten. Diese Beschreibung ist besonders irreführend in bezug auf den wirtschaftlichen und technischen Fortschritt, den er zutiefst begrüßte. Seine eigenen Investitionen, von den Bankiers Rothschild und Bleichröder gut verwaltet, machten ihn zu einem wohlhabenden Mann und einem der größten Grundbesitzer Deutschlands.[71] Andererseits waren jene Eigenschaften der Zeit, die er am meisten haßte, ebenfalls mit der Moderne verbunden, insbesondere die übertriebenen sozialen Erwartungen der Sozialdemokraten, die nur zu Revolutionen führten, deren Ziele das Leistungsvermögen der Gesellschaft überstiegen. In dieser Hinsicht glaubte er in einer obskuren Zeit zu leben, die auf der Flucht vor der Realität war.

In Erinnerung an die ihm von König Wilhelm erwiesene Ehrung im Jahr 1866 nach dem Triumph Deutschlands in Schleswig-Holstein faßte Bismarck das, was er für zeitlose Weisheit hielt, zusammen. Damals hatte der König ihm allein das Verdienst für Preußens Sieg über Österreich angerechnet, während Bismarck ihn eher als etwas betrachtete, was die Vorsehung ihm zugeworfen hatte – wobei er ihn „eine Lektion" nannte, „die man im Geschäft [der Politik und des Krieges] gut lernt", nämlich, „daß man klug sein kann wie die Klugen der Welt und doch von einem Augenblick in den anderen geht wie ein Kind ins Dunkle."[72]

Gegenüber den unvorhersehbaren Wendungen der Geschichte waren die auf die Vervollkommnung der Welt gerichteten Träume der Philosophen und Revolutionäre dem nicht gewachsen, was animalische Leidenschaft und rohe Gewalt mit Blut und Eisen vollbringen konnten, wenn ein wirkliches Ziel vorhanden war. Deutschland war zu Bismarcks Lebzeiten nicht aufgrund der Lehren von Voltaire oder Kant oder der Revolutionen von 1789 und 1848 ein großes Reich geworden, sondern weil die Deutschen kreativ auf das elementare Leid reagiert hatten, das ihnen von ihren Feinden zugefügt worden war.

IV

DIE DEUTSCHEN IN DER MODERNEN WELT

9

Das letzte Reich

Vom Wilhelminischen zum Weimarer Deutschland

Deutschland hatte einen Bismarck nie so nötig wie nach seinem Abschied, aber als der alte Kanzler zurücktrat, war die Zeit für seinen Abgang schon lange gekommen. Am Ende labil und paranoid, verzweifelte er an der Regierung, die er geschaffen hatte, und dachte sogar darüber nach, sie zu stürzen. Er hinterließ festgefügte Parlamentsfraktionen von Katholiken, Sozialisten und Linksliberalen, von denen die Sozialdemokraten sich ihm gewachsen zeigten. Ohne ihn stellten sie eine ernstzunehmende Herausforderung für den jungen Kaiser Wilhelm II. dar, der in keiner Weise über das Charisma Bismarcks verfügte oder über seine Fähigkeit, Koalitionen zu bilden und zu überlisten. Auch hatte der neue Kaiser kein Gespür für die Feinheiten der Außenpolitik. Mit seinem übertriebenen Ehrgeiz, Deutschland auf der internationalen Bühne Geltung zu verschaffen, zielte dieser impulsive Enkel Königin Victorias gegen alle Intuition auf die Briten, von deren Vertrauen und Neutralität sowohl Deutschlands Überleben als auch das europäische Mächtegleichgewicht abhing.

Rückfälle und Übergänge

Zunächst erschien Wilhelm als der Traummonarch eines jeden Liberalen. Der Kaiser, allem Anschein nach ein Achtundvierziger, der dem Erbe der Frankfurter Nationalversammlung verpflichtet war, war in seinen ersten Regierungsjahren für die sozialen Belange empfänglich. Er unterstützte eine progressive Gesetzgebung für arbeitende Frauen und Kinder (kürzere Arbeitszeit, bessere Arbeitsbedingungen, höhere Sozialleistungen und neue Beschwerdeverfahren) und wandte sich gegen Bismarcks Sozialistengesetze, die von 1878 bis 1890 in Kraft waren. Trotz eines verkümmerten linken Arms, der bei der Geburt geschädigt wurde, war er der vollendete deutsche Mann: Vater von sechs Söhnen und einer Tochter, ein preußischer Militarist und ein leidenschaftlicher Jäger. Doch hinter dem politischen Getöse war er im Privatleben freundlicher und sanftmütiger und ließ eine viel komplexere Persönlichkeit erkennen.[1]

Wie seine kaiserlichen Vorgänger sah er sich als Hohenzollernkaiser von Gottes Gnaden, und seine unsentimentale Entlassung Bismarcks machte deutlich, daß er auch kein Fußabtreter für die Sozialdemokraten sein würde. Indem er sich direkt in die Arbeit des Parlaments einschaltete und es praktisch nach Belieben herausfordern konnte, schwächte er die repräsentative Regierung, während er sehr viel Macht in den Händen eines Herrschers versammelte, der nicht fähig war, einen Konsens herzustellen.[2]

Aber wenn Wilhelm Kaiser, Kanzler und Parlament zugleich sein wollte, so wollten dies auch die politischen Parteien und Karrierebürokraten, die sich seiner Politik widersetzten. Die oppositionellen Sozialdemokraten und Linksliberalen, die den Ablauf des Gesetzgebungsverfahrens beherrschen und den Ministern des Kaisers Weisungen erteilen wollten, strebten faktisch eine Wahlmonarchie an. Das Ergebnis war ein herrisches, eigennütziges Parlament, das nicht weniger einen Rückfall ins Mittelalter darstellte als der oft aufbrausende Wilhelm.[3] Der Anstieg des Militärhaushalts einerseits und der Zahl liberaler Wähler andererseits zeugte von diesen zwei gegensätzlichen Richtungen des Staates, der zentralistischen auf seiten des Kaisers, der partikularistischen auf seiten der Regierungsparteien.

In den dreiundvierzig Jahren zwischen der Einigung und dem Ausbruch des Ersten Weltkriegs wuchs die deutsche Bevölkerung um 60 Prozent auf achtundsechzig Millionen an. Nur die Vereinigten Staaten hatten ein größeres Produktionspotential. Und in bezug auf gemeinsame Werte und Selbstbewußtein waren die Deutschen damals dabei, die sozialen Grenzen zu überbrücken.[4] Trotz fortbestehender

Hindernisse gegen politische Einheit und koloniale Expansion betrachteten sie ihre Kultur als die historisch am tiefsten verwurzelte und am stärksten bestimmte von allen Staaten Europas. Im Jahr 1890 begann man offiziell in den Schulen und an nationalen Feiertagen „Deutschland, Deutschland über alles" zu singen, eine überregionale Hymne (noch nicht Nationalhymne), die die nationale Identität förderte, aber bald auch nationalistisch mißbraucht wurde.[5]

Die Deutschen um die Jahrhundertwende waren stolz auf eine andere alte Tugend, die historisch mit ihrem Namen gleichgesetzt wurde: Ordnung. Im Jahr 1590 wurde in einer englischen diplomatischen Nachricht aus Nürnberg an die Königin von England staunend berichtet, daß es in den Straßen der Stadt, im Gegensatz zu denen Londons, keine ständigen Misthaufen gab und daß jener, der am Tage einen Geldbeutel, ein Armband oder einen Ring verlor, erwarten konnte, diese bis zum Einbruch der Dunkelheit zurückbekommen zu haben.[6] Die deutsche Stadt des späten neunzehnten Jahrhunderts strebte, trotz der in ihr verbreiteteren Armut und Gewalt, eine ähnliche Ordnung an. Moderne Historiker erkennen in solcher Wachsamkeit das, was der postmoderne französische Philosoph Michel Foucault eine Kerkergesellschaft nannte – historisch miteinander verbundene Stufen auf dem Weg zum Faschismus des zwanzigsten Jahrhunderts. Selbst wenn die Deutschen im neunzehnten Jahrhundert nicht von Natur aus fügsam waren, so wird argumentiert, umgaben sie sich dennoch mit Disziplinareinrichtungen (Schulen, Anstalten), die einer Untertanenmentalität förderlich waren. In einem Jahr, schreibt ein schockierter Historiker, suchte die Polizei in Düsseldorf, einer Stadt mit 91.000 Einwohnern, 13.500 Eltern auf und befragte sie über ihre Kinder.[7]

Obwohl fast vier Jahrhunderte zuvor geschrieben, bietet Martin Luthers Erläuterung über das vierte Gebot in seinem *Großen Katechismus* eine weniger zynische und auch überzeugendere Erklärung für die Düsseldorfer Polizeiaktion. Für viele Generationen lutherischer Deutscher ein Elementarbuch und noch heute in Verwendung, brachte dieser religiöse Leitfaden eine städtische Verwaltung hervor, die durch ihren Amtseid daran gebunden war, gegenüber ihrer Bürgerschaft rechtschaffen zu handeln, die ihr im Gegenzug pflichtbewußt gehorchte. In der klassischen deutschen Tradition befand sich das, was Luthers Katechismus die Wachsamkeit aller Obrigkeit nannte, im Zentrum eines grundlegenden Paktes zwischen dem Volk und seiner Regierung, ein Gedanke, der auch von deutschen Katholiken geteilt wurde. Kinder, so lehrte Luther auf bemerkenswert moderne Weise, gehörten nicht nur ihren Eltern. Jeder Erwachsene, der mit einer Autorität über ein Kind ausgestattet ist, sei es der Lehrer in der Schule, der Meister in der Werkstatt oder der Beamte im Rathaus, habe die Pflicht, die in seine Obhut gegebenen Kinder zu schützen, zurechtzuweisen und zu erziehen, während die Kinder im Gegenzug die Pflicht hätten, ihren Anweisungen so zu folgen, als ob sie von ihren Eltern angesprochen würden.[8]

Deutsche Historiker, Politiker und andere Fachleute, die im achtzehnten und neunzehnten Jahrhundert wirkten, gewannen die Rechtfertigung des Ordnungsgedankens auf ähnliche Weise aus früheren Beispielen gesellschaftlichen und politischen Zerfalls, insbesondere dem des Dreißigjährigen Krieges.[9] Solche historischen religiösen Lehren und Erbauungsgeschichten bieten weniger abschätzige Erklärungen deutscher Disziplin und Wachsamkeit an als solche Argumente, die auf Ideologie oder angeblicher Pathologie beruhen.

Was immer der letztendliche Auslöser war, es gab in der deutschen bürgerlichen Kultur im Verlauf der neunziger Jahre des neunzehnten Jahrhunderts einen Bruch. Nach innen gewandte Berufsverbände und -vereine vervielfachten sich in Handel und Industrie, Landwirtschaft und Bauerntum, Beamtenschaft und Militär. Politische Parteien pflegten Stammwählerschaften in solchen Kreisen, die im Gegenzug ihre eigenen Lobbygruppen zur Beeinflussung der Regierung bildeten. Unter den Gruppierungen, die einen sozialen Aufstieg nahmen, fand das industrielle Proletariat eine Heimat in der marxistischen Sozialdemokratischen

Partei, die nach 1890 zur größten deutschen politischen Partei wurde und bei den Reichstagswahlen im Jahr 1912 ein Drittel der Stimmen erhielt.[10]

Gegen Ende des neunzehnten Jahrhunderts hatten diese Verbände und Lobbyistenvereine die Risse innerhalb der deutschen Politik vergrößert. Die alte Ständegesellschaft hinter sich lassend, brachte neuer unternehmerischer Erfolg neue politische, gesellschaftliche und berufliche Gruppen an die Macht, die wiederum Fraktionsbildungen auslösten und den Fortschritt seit 1871 in Richtung einer in sich geschlossenen nationalen Kultur bedrohten.[11] Wie der Kaiser und das Parlament stellte auch das Staatswesen des späten neunzehnten Jahrhunderts einen gewissen Rückfall in ein älteres, fragmentiertes Deutschland dar, nun jedoch in einer Mischung, in der verhängnisvolle neue Elemente mit enthalten waren. Selten in der deutschen Geschichte hatte ein Herrscher einen größeren Knüppel geschwungen und dies weniger versiert getan als Kaiser Wilhelm II., noch waren die moralischen und religiösen Binsenwahrheiten, die die Deutschen in der Vergangenheit geleitet hatten, mehr von Zweifel und Verachtung durchsetzt als zu Beginn des zwanzigsten Jahrhunderts.

Spiel mit dem Feuer

Wilhelminische Politik und Gesellschaft waren von einer zerfallenden intellektuellen Kultur des Fin de siècle begleitet. In der unmittelbar vorausgehenden Zeit verzweifelten bereits die Philosophen Arthur Schopenhauer und auch Friedrich Nietzsche am neuen wie am alten Deutschland und erhoben den individuellen menschlichen Willen zur einzigen gesicherten Realität. Diese Wegbereiter des modernen Existentialismus verwarfen die liberal-gemäßigte Aufklärung des späten achtzehnten und frühen neunzehnten Jahrhunderts (Kant, Hegel und Goethe) so entschieden wie die deutsche Reformationsbewegung des sechzehnten Jahrhunderts (Dürer, Pirckheimer und Luther). Ebenso verhängnisvoll war, daß eine desillusionierte Nach-1871er-Generation idealistischer Jugendlicher die Kultur ihrer Eltern gegen eine mutmaßlich reinere, wahrere, mythologische eigene Welt eintauschte. Frei und gefährdet in einer neuen „Nachvereinigungswelt“, zogen junge Deutsche von Rednerbühne zu Rednerbühne, auf die in immer stärkerem Maße einflußreiche Demagogen, Militaristen, Nihilisten und Rassisten stiegen,[12] wie sie es, in noch größerer Zahl, in den zwanziger Jahren des zwanzigsten Jahrhunderts tun sollten.

Nur wenige Deutsche jedoch wollten auf die positiven Errungenschaften der Modernisierung verzichten, insbesondere nicht auf jene aus Wissenschaft und Technik, aber auch nicht auf die schwererrungenen individuellen und gesellschaftlichen Freiheiten, die allen zugute kamen. Diese Fortschritte wurden von einer konstruktiv-kritischen Geisteshaltung begleitet, die Erfindungen und Veränderungen möglich und dauerhaft machte. In einem Land, dessen historische religiöse und philosophische Werte, die gleichermaßen von Protestanten und Katholiken geteilt wurden, niemals das Innenleben vernachlässigten, beunruhigte jedoch der Materialismus die Geister und verbitterte die Seelen selbst da, wo er am nützlichsten und unumstrittensten war. Viele Deutsche, die in einer jungen Nation lebten, die plötzlich ein wirtschaftlicher, industrieller, bürokratischer und militärischer Koloß war, fragten sich, ob dies alles im Leben sein soll.[13] Und obgleich die Behauptung wahrscheinlich übertrieben ist, daß die Deutschen unter dem wilhelminischen Staat erstickten oder sich nach der reinigenden Apokalypse sehnten, die der Erste Weltkrieg sein würde, suchte eine große Zahl von Deutschen, das, was sie vermißten, an den falschen Stellen.[14]

Wenn eine Gesellschaft an den Nähten ausfranst, wie es im späten kaiserlichen Deutschland der Fall war, sind einheimische und fremde, bewährte wie neuartige Abhilfen zur Hand. Seit vielen Jahrhunderten hatte die römisch-katholische Kirche sich um deutsche Seelen gekümmert und konnte selbst in den „gottlosen“ sechziger und siebziger

Jahren des neunzehnten Jahrhunderts ein Drittel der deutschen Bevölkerung als zu sich gehörig betrachten. Während des Kulturkampfes bot die Kirche, wie seit dem Mittelalter, frommen Deutschen immer noch eine transzendentale Alternative zur modernen Welt wie auch eine politische Alternative zum deutschen Staat.

Säkularisten, die meisten Protestanten und nicht wenige deutsche Katholiken meinten, daß die Haltung der Kirche gegen den Modernismus rückwärtsgewandt und abergläubisch war. Abgesehen vom traditionellen Christentum wimmelte es von esoterischen Philosophien und Allheilmitteln. Sie fanden Anklang bei Deutschen aller gesellschaftlicher Klassen und führten viele weg von den religiösen Hauptströmungen und vernünftigen Weltanschauungen.[15] Deutschland war, wenn nicht das tiefgläubigste Land Europas, zumindest dasjenige, das sich seit der Reformation am intensivsten mit Theologie beschäftigt hatte. Aufgrund, oder vielleicht trotz, solch gründlicher Bildung gaben nach innen gekehrte Deutsche in zunehmender Zahl die traditionellen spirituellen Zufluchtsstätten zugunsten jener auf, die von der aufgeklärten Vernunft, der empirischen Wissenschaft oder den nachaufklärerischen Randbewegungen angeboten wurden. Hinter diesem Übergang, der europaweit statt fand, lagen Jahrhunderte grenzenloser Vertrautheit mit der etablierten Religion wie auch der Entfremdung von ihr. Die treibenden Kräfte in Deutschland waren Überschwang und Idealismus einer stolzen, jungen, sich jeder Herausforderung stellenden Nation, die sich scheinbar an ihrer „Stunde Null", einem Neuanfang in ihrer Geschichte, befand.

Daß solch ein Wunschdenken im Widerspruch zur Realität stand, wird durch die Vielfalt an geistigen Zufluchtsstätten angedeutet, die für Pilgerseelen auf Auswegsuche errichtet wurden. Viele schlossen sich dem romantischen Strom in die Vergangenheit an, wobei manche einen vergleichsweise gemäßigten Ultramontanismus verfolgten, andere einen mystischen oder rassistischen Chauvinismus. Ungezählte weitere suchten ihren Geist zu beruhigen und ihre Seele zu erheben, indem sie sich in ganz moderne

Phänomene flüchteten und, wie David Blackbourn zeigte, in „Psychologie, Sexologie, Körperkultur, ganzheitliche Medizin, Anthropologie, das Paranormale, Spiritismus, Buddhismus [und] Tolstois Vision des ländlichen Glücks“ eintauchten.[16] Im Verlauf dieser Suche jenseits von Geschichte und Tradition wurde eine erhebliche Anzahl von bislang fügsamen Deutschen mutiger und kühner, zum anderen spielten sie mit dem Feuer, indem sie die esoterischen Flammen aus zu großer Nähe anfachten.

In seiner eigenen modernisierten Version der großen deutschen Moralgeschichte, *Doktor Faustus*, griff Thomas Mann, dessen Leben das kaiserliche, das Weimarer, das nationalsozialistische und das Nachkriegsdeutschland überspannte, auf die jüngere deutsche Vergangenheit zurück, um an jene Übergänge zu erinnern, deren Zeuge er im Verlauf seines Lebens war. Bei seiner Aktualisierung der Faust-Geschichte im Jahr 1947 stattete er den berühmten Protagonisten, der seine Seele an den Teufel verkaufte, mit Eigenschaften Friedrich Nietzsches und Ereignissen aus dessen Leben aus. In dieser modernen Inkarnation erscheint Dr. Faustus als Komponist Adrian Leverkühn, der sich bei einer sexuellen Besiegelung seines Pakts mit dem Teufel die Syphilis zuzieht und danach progressive Paralyse, Geisteskrankheit und den Tod erleidet.[17] Mit offenkundiger Sympathie zugunsten der klassischen deutschen Tradition gegen den Nihilismus des neunzehnten Jahrhunderts schuf Mann einen guten deutschen Erzähler, Dr. Serenus Zeitblom, einen prinzipientreuen Mann, der mit sich selbst im reinen ist, ähnlich wie Goethes Faust am Ende seines Lebens.

Das Hineinstolpern in den Weltkrieg

Kulturell war die österreichisch-deutsche Welt des späten neunzehnten und beginnenden zwanzigsten Jahrhunderts eine Welt von Bilderstürmern, die selbst zu Ikonen geworden waren: Nietzsche in der Philosophie, Sigmund Freud in der Psychologie, Albert Einstein in der Naturwissenschaft, Richard Wagner in der Musik, Thomas und Heinrich Mann in der Literatur und Max Weber in der Soziologie. Wilhelm II., der letzte Hohenzollern-Kaiser, der sich für einen großen Mäzen der Künste hielt, aber allenfalls ein konservativer Dilettant in ihnen war, besaß nichts vom Talent solcher Männer, obwohl er sich auf die politische Welt stürzte, als sei er überlebensgroß.[18] Daß er im zweiten Jahr seiner Regentschaft Bismarck entließ, wurde eher als enttäuschend denn heroisch aufgenommen. Aufmerksamer registrierten die Zeitgenossen Wilhelms Unvermögen, aus der Geschichte zu lernen, ein Punkt, den der alte Kanzler selbst in seinem stolzen Entlassungsgesuch vorbrachte.

Bismarck machte Deutschland stark, indem er Preußen in dessen Mittelpunkt stellte und seine Außenpolitik klarsichtig und konsequent hielt. Dadurch vereitelte er Bemühungen der Österreicher und der Bayern, das alte, weitverzweigte Reich mit seinen altertümlichen Spaltungen und rivalisierenden Staaten aufrechtzuerhalten. Sein kompaktes Reich gab dem Kanzler eine freiere Hand in seinen Verhandlungen mit dem Parlament und den europäischen Großmächten. Statt einen verhaßten imperialen Schatten über Europa zu werfen, wurde Deutschland dessen redlicher Makler, der seine geographische Position in Mitteleuropa in einen internationalen Vorteil bei der Friedensbewahrung verwandelte.

Im Gegensatz dazu provozierte Kaiser Wilhelm mit seinen Plänen eines expansiven Deutschland internationale Konflikte. Entschlossen, Deutschland in eine Weltmacht zu verwandeln, stürzte er sich mit dem Reich auf Europa und die koloniale Welt. Obwohl niemand wußte, was die Zukunft bringen würde, führte ein jeder gebieterische Schritt der Reichsregierung in diese Richtung auf einen Krieg zu.

Es war jedoch nicht allein die Schuld Kaiser Wilhelms, wenn Bismarcks ausbalanciertes Europa wie ein Kartenhaus auszusehen begann. Letztlich hatten die Fehleinschätzungen des Außenministeriums, auf das sich der neue Kanzler des Kaisers, Leo von Caprivi, verließ, mehr mit dem Abgleiten der deutschen Außenpolitik zu tun als die Einmischung und das Draufgängertum des Kaisers. Caprivi, ehemaliger Chef der Admiralität, war in der im schnellen Wandel befindlichen Zeit der neunziger Jahre des neunzehnten Jahrhunderts eine schlechte Wahl gewesen. Er geriet schnell in den Bann des Bismarck-Hassers Friedrich von Holstein, den Bismarck selbst eingestellt hatte und der nun das Ministerium kontrollierte. Auf Holsteins Empfehlung hin unterließ es Caprivi, den Rückversicherungsvertrag mit Rußland zu erneuern, der seit 1887 russische Neutralität im Fall eines Überfalls auf Deutschland aus dem Westen oder dem Süden garantiert hatte. Unter dem Vorwand, daß der Vertrag Rußland begünstige, zählte das Ministerium statt dessen lieber darauf, daß der historische Verbündete Großbritannien, damals die führende Großmacht Europas, diplomatisch bei den kriegslüsternen Nationen intervenieren und im Fall eines Angriffs Deutschland zu Hilfe eilen werde.

Innerhalb von fünf Jahren nach Ablauf des Vertrages waren Frankreich und Rußland Handelspartner geworden und nochmals knapp zwei Jahre später Partner eines Verteidigungsbündnisses, die einander versicherten, Deutschland anzugreifen, sollte es gegen einen der beiden mobil machen.[19] Plötzlich war Deutschland in der Großmächtezange, die es so fürchtete, in einer Gefahr, die eine Erneuerung des Rückversicherungsvertrages möglicherweise verhindert hätte. Als es für Großbritannien an der Zeit war, sich für eine Seite zu entscheiden, waren die Deutschen unglücklicherweise seine wirtschaftlichen und militärischen Rivalen geworden.

Im Jahr 1894 legte Wilhelm den Mehrheitsfraktionen der Sozialdemokraten und Linksliberalen, die ihn zuvor als ihren Verbündeten betrachtet hatten, seine Karten offen. Zu deren Bestürzung brachte er die Befürchtungen der Industriekapitäne zum Ausdruck, wobei er neue antisozialistische Gesetzgebung und Zensur unterstützte, von denen aber keines durch das Parlament kam. Zwischen den eigenen internen Kämpfen des Parlaments und der Bereitschaft des Kaisers, liberale und konservative Mitglieder gleichermaßen zu bevorzugen oder zu mißbrauchen, sahen die neunziger Jahre wenig von der demokratischen Regierung, die die Deutschen seit der Mitte des Jahrhunderts wechselweise angestrebt und untergraben hatten.[20]

Großbritannien, das geschickt mit Frankreich und Rußland in der Welt der Kolonien konkurrierte, öffnete diplomatische Türen für ein Deutschland, das sich dort dringend zu etablieren suchte. Ohne britische Neutralität wäre das sprunghafte Vorankommen Deutschlands im Verlauf der neunziger Jahre sowohl in den Kolonien als auch in Europa unmöglich gewesen. Aber nach der Jahrhundertwende distanzierte sich Großbritannien zunehmend vom bisherigen Freund Deutschland. Daß Wilhelm die deutsche Armee, die nun die größte Streitmacht Europas war, und, sogar noch provokanter, die Marine stetig ausbaute, jagte den Europäern Angst ein. Indem Admiral Alfred von Tirpitz Schlachtschiffe zu einer nationalen Obsession machte – nicht weniger als achtunddreißig wurden um die Jahrhundertwende genehmigt –, nahm er die britische Marinemacht direkt ins Visier in einem Wettbewerb, den Deutschland unmöglich gewinnen konnte.[21] Nachdem die Deutschen Großbritannien im kolonialen südlichen Afrika kühn auf die Probe gestellt hatten, sahen sie sich einer neuen Kooperation von Großbritannien und Frankreich gegenüber, die nur noch fester und tiefer werden sollte.

Schon im Jahr 1907 beschrieben britische Diplomaten Deutschland als „darauf aus, Europa zu dominieren", während Rußland, das sich vor Deutschland mehr fürchtete als je zuvor, sich Großbritannien anzunähern begann.[22] Nachdem sich die beiden Großmächte über ihre jeweiligen kolonialen Besitztümer in Asien geeinigt hatten, schlossen sie sich mit Frankreich zusammen, um ein informelles, aber furchteinflößendes Bündnis der von Deutschland am meisten gefürchteten Rivalen zu schaffen, etwas, was Bismarcks Diplomatie den Deutschen erspart hatte. Falls und wenn Krieg ausbrechen sollte, sah sich Deutschland nun einem Angriff sowohl an seiner östlichen wie auch seiner westlichen Flanke gegenüber, wobei ihm nur ein mit sich selbst beschäftigtes Österreich-Ungarn und ein sich ständig weiter zurückziehendes Italien als Verbündete zu Seite standen (der veraltete und erschöpfte Dreibund). Größtenteils aufgrund seines eigenen Säbelrasselns und auf eigene Gefahr war Deutschland in den Mittelpunkt der Aufmerksamkeit der Großmächte gerückt.

In Deutschland konnte der Mann auf der Straße anhand eines Interviews, das Kaiser Wilhelm dem Londoner *Daily Telegraph* im Oktober 1908 gab, die Höhe des Drahtseils ermessen, auf das die Regierung ihre Nation gehievt hatte. Den Eingeweihten herauskehrend, belehrte Wilhelm die Briten über ihre kolonialpolitischen Fehler, während er gleichzeitig beteuerte, daß Deutschlands militärische Expansion und kolonialen Beutezüge harmlos seien. Dieser offenkundige Lapsus hinsichtlich Staatsdisziplin und Wahrhaftigkeit brachte beide Regierungen derart in Verlegenheit, daß Wilhelm gezwungen war, Kanzler Bernhard von Bülow zu opfern, der das Interview genehmigt hatte.[23] Um das Jahr 1909 hatte sich die weltweite Handelsrivalität zwischen Deutschland und Großbritannien bis zum Punkt der Konfrontation intensiviert, eine Aussicht, die innerhalb der diplomatischen Corps und der Oberkommandos beider Länder nervös diskutiert wurde.[24]

Natürlich sprach sich noch keiner für das aus, was den Weltkrieg bedeuten würde. Dieser Konflikt brach erst im Jahr 1914 mit den Kriegserklärungen Österreichs an Serbien und Deutschlands an Rußland und Frankreich aus. Der Weg zum Krieg wurde jedoch lange zuvor durch aufbrodelnde Spannungen im krisengeschüttelten Balkan bereitet, wo die Interessen der europäischen Großmächte bei vielen Gelegenheiten miteinander kollidierten. Seit Jahrzehnten hatte der serbisch geführte panslawistische Nationalismus an den Toren Österreichs gerüttelt, das 1908 zu Serbiens Verdruß Bosnien und die Herzegowina auch formell annektierte, die bereits unmittelbar nach dem Berliner Kongreß 1878 militärisch besetzt worden waren. Diese Annektierung hatte mit Duldung des serbischen Verbündeten Rußland und des österreichischen Verbündeten Deutschland stattgefunden, wofür Österreich den Russen freies Geleit ihrer Schlachtschiffe durch die Dardanellen und damit eine weitere Gelegenheit, eine Mittelmeermacht zu werden, versprach – ein alter Traum, dessen Realisierung Großbritannien und Frankreich aber nicht zulassen würden.[25] Das Ergebnis war serbisches und russisches Wüten gegen Österreich und ein in den Grundfesten erschütterter Dreibund, dessen Mitglieder seit langem unzuverlässig geworden waren, weil sie vor allem ihre eigenen Interessen verfolgten.

Übergriffe Deutschlands auf die Welt der Kolonien vergifteten die intereuropäischen Beziehungen weiter. Zweimal, in den Jahren 1905 und 1911, kreuzten die Deutschen in französisch-marokkanischen Gewässern. Im Jahr 1911 versuchten sie, in Französisch-Kongo einen Fang zu angeln, der sich am Ende nicht nur als kleiner Fisch herausstellte, sondern auch zu einem weit überhöhten diplomatischen Preis erlangt wurde. Unter dem Vorwand, daß eine deutsche Marinepräsenz in Marokko notwendig sei, um dortige deutsche Staatsbürger zu schützen, wurde im Hafen von Agadir ein Kanonenboot stationiert, mit dem von den Franzosen bescheidene territoriale Konzessionen in Französisch-Kongo erzwungen wurden. Der Vorgang alarmierte die Briten und beförderte die freundlichen britisch-französischen Beziehungen, die sich seit 1904 erwärmten, in Richtung einer formellen Allianz gegen die Deutschen.

Auf den kolonialen Landkarten des Nahen und Fernen Ostens hinterließen die Deutschen auch unschädliche Spuren. Der eindrucksvolle, jahrzehntelang dauernde Bau einer Eisenbahnlinie zwischen Berlin und Bagdad öffnete den Handel mit dem Osmanischen Reich und machte das Öl aus dem Mittleren Osten verfügbar. Die wagemutigen Deutschen erwarben auch ein Kohledepot in China und errichteten dort eine größere Brauerei.[26] Diese Leistungen entschärften jedoch nicht das vom österreichisch-serbischen Konflikt auf dem Balkan und neuen deutschen Provokationen in der Welt der Kolonien erzeugte Pulverfaß. Als Winston Churchill, damals Erster Lord der Admiralität, öffentlich sein Unbehagen darüber zum Ausdruck brachte, daß die Regierung, die den Oberbefehl über die deutsche Armee und Marine hatte, sich als über ihrem eigenen Parlament stehend verstand, erschien das wie die Prophezeiung eines Krieges.[27]

Zwischen den Jahren 1912 und 1913 befanden sich die Balkanländer wieder im Krieg, sowohl gegen die Türkei wie auch untereinander, wobei die Serben die großen Gewinner waren. Danach provozierte Serbien, das auf der Suche nach einem Hafen an der Adria war, um seiner Armee eine Marinemacht hinzuzufügen, eine neue Krise mit Österreich. Inmitten österreichischer Forderungen nach einem Präventivschlag gegen Serbien überraschten Kaiser Franz Joseph und sein Erbe, Erzherzog Franz Ferdinand, viele ihrer Landsleute, indem sie für eine friedliche Lösung unterhalb der Kriegsschwelle plädierten. Die beiden wurden als proslawisch verdammt und zu Zielscheiben österreichischer und serbischer Extremisten. Am 28. Juni 1914 ermordeten bosnische Terroristen, die mit offenkundiger serbischer Unterstützung handelten, den Erzherzog und seine Frau in Sarajevo – zwei kaiserliche Friedensstifter, deren Tod einen Krieg unausweichlich machte. Plötzlich fand sich Österreich in einer Situation, mit deutscher Unterstützung, die vorauszusetzen war, seine slawischen Interessen stabilisieren zu müssen.

Auch Deutschland wollte sich natürlich in Europa Geltung verschaffen, wenn auch nicht notwendigerweise in einem längeren und sich ausweitenden Balkankrieg. Aber es geriet unweigerlich hinein: von den Österreichern, unter ihnen Adolf Hitler, die leidenschaftlich die Hände nach ihren deutschen Brüdern ausstreckten, von Bluts- und Geschichtsbanden also, hineingezogen, gleichzeitig vom eigenen Ehrgeiz und Opportunismus in den Konflikt Österreichs mit Serbien hineingeschoben. Es ist vielfach argumentiert worden, daß innenpolitische Probleme dem deutschen Kriegseintritt zugrunde lagen, wobei der Krieg eine Gelegenheit darstellte, neue Märkte in einem von Deutschland kontrollierten Mitteleuropa zu erschließen, über das die deutschen Eliten in den Vorkriegsjahren diskutiert hatten.[28] Das deutsche Oberkommando stimmte ausgedehnten Annektierungen jedoch nicht vor Ende September 1914 zu, als sich ein viel längerer Krieg abzeichnete als ursprünglich geplant, nachdem die deutsche Armee in den Schützengräben entlang der Marne steckengeblieben war.[29]

Ein vorsätzlicher deutscher Plan zur Besetzung Mitteleuropas entstand nach, nicht vor dem Ausbruch des Krieges, der anfangs ein Verteidigungskrieg sein sollte, trotz der zu diesem Zweck offensiven Strategie. Viele Menschen in Staaten außerhalb Deutschlands waren bereit, einen Krieg zur Lösung der Probleme zu riskieren, denen sie sich gegenübersahen.[30] Allerdings hatten weder die Deutschen noch sonst jemand zu der Zeit einen spezifischen Plan zur Beherrschung Europas. Bis zum Jahr 1917 jedoch waren die Nachkriegsambitionen aller Teilnehmer gereift. Deutschlands harter Umgang mit Rußland nach dessen Niederlage an der Ostfront deutete an, wozu die Deutschen in ganz Europa imstande gewesen wären, wenn sie auch den Krieg an der Westfront gewonnen hätten.[31]

Im Juli 1914 jedoch, bevor die Kanonen zu feuern begannen, wog Deutschland seine Unterstützung für Österreich gegen die Reaktion Rußlands ab. Das österreichische Oberkommando zählte auf seine deutschen Verbündeten, um Rußland zum Nachdenken zu veranlassen, bevor es Serbien zu Hilfe eilte, womit eine schnelle Eroberung Serbiens durch Österreich gewährleistet wäre, was die Deutschen allem Anschein nach ebenfalls bevorzugten. Am 23. Juli 1914 stellte Österreich Serbien ein zehn Artikel umfassendes Ultimatum, das wie eine Anklageschrift formuliert war, versehen mit einer Antwortfrist von achtundvierzig Stunden. Zu den Forderungen gehörten die unverzügliche Unterbindung antiösterreichischer Propaganda und die Festnahme serbischer Offiziere, die an der Ermordung des Erzherzogs beteiligt waren, wozu eine Liste der Beschuldigten beigefügt war.[32]

Wie die mobilisierenden Serben verstanden die Russen das Ultimatum als eine Kriegserklärung und begannen ebenfalls mit der Mobilmachung. Während sowohl Österreich, das am 28.7. Serbien den Krieg erklärte, als auch Rußland sich auf den Krieg vorbereiteten, beobachteten die Deutschen intensiv den Verbündeten Rußlands, Frankreich. Am 29. Juli gingen die Russen mit der Mobilmachung gänzlich auf Kriegskurs. An den nächsten Tagen wurde jeder gezwungen, Farbe zu bekennen, als Österreich und Deutschland mit gleicher Münze heimzahlten, wobei Deutschland der letzte der kontinentalen Hauptkombattanten war, der mobil machte. Weder hatte die deutsche Unterstützung für Österreich die Russen aufgehalten, noch hatte die russische Unterstützung für Serbien die Österreicher und die Deutschen abgeschreckt. Als nun alle Hoffnung auf Frieden zunichte war und Deutschland am 1. August an Rußland und am 3. August an Frankreich den Krieg erklärt hatte, zogen die vier kontinentalen Großmächte, denen Großbritannien am 4. August mit der Kriegserklärung an Deutschland folgte, mit ihren Ambitionen, Ultimaten und Armeen auf das Schlachtfeld.[33]

Das deutsche Militär hatte einen lange bestehenden Plan für jene Konfrontation, die es am meisten fürchtete: einen Zweifrontenkrieg mit Rußland und Frankreich. Feldmarschall Alfred von Schlieffen hatte im Jahr 1905 eine Präventivschlagstrategie entwickelt, die er regelmäßig bis zu seinem Tod im Jahr 1913 aktualisierte. Sie sah einen Angriffskrieg vor, in dem genau berechnete Wellen deutscher Soldaten nach Westen durch Belgien und von dort nach Süden bis nach Paris hinein vorstoßen sollten. Von Paris aus sollten sie dann nach Osten marschieren, um auf Rußland an dessen Westfront zu treffen, was mit der Hoffnung verbunden war, dessen Mobilmachung werde im Schneckentempo vonstatten gehen – alles in allem ein Blitzkriegskonzept, das darauf angelegt war, die Zange der Großmächte, die Deutschland zusammendrückte, zu überrumpeln und entzweizubrechen.[34]

Der Erfolg des Plans hing von drei Eventualitäten ab: der Leichtigkeit, mit der die deutschen Streitkräfte in Stellung gebracht werden könnten (steckenzubleiben war keine

Option); der Aufrechterhaltung der Versorgungslinien für eine Armee, die in vielen Einheiten nach Westen, nach Süden und nach Osten marschiert; und dem Fortbestehen der britischen Neutralität, nachdem deutsche Soldaten auf dem Weg nach Frankreich in Belgien einmarschiert waren. In Anbetracht der Tatsache, daß Großbritannien, Frankreich und Preußen ein Dreivierteljahrhundert lang die Neutralität Belgiens respektiert hatten, schien der Schlieffen-Plan von Anfang an eine riskante Angelegenheit zu sein.

Der Preis des Krieges

Unter Umgehung der die östliche Flanke Frankreichs schützenden Festungen besetzten die Deutschen Belgien in den ersten Augusttagen, aber nicht schnell genug, um weiter nach Paris zu stürmen und die sich zurückziehenden Franzosen zu besiegen. Als die Deutschen am vierten Tag eine Verschnaufpause einlegten, schickten die Briten ein Expeditionskorps, um ihnen entgegenzutreten, wodurch der Schlieffen-Plan weiter durcheinandergebracht wurde. Großbritannien, Frankreich und Rußland, seit langem vom Nahen eines Krieges überzeugt, hatten Wege gefunden, einander gegenseitig dabei zu unterstützen, die Deutschen aufzuhalten. Obwohl die Verantwortung für den Ausbruch des Krieges mehreren Nationen angelastet werden kann, hatte nur das extrem vorwärts drängende Deutschland die widerstrebende Allianz der Tripelentente zusammenführen können, die im Spätsommer und Herbst 1914 gegen die deutsche Armee kämpfte.

In den ersten drei Jahren trat der Krieg mehr oder weniger auf der Stelle, hauptsächlich aufgrund des verbissenen Grabenkrieges, in dem sich die Kombattanten innerhalb eines Monats nach dem Kriegsausbruch einrichteten. Im September 1914 hatten sich beide Seiten entlang der Marne festgesetzt, wo französische und britische Streitkräfte sich den Deutschen entgegenstellten. Über diese Front drang der Krieg gegen Frankreich niemals hinaus. Erst mit dem

Aufkommen der Panzer, dem uneingeschränkten U-Boot-Krieg und dem Kriegseintritt der Amerikaner 1917 gewann er an Dynamik. Bis dahin hatten seine Romantik und sein Glanz inmitten von Stacheldraht, Maschinengewehren und Senfgas einen gräßlichen Tod erlitten.

Erfolgreicher war die deutsche Armee an der Ostfront, wo sie beweglicher war und mit Paul von Hindenburg als Oberbefehlshaber und Erich Ludendorff als Generalstabschef und nach 1916 als Generalquartiermeister überragende Führungspersönlichkeiten hatte. Zwischen ihrem Sieg bei Tannenberg im Jahr 1914, wo auf jeden gefallenen Deutschen fünf gefallene Russen kamen, und dem Friede von Brest-Litowsk im März 1918 wurden die Namen Hindenburg und Ludendorff zu geläufigen Begriffen, die künftig in der Weimarer Republik der Nachkriegszeit eine Rolle spielen sollten.

Das unerwartete Elend des Krieges und sein erschütterndes Ergebnis diskreditierten die kaiserliche Regierung und hinterließen die Deutschen entmutigt und erniedrigt. Im Jahr 1914 stand ein Fünftel der deutschen Bevölkerung unter Waffen oder war in irgendeiner Form von Kriegsdienst eingesetzt. Am Ende des Krieges waren etwa zwei Millionen Deutsche gefallen und mehr als vier Millionen verwundet oder verstümmelt. Zudem belasteten sechshunderttausend Kriegswitwen die Kassen der Regierung. Im Verlauf der vier Kriegsjahre und für mehrere Jahre danach blieb der weibliche Bevölkerungsanteil stabil, während sich das Defizit bei den Männern schmerzhaft bemerkbar machte. In vielen Haushalten, Branchen und Berufen stellte das Ungleichgewicht der Geschlechter die traditionellen Strukturen und Autoritäten auf den Kopf. Deutsche Frauen, denen schon vor dem Krieg ein Arbeitsplatz nicht unbekannt war, füllten die traditionell männlichen Rollen zu Hause, auf den Bauernhöfen und in der Industrie aus, wobei sich ihre Zahl in den Fabriken und bei der Eisenbahn gegenüber der Vorkriegszeit verdoppelte.[35]

Für die vielen Deutschen, die vor dem Krieg wohlhabend gewesen waren, war die plötzliche, von schrumpfendem

Handel, Inflation, „Rübenwintern“ und blanker körperlicher Anfälligkeit erzeugte Not unauslöschlich beschämend und verbitternd. Schon vor Kriegsende versank Deutschland in Schulden; bis September 1923 war ein amerikanischer Dollar 240 Millionen Reichsmark wert.[36] Das Leid führte zu Zynismus und untergrub Disziplin und Gehorsam, Moral und Sittlichkeit wurden zersetzt.

Unter Verkennung der Realität führten sich zurückkehrende Soldaten und Zivilbevölkerung so auf, als könnten sie jeden Augenblick alles umstoßen und ihr früheres Leben wiedergewinnen. Der gemeinsame Nenner, der die meisten von ihnen verband, war, daß sie ihrer Regierung nicht weiter vertrauen konnten.[37] Hinter der Empörung, den zerstörten Hoffnungen und dem Gefühl der Sinnlosigkeit lag die Erschütterung, von einer Regierung betrogen worden zu sein, der man einst vertraut hatte. Obwohl es nicht das erste Mal war, daß die Deutschen sich von ihrer Regierung verraten fühlten, erzeugte die Tatsache, daß so viele, die noch kurz zuvor wohlhabend gewesen waren, alles verloren hatten, ein unstillbares Bedürfnis, Revanche zu üben und Gerechtigkeit herzustellen.

Nach dem Krieg fanden sich die Deutschen zwischen einer gescheiterten und für viele mißratenen kaiserlichen Monarchie und einer hastig geschaffenen und mit vagen Versprechungen agierenden Weimarer Republik wieder.[38] Die erste hatte zuviel aus der Hand gleiten lassen und mußte aus diesem Grund auch verschwinden, während die zweite etwas von Deutschen bislang nicht Erprobtes anbot: eine liberale Demokratie. Konnte eine neue Regierung durchhalten und das Verlorene wettmachen?

Die Weimarer Republik

Vier Jahre, nachdem Deutschland zuversichtlich in den Krieg gezogen war, erlitt es das, was ein „nie zuvor von der Welt gesehenes Unglück“ genannt worden ist.[39] Unmittelbar nach dem verlorenen Krieg lösten die Erschütterung und das Gefühl der Demütigung eine interne Revolution über das gesamte sozialpolitische Spektrum hinweg aus. In den Ruinen rangen drei Lager miteinander um die Kontrolle über eine Nation im freien politischen Fall. Eines davon war die Regierung, die den Krieg geführt hatte und nun so viel ihrer vorherigen Macht zu erhalten versuchte, wie es das neue Chaos erlaubte. Ihr direkter Gegner waren die neugegründeten politischen Räte, die die Massen arbeitsloser Soldaten und Zivilisten repräsentierten, unter ihnen zukünftige Nationalsozialisten, die einen klaren Bruch mit der Vergangenheit forderten. Schließlich gab es den Spartakusbund, die spätere Kommunistische Partei Deutschlands (KPD), die Deutschland in einen Staat im Stil der Sowjetunion umgestalten wollte. Diese neuen Bewegungen der Rechten wie der Linken bekämpften sowohl die Überreste der kaiserlichen Herrschaft als auch einander wechselseitig und verkrallten sich in einem Bürger- und Kulturkrieg um Deutschlands Körper und Seele.[40]

Im Machtvakuum, das nach der Niederlage der deutschen Armee entstanden war, errang Erich Ludendorff, ein populärer Kriegsheld, der 1917/18 die den Bedingungen des Krieges angepaßte Wirtschaft des Landes geleitet hatte, eine führende Rolle. Zynischerweise empfahl er dringend eine Regierungskoalition aus Sozialdemokraten, Liberalen und Zentrumspartei unter Führung des vermittelnden Prinzen Max von Baden, die er, als sie gebildet war, dazu drängte, die Niederlage zu akzeptieren und mit den Alliierten Frieden zu schließen. In den treffenden Worten von Hagen Schulze bedeutete dies für die nachfolgende erste deutsche Demokratie, die Weimarer Republik, daß sie „als letzter Ausweg eines ratlosen Generalstabs" geboren wurde.[41] Im Sog der Niederlage und unter den Verhältnissen einer sich auflösenden Armee konnte kein prominentes Überbleibsel der kaiserlichen Regierung lange durchhalten, und Fürst Max trat nach nur einem Monat, im November 1918, zurück und verkündete dabei eigenmächtig die Abdankung Kaiser Wilhelms und den Verzicht des Kronprinzen auf den Hohenzollernthron und bestimmte den Vorsitzenden der

Sozialdemokraten, Friedrich Ebert, zu seinem Nachfolger als Kanzler. Der Kaiser und der Kronprinz zogen sich in die Niederlande zurück, während Ebert der erste Präsident der Weimarer Republik wurde.[42]

Schon bevor deren Verfassung in Kraft trat, gelang es der Übergangsregierung nicht, mit ihren ersten wichtigen Maßnahmen Vertrauen in der Öffentlichkeit zu gewinnen. Im November 1918 unterzeichnete sie den Waffenstillstand, der den Ersten Weltkrieg beendete und die bedingungslose Niederlage akzeptierte. Es war kein Zufall, daß eine Delegation der neuen Zivilregierung und nicht des deutschen Oberkommandos das verhaßte Dokument unterzeichnete. Weitblickende Generäle und Politiker hatten die deutsche Niederlage schon im Sommer 1917 vorhergesehen und hatten schon damals nach einer Friedensregelung gesucht, mit der das Gesicht gewahrt werden konnte. Unabhängig davon, aber letztlich vergeblich, unterstützten liberale Partei und Zentrumspartei ein Friedensangebot, das die russische Revolutionsregierung unterbreitet hatte. Im Frühjahr 1918 gestand das deutsche Oberkommando insgeheim die Unabwendbarkeit der Niederlage ein, verheimlichte dies jedoch vor einer noch immer vertrauensseligen deutschen Öffentlichkeit, die von den harten Konsequenzen einer bedingungslosen Kapitulation völlig unvorbereitet getroffen wurde.

Weil das Oberkommando, das vollständig für die Kriegsführung verantwortlich war, der Nation einen schnellen Sieg versprochen und sie nie mit dem Gedanken an eine Niederlage konfrontiert hatte, wußte es, daß Erklärungen verlangt werden würden und Rache gefordert würde. Die Generäle bestimmten frühzeitig, daß die neue Zivilregierung, und nicht das Militär, der Öffentlichkeit die schlechte Nachricht überbringen sollte. Beim Anstreben dieses Ziels wurden sie von Präsident Woodrow Wilson sowohl unterstützt als auch behindert, der verlangte, daß Parteien, die unabhängig von der politischen und militärischen Maschinerie waren, den Friedensvertrag unterzeichneten. Seine Bedingungen erforderten von den Deutschen die Annahme und Umsetzung der Vierzehn Punkte Präsident Wilsons: idealistische Prinzipien der Freiheit und der Selbstbestimmung, die aus der amerikanischen demokratischen Erfahrung abgeleitet waren (sie sollten den Deutschen gegenüber im Jahr 1945 noch nachdrücklicher wiederholt werden).

Wie das Militär vorausgesehen hatte, wurden jene, die diese Friedensdokumente unterzeichnet hatten, in den Augen vieler ihrer Landsleute, die ihnen vorwarfen, Deutschland einen Dolch in den Rücken gestoßen zu haben, zu „Verbrechern". Der Delegationsleiter Matthias Erzberger, Mitglied der Zentrumspartei und Staatssekretär, wurde der verhaßte Bote und fiel zwei Jahre später, im Jahr 1921, einem Mordanschlag zum Opfer. Wenn jedoch der deutschen Nation ein unheilvoller Dolchstoß zugefügt worden war, dann wohl von vorn, ins Auge, nicht in den Rücken, und er kam von der Hand General Ludendorffs, der später zu Hitlers ersten Verbündeten gehörte. Da er die Niederlage für unvermeidbar hielt, nahm er mit den Alliierten Kontakt auf – es wird behauptet, überstürzt –, um einen sofortigen „Waffenstillstand zu Vermeidung einer Katastrophe" zu erbitten. Dadurch unterwarf er Deutschland weit härteren Bestimmungen (einer bedingungslosen Kapitulation), als es bei einem zwischen aktiven kriegführenden Staaten ausgehandelten Waffenstillstand der Fall gewesen wäre.[43]

Unmittelbar nach dem Ersten Weltkrieg hätte keine Regierung schnell genug handeln können, um die dringenden und unabdingbaren Bedürfnisse einer so heimgesuchten Nation zu erfüllen. Die neue Regierung, die für die Kriegsverluste, die harten Kapitulationsbedingungen und das neue Chaos des Nachkriegslebens verantwortlich gemacht wurde, stand von Beginn ihrer Amtszeit an unter Beschuß.

Obwohl Ebert, von Beruf Sattler, nicht verfassungsgemäß ins Amt kam, bot er die beste Erfolgsgewähr für den neuen deutschen Versuch mit der Demokratie. Aber auf der einen Seite mit den revolutionären Räten und auf der anderen mit den neuformierten sozialistischen und protokommunistischen Parteien konfrontiert – die seine Autorität in Frage stellten und begierig danach waren, selbst eine neue

Regierung anzuführen –, sah sich der prinzipienfeste Ebert außerstande zu regieren.[44] Er konnte jedoch zur Wahl eines neuen Parlaments aufrufen, was er unverzüglich tat. In der verfassungsgebenden Nationalversammlung, die im Januar 1919 gewählt wurde und im Februar zusammenkam und deren neue Verfassung im folgenden August in Kraft trat, nahm die Weimarer Republik Gestalt an, die ihren Namen von der Stadt erhielt, in der die Versammlung erstmals tagte und die endgültige Version der Verfassung niedergeschrieben wurde.

In den sechsundfünfzig Artikeln des zweiten Hauptteils legte die Weimarer Verfassung die „Grundrechte und -pflichten" des deutschen Volkes in einem zukünftigen demokratischen Staat fest. Unter dem neuen Gesetz waren sowohl der Präsident als auch das Parlament vom Volk zu wählen, und der Kanzler und die Minister – vom Reichspräsidenten ernannt – bedurften des Vertrauens des Parlaments. Zum ersten Mal erhielten die Frauen – sie waren bereits seit 1908 zum regulären Studium an den Universitäten des gesamten Reiches zugelassen – das aktive und passive Wahlrecht. Und mit ihrer Stimmabgabe gelangten 41 weibliche Abgeordnete unter die 423 gewählten Repräsentanten, ein größerer Anteil, als er in jedem folgenden deutschen Parlament oder nach dem Zweiten Weltkrieg bis 1983 im Bundestag erreicht wurde.[45]

Die Verfassung enthielt auch verhängnisvolle neue Artikel. Im Überschwang demokratischer Gesten und der Koalitionsbildungstaktik erhielten auch Splitterparteien Sitze entsprechend ihrem Stimmenanteil. Die Souveränität des Exekutivorgans bestand im Recht des Präsidenten fort, seinen eigenen Kanzler zu ernennen und im Falle eines Notstandes, den er allein ausrufen konnte, „souveräne gesetzgeberische und ausführende Macht" zu übernehmen. Als Artikel 48 bekannt, sollte dieses machtvolle Instrument später den Kanzlern Hindenburgs ermöglichen, für kurze Zeit als starke Männer zu regieren, dem letzten von ihnen – Adolf Hitler – für unbegrenzte Zeit.[46]

Die ohne Getöse zustande gekommene parlamentarische

Führungsriege der neuen Republik war entschieden sozialistisch, jedoch nicht in einem modernen revolutionären oder kommunistischen Sinn.[47] Bei der Wahl im Januar 1919 erhielten die gemäßigten Sozialdemokraten und ihre Verbündeten, die Zentrumspartei und die Deutsche Demokratische Partei, mehr als drei Viertel der Stimmen, ein Sieg, der dem Nachkriegsdeutschland ein frisches, neues politisches Aussehen gab. Doch nach weniger als eineinhalb Jahren (im Juni 1920) sollte eine verdrossene Wählerschaft mehr als ein Drittel dieses Mandats zurücknehmen, ein schmerzhafter Umschwung für die sozialdemokratisch-liberale Koalition und ein erster Ausblick auf die Achterbahnpolitik, die vor der Weimarer Republik in den zwanziger Jahren lag.

Der Versailler Vertrag

Was immer an realistischen Hoffnungen die neue Regierung geweckt haben mag, sie wurden sämtlich vom Versailler Vertrag, der die Friedensbedingungen der Alliierten darlegte, bedroht. Diese Bedingungen, die die Deutschen ebensosehr wie die Kriegsverluste und der Waffenstillstand erschütterten, wurden ihnen ohne jegliche vorhergehende Verhandlungen oder auch nur die Anwesenheit einer ordentlichen deutschen Delegation auferlegt. Aus diesen Gründen wurde „Versailles“ zur immer wiederkehrenden Parole für Widerstand, Wiederbewaffnung und den Rücktritt der neuen Regierung, womit sich ein Schatten auf die zwanziger Jahre legte, der bis ins Jahr 1933 reichte.

Der Vertrag bestand aus separaten Teilen und wurde seit dem 7. Mai 1919 debattiert, als die Alliierten erstmals ihre Bedingungen darlegten. Am 16. Juni wurde den Deutschen der endgültige Text vorgelegt. Für die Unterzeichnungszeremonie am 28. Juni 1919 hatte man mit Absicht den Spiegelsaal des königlichen Schlosses von Versailles gewählt. Dort hatte Deutschland einst, im Januar 1871, das besiegte Frankreich mit der Ausrufung des preußischen Königs Wilhelm I. zum deutschen Kaiser gedemütigt. Nun waren die Franzosen an der Reihe, die Deutschen daran zu erinnern, wer sie waren. In den Personen des Sozialdemokraten Hermann Müller und des Zentrumsmitglieds Johannes Bell stand auch die neue Regierung im Mittelpunkt der Unterzeichnung einer weiteren demütigenden Kapitulation. An diesem Punkt in der kurzen Geschichte der neuen Regierung hielten die strengsten Kritiker sie nicht weniger für einen fremden Räuber als den neuen Völkerbund, der von den Alliierten dazu ausersehen war, die Vertragsbedingungen durchzusetzen.[48] Da der Völkerbund nicht über eine gemeinschaftliche Armee verfügte, überließen seine ständigen Ratsmitglieder – Großbritannien, Italien, Frankreich und Japan (die Deutschen und die Sowjets blieben zunächst ausdrücklich ausgeschlossen) – die Durchsetzung dem Staat, der dazu am ehesten in der Lage und willens war, nämlich Frankreich.[49]

Der Vertrag von Versailles und die anderen sogenannten Vorortverträge erzeugten die Bedingungen für die Auflösung des Habsburger-, des Hohenzollern- und des Osmanischen Reiches und erlegten Deutschland und seinen Verbündeten, die in den anderen Orten unterzeichnen mußten, harte Bedingungen auf. Der Vertrag von Versailles zwang Deutschland zu umfassenden Gebietsabtretungen, zu Souveränitätsbeschränkungen und hohen Reparationen. Es verlor 14 Prozent seines Vorkriegsterritoriums. Die Alliierten schlugen den Großteil Westpreußens (zur Schaffung eines „polnischen Korridors" zur Ostsee) und die östlichen Teile Oberschlesiens mit bedeutenden Industrie- und Rohstoffstandorten dem wiedererstandenen Polen zu, eine Demütigung, für die sich Deutschland Ende der dreißiger Jahre mit aller Härte rächen sollte. Gleichzeitig wurden Elsaß-Lothringen, die Stadt Danzig und das kohlereiche Saarland abgetrennt, wobei dessen endgültiges Schicksal von einer späteren Volksabstimmung abhing. Mit dem Verlust dieser Gebiete büßte Deutschland auch 10 Prozent seiner Bevölkerung ein, mehrere Millionen Einwohner davon an Polen, sowie lebenswichtige Teile seiner Eisen- und Kohlevorräte und -produktion, der landwirtschaftlichen

Produktion und der chemischen und pharmazeutischen Industrie. Auch sämtliche Kolonien mußte Deutschland aufgeben.

Der Versailler Vertrag begrenzte die deutsche Armee auf einhunderttausend und die Marine auf fünfzehntausend Mann und verbot sämtliche schweren Waffen, Panzer, Flugzeuge und U-Boote. Die Deutschen fanden sich in schwerer Bedrängnis bei der Suche nach Wegen, ihre militärische Stärke auszuweiten, um die innere Sicherheit zu gewährleisten. Eine Lösung lag auf der Hand mit der großen Zahl ehemaliger Soldaten und Offiziere, die es ablehnten, ins Zivilleben zurückzukehren. In „Freikorps" genannten örtlichen Freiwilligen-Armeen organisiert, ergänzten sie ursprünglich die örtliche Polizei und Länderarmeen und übertrafen diese schließlich zahlenmäßig. Weil den Deutschen das Fliegen mit Motorflugzeugen untersagt war, perfektionierten sie zum Zweck der Überwachung Segelflugzeuge und hielten damit ihre fliegerischen Fähigkeiten auf hohem Niveau.[50]

Im Versailler Vertrag, der im Artikel 231 („Kriegsschuldartikel") Deutschland und seine Verbündeten allein für den Krieg verantwortlich machte, wurden Reparationszahlungen für Kriegsschäden in allen von deutschen Truppen besetzten Gebieten erhoben einschließlich der Kosten der alliierten Kriegsrenten, ein ungewöhnlich rigoroser Schadenersatz. Die Alliierten, die die Reparationszahlungen ursprünglich auf 480 Milliarden Reichsmark schätzten – mehr als 1.700 Prozent des jährlichen deutschen Bruttosozialprodukts – reduzierten diese Forderung in zwei Stufen: auf 269 Milliarden im Januar 1921 und auf 132 Milliarden im folgenden Frühling. Die Zahlungen sollten über einen Zeitraum von dreißig Jahren verteilt werden, wobei Belgien und Frankreich ihre Anteile verwenden würden, um die aufgrund der Kriegsanstrengungen entstandenen Schulden in Amerika zu tilgen.[51]

Zudem mußte Deutschland bedeutende Sachlieferungen erbringen und vor allem wichtige Verkehrsmittel (Lokomotiven, Waggons und Handelsschiffe) abgeben.

Damals verurteilte der prominente englische Ökonom John Maynard Keynes die Höhe des Schadensersatzes als eine „Ausplünderung", die ein zukünftiges Armageddon garantierte, sobald die Deutschen in der Lage wären zurückzuschlagen.[52] Auch die isolationistischen Amerikaner, die ein noch notleidendes und gefährliches Europa verließen, ohne sich dem Völkerbund anzuschließen, hielten die Reparationsforderungen der Alliierten für willkürlich und diktatorisch. Abgesehen von Frankreich, historisch der häufigste und erfolgreichste Wilderer in deutschen Landen, zeigten die Mitglieder des Völkerbundes wenig Begeisterung für die Auferlegung und Durchsetzung der ursprünglichen Reparationszahlungen.[53]

Historiker, die die deutschen Reparationszahlungen makroökonomisch im Hinblick auf das Wachstum der Bevölkerung und der Wirtschaft im Verlauf der zwanziger Jahre abschätzten, haben argumentiert, daß diese Zahlungen nicht so drückend gewesen seien wie von den Deutschen behauptet. In die Betrachtung einbezogen wurde auch die Flexibilität der Zahlungen, die die Deutschen theoretisch von einer internationalen Gemeinschaft erwarten konnten, die nicht den Wunsch hatte, ein derart produktives unterworfenes Volk zu lähmen.[54] Es ist bemerkenswert, daß Deutschland im Jahr 1918 im Frieden von Brest-Litowsk Rußland noch härtere Reparationen auferlegte und dabei mindestens drei Viertel seiner Kohle, seines Eisens, Öls und seiner Baumwolle verlangte und sich ein Drittel seiner Bevölkerung und der Bahnlinien einverleibte.[55]

Zwischen November 1923 und April 1924 sicherte die amerikanisch geführte Dawes-Kommission die deutschen Reparationszahlungen, indem sie an die jährliche Wirtschaftsleistung Deutschlands gebunden und mit kurzfristigen amerikanischen Krediten gedeckt wurden.[56] Als an der Wall Street im Jahr 1929 die Börse zusammenbrach, trafen die aufgelaufenen und nun plötzlich fälligen Kredite die Deutschen mit aller Wucht, was zu noch mehr Elend führte. In den dazwischenliegenden fünf Jahren jedoch, von 1924 bis 1929, stabilisierten die geliehenen Milliarden die deutsche Wirtschaft, wodurch es dem hochgradig fremdfinanzierten Deutschen wie dem ebenso fremdfinanzierten Amerikaner ermöglicht wurde, zumindest einen Teil der zwanziger Jahre als „golden“ und „wild“ zu erleben.[57]

Vor dem großen Börsenkrach wandelte eine andere amerikanisch geführte Delegation, die Young-Kommission, die Zahlungsmodalitäten für die Reparationen in einen Jahresfestbetrag von 1,6 Milliarden Reichsmark um, der weit unterhalb der hochgerechneten jährlichen Exporte Deutschlands lag und die im Dawes-Plan festgelegte Staffelung von 1 bis 2,5 Milliarden Reichsmark pro Jahr ersetzte.[58] Dieser neue Plan jedoch erschreckte die Deutschen, weil er die planmäßigen Zahlungen bis 1987/88 laufen ließ. Die Angelegenheit wurde bald irrelevant aufgrund der Weltwirtschaftskrise, die Deutschland außerstande setzte, Reparationen oder irgendwelche andere Schulden zu bezahlen. Die Reparationszahlungen wurden im Jahr 1931 aufgeschoben und im Sommer 1932 eingestellt.[59]

Es ist argumentiert worden, daß die Versailler Reparationszahlungen der geschwächten deutschen Wirtschaft einen notwendigen Anstoß gaben.[60] Ob das wahr ist oder nicht, das Preisschild allein machte aus den Reparationen nicht den Grund für die Deutschen, den Frieden zu brechen. Wichtiger war die fortdauernde Demütigung, die sich in der aufgezwungenen alleinigen Verantwortung für den Krieg, der Verweigerung irgendeiner deutschen Rolle, abgesehen von Unterwerfung, in den Waffenstillstands- und Vertragsverhandlungen und in einem siebenjährigen Moratorium auf die Mitgliedschaft im Völkerbund äußerte.[61] Am Vorabend des Ersten Weltkrieges war Deutschland eine Weltmacht gewesen, die nur von den Vereinigten Staaten überragt wurde, und am Ende des Krieges waren zwei Millionen Deutsche auf den europäischen Schlachtfeldern gefallen. Selbst wenn Deutschland danach als Sklavennation unter vermeintlichen reineren Siegernationen im Rahmen der traditionellen Parameter von Sieg und Niederlage behandelt wurde, traf das Deutsche mit nur etwas historischem Wissen als ihre bislang gnadenloseste Demütigung.

Die sich abwechselnden konservativen und liberalen Richtungen der Weimarer Republik spiegelten das politische Spektrum der modernen deutschen Geschichte wider, und ihre vierzehn Jahre währende Existenz ist als Versuch beschrieben worden, das kaiserliche Deutschland der französischen und der deutschen Revolution zu unterwerfen.[62] Obwohl die konservativ-regressiven Elemente am Ende überlebten und dadurch der Politik der Rechten größeres Gewicht verliehen, war die spezifische Errungenschaft Weimars die verfassungsmäßige Ausdehnung des sozialen Wohlfahrtsstaates. Vor den zwanziger Jahren war nur das revolutionäre Rußland kühn genug gewesen, die Befriedigung der grundlegenden sozialen Bedürfnisse aller seiner Bürger zu versprechen. Der Quantensprung der Weimarer Republik bei den Leistungen des Staates für Familien und hinsichtlich der Schutzes der Arbeiter ergab sich weder aus der russischen noch aus der deutschen Revolution, sondern hatte seine Basis in den progressiven Sozialversicherungsgesetzen, die unter Bismarck in den achtziger Jahren des neunzehnten Jahrhunderts verabschiedet worden waren.[63] Die ehrgeizige Gesetzgebung der Republik faßte Lösungen für praktisch jedes soziale Problem ins Auge, von Gesundheit und Unterkunft bis zu asozialem Verhalten und sogar genetischer Abnormität. Sie weitete Zuwendungen von beispielloser Großzügigkeit für die Bedürftigen und Arbeitslosen in einem Wohlfahrtsprogramm aus, das von einem bewundernden Historiker als „die Kulmination des utopischen Traums der Aufklärung, das größte Wohlergehen [für] eine größtmögliche Zahl von Menschen zu gewährleisten“, beschrieben wurde.[64]

Träumer sind jedoch oft schlechte Buchhalter, und die Weimarer Sozialliberalen verabschiedeten Sozialversicherungsgesetze, ohne die Kosten zusammenzurechnen. Obwohl harte Zeiten die Erfüllung von vielem, was versprochen war, verhinderten, kam genug durch, um den Wohlfahrtshaushalt bis 1925 gegenüber 1915 zu verdoppeln.

Indem die Regierung hohe Anleihen bei amerikanischen Banken aufnahm, um diese Zuwendungen und Leistungen zu bezahlen, häufte sie einen Berg neuer Schulden auf, während sich die Lage der deutschen Wirtschaft verschlimmerte.[65]

Neben dem Wohlfahrtsstaat gab es strukturelle Probleme, die nicht weniger schwierig zu lösen waren. Das Unvermögen, die Kriegsverluste zu vergessen, erzeugte immer weiter Argwohn und Mißtrauen gegen eine Regierung, die viele als mitschuldig an der Misere betrachteten. Obwohl Weimar der Nation eine neue, demokratische politische Struktur gegeben hatte, blieb deren Umsetzung zaghaft und abstrakt. Während die Deutschen dringend bezahlte Arbeit, Familienunterstützung und Wiederaufbau nach dem Krieg benötigten, schien das neue Parlament in Verfassungsfragen und -gesetzmäßigkeiten vertieft zu sein, abgehoben von den wichtigsten Erfordernissen des täglichen Lebens.[66]

Neue politische Parteien auf der Linken und Rechten standen bereit, um sich der Republik bei der ersten sich bietenden Gelegenheit mit undemokratischen Methoden zu bemächtigen. Eine festverwurzelte alte Garde von antirepublikanischer Gesinnung sorgte für Konfrontation und Stillstand, indem sie an Schlüsselpositionen in Justiz und Verwaltung festhielt. Schon im März 1920 deutete ein vom Gründer der rechtsradikalen Deutschen Vaterlandspartei, Wolfgang Kapp, geführter Putschversuch die Gewalt an, von der die Weimarer Republik mit Unterbrechungen im Verlauf des Jahrzehnts geplagt werden sollte. Und dieser gefährlichen Sackgasse fügte die neue Verfassung ein eigenes strukturelles Problem hinzu, als sie dem Präsidenten der Republik die Macht verlieh, in Krisenzeiten das Parlament aufzulösen und unmittelbar durch seinen Kanzler zu regieren.[67]

In unmittelbarer Nähe der Regierung verstärkten sich im Verlauf des Jahrzehnts antirepublikanische Einstellungen auch innerhalb des deutschen Oberkommandos, das alle Hoffnung aufgab, jemals von einem SPD-geführten Parlament das Militär zu erhalten, das es sich wünschte.

Im Hinblick auf die Aufträge, die ein wachsendes Militär auslösen würde, setzten Großunternehmen und -industrie, insbesondere jene der Eisen- und Stahlbranche, die Regierung unter Druck, Investitionen vom Wohlfahrtsstaat auf die Waffenproduktion zu verlagern.[68]

Vor diesem Hintergrund kann das Versagen der Weimarer Republik Jahr für Jahr und Ereignis um Ereignis verfolgt werden. Schon von Anbeginn, im Jahr 1919, war ein deutlicher Gegenwind spürbar, als 75 der 337 anwesenden Mitglieder der Nationalversammlung gegen die Verfassung stimmten. Bei der ersten Reichstagswahl im Jahr 1920 errangen kritische oder feindlich gesinnte Parteien einen leichten Vorsprung vor der zuvor regierenden sozialdemokratisch-liberalen Koalition.[69] Viele der abweichenden Stimmen kamen von den ostelbischen Gütern, wo man zwischen 1919 und 1922 mit ansehen mußte, wie der Weizenpreis um 40 Prozent fiel.[70] Am verhängnisvollsten für die Regierung war, daß sie früh die Unterstützung aus der Mittelschicht zu verlieren begann. Da mittelständische Handwerker und Ladenbesitzer von der neuen sozialliberalen Regierung kostspielige Eingriffe und von einer militanten Arbeiterklasse eine drückende Konkurrenz befürchteten, wurden sie so nervös wie die unteren und dic verwundbaren Kreise der höheren Schichten. Das Empfinden einer wachsenden Gefährdung ihrer Lebensgrundlage machte sie anfällig für das, was Detlev Peukert die „wildesten ideologischen und quasimystischen Vorstellungen" davon nannte, was den Deutschen schade und nütze. Zusammen mit den ländlichen Wählern verlor die städtische Mittelschicht zunehmend ihr Vertrauen in die liberalen Parteien, und nach 1928 wandten sie sich auch von der konservativen Deutschnationalen Volkspartei ab. Geführt vom Medienmagnaten Alfred Hugenberg, schloß sich diese Partei im Jahr 1929 aus Protest gegen den im Young-Plan festgelegten Ablauf der Reparationen den Nationalsozialisten an, eine Verbindung, die nicht wenige ihrer Mitglieder veranlaßte, zur Partei Hitlers überzutreten.[71]

Als ob die deutsche Wählerschaft anderes erhoffte,

brachte sie unter Hermann Müller die letzte sozialdemokratisch geführte Koalition vor der Regierung Willy Brandts (1969–74) an die Macht und damit, wie sich zeigen sollte, das – von 1928 bis 1930 – am längsten regierende Kabinett der Weimarer Republik. Bis dahin verdankte sie ihren begrenzten Erfolg Friedrich Ebert und noch nach dessen Tod seinem ebenso prinzipienfesten Außenminister, Gustav Stresemann, der 1923 kurzzeitig auch Kanzler war. Zwischen 1923 und 1929 unterhielt Stresemann freundschaftliche Beziehungen der Republik zu anderen Nationen mittels wirtschaftlicher Zusammenarbeit und Risikoteilung, was sich insbesondere an seiner Unterstützung beträchtlicher deutscher Kreditaufnahmen bei den Vereinigten Staaten festmachen läßt. Die Stabilität und Normalität, die die Deutschen zwischen 1924 und 1929 genossen, waren ein unmittelbares Ergebnis dieser erfolgreichen Diplomatie.[72]

Das verhängnisvollste Unwetter

Blickt man auf die Entwicklungen zurück, die die Weimarer Republik zugrunde richteten und der nationalsozialistischen Herrschaft den Boden bereiteten, findet man überall konvergent verlaufende menschliche Fehler und Kräfte jenseits menschlicher Kontrolle. Weil die deutsche Regierung annahm, daß Serbien, Rußland und Frankreich zusammen über eine Fähigkeit zum lähmenden Erstschlag verfügten, bereitete sie sich spätestens seit dem Jahr 1912 auf einen Krieg vor. Sowohl hochrangige deutsche Beamte als auch wachsame ausländische Diplomaten bezeugen „zahlreiche größenwahnsinnige ... Expansionspläne", die in Deutschland die Runde machten. Historiker glaubten lange, daß die Reichsregierung der Hauptunruhestifter gegen den Frieden gewesen sei und den Ersten Weltkrieg vor allem deshalb begonnen hatte, um der innenpolitischen Herausforderung, die Volksdemokratie und Sozialismus darstellten, auszuweichen.[73] Heutzutage ist Deutschlands Bedürfnis, eine wachsende Bevölkerung und Wirtschaft zu versorgen, das Konzept des sogenannten

„Lebensraums“ und der Pufferzonen, ein anerkannterer Teil der Geschichte, ebenso sein maßloses Verlangen, in der Welt der Kolonien mit ebenbürtigen Staaten gleichzuziehen. Dies waren damals auch für andere Nationen zeitgemäße Gründe, Krieg zu führen.[74]

Die verheerende Niederlage von 1918 löste eine innere Revolution in den deutschen Ländern aus, die bestimmen sollte, welche Art Nation aus den Resten eines besiegten Reiches entstehen würde. Die Weimarer Republik, die im Jahr 1919 gegründet wurde, um diesen nationalen Konflikt zu lösen, wurde statt dessen zu seiner Verkörperung und war am Ende nicht in der Lage, die Eskalation eines politischen Splittergruppen-Scharmützels in eine faschistische Massendemokratie und einen nationalsozialistischen Staat zu verhindern. Einem mit der Auflösung der kaiserlichen Monarchie und dem strengen Diktat der Alliierten konfrontierten Deutschland erschien das Weimarer Experiment der einzige aussichtsreiche politische Weg des Handelns. Daß so viele so schnell die neue Regierung als den inneren Feind betrachten und sie zum Sündenbock für verletzten Stolz und unersetzliche Verluste machen würden, ändert nichts an dieser Tatsache.

Es ist ein beliebtes Argument gewesen, daß die Deutschen ihre Notlage verschlimmerten, indem sie sich weigerten, die Verantwortung für den Krieg anzuerkennen, und es statt dessen vorzogen, anderen die Schuld zu geben und Wunschträumen nachzuhängen.[75] Die Nachkriegsdeutschen hielten jedoch nicht das Monopol auf Spiegelfechterei, und Phantasiewelten der Unschuld und der Schuldzuweisung gab es auch vor dem zwanzigsten Jahrhundert in Deutschland und in anderen Ländern. Welches Maß an Selbsttäuschung und Wunschdenken auch immer die neuen politischen Organisationen und Regierungen, die nach dem Krieg entstanden, geleitet haben mag, die Weimarer Republik begann nüchtern genug und mit berechtigter Hoffnung.

Was danach passierte, war weniger ein Rückzug in eine Scheinwelt als das Hineintreiben in ein beispielloses Unwetter.[76] Im Verlauf der zwanziger Jahre liefen drei Fronten, eine ökonomische, eine politische und eine soziokulturelle, über Deutschland zusammen, die alle seit dem späten neunzehnten Jahrhundert im Entstehen begriffen und in sich potentiell unheilvoll waren. Die ökonomische brach mit der beispiellosen Inflation am Anfang und der nie dagewesenen Arbeitslosigkeit am Ende des Jahrzehnts herein. Die politische Front suchte dann die Weimarer Republik wegen ihres Unvermögens heim, eine liberale Demokratie auf ein sicheres Fundament zu stellen, was einen fortschreitenden und beispiellosen Zusammenbruch der sozialen Ordnung und der öffentlichen Sicherheit nach sich zog. Schließlich hatte die lange Dekonstruktion deutscher Geschichte und Tradition im neunzehnten Jahrhundert, insbesondere der beispiellose intellektuelle und spirituelle Angriff auf die Hauptrichtungen von Moral und Religion, in den zwanziger Jahren ihren Tribut gefordert und führte bei vielen Deutschen zu Verwirrung, Zynismus und zur Erkundung dunkler und unbekannter Pfade, nicht zuletzt derjenigen, die zum Nationalsozialismus führten.[77]

Jede dieser Fronten trug ihre spezielle Zerstörungskraft in sich, und ihr so unwahrscheinliches Zusammentreffen in den zwanziger Jahren ließ das Undenkbare Wirklichkeit werden. Das Ergebnis war die Schaffung eines unbestimmten dritten Deutschland jenseits des Kaiserreichs und der Weimarer Republik. In den folgenden zwölf Jahren, von 1933 bis 1945, sollte Deutschland ein Experimentierfeld bleiben. Mit dem Großteil der Deutschen im Schlepptau schickten sich die Nationalsozialisten an, ein neues Zeitalter zu schaffen, dessen Struktur und Werte auf dem Weg dorthin ad hoc vom Stärksten bestimmt werden sollten.[78]

10

Der barbarische Fürst

Aufstieg und Fall des Nationalsozialismus

In den zwanziger Jahren blieben die legitimen deutschen Regierungen links von der Mitte, während die Alltagspolitik auf verhängnisvolle Weise nach rechts driftete. Auffällig war, daß am Anfang wie auch am Ende des Jahrzehnts sozialdemokratisch geführte Koalitionen regierten. In den frühen dreißiger Jahren setzten eine neue rechtsradikale Partei, die Nationalsozialisten, und ein emporgekommener faschistischer Führer, Adolf Hitler, Schritt für Schritt die erschöpfte und ausmanövrierte deutsche Regierung unter Druck. Sowohl diese Machtübernahme als auch das, was ihr folgte, stellten beispiellose Brüche mit der deutschen politischen und kulturellen Tradition dar.

Beispiellose Zustände gingen dem beispiellosen Ereignis voraus. Zwischen 1922 und Anfang 1923 warf die Hyperinflation tödliche Schatten über Deutschland, Resultat übermäßiger Ausgaben in den optimistischen Kriegsjahren und des ungebremsten Gelddruckens danach, um die streikenden Deutschen im französisch besetzen Rheinland zu unterstützen. Im Verlauf eines einzigen Jahres, 1921–22, schoß der Großhandels-Preisindex um 1.800 Prozent in die Höhe. Am Ende des ersten Krisenjahres, 1923, war dieser Index um unvorstellbare 1.261 Milliarden Male höher als im Basisjahr 1913, als Inflation noch kein ernsthaftes Problem für die Deutschen war. Diese Schatten schienen sich in der Zeit der Stresemann-Regierung zu verflüchtigen, kehrten aber am Ende des Jahrzehnts noch dunkler als je zuvor zurück. Nach dem Börsenzusammenbruch an der Wall Street im Jahr 1929 stand Deutschland, das sich, um seine Schulden zu bezahlen, lange auf kurzfristige amerikanische Kredite verlassen hatte, allein und mit leeren Taschen da.[1]

In den vier Jahren zwischen 1929 und 1933 stieg die Zahl der Arbeitslosen in Deutschland in ähnlicher Weise, wie die deutsche Währung Jahre zuvor gefallen war: von 1,3 Millionen auf mehr als 6 Millionen. Viele der Betroffenen hatten noch lebendige Erinnerungen an gute Anstellungen, während andere auf Unterstützung angewiesen waren oder sich einfach durchschlagen mußten, und dies über vier Jahre hin – alles tief verbitternde Erfahrungen.[2] Während die neue Weimarer Regierung von der Krise, die sie zeitweise selbst verschärfte,[3] überwältigt wurde, ließ jedes qualvolle Jahr, das verfloß, radikale politische Lösungen glaubhafter erscheinen und erleichterte es Parteien, die sie forderten, die Deutschen für ihre Reihen zu gewinnen.

Hitler

Obwohl die Erfolgsaussichten der nationalsozialistischen Partei zum Zeitpunkt ihrer Gründung geradezu lächerlich gering waren, gaben sie und ihr obskurer Führer, der in Österreich geborene Adolf Hitler, bald deutlich zu erkennen, daß sie eine epochale Bestimmung hatten. Hitler kam in Deutschland trotz der Anstrengungen der Kabinette unter Präsident Hindenburg, dies zu verhindern, schneller und sicherer an die Macht, als es sich irgend jemand – außer ihm selbst vielleicht – hat vorstellen können.

Adolf, das vierte Kind eines streng erziehenden Vaters, war, wie seine Schwester berichtete, täglich geprügelt worden. Als Schüler hatte er keine herausragenden Zensuren auf seinen Zeugnissen; die Realschule in Linz mit naturwissenschaftlich-technischer Orientierung mußte er wegen ungenügender Leistungen verlassen, und auch an der Realschule in Steyr erreichte er nur mäßige Ergebnisse und setzte seine Ausbildung danach nicht fort. Seine spätere Jugendzeit verbrachte er untätig in Linz, dessen hoher deutscher Bevölkerungsanteil die Rückkehr Österreichs in das Deutsche Reich unterstützte. Als Zwanzigjähriger war er Gelegenheitsarbeiter in Wien, wo er in seinem Bemühen, Maler oder Architekt zu werden, zweimal bei der Aufnahmeprüfung zur Wiener Kunsthochschule scheiterte.[4]

Hitler bestritt dies noch dreißig Jahre danach und behauptete, den Prüfer damals als jemand beeindruckt zu haben, der über ein „unbestreitbares Talent zur Architektur“ verfüge.[5] Seine unmittelbare Reaktion bestand in Trotz und Wirklichkeitsflucht sowie einer kompensatorischen Tagträumerei über alternative Karrieren, die seine Fähigkeiten noch weiter überstiegen, wobei er sich Richard Wagners Musik hingab – ein Balsam für viele stolze und zornige Jünglinge.[6] Die psychische Verletzung scheint dauerhaft gewesen zu sein. Albert Speer, Hitlers Chefarchitekt und späterer Rüstungsminister, der ihn nach 1931 genau beobachtete, beschrieb ihn als einen Mann, der so deprimiert und entfremdet war, daß er sich lieber in Gesellschaft von Hunden als von Menschen aufhielt.[7]

Wien war für Hitler eine Schule harter physischer und psychischer Schläge. Mit ihren sozialen und religiösen Konflikten und einer geschäftigen antisemitischen Presse formte die Stadt seine frühen Vorurteile gegen Juden, die dort in größerer Zahl lebten als in jeder anderen deutschsprachigen Stadt (8,6 Prozent der Bevölkerung im Jahr 1910).[8] Hitler lebte in Obdachlosenheimen in jenem Bezirk, der besonders dicht von Juden bevölkert war, und verdiente sich Geld mit dem Zeichnen von Postkarten, die er mit Hilfe zweier jüdischer Partner verkaufte. Mit Beunruhigung beobachtete er auch das Wachsen der marxistischen Sozialdemokratischen Partei, deren politische Philosophie ihm zunehmend ein Greuel wurde.

München

Hitler verließ Wien als „Drückeberger“ mit der Linzer Polizei auf den Fersen, weil er sich der österreichischen Wehrpflicht entzogen hatte. In München entdeckte er sein wahres Talent: Argumentation und Propaganda oder revolutionäre Politik machen. In diesen Jahren war er ein wachsamer Beobachter des Lebens auf der Straße, wobei er sich das aneignete, was wir heute emotionale Intelligenz nennen. Er besaß eine ungewöhnliche Fähigkeit, das zu erkennen und auszudrücken, was die Menschen, ungeachtet der Angemessenheit oder der Realisierbarkeit, hören oder haben wollten.[9] Er war nach Mussolini – aber mit größerer Wirkung als dieser – der erste Politiker des zwanzigsten Jahrhunderts, der den Persönlichkeitskult ins Zentrum der Politik stellte.[10]

Konfessionell war Hitler ein vom Glauben abgefallener Katholik, der bereit war, die Widersprüche zwischen Glauben und Vernunft aufzuzeigen, und ein eifriger neuzeitlich-nihilistischer Esoteriker, unbelastet von traditionellen religiösen Glaubensinhalten und von tiefem historischem Wissen. Von Anfang an glaubte er, daß die ewigen Gesetze des Lebens noch zu gestalten waren. In ihrer Geschichte hatten die Deutschen kein beherzteres, mit mehr Glück ausgestattetes Stehaufmännchen und keine zähere politische Aktionspartei erlebt als Hitler und die Nationalsozialisten.[11]

In Wien und München sog Hitler den Existentialismus Arthur Schopenhauers auf, der lehrte, daß jenseits des Willens des Individuums nichts existiere. Hitler behauptete, dessen Bücher in den Kriegsjahren immer bei sich getragen zu haben. Zwei Bücher von Nietzsche, *Also sprach Zarathustra* und *Der Antichrist*, beides Essays über den Tod Gottes, klangen in seinen Tischgesprächen an, sobald er über das Judentum und das Christentum herzog.[12] In Wien hatte er persönliche Beziehungen zu einheimischen Juden, vertiefte sich in die antisemitische Schundliteratur der Stadt und verfolgte die antisemitischen Aktivitäten des örtlichen Vorsitzenden der Christlich-Sozialen Partei, Karl Lueger. Auch die Werke der Rassentheoretiker Joseph Arthur Comte de Gobineau, und Houston Stewart Chamberlain sowie ein aufkommender populärer Sozialdarwinismus fachten seine ursprünglichen christlichen Vorurteile gegen die Juden in jenen ersten Jahren an.[13]

Nach Jahren des Müßiggangs und des Umherziehens fand der fünfundzwanzigjährige Hitler Ordnung, Disziplin, Kameradschaft und einen Sinn im Militär. Trotz seiner ausländischen Staatsbürgerschaft wurde er in München bei einem bayerischen Regiment Soldat – ein Irrtum der deutschen Behörden, die gesetzlich gehalten waren, österreichische Flüchtlinge auszuweisen.[14] Dies war die erste von mehreren Launen des Schicksals, die, wenn sie sich an die Gesetze der Wahrscheinlichkeit gehalten hätten, den Verlauf der Geschichte möglicherweise geändert hätten.[15]

Hitler diente die vier Kriegsjahre an der Westfront, meist als Meldegänger. Er verrichtete seinen Dienst mit ungewöhnlicher Tapferkeit, wurde zweimal verwundet, zuerst am Oberschenkel und zwei Jahre später durch Senfgas an den Augen, wofür er jeweils ein Eisernes Kreuz erhielt – eine seltene Anerkennung für einen Mann seines Dienstgrads. Bereits damals feilte er an seinen angeborenen politischen Fähigkeiten, wobei er den Respekt und die Zuneigung seiner Kameraden erwarb, die ihn als „Adi“ oder „Dolphi“ kannten. Das war für ihn auch schon eine Vorbereitung auf den Nachkriegskonflikt mit den rivalisierenden Parteien der Liberalen, Sozialdemokraten und Kommunisten und darüber hinaus auf die brisanten Verhandlungen, die die Nationalsozialisten an die Macht bringen sollten.[16]

Die Partei

Die Nachkriegsjahre waren in ganz Deutschland von zersplitterten Regierungen und von Straßenunruhen gekennzeichnet. In Bayern entwickelte sich die Regierung innerhalb von eineinhalb Jahren nach dem Krieg von linksliberal nach rechtskonservativ. Eine kurzlebige Räterepublik folgte der provisorischen revolutionären Regierung der sozialdemokratischen Koalition, nachdem deren jüdischer Ministerpräsident Kurt Eisner von einem nationalistischen Fanatiker ermordet worden war.[17] Die Herrschaft der Räte wurde wiederum von der Reichswehr mit Hilfe örtlicher „Freikorps" niedergeworfen. Als Überbleibsel aus dem Ersten Weltkrieg bestanden diese Kampfeinheiten aus Veteranen, die sich wie Hitler sträubten, die wenigen Angebote aufzugreifen, die das bürgerliche Leben noch bereithielt. Obwohl unberechenbar, bildeten die Freikorps für die deutschen Länder zusätzliche polizeiliche und bewaffnete Kräfte jenseits der vom Versailler Vertrag gesetzten Grenzen. Mit der Hilfe von Freikorps kamen reaktionäre Militärregierungen in Bayern an die Macht, wodurch dieser Staat zum Magneten für unzufriedene Veteranen aus ganz Deutschland wurde.[18]

Hitler kehrte nach Kriegsende in die Kaserne seines alten Regiments zurück und war als eine Art Verbindungsmann zur regierenden sozialdemokratischen Koalition wie zu den Übergangsgremien, die ihr folgten, tätig. In dieser Rolle spähte er auch vermeintliche Umstürzler aus und betrieb Staatspropaganda. Seine ernsthafte politische Karriere begann, nachdem er der örtlichen Deutschen Arbeiterpartei (DAP) beigetreten war und rasch die Kontrolle über sie gewonnen hatte. Gegründet im März 1918, war sie eine von mehr als siebzig „völkischen" Gruppen, die aus dem Krieg hervorgegangen waren, und eine der wenigen ausgesuchten Parteien, die Kandidaten für die verfassungsgebende Nationalversammlung aufstellten, die im Januar 1919 gewählt wurde und im Februar in Weimar zusammentrat, um eine neue Verfassung auszuarbeiten.[19]

Auf dieser bescheidenen Basis ging Hitler eine zündende, wenn auch unter einem unglücklichen Stern stehende politische Verbindung mit dem revolutionären Hauptmann Ernst Röhm ein. Röhm, Stabschef der Stadtkommandantur München und freimütiger Homosexueller, war allgemein als „Maschinengewehrkönig von Bayern" bekannt. Die beiden Männer prägten die Partei und benannten sie im Jahr 1920 in Nationalsozialistische Deutsche Arbeiterpartei (NSDAP) um. Hitler persönlich entwarf deren Hakenkreuz, das auf dem einer österreichischen Partei ganz ähnlichen Namens basierte. Röhms Beitrag war die „Sturmabteilung“ (SA), meist zum harten Kern der Freikorps gehörende Männer. Ursprünglich die Türsteher der Partei, sollten sie im Verlauf des Jahrzehnts anwachsen und mit der deutschen Reichswehr gleichziehen. In dieser Partnerschaft zwischen Hitler, dem Wortschmied der Partei, und Röhm, ihrem „Kettenhund“, wurde eine neue Art deutscher Regierung geboren.

In ihrem Fünfundzwanzig-Punkte-Programm versprach die Partei den Massen das, was sie nach Auffassung der Autoren wollten, und griff das an, was sie nach deren Meinung ablehnten. Zu ersterem gehörten ein „Großdeutschland“ (einschließlich Österreich), für das Hitler auf den ersten Seiten von *Mein Kampf* emotional plädierte, neue Länder und Kolonien als Lebensraum und für das internationale Ansehen sowie wirtschaftliche Erleichterungen für kleine Kaufleute, die ursprüngliche Basis der Partei.[20] Das Programm griff alles mögliche an: den Versailler Vertrag, die Reparationen, die liberale Presse, den Kapitalismus, die Juden, die Großindustrie und die Großgrundbesitzer. In diesen ersten Jahren zielten Nationalsozialisten und Kommunisten auf dasselbe Publikum: die Arbeiterklasse und die unteren Mittelschichten. Hitlers Strategie war zweifacher Art: den Klassenneid anzufachen und den wohlhabenden, liberalen Gegnern das Stigma der Kriegsniederlage aufzudrücken. Im Verlauf der Jahre würde die Partei mehr Wähler unter den Angestellten als unter den Arbeitern gewinnen, während sie eine erhebliche Anziehungskraft auf die gesamte Bandbreite der Gesellschaft beibehielt.[21]

Torwächter

Zwischen 1921 und 1923 wurde Hitler der erfolgreichste „Marktschreier“ auf der politischen Rechten und spielte die Rolle eines Johannes des Täufers für einen noch zu entdekkenden neuen politischen Führer, der ein neues deutsches Zeitalter einleiten sollte.[22] Anders als ihm, dem bei seinen ersten Tribünenreden nur die Massen zuhörten, standen seinen engen Gefährten Mittel, Medien und hochrangige Verbindungen zu Gebote. Seine militärischen Freunde neben Röhm waren Rudolf Heß, der während des Krieges im selben Regiment gedient hatte, und Hermann Göring, ein weiterer Kriegsheld mit allgemein bekanntem Namen. Der Journalist und Lebemann Dietrich Eckhart, einer der wenigen Männer, die mit Hitler auf vertrautem Fuße standen, gewann erfolgreiche Mitglieder der Mittelschicht als Anhänger, die das Parteiblatt, den von Eckhart herausgegebenen *Völkischen Beobachter*, finanziell unterstützten.[23]

Und da waren zwei wohlhabende Paare – die Alldeutschen Hugo und Elsa Bruckmann, er ein Verleger, sie eine geborene rumänische Prinzessin, und Carl und Helene Bechstein, er ein führender Hersteller von Klavieren, sie eine Dame der Gesellschaft, die eine der vielen „Hitler-Mütter“ wurde, die für ihn schwärmten und dem in Umgangsformen unbeholfenen Politiker zur Seite standen, als er in die obere Gesellschaft eingeführt wurde. Unter Bruckmanns Autoren befand sich Houston Stewart Chamberlain, den Hitler später an dessen Sterbebett aufsuchte, um ihm seine Verehrung zu erweisen.[24] An einem Tag im Oktober 1923, den er niemals vergaß, stellten ihn die Bechsteins der Wagner-Familie aus Bayreuth vor. Ein weiterer Türöffner zur oberen Gesellschaft war für die wachsende Partei der Nationalsozialisten der in München geborene Ernst „Putzi“ Hanfstaengl, der eine amerikanische Mutter hatte und auf einen Harvard-Abschluß und zwei Bürgerkriegsgeneräle im Stammbaum mütterlicherseits verweisen konnte. Schließlich gab es noch den Nürnberger Verleger und Antisemiten Julius Streicher, der die Reichweite der Parteipropaganda erweiterte, nachdem Hitler ihn der rivalisierenden Deutschsozialistischen Partei abgeworben hatte.[25]

Die französische Besatzung

Zwischen Sommer 1921 und Winter 1923 zog Bayern eine konservative Kampfansage an die Berliner Reichsregierung in Betracht, einen Staatsstreich, der von Hitlers Partei entschieden befürwortet wurde. Eine Reihe treibender Ereignisse, die mit der Durchsetzung des Versailler Vertrages zu tun hatten, ermunterten zu diesem Verrat. Im Jahr 1921 wurden die endgültige Reparationssumme festgelegt und ein polnischer Korridor von den östlichen deutschen Territorien abgetrennt. Im August 1922 erklärte Deutschland angesichts unbeglichener und weiter steigender Auslandsschulden seine Zahlungsunfähigkeit. Der endgültige Schlag kam im Januar 1923 mit der Besetzung des Ruhrgebietes durch Frankreich und Belgien, nachdem Lieferungen deutschen Nutzholzes und deutscher Kohle hinter der vertraglich angeordneten Menge zurückgeblieben waren.[26]

Die Deutschen schlugen zurück, indem sie Gruben, Fabriken und Bahnen weitgehend stillegten. Doch während ein derartiger Widerstand nationale Leidenschaften beschwichtigte, versetzte er die Berliner Regierung in die zunehmend unhaltbare Situation, streikende Arbeiter unterstützen zu müssen. Als die Industriebetriebe an der Ruhr ruhten, verloren Arbeiter anderenorts ihre davon abhängigen Arbeitsplätze, was wiederum die aus den notwendigen Unterstützungszahlungen resultierende Belastung der Regierung erhöhte. Unter den Bedingungen der deutschen Zahlungsverpflichtungen im Ausland konnten diese Zahlungen an Arbeitslose nur mit inflationierter Währung vollzogen werden. Dies geschah so erfolgreich, daß die Reichsmark bis zum Ende des Jahres faktisch wertlos wurde und Erwachsene die Geldscheine zu Heizmaterial bündelten oder Wände mit ihnen tapezierten, während Kinder sie in Bauklötze verwandelten.

Obwohl das Jahrzehnt von beispielloser Inflation am Anfang und beispielloser Arbeitslosigkeit am Ende eingerahmt war, erlebten die mittleren und späten zwanziger Jahre eine relative Stabilität und sogar ein kulturell kreatives goldenes Zeitalter, die sprichwörtlichen goldenen zwanziger Jahre. Dennoch erwies sich der kollektive Schmerz von 1923 als eine Erfahrung, welche die Nation veränderte.

Unbemerkt waren in diesem beispiellosen Jahr des wirtschaftlichen Zusammenbruchs und der Sinnlosigkeit die Wurzeln zu einem großen nationalen Rachefeldzug gelegt worden.[27]

Weil deutsches Leid und nationalsozialistischer Erfolg Hand in Hand gingen, war die französisch-belgische Besetzung des Ruhrgebiets für Hitlers Partei ein zweischneidiges Schwert: Sie war schlecht für sie, weil sie die Deutschen bewog, ihre Regierung gegen die Armeen der Besatzer zu unterstützen. Aber sie half der Partei, als die wirtschaftlich bankrotte Regierung den Ruhr-Arbeitern befahl, an ihre Arbeitsplätze zurückzukehren. Das Kapitulieren der Regierung vor dem Feind gab den Kritikern die Gelegenheit, sie wieder einmal des Dolchstoßes zu bezichtigen.

Stresemann

Hitlers Auftauchen auf der historischen Bühne fiel im Jahr 1923 mit der Ernennung Gustav Stresemanns, Mitglied der Deutschen Volkspartei (DVP), zum Kanzler und Außenminister zusammen. Abgesehen vom Zufall des zeitlichen Zusammentreffens ihres Aufstiegs zu nationaler Bekanntheit hatten die beiden wenig gemeinsam. Stresemann, der zahlreiche parlamentarische Koalitionen und Kabinette überstehen sollte, glaubte an die Weimarer Republik und appellierte an die höhere deutsche Seele. Als die Regierung die Arbeiter an der Ruhr zwang, ihren Generalstreik aufzugeben, verlor dieser Appell an Kraft, und seine Kanzlerschaft ging abrupt zu Ende. Noch vor seinem Rücktritt sandte er die Reichswehr aus, um regionale Aufstände in Sachsen und Thüringen niederzuwerfen, ebenso in Hamburg und München, wo die Regierung mit dem Verbot der mitbeteiligten Kommunistischen und Nationalsozialistischen Partei Feindseligkeiten provozierte.[28]

Abgesehen vom Ruhr-Konflikt stabilisierte die Stresemann-Regierung die deutsche Wirtschaft, indem sie eine neue Reichsmark emittierte, die mit Goldreserven und

Pfandbriefen gedeckt war. Trotz nachfolgender Entlassungen im öffentlichen Dienst verschaffte die neue finanzielle Disziplin Deutschland etwas Spielraum bei den Reparationszahlungen.[29]

Stresemann hatte auch andere politische Erfolge zu verzeichnen. Er hatte entscheidenden Anteil daran, daß im Sommer 1925 die Besetzung des Ruhrgebiets beendet wurde, erlangte von den Alliierten mit dem Vertrag von Locarno die Anerkennung der Unverletzlichkeit der deutschen Grenzen, und er sorgte wesentlich mit dafür, daß Deutschland im Jahr 1926 einen Sitz im Völkerbund erhielt. In Anerkennung seiner Leistung, die Beziehungen Deutschlands zu ebenbürtigen Nationen normalisiert zu haben, erhielt Stresemann im Jahr 1926 gemeinsam mit seinem französischen Amtskollegen Aristide Briand den Friedensnobelpreis.[30]

Der Münchner Putsch

Während der kurzen Kanzlerschaft Stresemanns (von August bis November 1923) griffen die Nationalsozialisten zum ersten Mal nach regionaler Macht. Im Jahr 1923 war Bayern eine konservative militärische Bastion mit nationalen Ambitionen geworden, die parallel zu den Problemen der Weimarer Republik wuchsen. Unter der gemeinsamen Führung des bayerischen Generalstaatskommissars Gustav von Kahr und des bayerischen Wehrkreiskommandeurs General Otto Hermann von Lossow faßten die Nationalsozialisten eine neue politische Union ins Auge, die stark genug sein sollte, Berlin herauszufordern.

Hitler, der glaubte, daß diese Autoritäten mit ihm einer Meinung waren, aber aus Furcht vor General Hans von Seeckt, dem Kommandanten des bayerischen Kontingents der deutschen Reichswehr, zögerten, zwang sie zum Handeln. Für seinen Putsch wählte er den 8. und 9. November, zwei Tage, an denen Generalstaatskommissar Kahr, General Lossow und der bayerische Polizeichef Hans Ritter von

Seißer, anläßlich der Feier zum fünften Jahrestag der Nachkriegsrevolution gegen die kaiserliche Regierung in München sein wollten. Die Feierlichkeiten hatten gerade begonnen, als Hermann Göring und eine Abordnung von SA-Leuten Hitler auf das Podest begleiteten, wo Kahr, Lossow und Seißer saßen. Hitler nahm das Mikrophon in die Hand, rief einen nationalen Aufstand gegen die Weimarer Republik aus und proklamierte eine neue provisorische Regierung unter seiner Führung, für die er Spitzenpositionen an Kahr, Lossow, Seißer und Ludendorff vergab.

Da die Neuernannten wußten, wie gering die Aussichten auf einen Erfolg dieses Putsches waren, nutzten sie – außer Ludendorff – die erste Gelegenheit, die Halle zu verlassen und General von Seeckt zu alarmieren. Im Angesicht der Gefahr, in der sich die nationalsozialistische Führerschaft befand, entschied sie sich, Stärke zu demonstrieren. Zur Mittagszeit am nächsten Tag marschierten zweitausend einfache Mitglieder Arm in Arm durch die Stadt, bevor die Polizei ihnen Einhalt gebot. Vierzehn von ihnen wurden tödlich getroffen, darunter das Parteimitglied, das an Hitlers Seite marschiert war – ein Schuß nur wenige Zentimeter weiter, und die Geschichte hätte einen anderen Verlauf nehmen können. Göring wurde von einer Kugel ins Bein getroffen, während Hitler mit einer verrenkten Schulter zum Haus „Putzi“ Hanfstaengls floh, wo er später festgenommen wurde.[31]

Vom 26. Februar bis 27. März 1924 wurde der Führung der Nationalsozialisten vom Staat der Prozeß gemacht. Weil er im reaktionären München und nicht in Berlin stattfand, bezahlten die Anführer nicht mit ihrem Leben. Hitler saß mit seinem Eisernen Kreuz als Kriegsheld auf der Anklagebank und klagte seine Ankläger – Kahr, Lossow und Seißer – an, die wahren Verräter zu sein, da sie den Münchner Putsch verraten hätten. Lossow, der Hitler verächtlich als bloßen „Trommler“ darstellte – als Agitator oder Propagandisten –, spielte ihm damit in die Hände, denn viele im Gerichtssaal waren mit den Zeitumständen unzufrieden und empfanden dieses „Trommeln“ nicht als so bedeutungslos.[32] Am Ende des Prozesses war Hitler eine regional bekannte Figur, mit der man künftig rechnen mußte.

Der Führer

Weil der politische Wind in Bayern im Jahr 1925 nach rechts wehte, mußte Hitler nur dreizehn Monate seiner fünfjährigen Haftstrafe absitzen, die, wenn sie vollständig abgegolten worden wäre, wahrscheinlich seine politische Versenkung bedeutet hätte.[33] In den Monaten im Landsberger Gefängnis diktierte er das, woraus *Mein Kampf* werden sollte, ursprünglich eine eher bewußtseinsanalysierende Autobiographie, in der er Rechenschaft über sein Leben, hauptsächlich seit dem Ende des Krieges, ablegte. Diesem ersten, mehr biographischen Band, den Hitler ursprünglich mit *Viereinhalb Jahre Kampf gegen Lüge, Dummheit und Feigheit* überschreiben wollte, folgte im Jahr 1926 ein zweiter, programmatischerer Teil. Als das Werk in den dreißiger Jahren in einem Band veröffentlicht wurde, machte es Hitler zu einem reichen Mann. Das dominierende Thema war eine rassistische, sozialdarwinistische Spielart des Nietzscheschen Motivs vom höchsten und niedersten Wesen, was für Hitler jeweils „der Arier“ und „der Jude“ (oder der „jüdische Bolschewist“) bedeutete. Bei deren Gegenüberstellung plagiierte er zahlreiche prophetisch-esoterische Abhandlungen aus dem neunzehnten Jahrhundert, von Feuerbach bis Nietzsche und von Riehl bis Wagner und Chamberlain, während er die Kernlehren klassischer deutscher Philosophie und Theologie verhöhnte, die den Durchschnittsmenschen als widersprüchliche Einheit von höchstem und niederstem Wesen darstellten. Nach seiner Entlassung im Dezember 1924 stellte Hitler rasch seine Autorität über seine weiterhin verbotene Partei wieder her. Während seiner Gefangenschaft war er zur Überzeugung gekommen, daß er selbst der überragende Führer sei, den er prophezeit hatte. Seine Abstinenz gegenüber Alkohol und Fleisch mag ein äußeres

Zeichen dieser Erleuchtung gewesen sein, obwohl er sie mit dem Wunsch begründete, abzunehmen und für ihn schädliche Lebensmittel zu meiden.[34] Er wurde ein leidenschaftlicher Vegetarier, achtete jedoch darauf, seine Ansichten der großen Mehrheit von Jägern und Fleischessern in den Reihen des Nationalsozialismus nicht aufzunötigen – obwohl er nicht zögerte, sie wegen des unbilligen Charakters ihrer blutigen Sportart zu verspotten.[35]

Angesichts der Bedrohung, die Hitler darstellte, erteilte ihm die Weimarer Regierung ein zweijähriges (in Preußen dreijähriges) Redeverbot in der Öffentlichkeit. In tatendurstigem Geist, welcher der Partei fortwährend breitere Unterstützung eintrug, veranstalteten die Nationalsozialisten in Hitlers erstem Jahr in Freiheit mehr als zweitausend öffentliche Versammlungen. Wenn Hitler auch dieses Forum versagt blieb, so verwandelte er diesen Nachteil in einen Vorteil, indem er pausenlos private Gespräche mit einflußreichen Gruppen ansetzte.[36]

1925, im Jahr nach Hitlers Freilassung, wurde Feldmarschall Paul von Hindenburg zum zweiten Präsidenten der Weimarer Republik gewählt, nachdem Friedrich Ebert an einer Blinddarmentzündung gestorben war. Mit dem Amtsantritt Hindenburgs, einer prinzipientreuen, konservativen Führungspersönlichkeit, begann eine politische Verschiebung der Regierung von links nach Mitte rechts.[37] Aufgrund der Stabilität, die er und Stresemann Deutschland auf ihre jeweils eigene Art brachten, schien die erschütterte Nation Orientierung zu finden und in ruhiges Fahrwasser zu gelangen. Allerdings war jegliche Verbesserung der Stimmung und Sicherheit in Deutschland für den Rest des Jahrzehnts mehr fremden Krediten als politischen Durchbrüchen oder Reformen geschuldet.[38]

Erneuerung einer Nation

Am Ende des Jahrzehnts, inmitten des Zusammenbruchs an der Wall Street, der europäischen Wirtschaftskrise und der Verdreifachung der Arbeitslosigkeit in Deutschland, erschienen Hitlers kritische Beurteilungen und Untergangsprophezeiungen vielen weitblickend. Während sich die Spaltung innerhalb der Länder und des Reichstags vertiefte und eine zunehmende Zahl von Landbesitzern, Bauern, Industriellen und Arbeitern die Nationalsozialisten wählten, fand eine weitere beträchtliche Zersplitterung der deutschen Wählerschaft statt. In den frühen dreißiger Jahren waren Hindenburgs Kanzler nicht in der Lage, eine parlamentarische Koalition zu schmieden, die fähig war, die Regierungsprogramme durchzusetzen.[39]

Im Rampenlicht

Hindenburg, der im Parlament patt gesetzt war, übte im Juli 1930 sein verfassungsmäßiges Recht aus, es aufzulösen und danach mittels Präsidialverordnung zu regieren. Die Berufung auf Artikel 48 war im Endeffekt eine Rückkehr zur hierarchischen Herrschaft, wobei Hindenburg als eine Art moderner Kaiser durch seinen Kanzler handelte. Anstelle des Kanzlers Hermann Müller, eines Sozialdemokraten alter Schule, betraute er im März 1930 den Vorsitzenden der Zentrumspartei Heinrich Brüning mit seinen Programmen.[40]

Regieren per Notstandsverordnungen war unpopulär, und Hitler verurteilte es sarkastisch mit seiner gewohnten Wut. Binnen drei Jahren jedoch sollte seine Partei ebenfalls eine solche Regierung installieren, und zwar eine, die Hindenburgs verzweifeltes Regime nach 1930 wie das Abbild der Vernunft erscheinen ließ. Auf dem Weg dorthin fuhren die Nationalsozialisten fort, Mitglieder und Unterstützung aus der anderen Rechtspartei, der Deutschnationalen Volkspartei, und aus einem als „Stahlhelm“ bekannten reaktionären Veteranenverband zu gewinnen. Diese Verschiebung der Macht in Richtung Rechtsradikalismus wurde besonders bei den Wahlen im September 1930 sichtbar, bei denen mehr als sechs Millionen Stimmen auf die NSDAP entfielen, deren Abgeordnetenzahl sich sprunghaft von 12 auf 107 erhöhte.[41]

Dadurch ermutigt zügelte Hitler den ungeduldigen Röhm und entschied, die totale Macht „legal" zu erringen. Das hieß für ihn, die Regierung systematisch zu kritisieren, die verhaßten Kommunisten und Juden zu Sündenböcken zu machen und die Wählerschaft generell zu verängstigen. Ungeachtet seiner taktischen Zurückhaltung wußte er, daß, besonders nach 1929, ein großer Teil seiner Anziehungskraft in seiner deutlich bekundeten Absicht lag, das Recht zu ignorieren, wenn dies erforderlich sein sollte, um Deutschlands Not zu beenden und die Verantwortlichen zu bestrafen. Im Jahr 1930 war aus dem Votum für die Nationalsozialisten ein Votum für die Unterordnung des Mittels unter den Zweck geworden.

Den meisten einfachen Deutschen war die Befreiung aus der Wirtschaftskrise und von einer untauglichen Regierung vordringlich. In einer Modellstudie von Northeim im heutigen Niedersachsen, einer Stadt mit zehntausend Einwohnern, wurde untersucht, mit welcher Taktik und Verführungskraft Hitlers Partei „eine zivilisierte Demokratie in eine nihilistische Diktatur stürzte."[42] Die Stadt, gespalten in eine fest zusammenhaltende Mittelschicht, die Stabilität und Kontrolle haben wollte, und eine festgefügte Arbeiterklasse, die radikale Veränderungen forderte, war reif für die Propaganda der Nationalsozialisten. Hitlers Partei vertiefte die Spaltung durch ständige Aufmärsche, Versammlungen, Störungen und Schikanen. Sie fanden dabei einen leichtsinnigen Verbündeten in der örtlichen Sozialdemokratischen Partei, deren linksliberale Rhetorik viel dazu beitrug, die Mittelschicht Northeims in die Arme der Nationalsozialisten zu treiben. Am Ende wählten zwei Drittel der Wähler die Nationalsozialisten im guten Glauben, daß die Partei sowohl die Wirtschaftskrise beenden als auch eine Übernahme der Kommunalbehörden und der Landesregierung durch Marxisten verhindern würde, was für die Mittelschicht nur noch mehr Entbehrungen bedeutet hätte. Mit ihrer Wahl stimmten die Bürger Northeims nicht für das, was das Dritte Reich wirklich bedeutete, sondern für das, was die Nationalsozialisten zu tun versprachen, um die gegenwärtige politische und wirtschaftliche Krise zu beenden.[43]

Das Northeimer Geschehen kann stellvertretend für ganz Deutschland gelesen werden. In Zeiten, die nach Entschlußkraft und Vergeltung riefen, schafften es die Nationalsozialisten, sich als Tatmenschen und als „Siegertypen" ohnegleichen darzustellen. Die Deutschen stimmten in wachsender Zahl für Hitler, weil er für sie wie kein anderer das Bild eines Führers verkörperte, der über ihre Notlage noch empörter war als sie selbst und über den Willen und den Verstand verfügte, sie zu beenden – etwas, was Hindenburg und die Weimarer Republik längst verloren hatten.[44]

Buhlen um Hitler

Als sich die Regierung Brüning dem raschen Zuwachs der Nationalsozialisten (deren Mitgliederzahl sich im Jahr 1931 mehr als verdoppelte) und ihrer eigenen Unbeliebtheit gegenübersah, begann sie im Herbst 1931 Gespräche mit einem unnachgiebigen Hitler. Zu dem Zeitpunkt bat Brüning lediglich um eine Neutralitätszusage für den Rest der Amtsperiode Hindenburgs. Ein zweites Treffen zu dem Thema fand in den ersten Januartagen 1932 statt, bei dem Hitler weiterhin seine Maximalforderungen stellte – nämlich die Entlassung Brünings und Neuwahlen.

Vor seinem ersten Treffen am 31. Oktober 1931 mit Hindenburg erinnerte sich Hitler daran, daß der Leiter des Büros des Reichspräsidenten, Otto Meißner, der später auch Hitler in dieser Position diente, ihm vertraulich mitgeteilt hatte, daß Hindenburg sich von allem, wofür er, Hitler, stand, abgestoßen fühlte.[45] Der üble Ruch wurde jedoch durch die Fähigkeit seiner Partei erträglich gemacht, den Regierungen Hindenburgs jene parlamentarische Mehrheit zu bieten, die sie begehrte. Im Juli 1932 stellten die Nationalsozialisten mehr als ein Drittel des Reichstags, und ihre

Sturmabteilung war dreihunderttausend Mann stark und wuchs immer noch an.

Der Generalstabsoffizier und zukünftige Kanzler Kurt von Schleicher führte den Vorstoß der Regierung zur Einbeziehung Hitlers in der Überzeugung an, daß ein Bündnis mit den Nationalsozialisten die Regierung stabilisieren, die Reichswehr stärken und die Bedrohung durch den Kommunismus bannen würde.[46] In Privatgesprächen versprach er Hitler den Rücktritt Brünings im Tausch gegen die Unterstützung durch die Nationalsozialisten bis zum Ende der Wirtschaftskrise, wobei er durchblicken ließ, daß die Kanzlerschaft ihm dann so gut wie sicher sei. Das jedoch hätte bedeutet, eine weitere Präsidentschaft Hindenburgs zu ertragen, angesichts des Widerstandes von Hindenburg gegen Hitler für diesen eine inakzeptable Perspektive.

Nachdem Hitler die dringenden Bitten Brünings und Schleichers zurückgewiesen hatte, blieb ihm als einziger Weg, sein Ziel zu erreichen, die Kandidatur zur Reichspräsidentenwahl im März 1932.[47] Mit dem erstmaligen Einsatz von Flugzeugen (seine Kampagne hieß „Hitler über Deutschland") und Werbefilmen in einem politischen Wahlkampf in Deutschland errang er 30 Prozent der Stimmen gegenüber 49 Prozent für Hindenburg, ein Ergebnis, das sich in der Stichwahl im April noch auf 37 zu 53 Prozent verbesserte. Trotz der Niederlage war es ein eindrucksvolles Ergebnis für Hitler und seine Partei, die dann bei der Reichstagswahl im Juli 230 Sitze errang und erstmals stärkste Partei wurde.[48]

Daß Hitler die beherrschende politische Kraft in Deutschland geworden war, wurde nach der Präsidentenwahl deutlich, als Hindenburg alle paramilitärischen Gruppen verbieten ließ, einschließlich der SA und der neuen SS des späteren Gestapo-Chefs Heinrich Himmler, die als Hitlers Leibgarde gegründet worden war.[49] Hitler und SA-Führer Röhm forderten umgehend die Aufhebung dieses Verbots als Preis für eine Kooperationsbereitschaft der Nationalsozialisten; dem sollte eine erschöpfte, wankende Regierung Papen bald nachkommen.

Am 30. Mai trat der unpopuläre Brüning nach Aufforderung durch Hindenburg zurück, gleichermaßen ein Opfer seiner eigenen Deflationspolitik wie der Politik der Opposition. Weil er darauf gesetzt hatte, daß ein zahlungsunfähiges Deutschland schneller von den Reparationszahlungen befreit werden würde, ließ er Arbeitslosigkeit und bittere Armut absichtlich ansteigen, was ihm den Spitznamen „Hungerkanzler" einbrachte. Leider wurden die Reparationszahlungen Deutschlands nicht vor Juli 1932 aufgehoben, als wirtschaftliche Einschränkung die Politik aller Nationen prägte.[50]

Mit Zustimmung Hitlers ersetzte Hindenburg Brüning durch Franz von Papen, einen bewährten Zentrumspolitiker. Da Papen und Hitler nichts füreinander übrig hatten, war die Zustimmung des letzteren vergleichbar mit der Empfehlung eines Fuchses für ein Huhn. Im Juni verhielt sich Hitler Papen gegenüber noch zurückhaltend. Er ließ aber durchblicken, daß er dessen Kabinett nur als Zwischenlösung betrachte und seinen Kampf um die Kanzlerschaft fortsetzen werde. Nach den Juli-Wahlen war die Hälfte der parlamentarischen Stimmen in den Händen der Nationalsozialisten und der Kommunisten, die ihre vereinte Fähigkeit unter Beweis stellten, auch auf den Straßen Chaos zu verursachen. Als Papen, wie zuvor Brüning, einen Staatsstreich befürchtete und nicht in der Lage war, eine regierungsfähige Koalition im Parlament zusammenzustellen, berief sich Hindenburg wieder auf Artikel 48 und regierte per Notverordnung durch Kanzler Papen. Dieser Vorgang war jedoch Gift für die Demokratie und konnte nicht aufrechterhalten werden. Wenn die Regierung ihre Programme vom Parlament verabschiedet haben wollte, mußte sie eine Mehrheitskoalition bilden, und das bedeutete, die Nationalsozialisten mit einzubeziehen.

Obwohl von Schleicher beeinflußt und der Versicherung seines Kabinetts vertrauend, daß Hitler unter Kontrolle gehalten werden könne, weigerte sich Hindenburg mit aller Entschiedenheit, Hitler die Kanzlerschaft anzutragen. Aber in der ausweglosen Situation, auf die Nationalsozialisten angewiesen zu sein, um die Regierungsarbeit fortsetzen zu können, empfing Hindenburg am 13. August Hitler und fragte ihn, ob er bereit sei, in Papens Regierung mitzuwirken. Obwohl Schleicher Hitler als Nachfolger Papens sehen wollte und hart daran gearbeitet hatte, ihn in eine Position zu manövrieren, die ihm das ermöglichte, verweigerte Hitler jede Rolle im Kabinett unterhalb der Kanzlerschaft in ihrer vollen Dimension. In dieser Frage erwies sich Hitler als absolut unbeirrbar. Vor der Wahl hatte er sich der neuen Regierung gegenüber als kooperationswillig gezeigt unter den Bedingungen, daß sie das SA-Verbot aufhebe und Neuwahlen ansetzen solle, was Mitte Juni bzw. Ende Juli auch geschah.[51] Nun aber, Mitte August, verlangte er, den Sieg vor Augen, die Kanzlerschaft mit der nahezu absoluten Macht, die Hindenburg Brüning und Papen verliehen hatte. Bis zu diesem Sieg jedoch sollten noch einige Monate vergehen.

Hitlers Aufstieg

Mit Göring als Parlamentspräsidenten machten die Nationalsozialisten mit ihren kommunistischen Erzfeinden gemeinsame Sache, um im September 1932 das übel inszenierte Mißtrauensvotum gegen die Regierung Papen durchzusetzen.[52] Trotz der Manöver Hitlers, auf Hindenburgs Platz zu gelangen, war dessen Bemühen, jenen Mann, den er einen „Böhmischen Gefreiten" nannte, doch noch zu verhindern, noch nicht am Ende. Durch beträchtliche Stimmenverluste der Nationalsozialisten in der Novemberwahl gestärkt, setzte Hindenburg unter Verweis auf die fehlende parlamentarische Mehrheit der Partei Papen wieder ein.[53] Am Ende manövrierte sich Hitlers Fürsprecher Schleicher, der nun ein Komplott schmiedete, um die Unterstützung der Nationalsozialisten zu gewinnen und im weiteren Verlauf Hitler fallenzulassen, selbst in das Kanzleramt.[54]

Im Januar 1933 machten Hitler und Papen erfolgreich gemeinsame Sache gegen Schleicher, womit sie dessen kurzer Kanzlerschaft ein Ende bereiteten und die Regierung wieder ins Schlingern geraten ließen – eine schmerzhafte Entwicklung für Hindenburg, der schon lange keine Wahl mehr hatte. Am 30. Januar 1933 wurde Hitler Kanzler.[55] Für ihn war das ein Anklang an rituelle Feste, die Goten und Franken im sechsten Jahrhundert feierten, wenn sie viel Macht oder einen großen Sieg über die Römer errungen hatten,[56] und er zog in Erwägung, des neuen Zeitalters, das seiner Meinung nach mit seiner Kanzlerschaft angebrochen war, mit einer Veränderung des deutschen Kalenders nach Art des französischen Revolutionskalenders zu gedenken.[57] Das deutsche Experiment mit einer liberalen Demokratie, das im Jahr 1918/19 begonnen hatte, war nun zu Ende. In den kommenden eineinhalb Jahrzehnten, sollten neue und unvorstellbare Formen der Diktatur an ihre Stelle treten.

Nationalsozialisten obenauf

In ihren ersten sechs Monaten an der Macht zermalmten die Nationalsozialisten die letzten Reste der Weimarer Freiheiten, und als Hindenburg im August 1934 starb, war Hitler auch formell Deutschlands oberster Herrscher. Nicht einmal einen Monat nach seinem Machtantritt drückte ihm das Schicksal einen wahren Blankoscheck in die Hand. Am 27. Februar 1933 setzte Marinus van der Lubbe, ein geistesgestörter vierundzwanzigjähriger Holländer, den Reichstag in Brand. Unter dem Vorwand eines „kommunistischen Putsches" legte Hitler am nächsten Tag dem Präsidenten die „Notverordnung zum Schutz von Volk und Staat" zur Unterzeichnung vor. Ursprünglich nur als Verordnung gegen Brandstiftung und Terrorismus für Preußen gedacht, wurde die Notverordnung auf das ganze Reich ausgedehnt und sicherte die undurchsichtige rechtliche Grundlage nationalsozialistischer Herrschaft.[58]

In den ersten Märztagen des Jahres 1933 half die Wählerschaft, indem sie dem neuen Regime 43,9 Prozent der Stimmen gab – keine herrschaftsfähige Mehrheit, aber ein deutlicher Zuwachs. Nach der Notverordnung vom 28. Februar und dem Stimmenzuwachs in der März-Wahl war die Verabschiedung des Ermächtigungsgesetzes – „Gesetz zur Behebung der Not von Volk und Reich“ – durch den neuen Reichstag am 23. März mit einem überwältigenden Stimmenverhältnis von vier zu eins keine Überraschung.[59] Für jeden, der noch Zweifel an der Absicht des neuen Regimes gehabt haben mag, zeigte es jetzt in aller Deutlichkeit sein wahres Gesicht.

Von April an schickte Hitler seine eigenen Reichsstatthalter in die Landesregierungen, um in allen deutschen Ländern seine offizielle Präsenz geltend zu machen. Die Statthalter kontrollierten auf regionaler Ebene die Durchsetzung der nationalen Politik des Kanzlers. Anders als vormodernen Reichsemissären, die sich dazu auf unzuverlässige regionale Armeen verlassen mußten, standen Hitlers Statthaltern örtliche SA-Truppen, die SS und Stahlhelm-Kontingente zusätzlich zu den Streitkräften des Reiches zur Verfügung.[60]

Nachdem die Partei unter formaler Achtung der Gesetze an die Macht gelangt war mit dem eindeutigen Ziel, sie zu brechen, sobald sie dort angekommen war, handelte sie wie versprochen. Wie jeder Leser von *Mein Kampf* wußte, ist der wahre Arier in jeder Kultur nicht derjenige, der die Regeln befolgt, sondern derjenige, der ihnen zum Trotz gewinnt. Hitler haßte das Christentum und den Kommunismus wegen der sozialen Nivellierung und der statischen Gesellschaften, die sie anstrebten, und er sah in den von ihm im höchsten Grade gehaßten Juden den Ursprung beider Plagen.[61] Das neue Regime erprobte frühzeitig antijüdische Gesetze, obwohl Antisemitismus ursprünglich nicht die Speerspitze seiner Propaganda und seines Erfolges gewesen war. Am 1. April wurde gegen scharfe Proteste aus dem In- und Ausland ein eintägiger Boykott jüdischer Firmen durchgesetzt. Eine Woche nach dem Boykott schlossen neue Gesetze Juden aus dem öffentlichen Dienst und von der Ausübung juristischer Berufe aus, unterbanden die Kassenzulassung jüdischer Ärzte und senkten die zulässige Quote jüdischer Kinder an öffentlichen Schulen. Auch

Katholiken wurden mundtot gemacht; mit Zustimmung des Vatikans wurde es Priestern verboten, sich während der Seelsorge zur sozialen oder politischen Lage zu äußern.[62]

Im Juli 1933 wurde aus der nun 2,5 Millionen Mitglieder starken Nationalsozialistischen Partei, nachdem sie politische Gegner festgenommen, aus dem Lande getrieben oder durch Einschüchterung zum Schweigen gebracht hatte, effektiv die einzige politische Partei Deutschlands. Innerhalb nur weniger Monate war eine große Zahl von Deutschen, von den Beamten bis zum örtlichen Kegelverein, erfolgreich „gleichgeschaltet", das heißt auf Parteilinie gebracht worden. Mitte Oktober wurde der Reichstag aufgelöst, und Deutschland, das zu diesem Zeitpunkt auch aus dem Völkerbund austrat, ging daran, unter Mißachtung des Versailler Vertrags massiv wiederaufzurüsten. Als der neue Reichstag nach der Wahl im November, bei der nur die Einheitsliste der NSDAP zur „Wahl" stand, zusammentrat, hatten die Nationalsozialisten das entscheidende Instrument, das sie zum Führen eines Weltkrieges brauchten: Jeder Abgeordnete unterstützte Hitler. Wie die Nationalsozialisten versprochen hatten, war die Zeit gekommen, es denjenigen heimzuzahlen, die Deutschland einen Dolch in den Rücken gestoßen hatten.[63]

Bevor Hitler damit beginnen konnte, mußte er im eigenen Hause aufräumen. Er zielte auf die Führer der SA-Truppen, die über die Jahre Unruhestifter geblieben waren, und auf ihren Chef Ernst Röhm, der weiterhin entschlossen war, aus seinen Soldaten die offizielle deutsche Armee zu bilden. Es bestand auch die Möglichkeit, daß Röhm den Führer selbst herausfordern könnte. Dies beunruhigte die Kommandanten der Reichswehr, die nun den Schlüssel zu Hitlers Erfolg in den Händen hielten.

Der 30. Juni 1934 ging als die „Nacht der langen Messer" in die Geschichte ein. Bis zum Tagesanbruch des 2. Juli hatte die SS das Oberkommando der SA und andere politische Gegner zu Dutzenden ermordet, während andere mutmaßliche Gegner entweder geflüchtet oder eingesperrt waren.[64] Nach dem Blutbad blieb eine verringerte Zahl von SA-Leuten unter dem Kommando der SS, letztere von da an Hitlers eingeschworene Leibgarde und Handlanger. Es wirft ein Licht auf die Brutalität der Zeit, daß das Massaker mit überschwenglichem Beifall des Parlaments wie auch der Öffentlichkeit begrüßt wurde, begleitet von Gerüchten über einen von Röhm geplanten Putsch und Karikaturen über seine Homosexualität.[65] Die Morde erfüllten ihren beabsichtigten Zweck: Vor 1944 gab es keine vom deutschen Militär ausgehende vergleichbare Bedrohung Hitlers.

Aushöhlung von Versailles

Zwischen 1934 und 1936 begann das remilitarisierte Deutschland mit der Wiederherstellung seines politischen und geographischen Status aus der Zeit vor dem Versailler Vertrag. Der größte Schaden als Folge des Ersten Weltkriegs war an der linksrheinischen Flanke Deutschlands entstanden, wo deutsche Truppen nun aufgrund eines Nichtangriffspakts mit Polen die Möglichkeit hatten, sich zu konzentrieren. 1935 kam das Saarland nach einem bereits im Versailler Vertrag festgelegten Volksentscheid an Deutschland zurück. Seit März 1935 kehrte die deutsche Luftwaffe, die lange Zeit nicht mit Motorflugzeugen fliegen durfte, in die Luft zurück. Weil die Alliierten ebenso in beträchtlichem Tempo aufrüsteten, kritisierte der Völkerbund diese unheilvollen Vorgänge nicht. Das Säbelschmieden verwandelte sich im März 1936 in ein Säbelrasseln, als deutsche Soldaten, ohne auf Widerstand zu treffen, ins entmilitarisierte Rheinland einmarschierten. Die Antwort der Alliierten bestand in der Akzeptanz der Aggression durch Wegschauen in der irrigen Hoffnung, daß der erste große Bissen auch der letzte sein würde.

Bis 1938 waren die Bissen nur größer und die Gefräßigkeit unermeßlich geworden. Unter weiterer Mißachtung von Versailles marschierte die deutsche Armee in Österreich ein, das diesen Schritt weitgehend begrüßte, womit das sagenhafte „Großdeutschland" neu erschaffen wurde, von dem Hitler als Schüler in Linz geträumt hatte. Dieses neuerlich vereinigte, ethnisch bewußte Deutschland fuhr fort, sich mit Gewalt das Land zu nehmen, das es für seine wachsende Bevölkerung als notwendig erachtete – letzten Endes von den Tschechen und den Polen. Das zur Tschechoslowakei gehörende Sudetenland, Heimat einer weiteren deutschsprachigen Volksgruppe, wurde als nächstes angepackt. Im Gegensatz zu Österreich erhob das Land warnend seine Stimme, doch seine Rufe wurden lediglich gehört, aber von den Alliierten ignoriert. Der britische Premierminister Neville Chamberlain und sein französischer Amtskollege Daladier, die im September 1938 nach München gereist waren, um Deutschlands geplanten Zugriff auf das Sudetenland anzusprechen, gaben bedenkenlos die lebenswichtige Pufferzone der Tschechen preis, und innerhalb von sechs Monaten marschierten deutsche Soldaten im Stechschritt durch Prag. Dann, nach der Unterzeichnung eines Nichtangriffspakts am 23. August 1939, starteten die Todfeinde Deutschland und Sowjetunion im September 1939 einen Überraschungsangriff auf Polen, eroberten das Territorium der glücklosen Nation und teilten es gemäß zuvor vereinbarten geheimen Bestimmungen auf. Danach, im Jahr 1940, drang das deutsche Militär systematisch in Dänemark, Norwegen, Belgien, den Niederlanden, Luxemburg und – unterstützt von seinem italienischen Verbündeten – in Frankreich ein. Von den bedeutenden europäischen Mächten blieb einzig Großbritannien im Westen frei.

Deutschlands Verderben

Am 3. September 1939 erklärten Großbritannien und Frankreich Deutschland den Krieg, taten jedoch fast ein Jahr lang kaum etwas. Ohne einen Sieg über Großbritannien und Rußland konnte Deutschland den Krieg nicht gewinnen. Wenn es nach dem Willen der Deutschen gegangen wäre, wäre Rußland für Deutschland das geworden, was Indien für England gewesen war – „Lebensraum“ für ein „überlegenes“ Volk. Hitler hielt die Russen sogar für noch minderwertiger als die Juden, er nannte sie „Tiere im Naturzustand“ und verglich ihre organisatorischen Fähigkeiten eher mit jenen von Kaninchen als von Ameisen und Bienen. Aber er glaubte auch, daß noch „ein Tropfen arischen Bluts“ in russischen Adern floß, was sie zu einem Volk machte, dem eine Ordnung „aufgedrückt“ werden könne. Die Juden hielt er für das gefährlichere Volk aufgrund ihrer Disziplin und Konzentration, die ihnen durch ihr Gesetz eingeflößt wurden. Da Hitler den Bolschewismus für das uneheliche Kind des Christentums und beide für Erfindungen der Juden hielt, sah er in der Besiegung des russischen Volkes dessen Erlösung von drei lähmenden Ideologien.[66]

Nach Erreichung ihrer unmittelbaren Ziele an der Westfront begann die deutsche Armee im Juni 1941 ihren Marsch nach Osten. Hätte sie sich statt dessen nur um neunzig Grad gedreht und Nordafrika und den Mittleren Osten erobert, hätte der Zweite Weltkrieg anders ausgehen können. Dort hätten die Deutschen die Briten wirksamer treffen und dadurch die Kontrolle über das Mittelmeer und den Suezkanal und einen Zugang zu den Ölfeldern des Mittleren Ostens erringen können. Jedoch veranlaßten der leichte Sieg über Frankreich und das Patt mit Großbritannien Hitler, gegen alle Vernunft und gegen den Rat seiner Generäle in Rußland einzufallen. Später behauptete er, aufgrund von Geheimdienstberichten gehandelt zu haben, in denen eine einzige russische Fabrik identifiziert worden sei, deren Panzerproduktion größer war als die aller deutschen Fabriken zusammengenommen.[67] Wegen des russischen Winters und schlechter zeitlicher Abstimmung und Taktik der Deutschen kam deren Offensive in den Außenbezirken Moskaus zum Stillstand, was es den Russen ermöglichte, das bis dahin schrecklichste Gemetzel zu überleben.

Ein zweiter deutscher Vorstoß im Sommer 1942, der auf die Eroberung der südlichen Ölfelder Rußlands zielte, endete im Winter 1942/43 mit der vollständigen Vernichtung der deutschen Belagerungsarmee in Stalingrad. Diese Schlacht war für beide Armeen der sprichwörtliche Punkt, an dem es kein Zurück mehr gibt, und verringerte entscheidend Deutschlands Chancen, den Krieg zu gewinnen. Der große Wal Großbritannien und der große Bär Rußland hatten sich als zuviel für die deutsche Armee erwiesen. Als die Amerikaner zu Beginn des Jahres 1943 mit ganzer Kraft in den Krieg eintraten und die Alliierten gewillt waren, Bombenangriffe auf die Zivilbevölkerung zu unternehmen, wurden die Deutschen zu den Gejagten, und der Zusammenbruch Deutschlands war nur eine Frage der Zeit. Nach der Invasion in der Normandie am 6. Juni 1944 waren alliierte Armeen massiv im Bodenkampf verwickelt, kämpften sich in Richtung Berlin durch, wo sie im Mai 1945 die Russen im Besitz der Stadt vorfanden und die Bestätigung erhielten, daß Hitler Selbstmord begangen hatte.[68]

Die Wurzeln des Bösen: Juden, Christen und Bolschewiken

Zorn und Rachegelüste der Deutschen brachten Hitler an die Macht, aber sie gaben ihm keinen Auftrag, willkürlich Jagd auf weitgehend hilflose Sündenböcke zu machen, zu denen die Juden bald wurden. Daß Hitler die deutschen Juden dazu benutzen konnte, um seine Gegner zu verunglimpfen und seine Absichten durchzusetzen, kann nicht mit vorangehenden Jahrhunderten jüdisch-christlicher Konflikte und gegenseitiger Ablehnung erklärt werden. Im Vergleich zu den meisten anderen Staaten war Deutschland im neunzehnten Jahrhundert ein Ort gewesen, wo Juden gut leben konnten. Ihre Emanzipation hatte am Anfang des Jahrhunderts begonnen, und die kleine Zahl deutscher Juden, ungefähr ein Prozent der Bevölkerung, war vor dem Ende des Jahrhunderts eine vergleichsweise wohlhabende, unübersehbare Gruppe. Preußische Juden, die siebenunddreißig Prozent aller deutschen Juden ausmachten, erhielten im Jahr 1808 die Staatsbürgerschaft, und innerhalb eines Jahrzehnts zogen sie um, arbeiteten, heirateten und kauften Land wie jeder Nichtjude. Um die Mitte des Jahrhunderts emanzipierte die Frankfurter Nationalversammlung alle deutschen Juden, ein Vorbild, dem die einzelnen Länder folgten.[69]

Dennoch fanden sich die Juden in einer zwiespältigen Situation. Trotz ihrer sehr kleinen Anzahl spielten seit den sechziger Jahren viele von ihnen eine herausragende Rolle in den Eliteberufen. Für Nichtjuden war es daran zu erkennen, daß in den siebziger Jahren in Prag und Wien jüdische Kinder mehr als acht Prozent der Gymnasiasten und zwölf Prozent der Studenten stellten.[70] Obwohl die Juden traditionell in der Textil- und Einzelhandelsbranche stark vertreten waren, stellten sie auch siebzehn Prozent der Bankiers, sechzehn Prozent der Juristen und zehn Prozent der Ärzte. Politisch war die große Mehrheit linksliberal, und jüdische Juristen besetzten hochrangige Positionen in liberalen Parteien. Eduard Lasker, im Verlauf der siebziger Jahre ein Hauptkritiker Bismarcks und in weiten Kreisen für die 1873 beginnende Wirtschaftskrise verantwortlich gemacht, führte die Nationalliberalen an. Ein halbes Jahrhundert später, im Jahr 1922, leitete Walther Rathenau, damals Außenminister der Weimarer Republik, die Regierungsdelegation zur Regelung der Versailler Reparationszahlungen auf der Konferenz von Genua – ein Auftrag, dessen Ergebnisse noch im selben Jahr zu einem Mordanschlag rechtsradikaler Kräfte führten, der ihn das Leben kostete.[71]

Obwohl es lange Zeit unter deutschen Christen einen Haß auf Juden gegeben hatte, dauerte es lange, bis er zusammengeführt und in eine systematische Kampagne übergeleitet wurde – ein Hinweis darauf, daß die Juden erfolgreich waren und daß die heftigen Reaktionen von Deutschen darauf sich nur langsam herausbildeten. Im historischen Verlauf wünschten die Repräsentanten der mehrheitlich christlichen Bevölkerung, die im neunzehnten Jahrhundert zu zwei Dritteln evangelisch war (ausgenommen Österreich), eine Konvertierung und Assimilierung der Juden in die christliche Gesellschaft.[72] Die Vorstellung, daß deutsche Katholiken und Juden ein größeres Zugehörigkeitsgefühl zu einer religiösen Gemeinschaft als zum deutschen Staat empfanden, machte sie weder bei ihren säkularen und areligiösen noch bei ihren fromm protestantischen Mitbürgern beliebt.[73]

Noch im Jahr 1900 grassierte der Antisemitismus mehr in Frankreich und im zaristischen Rußland als in Deutschland. Im Ersten Weltkrieg starben 12.000 deutsche Juden für das Vaterland, und in den Kriegsjahren gab es keine antijüdischen Tumulte oder Pogrome. Antisemitismus spielte auch noch keine große Rolle bei der Machtergreifung Hitlers in den Jahren 1932/33. Die antisemitischen Handlungen seiner Regierung, die ersten wie die späteren, überraschten und beunruhigten die meisten Deutschen, die darauf mit größerer Furcht vor ihrer neuen Regierung reagierten als ihre jüdischen Nachbarn. Tatsächlich spaltete die „Kristallnacht" (die Nacht vom 9. auf den 10. November 1938) sogar die Nazi-Elite, wobei Propagandaminister Joseph Goebbels, ihr Hauptorganisator, intern stark kritisiert wurde. In jener berüchtigten Nacht, dem Jahrestag des Münchner Putsches, begann der Völkermord tatsächlich. Der Mord an einem Mitarbeiter der deutschen Botschaft in Paris, den ein junger polnischer Jude begangen hatte, diente als Vorwand für das entsetzliche Geschehen jener Nacht. Dabei ermordeten SA-Truppen Hunderte deutscher Juden, setzten ihre Synagogen in Brand und zerstörten ihre Unternehmen in ganz Deutschland. Es war ganz bezeichnend, daß die Anführer des Genozids später alles unternahmen, ihn zunächst zu verheimlichen und dann nach einer plausibel klingenden Erklärung zu suchen, weil sie annehmen mußten, daß die meisten Deutschen sich dagegen aussprechen würden.[74]

Auch wenn es manchen modernen Historikern so scheint, daß das deutsche Oberkommando den Zweiten Weltkrieg in erster Linie zur Vernichtung der Juden Europas geführt hat, so war dies ausdrücklich nicht der Grund für die deutschen Soldaten, die an den östlichen und westlichen Fronten gegen die Armeen der Alliierten kämpften, oder für jene an der „Heimatfront", die an ihrer Stelle arbeiteten und auf ihre Heimkehr warteten.[75] Die ursprünglichen Motive für den Krieg waren vollständig selbstbezogen, nicht auf

Juden bezogen oder antisemitisch. Die Deutschen wollten mit einem „totalen Sieg“ die drakonischen Reparationszahlungen, die ihnen aufgezwungen worden waren, sowie die schrecklichen Entbehrungen, die sie seit dem Ersten Weltkrieg erlitten hatten, rächen und wiedergutgemacht sehen. Zu Beginn des Zweiten Weltkrieges glaubte man, daß die Sieger des Ersten Weltkrieges Deutschland viel schuldeten, und viele Deutsche erwarteten als Früchte des Krieges ähnlich viel, wie Hitler rückblickend in dem deutsch-russischen Vertrag von Brest-Litowsk gesehen hatte. Deutschland nahm mit diesem Vertrag Rußland die baltischen Staaten, Finnland, Polen und die Ukraine ab, dazu unter anderem drei Viertel seiner Stahlindustrie und seiner Kohlegruben und ein Drittel seiner Textilbetriebe. Hitler erklärte, daß Brest-Litowsk im Vergleich zu Versailles „unendlich human“ sei, und bekräftigte damit eine in Deutschland weitverbreitete Stimmung.[76]

Im Jahr 1941, als die Ghettos in Polen von deportierten österreichischen und deutschen Juden überzuquellen begannen, wurden solch wirklichkeitsfremde Lösungen wie die Deportation nach Sibirien und Madagaskar in Erwägung gezogen. Im Auf und Ab des Krieges ersannen pervertierte Hirne die Vernichtung als „optimale“ Lösung und Gaskammern als die effizienteste und die beauftragten Henker am wenigsten anstrengende Methode.[77] Als sich im Jahr 1944 das Massenmorden an den Juden in den Konzentrationslagern verdreifachte, hatte sich der Krieg unwiderruflich gegen die Deutschen gewendet. Als die Alliierten nach Deutschland vordrangen, verloren die Juden und ihre Arbeitskraft jegliche Bedeutung für ihre Aufseher, deren einzige Sorge nun die rasche Vernichtung der Lager sowie der im wörtlichen Sinne sprechenden Beweise war.

Die beispiellosen Massaker waren auch eine makabre Antwort auf ein Problem, das sich lange aufgestaut hatte und durch den nationalsozialistischen Dünkel der Unbesiegbarkeit gleichermaßen erzeugt und getarnt worden war. Ein bedrängtes Deutschland konnte nicht gleichzeitig die sprunghaft anwachsende Zahl von Juden und Zwangsarbeitern in den Konzentrationslagern versorgen, die auf dem Rückzug befindliche Armee stützen und die flüchtende Zivilbevölkerung vor Panzern und Flächenbombardements der Alliierten beschützen. Schon im Jahr 1941 hatte Hitler, unter Berufung auf „Gesetze, die in außergewöhnlichen Zeiten gelten", Himmler den Befehl erteilt, bei den ersten Anzeichen von „Unruhen" im Inland „alles ... in den Konzentrationslagern zu liquidieren" und damit den Unruhestiftern „mit einem Schlag" ihre Anführer zu entziehen.[78]

Obwohl die deutschen Juden, wie die Juden in anderen europäischen Ländern auch, nur einen kleinen Prozentsatz der Bevölkerung darstellten, hatte nach Ansicht Hitlers kein anderes Volk der Welt so viel Schaden zugefügt oder war noch immer dazu in der Lage wie die Juden. Während seines Aufstiegs zur Macht jedoch und der ersten Monate, die seine Regierung im Amt war, waren es die Kommunisten, nicht die Juden, die im Aktionsprogramm der Nationalsozialisten die Hauptrolle spielten. Vor und nach dem Reichstagsbrand nutzte die Partei Hitlers die weitverbreitete Furcht vor einem kommunistischen Staatsstreich aus, nicht die vor irgendeiner drohenden jüdischen Gefahr.

Das jedoch änderte sich schlagartig nach dem Boykott jüdischer Firmen. Zwischen dem Schreckgespenst des Kommunismus und dem Unvermögen der Weimarer Regierung brachten die Nationalsozialisten ihren weniger attraktiven, weil derart gigantischen Antisemitismus geschickt in die deutsche Parteipolitik ein. Indem Hitler den linken Flügel der russischen Sozialdemokraten , die überzeugten leninistischen Bolschewiken, als „Produkt der Juden" darstellte, hängte er der deutschen Sozialdemokratischen Partei eine marxistische und jüdische Verschwörung an. Seit 1920 waren diese „deutschen Bolschewiken" die stärksten politischen Gegner des Nationalsozialismus und die größte Hoffnung für die moderne deutsche Demokratie gewesen.

Was Marxisten, Sozialdemokraten und Juden in den Augen Hitlers miteinander verband, war ein gemeinsamer Wunsch nach wirtschaftlicher und politischer Nivellierung der Gesellschaft. In seiner Sicht der Geschichte wurde der

Bolschewismus im ersten Jahrhundert mit der „jüdischen Mobilisierung der Sklaven“ gegen die Römer geboren. Dieses revolutionäre Projekt überstieg die Fähigkeit der Juden, wurde aber erfolgreich von ihrem mächtigen Ableger, dem Christentum, übernommen. Indem Juden und Christen Klasse gegen Klasse aufwiegelten und Unterlegene gegen Überlegene, sei es ihnen gelungen, das Römische Reich zu untergraben und Positionen und Vorteile zu erlangen, die keiner von beiden verdient habe.[79] Für Hitler drohte sich die Geschichte im zwanzigsten Jahrhundert zu wiederholen, jetzt in der Form von Bolschewismus und Sozialdemokratie und auf Kosten des deutschen Reiches. Er warf Demokratie, Kapitalismus, Liberalismus, Internationalismus und sogar den Modernismus in der Kunst als „jüdische Erfindungen“ bunt zusammen.[80] Dies waren seiner Meinung nach die unterschiedlichen, jedoch verwandten Wege, aus unbedeutenden Figuren bedeutende zu machen – eine Vorstellung vom unverdienten Erfolg anderer, die ihn seit seinen vergeblichen Bemühungen um ein Studium gepeinigt hatte, als er gezwungen war, sich mit seinem eigenen Versagen auseinanderzusetzen.

Obwohl in Hitlers Lesart der Geschichte dem Judaismus zeitlich und sachlich der Vorrang vor dem Christentum zukam, reizte ihn auch das Christentum zu Zornesausbrüchen politischen und sozialen Inhalts. Das moderne Judentum war für ihn der „Gärstoff für die Zersetzung ... eines jeden nationalen Organismus“, das moderne Christentum aber „die systematische Kultivierung menschlichen Versagens“, wodurch noch viel Schlimmeres drohe: „Reines Christentum ... führt – auf den einfachsten Nenner gebracht – zur Vernichtung der Menschheit. Es ist nichts anderes als rückhaltloser Bolschewismus unter den Rauschgoldgirlanden der Metaphysik.“[81]

Während somit Hitler die deutschen Juden der „Endlösung“ unterzog, erklärte er die Entfernung des „faulen Asts des Christentums“ zur „letzten Aufgabe“ des Nationalsozialismus nach der vorherigen Beseitigung der Slawen, Zigeuner und Homosexuellen.[82] Jenseits des jüdischen

Holocaust lag die Auslöschung des Christentums.[83] Das „religiöse Problem“ war somit theoretisch zweigleisig. Es sei nicht der Judaismus, sondern seine zahlenmäßig größere und kräftigere Nachkommenschaft, das paulinische Christentum – der Prototyp des russischen Bolschewismus und der deutschen Sozialdemokratie – gewesen, welches das Römische Reich in der Antike zerstört habe und nun dessen Nachfolger, das Deutsche Reich, in der modernen Welt bedrohte. Nach Hitlers Lesart der Geschichte war dieses Reich ein großer Freund der germanischen Völker gewesen. Die Ehe zwischen dem Römischen und dem Germanischen, zwischen Ariern und Ariern, hatte Rom verjüngt und seine Herrschaft in der Spätantike verlängert. Das Christentum dagegen unterdrückte die „allen arischen Völkern geläufige“ römische Religion und ersetzte ihren Glauben an soziale Solidarität und ethnische Einheit mit der neuen Idee der Gleichheit aller Menschen unter einem Gott ungeachtet des gesellschaftlichen Standes und der Rasse. Wo Jesus „eine lokale arische Oppositionsbewegung gegen das Judentum“ angeführt und sich mit den Römern in ihrem Konflikt mit den Juden verbündet habe, habe der rabbinisch ausgebildete Paulus von Tarsus die Massen gegen die Römer aufgebracht, womit durch das Christentum ein jüdischer Rachefeldzug gegen die römische und die nachfolgende europäische Zivilisation entfesselt worden sei.[84]

Die nationalsozialistische Elite glaubte, daß traditionelle Christen sich den Parteiprinzipien des Rassismus, der unbegrenzten aggressiven Kriegsführung und der vollständigen Unterwerfung der Kirche durch den Staat letztendlich widersetzen würden.[85] Im Gegensatz zur jüdischen Minderheit waren die Christen außerdem zu zahlreich, zu mächtig und zu deutsch, um direkt angegriffen werden zu können. Parteiführer glaubten auch, daß die historisch sich immer den Zielen der regierenden politischen Macht anpassenden Kirchen mit der Zeit dazu kämen, den Nationalsozialismus anzunehmen. Diese Hoffnung lag dem Artikel 24 des nationalsozialistischen Parteiprogramms zugrunde, der das historische Christentum ausreichend einbezog, um die Tür für schwankende Christen offenzuhalten. Aus diesem Grund wies Hitler die Parteiführer an, ungeachtet ihrer wahren Bindung an den Glauben Kirchenmitglieder zu bleiben, wie er selbst es bis zu seinem Selbstmord blieb.[86]

Die liberale protestantische Theologie der Aufklärung und die Linkshegelianer waren viel anfälliger für eine Einverleibung durch die Nationalsozialisten als das traditionelle Christentum.[87] In den ersten Jahren schwiegen viele Kirchen, protestantische wie katholische, zum Thema Menschenrechte und bürgerliche Freiheiten und suchte Wege, sich dem neuen Regime anzupassen, um den Sturm zu überstehen. Im Tausch gegen die Kontrolle über seine eigenen Schulen und Organisationen verpflichtete der Vatikan seine Priester im Juli 1933 zum Schweigen in der Hoffnung, dadurch eine Basis zu bewahren, von der aus die prinzipiellen Schlachten um die Moral geschlagen werden könnten. Eine solche Auseinandersetzung fand zum Euthanasieprogramm statt, dem zwischen 1939 und 1941 durch Injektion, Mangelernährung oder Vergasung etwa 72.000 körperlich oder geistig behinderte Kinder und Erwachsene zum Opfer fielen.[88]

Im Jahr 1933 gelang es einer pronationalsozialistischen, protestantisch geführten, „Deutsche Christen“ genannten Bewegung fast, die Führung der christlichen deutschen Mehrheitsreligion und die der neuen deutschen Politik zu vereinen. Einer der Grundsätze der Bewegung war der Kirchenausschluß nichtarischer Pfarrer und solcher mit nichtarischen Ehefrauen. Als im Jahr 1933 ein Mitglied der Deutschen Christen zum Reichsbischof gewählt wurde, schlossen sich nur sieben- der achtzehntausend protestantischen Geistlichen dem opponierenden Pfarrernotbund an.[89] Im Jahr 1934 jedoch verurteilte die antinationalsozialistische, protestantisch geführte „Bekennende Kirche“ getreu der Bibel die Ansicht, daß Hitler oder seine Partei in irgendeiner Weise als Offenbarung des Willens Gottes aufgefaßt werden könnte.[90]

In der Vorstellung des Nationalsozialismus von der neuen Zeit war das biblische Christentum politisch subversiv, sogar ein „Aufstand ... gegen die Natur."[91] Dessen vermeintliche Absurdität war Hitler während seiner österreichischen Schulzeit tief eingeprägt worden, als, wie er sich spöttelnd erinnerte, die Schüler um zehn Uhr am Religionsunterricht teilnahmen, wo sie die biblische Schöpfungsgeschichte hörten, nur um dann um elf Uhr im Biologieunterricht Darwins Version davon zu hören – wobei letztere mühelos gewann.[92] Während der Kriegsjahre empfahl Hitler für das Christentum einen langsamen „natürlichen Tod", indem man dessen Lehren dem Licht der Wissenschaft aussetze.[93]

Weil Hitler glaubte, daß die Geschichte einen Sprung von Paulus von Tarsus zu Karl Marx, von einem vom Christentum „bolschewisierten" Römischen Reich zu einem von W. I. Lenin „bolschewisierten" Russischen Reich dokumentiere, befürchtete er, daß ein sorgloses Deutsches Reich das nächste Opfer des jüdisch-christlich-bolschewistischen Molochs sein würde. Im Winter und Frühling 1933 beschwor er das Schreckgespenst einer unmittelbar bevorstehenden „Erneuerung des [antiken christlichen] Experiments" mit einer neuen „Beeinträchtigung rassischer Reinheit", wie es seiner Meinung nach im spätantiken Rom geschehen war. Im Herbst 1941, als er diese Befürchtungen in seinen Tischgesprächen nochmals wiedergab, äußerte er die Überzeugung, daß die Bolschewiken in ebendiesem Moment Hunderttausende russischer Männer deportierten, während sie vielleicht die gleiche Zahl russischer Frauen in die Betten minderwertiger, aus anderen Ländern importierter nichtrussischer Männer schickten.[94] Solch absichtliche Bastardisierung der Rassen bedrohe Europa mit minderwertiger Nachkommenschaft und werde auf obskure Weise im Namen des christlichen und bolschewistischen Egalitarismus betrieben.[95] Somit lebe im Christentum und im Bolschewismus die alte, Reiche zerstörende Kraft der Juden in der modernen Welt fort. Darin lag für Hitler die Notwendigkeit einer „Endlösung" der Judenfrage und des Terrors gegen die Christen in einer Nachkriegszeit.

Warum Hitler?

Bedeutung und Ausmaße

„Ja, wir sind Barbaren! Wir wollen es sein! Es ist ein Ehrentitel. Wir sind es, die die Welt verjüngen werden!"[96] So wetterte Hitler im Jahr 1933 bei Tische und nahm bereitwillig einen Schimpfnamen an, den die Deutschen historisch mit Herabsetzung und Unterjochung assoziierten. Erfolgreiche Führer folgen weder blind der Tradition, noch verwerfen sie die Vergangenheit völlig. Das traf auf die Regierungen unter Friedrichs dem Großen, Bismarck, Gustav Stresemann und Paul von Hindenburg zu. Obwohl die Propaganda der Nationalsozialisten Hitler selbst mit diesen drei Deutschen auf eine Stufe stellte, galt er als der überragende, gegen die etablierte Gesellschaft eingestellte Führer, der in Vergangenheit und Gegenwart nur Versagen und Verderben sah, während er den Deutschen ein vollkommenes neues Zeitalter versprach. Als Österreicher – seit 1925 staatenlos –, der erst 1932 deutscher Staatsbürger wurde, war er wurzellos, launisch, egozentrisch und hatte wenig Interesse an deutscher Geschichte jenseits ihres Nutzens zur Förderung seiner Karriere. Noch im Jahr 1928 war er, mit den Worten eines heutigen Biographen, „ein unbedeutender Politiker, über das südliche Deutschland hinaus wenig bekannt und ... Teil der radikalen Randgruppe bayerischer Politik."[97]

Seine Machtergreifung im Jahr 1933 war kein eindeutiger, von den Deutschen getragener Sieg.[98] Seine Partei hatte niemals die Unterstützung einer Mehrheit der Deutschen, und ihr Erfolg stellte sich nur in einer Krisenzeit ein und aufgrund der einseitigen Unterstützung durch anfällige gesellschaftliche Gruppen und gutorganisierte Lobbys. Keine gesellschaftliche Gruppe wählte beständiger die Nationalsozialisten als die untere Mittelschicht, die zwischen 1925 und 1932 im Durchschnitt mehr als 50 Prozent der Parteimitglieder stellte.[99] Viele Deutsche, die den Nationalsozialismus vor der Wahl im März 1933 unterstützten – der letzten freien Wahl, bevor Hitlers Ermächtigungsgesetz Deutschland in einen Einparteienstaat verwandelte –, ließen ihre Mühsal und Beschwernisse in ihre Stimmabgabe einfließen. Ihre Wahl war eine ausdrückliche Bekräftigung eines damals glaubhaft wirkenden Programms wirtschaftlicher Erleichterung, politischer Reform und nationaler Sicherheit. Während Rachegelüste und Reparationszahlungen in den Köpfen vieler Menschen dominierten, kann man nur von den wenigsten zu Recht behaupten, daß sie dafür gestimmt hätten, in einem Weltkrieg bis zum letzten Mann zu kämpfen oder sechs Millionen deutsche und europäische Juden abzuschlachten.

Der Stimmenanteil von 43,9 Prozent bei der Wahl vom März 1933, der höchste Anteil, den die Partei der Nationalsozialisten erreichte, kann jedoch nicht so einfach nur als Ergebnis individuellen Eigeninteresses gerechtfertigt werden. Diese Wahl fand weniger als eine Woche nach dem Reichstagsbrand und inmitten unverfrorener, für alle erkennbarer Einschüchterungen durch die Nazis statt, so daß die wenigsten aufmerksamen Wähler die dunkle und rücksichtslose Seite des Nationalsozialismus hätten übersehen können, falls es zusätzlicher Beispiele überhaupt noch bedurft hätte.

Der Erfolg der Nationalsozialisten trug auch weiterhin ambivalente Züge. Während manche behaupten, daß bis zu neun von zehn Deutschen im Jahr 1938 „Führergläubige" waren, darf man auch nicht übersehen, daß es im Verlauf der zwölf Jahre währenden nationalsozialistischen Herrschaft einen weitverbreiteten individuellen und institutionellen Widerstand gegen das Regime gab – von Arbeitern, die am Fließband absichtlich langsam arbeiteten, über die Verurteilung unmoralischer Programme durch die Kirchen bis zum Versuch von Aristokraten und Offizieren, Hitler in die Luft zu sprengen.[100] Die Partei herrschte unangefochten nur durch Angst und Schrecken, und es gelang ihr nie, Deutschland in die freiwillige, ehern geschlossene nationale Gemeinschaft zu verwandeln, nach der ihre Propaganda strebte.[101]

Bei einem Volk mit einer so langen und obsessiven Geschichte der Plünderung von innen und außen jedoch verblaßt der Widerstand vor den Handlungen oder Unterlassungen vieler Deutscher, die den zerstörerischsten Räuber aller Zeiten an ihre Spitze brachten. Dies geschah vor dem Hintergrund außergewöhnlicher Zustände, die wohl auch jede andere zeitgenössische Nation an die Zerreißgrenze gebracht hätten. Die schmachvolle militärische Niederlage im Jahr 1918 – nach all den mythischen Erwartungen an den Krieg – wurde im Jahr 1921 durch extrem hohe Kriegsreparationen noch verschlimmert. Zu diesen Erschütterungen kamen wirtschaftlicher Zusammenbruch und Arbeitslosigkeit in nie gekanntem Ausmaß hinzu, während eine neue Regierungsform über dreizehn Jahre sozialliberal-konservativer Herrschaft hinweg keine sichere Zuflucht vor diesen kaskadenartig herabstürzenden Krisen bieten konnte.

Wären Deutschland nicht solche einander überlagernden Katastrophen widerfahren und wäre die Weimarer Regierung bei ihren Rettungsversuchen weniger stümperhaft vorgegangen, wären die Nationalsozialisten möglicherweise eine extremistische Randgruppe geblieben. Die Ergebnisse der jährlichen Wahlen nach 1925 verdeutlichen, daß die Unterstützung für sie mit dem Erfolg oder Mißerfolg der Regierung bei der Krisenbewältigung fiel oder wuchs. Eine Weimarer Regierung, die zur Lösung der Probleme fähig gewesen wäre, hätte weit mehr Deutsche gewonnen als alle pathetisch vorgetragenen Reden Hitlers. Weder die Sozialdemokraten um Ebert noch die Konservativen um Hindenburg waren jedoch in der Lage, dem deutschen Volk den Weg aus seinen dunkelsten Tagen zu weisen. Am Ende wurde genau dies zum entscheidenden Vorteil für Hitler, einen Politiker, der ein Vakuum mit Versprechungen auszufüllen verstand.

Das Schreckgespenst eines erfolgreichen kommunistischen Staatsstreichs ängstigte besonders die Deutschen der Mittel- und unteren Mittelschicht, die wußten, daß eine solche Herrschaft ihr persönliches Eigentum und ihr Auskommen weiter schmälern würde. Auch hatten die meisten Deutschen Grund zu glauben, daß ein kommunistischer

Staatsstreich unter einer linksliberalen Regierung wahrscheinlicher war als unter einer rechtskonservativen.[102] Mit der Übernahme der Weimarer Präsidentschaft durch Hindenburg im Jahr 1925 war gegen diese Möglichkeit eine Barriere errichtet worden – allerdings eine, die im Fall des Versagens von Hindenburg eine nationalsozialistische Machtübernahme begünstigte.

Da Hitlers Partei Recht und Gesetz ignorierte und die Anwendung von Gewalt nicht scheute, bot sie sich selbst als prädestinierte Löserin der Probleme und unerbittliche Rächerin von Unrecht an. Da eine zunehmende Zahl von Wählern keinen Weg aus dem Weimarer Sog sahen und sowohl Hindenburg als auch ausländische Mächte für ihre Notlage verantwortlich machten, richteten sie ihren Blick in Erwartung ihrer Erlösung und der Bestrafung der Schuldigen einfach auf Hitlers Magie. Sehr vielen stolzen Deutschen, die alles verloren oder sehr wenig zu verlieren hatten, erschien dieser „Alles-oder-Nichts"-Ansatz letztlich als die perfekte Botschaft. Insgesamt hätten die, die sie sich zu eigen machten, wissen müssen, daß sie zumindest Krieg mit Feinden im Ausland und mit fünften Kolonnen im Inland bedeuten würde.

Durch und durch moderne Nazis?

Eine fortbestehende autoritäre deutsche Vergangenheit für den Erfolg der Nationalsozialisten verantwortlich zu machen hat sich in der Historiographie des modernen Deutschland tief eingewurzelt. Selbst heute kann man eine Debatte darüber finden, wie weit sie zurückreicht: ob der verhängnisvolle Schritt im Zeitalter der hohenstaufischen Friedrich-Kaiser, Luthers, Friedrichs des Großen oder Bismarcks vollzogen wurde. Unabhängig davon, woher die fernen Präzedenzfälle auch kommen und welche es auch sind, sehen die meisten Historiker im Wilhelminischen Reich ein verhängnisvolles Zusammentreffen der Ereignisse.[103]

Eine in jüngerer Zeit erschienene gegenläufige Antwort auf die Frage „Warum Hitler?“ hat neuere Motive für die bereitwillige Annahme des Nationalsozialismus in die Diskussion gebracht und auf seinen Egalitarismus oder auf die Massendemokratie und die Verheißung eines vollkommeneren Volkes und Staates verwiesen. Hitlers Partei, die sowohl das kaiserliche Deutschland als auch die Weimarer Republik verwarf, suchte weder in der Vergangenheit noch in der Gegenwart nach Vorbildern, sondern sah ihre Bestimmung in einer noch zu definierenden Zukunft. Sie forderte alle Deutschen auf, an der „Erschaffung eines völkischen Nationalismus“ gleichrangig teilzuhaben – ein übergreifender Ansatz, der Aristokraten wie untere Mittelschicht gleichermaßen ansprechen sollte und Chauvinismus ebenso wie ein soziales Bewußtsein umfaßte.[104]

Wenn Hitler der Gipfelpunkt eines alten, autoritären und der Rattenfänger eines gemeinschaftlich erneuerten Deutschlands war, so war er auch der erste politische Führer des zwanzigsten Jahrhunderts, der sich den Kern der soziokulturellen Revolution des vorherigen Jahrhunderts mit ihren existentialistischen Werten zu eigen machte, die mit allen bisherigen Werten brachen.[105] Das Ziel seiner Partei war es, eine Vergangenheit mit stabilen Grundsätzen, wie sie das kaiserliche Deutschland und die Weimarer Republik verkörpert hatten, durch eine vollständig experimentelle Zukunft zu ersetzen. Der Großteil des alten politischen und kulturellen Deutschland starb auf den geistigen Schlachtfeldern des neunzehnten Jahrhunderts an den Wunden, die ihm tausend posthegelianische Illusionen zugefügt hatten. Wie die desillusionierte wilhelminische Jugend, die im Banne modischer Akademiker und „völkischer“ Gurus weniger bedeutende soziokulturelle, rassische und utopische Weltentwürfe verfolgte, wurde eine geistig verarmte und beruflich benachteiligte Weimarer Generation ein leichtes Opfer der nationalsozialistischen Propaganda.[106] Phantastische Vorstellungen vom Aufstieg der Arier und dem Untergang der Juden und von der Heimzahlung für politisches und wirtschaftliches Unrecht faszinierten das

Publikum in Universitäten, Sitzungssälen und Bierhallen und stützten hemmungslosestes Abgehen von dem, was die Deutschen historisch als vernünftig, moralisch und human angesehen hatten. Anstelle noch vorhandener Werte des alten Deutschland wuchs hier eine neue, noch ungefestigte Mentalität, von Zuversicht wie auch von Verzweiflung geprägt, die für Hitlers Reden empfänglich war.

11

Der zusammengesetzte Deutsche

Deutschland seit dem Zweiten Weltkrieg

Der 8. Mai 1945 markierte das offizielle Ende des Krieges in Europa, nachdem am Tag zuvor im Hauptquartier von General Dwight D. Eisenhower in Reims die bedingungslose Kapitulation aller deutschen Streitkräfte vollzogen worden war. Bis dahin hatten Bombenangriffe der Alliierten die deutschen Großstädte verwüstet, und die Zahl der deutschen Kriegstoten war auf 4,5 Millionen gestiegen. 500.000 von ihnen waren Zivilisten, die in den Städten verbrannt, 2 Millionen Soldaten, die auf den Schlachtfeldern gestorben waren; weitere 2 Millionen waren Flüchtlinge, die zwischen 1944 und 1946 auf der Flucht aus den von den Deutschen besetzten Ländern Ungarn, Polen und der Tschechoslowakei sowie aus den deutschen Ostgebieten waren, was später „die größte Wanderungsbewegung der modernen Zeit" genannt worden ist.[1]

Die siegreichen Alliierten, die nun ein besiegtes Deutschland zu befrieden und zu einen versuchten, waren selbst aufgrund ihrer unterschiedlichen Geschichte, Politik und Kulturen untereinander gespalten. Diese Unterschiede, die während des Kalten Krieges in Gestalt der Besatzungszonen offenkundig wurden, prägten auch die Zukunft Deutschlands. Die französischen und linksliberalen deutschen Intellektuellen glaubten, daß eine Lösung des deutschen Problems in der dauerhaften Teilung Deutschlands läge. Letztendlich jedoch entstanden die zwei Teile Deutschlands aufgrund des Bedürfnisses der Alliierten, ihre eigenen Differenzen beizulegen.

Im November 1943 beschlossen Großbritannien, die Vereinigten Staaten und die Sowjetunion auf einem Treffen in Teheran, Deutschland in Besatzungszonen aufzuteilen. Im Februar 1945, wurde bei einem zweiten Treffen in Jalta die Notwendigkeit der vollständigen Entmilitarisierung und

Entnazifizierung Deutschlands angesprochen. In den drei westlichen Zonen begannen die Alliierten, die Deutschen in Demokraten zu verwandeln, während in der östlichen Zone die Sowjets danach trachteten, sie zu Sozialisten zu formen. In allen vier Zonen ließen sich die Deutschen, deren große Mehrheit sich einen demokratisch-sozialistischen „dritten Weg" erhoffte, der die deutschen Länder vereint und allen Deutschen zugänglich halten würde, zunächst nur widerwillig umerziehen.[2]

Auf der Potsdamer Konferenz im Sommer 1945, die unter dem Vorsitz von US-Präsident Harry S. Truman tagte, setzten die Alliierten ihre Abmachungen in die Tat um. Sie übernahmen die pragmatische Regel, die Jahrhunderte zuvor die Deutschen nach einer anderen gesamteuropäischen Krise gerettet hatte: Der Herrscher eines Landes oder, in diesem Fall, der Kommandant einer militärischen Besatzungszone der Alliierten sollte diese Zone so verwalten, wie er es für richtig hielt.

Zu den vielen strittigen Themen gehörten die Reparationszahlungen. Die Sowjets besetzten die territorial größte, aber am dünnsten besiedelte und am wenigsten industrialisierte Zone, was die besser ausgestatteten Westalliierten, zu deren Zonen auch das hochindustrialisierte Ruhrgebiet gehörte, dazu veranlaßte, ihnen zusätzlich zehn Prozent ihrer Reparationen zuzugestehen. Die notleidenden Sowjets demontierten weit mehr deutsche Fabriken, um sie in ihre Heimat abzutransportieren und dort wiederzuerrichten, was darauf hindeutet, daß sie nicht die Absicht hatten, Deutschland für lange Zeit zu besetzen. Auch die Franzosen demontierten in den ersten vier Jahren der Besetzung in ihrer Zone in großem Ausmaß. Im Jahr 1948 jedoch erinnerten sich die Westalliierten, bis dahin einer Meinung mit Frankreich, an die Folgen von Versailles und entschieden sich für eine Politik der Wiederherstellung und des Wiederaufbaus und gegen eine Politik der Bestrafung und der Plünderung. Mit Hilfe des Marshall-Plans, einer über vier Jahre verteilten strategischen Investition von 1,4 Milliarden US-Dollar in einen raschen Wiederaufbau Europas, entwickelte sich die westdeutsche Einheit und Produktivität in beeindruckendem Tempo.[3]

Da es bei Kriegsende wenig Demokraten in Westdeutschland gab und engagierte Kommunisten im Osten ebenso rar waren, hatten die Alliierten in beiden Teilen Deutschlands viel Arbeit vor sich. Die Westalliierten, die alle Deutschen als Nazis betrachteten, versagten antifaschistischen Gruppen anfangs eine Rolle beim Wiederaufbau ihres Landes. Damit wurde wohl eine Gelegenheit verpaßt, der deutschen Demokratie frühzeitiger eine Starthilfe zu geben und sie unter inländische politische Führung zu stellen.[4] Die rastlosen Entnazifizierungs- und Umerziehungsbemühungen der Alliierten hielten die Deutschen in den Westzonen ebenfalls auf dem Abstellgleis fest. Die Fragebogen der Amerikaner, mit denen Nazis aufgespürt werden sollten, führten 136 Gründe auf, von denen jeder einzelne ausreichte, einen Deutschen zwingend von einem Beschäftigungsverhältnis nach dem Krieg auszuschließen. Für die befragten Deutschen gab es vier mögliche Kategorien der Schuld und nur eine für die Entlastung.[5] Diese Überwachung und Bevormundung nach dem Krieg, die sich in verschiedenen Formen im Verlauf des kalten Krieges fortsetzten, erzeugten bürokratische Alpträume bei den Glücklosen wie bei den Schuldigen, wobei unter den Deutschen viel unterdrücktes Ressentiment zurückblieb.[6]

Die Sowjets dagegen zielten mehr auf die deutschen sozialpolitische Strukturen statt auf Individuen. Das alte nationalsozialistische Regime wurde durch ein marxistisch-leninistisches Kollektiv ersetzt, in das die bereits bestehenden Parteien der Sozialdemokraten und der Kommunisten eingepflanzt wurden. Die neue, 1946 aus beiden begründete Sozialistische Einheitspartei Deutschlands (SED) wurde danach die einzige ostdeutsche politische Partei mit realer politischer Macht. Indem die neue Planwirtschaft im sowjetischen Stil individuelle Freiheit und Unternehmertum unterdrückte, untergrub sie zunehmend die politische Stabilität, die mit der Kontrolle von oben herab erreicht worden war.

Trotz anfänglicher Überprüfung gelangte eine beträchtliche Zahl ehemaliger Mitglieder der NSDAP in wichtige Positionen beim Wiederaufbau Deutschlands. In vielen Fällen verfügten sie über bessere Fähigkeiten und mehr Erfahrung, und ihre Anstellung war wohl, aufs Ganze gesehen, die praktischere Lösung. In den strengen Jahren der nationalsozialistischen Herrschaft setzten viele Anstellungen und Positionen eine Parteimitgliedschaft voraus, weshalb zahllose Deutsche nominelle Nationalsozialisten wurden – nicht aus ideologischen Gründen, sondern weil es unumgänglich war. In den ersten Monaten des Wiederaufbaus erzeugte die Entschlossenheit der Alliierten, die wirklichen Nationalsozialisten zu ermitteln und zu bestrafen, einen Konflikt, der bis heute andauert – nämlich die menschliche Verantwortung zur Erinnerung und das lebenswichtige Bedürfnis weiterzuschreiten, in einem Gleichgewicht zu halten. Ersteres lastete natürlich schwerer auf den Alliierten, letzteres auf den Deutschen, die die verheerendste Niederlage in ihrer Geschichte erlitten hatten, und das nur kurz nach einer ähnlichen Katastrophe.[7] Die Deutschen, deren Unvermögen, 1918 und die bitteren Jahre der Weimarer Republik hinter sich zu lassen, den Weg zum Jahr 1933 geebnet hatte, standen hier an einem allzu bekannten Scheideweg.

Im Mai 1949 beschloß die deutsche verfassungsgebende Versammlung, der Parlamentarische Rat, auf Anordnung der Alliierten eine neue, „Grundgesetz" genannte vorläufige Verfassung für die Westzonen. Ratspräsident Konrad Adenauer, der dreiundsiebzigjährige frühere Oberbürgermeister von Köln, Katholik und Antikommunist, setzte das Grundgesetz mit seiner Unterschrift in Kraft und übernahm drei Monate später als erster das Amt des westdeutschen Kanzlers. Westdeutschland, das eher Stabilität als Veränderung brauchte, wurde zwei Jahrzehnte lang von der konservativen Christlich-Demokratischen Union regiert, einer überkonfessionelle Neuformierung der alten katholischen Zentrumspartei nach dem Krieg. Zwischen 1948 und 1952 erlaubte der Marshall-Plan dem zähen und geschickten Adenauer, noch stärker zu agieren, und er praktizierte das, was einige abschätzig „Kanzlerdemokratie" nannten.[8] Industrie und Arbeitsplätze in Westeuropa sollten als eine ökonomische Mauer gegen den Kommunismus der Ostzone wiederaufgebaut werden, die erste von zwei großen Mauern zwischen den beiden Teilen Deutschlands.

Im Dezember 1946 vereinten die Briten und die Amerikaner ihre Zonen (Bizone), und die Franzosen schlossen sich zwei Jahre später, im April 1949, mit ihrer Zone an (Trizone). Im Juni 1948 gab die Währungsreform, eine Idee des späteren Wirtschaftsministers Ludwig Erhard, den sich annähernden westlichen Zonen einen zweiten großen Schub in Richtung westdeutscher Eigenstaatlichkeit. Nachdem die Westalliierten die neue Deutsche Mark in den Vereinigten Staaten gedruckt und am 20. Juni nach einer 48stündigen Ankündigungsfrist in ihren Zonen eingeführt hatten, gingen sie daran, die neue Währung in den von ihnen besetzten Sektoren Berlins, die mitten in der russischen Zone lagen, zu verbreiten. Von dort fand sie ihren Weg in die Sowjetzone und nach Ost-Berlin, wo von der sowjetischen Besatzungsmacht in der folgenden Woche eine separate Währung, die Ost-Mark, eingeführt wurde. Die Aktion des Westens brach eine Vereinbarung mit den Sowjets und löste eine Blockade der Hauptverkehrsadern nach Berlin aus. Drei Monate zuvor hatten sich die Sowjets bereits aus der Alliierten Kommandantur zurückgezogen, nachdem sie Pläne der Westalliierten zur Schaffung eines separaten westdeutschen Staates aufgedeckt hatten. Aus dieser Konfrontation, in der Flugzeuge der Westalliierten in knapp elf Monaten 277.000 Einsätze flogen, um die 2,5 Millionen von der Versorgung abgeschnittenen Menschen in den Westsektoren Berlins zu beliefern, wurden Ost- und Westdeutschland geboren.[9]

Wunder und Umschwünge

Die große Mehrheit der Deutschen hatte sich eine Vereinigung von Ost und West gewünscht, die Elemente beider

Seiten übernimmt. Statt dessen führten die neuen Regierungen ihre Staaten in entgegengesetzte, von den Besatzungsmächten vorgegebene politische Richtungen. Die neuen Regierungssysteme hatten jedoch dieses eine gemeinsam: Im Gegensatz zur Weimarer Republik und zum Dritten Reich wurden aus beiden in hohem Maße berechenbare und produktive Staaten.

Walter Ulbricht, Adenauers ostdeutscher Gegenspieler, hatte die Kriegsjahre in der Sowjetunion verbracht, von wo aus er im Jahr 1945 als Vorsitzender der Kommunistischen Partei nach Ostdeutschland zurückkehrte. Bis zum Ende jenes Jahres waren die großen landwirtschaftlichen Güter teils verstaatlicht, teils war deren Grundbesitz an Kleinbauern, Landarbeiter und Vertriebene verteilt worden, und die privilegierte Junkerschicht war abgeschafft worden. In den mehr als zwanzig Jahren als mächtigster Mann der Deutschen Demokratischen Republik, von 1950 bis 1971 als Parteichef der SED, ab 1960 zusätzlich als Staatsoberhaupt, verstaatlichte Ulbricht die ostdeutsche Finanzwirtschaft und Industrie, gliederte die fünf ostdeutschen Länder in 15 Bezirke um und vergesellschaftete die Landwirtschaft. Am 17. Juni 1953 brach in Ostberlin ein Aufstand gegen das eigene Regime aus, der sich rasch über das Land ausbreitete und nur mit Hilfe der sowjetischen Besatzungsmacht niedergeschlagen werden konnte. Nachdem sich der neue stalinistische Staat im Jahr 1955 dem Warschauer Pakt (der osteuropäischen Militärallianz) und dem Comecon (der osteuropäischen Wirtschaftsunion) angeschlossen hatte, wurde er zum wichtigsten Rad im Getriebe des sowjetischen Imperiums. Im Jahr 1960 löste eine neue Runde landwirtschaftlicher Vergesellschaftung weitere Proteste aus und verstärkte die Fluchtbewegung nach Westen. Als im folgenden Jahr die Berliner Mauer gebaut wurde, waren 1,65 Millionen Ostdeutsche nach Westdeutschland gegangen.[10] Im Jahr 1968 verkündete die SED in einer neuen Verfassung ihre souveräne Herrschaft.

Die Bundesrepublik war mit ihrer konkurrierenden Parteipolitik und mit zügellosem Materialismus ein Spiegelbild der westlichen Demokratien.[11] Zwischen 1950 und 1980 stieg der Wert der westdeutschen Mark im Durchschnitt jährlich um 8 Prozent, während der Zuwachs ihres Gegenstücks in der DDR jährlich 3 Prozent betrug – unter den Bedingungen der disharmonischeren Umgestaltung in Ostdeutschland eine sehr respektable Wachstumsrate.[12] Zusätzlich zu ihrem wirtschaftlichen Erfolg erlangte die Bundesrepublik ihre Zugehörigkeit zur Gemeinschaft der Demokratien, indem sie das zustande brachte, was die Frankfurter Nationalversammlung nur in Gedanken bewegen und die Weimarer Republik lediglich zeitweise verwirklichen konnte: eine effektive Regierung und zuverlässige Sicherheit. Das Grundgesetz enthielt neue Vorkehrungen, um Anarchie und Faschismus zu verhindern, die die Weimarer Republik zerstört hatten. Es verhindert die Vergabe von Sitzen im Bundestag an Splitterparteien mit weniger als 5 Prozent der Stimmen und gewährleistet den Verbleib eines angeschlagenen Kanzlers und seiner Regierung im Amt bis zur Wahl eines Nachfolgers durch das Parlament.[13] Somit wurde die Bundesrepublik zu einer stabileren Demokratie, deren Prinzipien und Ziele nicht zu weit gingen oder irgend jemanden ängstigten.

Das Fundament des dreißig Jahre währenden Wirtschaftswachstums im Westen, von 1950 bis 1980, war eine Politik der gemeinsamen Entscheidungsfindung von Unternehmensführung und Arbeiterschaft. Neben diesem Konsens ist der Erfolg des deutschen Modells wesentlich der höheren Produktivität der deutschen Arbeiterschaft zu danken, ihrer Fähigkeit, in der gleichen Zeit mehr und bessere Arbeit zu leisten als viele Konkurrenten in anderen Ländern.[14] In Ostdeutschland setzte eine ähnliche Arbeitsmoral, die durch Kollektivierung, Verstaatlichung und politische Konformität gleichermaßen geordnet wie auch unterdrückt war, den Maßstab innerhalb des Comecon.

Während eine Reihe Westdeutscher die neue, materialistische Gesellschaft mit Bestürzung sahen, gaben der steigende Lebensstandard und die Unabhängigkeit von riskanter, ideologiegetriebener Politik den meisten Menschen Auftrieb. In den sechziger und siebziger Jahren jedoch wurde das Wirtschaftswunder zum Ziel zunehmender linksliberaler Kritik, die auch die Zögerlichkeit der Regierung angriff, die nationalsozialistische Vergangenheit an den Schulen und Universitäten zu thematisieren. Solche Kritik trug dazu bei, die große Koalition Kurt Georg Kiesingers aus CDU/CSU und SPD aus dem Amt zu drängen und im Jahr 1969 Willy Brandt und eine neue Koalition aus SPD und FDP an die Macht zu bringen – der Beginn einer dreizehnjährigen linksliberalen Regierungszeit. Brandt, ein freimütiger und daher gefährdeter Sozialist, hatte die Kriegsjahre in Schweden verbracht, von wo aus er die Widerstandsbewegung gegen den Nationalsozialismus innerhalb und außerhalb Deutschlands unterstützte. Bevor er Kanzler wurde, war er ein populärer Regierender Bürgermeister von Westberlin gewesen und ein Außenminister, der in der Regierung Kiesinger die Szene beherrschte.

Kiesinger dagegen war in den dreißiger und vierziger Jahren NSDAP-Mitglied gewesen und hatte im Außenministerium als stellvertretender Abteilungsleiter für Propaganda gearbeitet. 1945–46 war er interniert, wurde aber 1948 vollständig entlastet. Daß ein so ungewöhnliches Paar eine Koalitionsregierung zusammenstellen konnte, war eine wirklichkeitsnahe Momentaufnahme des im Übergang befindlichen Nachkriegsdeutschland. Als Brandt Kiesinger im Jahr 1969 besiegte, waren neununddreißig Jahre seit dem letzten Kanzler der SPD vergangen. Daß jener Kanzler, Hermann Müller, die letzte Koalition angeführt hatte, die in echter Partnerschaft mit einer deutschen Regierung vor der Machtergreifung der Nationalsozialisten arbeitete, ist in Anbetracht von Brandts Rolle im Widerstand von symbolischer Kraft.

Die Nachkriegsdeutschen in Ost und West lebten in Gesellschaften, die weitgehend ihre Machteliten verloren hatten, obwohl die SED eine sehr privilegierte Gruppe innerhalb der klassenlosen DDR repräsentierte. Im Westen hielten nur Überreste einer alten Aristokratie, von der ein beträchtlicher Teil an Widerstandsgruppen gegen Hitler beteiligt gewesen war, Deutschlands adlige Vergangenheit in den Augen der Öffentlichkeit am Leben.[15] Die Nachkriegsdeutschen verstanden sich weniger als ethnisch-politische Einheit oder als die alte Hierarchie festgefügter Stände und unterschiedlicher Klassen, sondern pragmatisch als eine berufsständische Gesellschaft, als Bürger, die sich nach ihrer frei gewählten produktiven Berufstätigkeit definierten und strukturierten.[16]

Als nach 1961 die Berliner Mauer die Ostdeutschen gefangenhielt, verschafften sich in den sechziger Jahren im Westen meritokratische und egalitaristische Ideale Geltung, insbesondere an den Universitäten.[17] Zwischen 1959 und 1988 stieg die Zahl der Studenten an Universitäten fast um das Achtfache, von zweihunderttausend auf 1,5 Millionen, besonders schnell in den Jahren der Kanzlerschaft Brandts (1969–74) und Helmut Schmidts (1974–82), die immer mehr Menschen die Möglichkeit zum Hochschulstudium eröffneten.[18] Dieses Zusammentreffen einer großer Zahl von Studenten aus unterschiedlichen Milieus in theoretisch offenen und liberalen Universitäten, deren Lehrkörper aber immer noch von einer sehr konservativen Professorenschaft geprägt waren – viele Professoren weigerten sich damals noch, in ihren Vorlesungen Fragen zu beantworten –, war ein sicheres Rezept für einen Generationenkonflikt.

Das war jedoch nur ein Grund dafür, weshalb deutsche Universitäten in den sechziger Jahren zum Nährboden divergierender Meinungen wurden. In diesem Jahrzehnt entwickelte sich in Europa wie in den USA auch in rasantem Tempo eine autonome Jugendkultur. Zahlreiche idealistisch gesinnte Jugendliche, die eigenes Geld und ihre eigene Musik hatten und unter den Verhältnissen sexueller Freiheit und beispielloser politischer Macht der Masse lebten, sahen sich für die Zukunft weder an die berufliche und soziale Welt ihrer Eltern gebunden noch mit Notwendigkeit dafür bestimmt. Außer zahlreichen lokalen „Tyrannen", die geradezu zur Attacke einluden, tauchte auf der internationalen Bühne auch ein „imperialer" Feind auf, der der unzufriedenen Jugend überall die Schlagworte lieferte: die amerikanische Armee in Vietnam mit ihrem Napalm und ihren B-52-Bombern. (Als ich im Frühjahr 1968 die Universität Tübingen verließ, beobachtete ich, wie Studenten den Namen USA mit einem Hakenkreuz statt des S an Universitätsgebäude sprühten.)

Im Jahr 1967 spitzte sich der Generationenkonflikt noch zu, nachdem die Polizei einen protestierenden Studenten während eines Staatsbesuchs des Schahs von Iran erschossen hatte – ein Ereignis, das zu noch mehr Aufruhr führte, nachdem die Zeitungen des Medienmoguls Axel Springer die Demonstranten für den Tod verantwortlich gemacht hatten. Im folgenden Jahr wurde der „rote" Rudi Dutschke, ein ostdeutscher Pazifist und Marxist, der zum Anführer des westdeutschen Studentenprotests geworden war, von der Kugel eines rechtsradikalen Attentäters schwer verletzt, was weitere Reaktionen der Jugendlichen provozierte. Für eine radikale Minderheit waren diese zwei Bluttaten der Auslöser für den Schritt vom Protest zum Terrorismus. Die gewalttätigste Gruppe in den siebziger Jahren war die Rote Armee Fraktion (RAF), allgemein als Baader-Meinhof-Bande bekannt, in romantisierendem Gedenken an deren Wegbereiter Andreas Baader und Ulrike Meinhof – er Sohn eines Professors, sie Tochter eines Pfarrers, Journalistin und Mutter von Zwillingen. Zusammen mit anderen, ähnlichen Gruppen tötete die RAF 28 Menschen, verletzte 93, nahm 162 als Geiseln und raubte 5,4 Millionen Mark aus 35 Banken, bevor sie unschädlich gemacht wurde.[19]

In den späten sechziger und in den siebziger Jahren fand auch ein scharfer Konflikt im Parlament zwischen Konservativen auf der einen und Sozialdemokraten sowie Liberalen auf der anderen Seite statt. Willy Brandt setzte sein politisches Kapital dafür ein, die Beziehungen mit

Ostdeutschland und dem Ostblock insgesamt zu normalisieren – die sogenannte Ostpolitik –, eine Diplomatie, die bei den Wählern, die schon immer mehr Kontakte mit Familienangehörigen und Freunden auf der anderen Seite der Mauer haben wollten, sehr populär war. Brandts politische Annäherungsversuche an den Osten brachten nicht nur die beiden Teile Deutschlands näher zusammen, sondern hoben Ostdeutschland auf die europäische und internationale Bühne und führte zu seiner Mitgliedschaft in den Vereinten Nationen und zu einer Normalisierung seines Status als europäischer Staat. Für seine Kritiker war Brandts Ostpolitik lediglich ein anderes Wort für Hilfe und Erleichterung für den Feind, und es bereitete ihnen höchste Genugtuung, daß einer seiner hochrangigsten Mitarbeiter als ostdeutscher Spion enttarnt wurde.[20]

Ein weiteres großes Problem, dessen Saat in den frühen sechziger Jahren gelegt wurde, erwuchs ebenfalls aus dem hohen Tempo des Wiederaufbaus in der Nachkriegszeit und nicht zuletzt aus der Spaltung Deutschlands, deren Verkörperung die Berliner Mauer war. Die schnell wachsende Wirtschaft im Westen brachte einen hohen Bedarf an einfachen Tätigkeiten mit sich, zu denen die Westdeutschen nicht bereit waren, und als die Mauer gebaut wurde, versiegte der stetige Strom von billigen ostdeutschen Arbeitskräften, auf die der Westen angewiesen war. An ihrer Stelle kamen ausländische Gastarbeiter aus dem Südosten und dem Süden, meist Türken und andere Menschen aus Mittelmeer-Anrainerstaaten.

Diejenigen, die kamen, nutzten natürlich umfassend die Großzügigkeit und das emotionale Bedürfnis im Nachkriegsdeutschland, Fremden gegenüber freundlich zu sein. Weil Löhne, Sozialversicherungsleistungen und die Menschenrechtslage besser waren als in ihren Heimatländern, trafen immer mehr Einwanderer ein und hatten oft kaum das Bedürfnis, jemals zum elenden Leben zurückzukehren, das sie hinter sich gelassen hatten. Im Jahr 1990 war diese neue Erwerbsbevölkerung für das sich wiedervereinigende Deutschland zum Problem geworden. Etwa 4,8 Millionen ausländische Arbeitnehmer und ihre stetig wachsenden Familien, ein Drittel von ihnen moslemische Türken, lebten in Deutschland. Zumeist integrierten sie sich unzureichend in die deutsche Gesellschaft und Kultur, während sie ihre eigene Kultur auf deutschem Boden erfolgreich reproduzierten.[21] Im Jahr 2000 waren 30 Prozent der Einwohner Frankfurts moslemische Türken, die ihren Gottesdienst in den siebenundzwanzig Moscheen der Stadt abhielten.[22]

In der deutschen Geschichte vermengten sich der „Bindestrich-Deutsche“, also der Deutsche mit „geteilter“ Identität, und der räuberische Ausländer oft in ein und derselben Person, und in der Person dieser modernen ausländischen Arbeiter ist dies wieder geschehen. Die in den letzten Jahrzehnten eingewanderten Arbeiter überschritten zwar die deutsche Grenze aus dem Süden und dem Osten nicht als Aggressoren oder Eroberer, sondern als willkommene „Gäste“, um zu helfen, die deutsche Wirtschaft und Lebensart aufrechtzuerhalten – und daher mehr als Verbündete denn als Fremde. Im Verlauf der Zeit jedoch haben ihr dauerhafter Verbleib, ihre starke Zunahme und ihre Nichtanpassung die Wirtschaft auch belastet und die deutsche Einheit und kulturelle Identität gefährdet. Gleichzeitig kamen auch Hunderttausende Asylanten aus wirtschaftlichen Gründen, die das bußfertige Bedürfnis der Deutschen ausnutzten, eine Zufluchtsstätte für die politisch Verfolgten der Welt zu sein. Nach deutschem Recht wird jedem Ausländer, der deutschen Boden betritt und behauptet, auf der Flucht vor politischer Verfolgung zu sein, eine Asylanhörung einschließlich vom Staat getragener Unterkunft und Verpflegung für die Dauer des strengen Verfahrens gewährt, bei dem weniger als fünf Prozent der Bewerber auch wirklich als Asylberechtigte anerkannt werden. Wie in den USA und anderen reichen Staaten wurde eine beträchtliche Zahl derer, denen ein Bleiberecht versagt wurde, zu illegalen Ausländern, die in den etablierten Gemeinschaften ausländischer Arbeiter untertauchten.

Unter den nach der Auflösung der Sowjetunion – und

schon vorher – aufgrund besonderer Vereinbarungen nach Deutschland eingeladenen Nachkriegseinwanderern befanden sich Ostjuden, die sich dort erneuter Verfolgung gegenübersahen, und fast zwei Millionen Deutschstämmige.

Das Reichs- und Staatsangehörigkeitsgesetz von 1913 hatte die deutsche Staatsbürgerschaft auf die Abstammung statt auf das Geburtsland gegründet. Das Ausländergesetz von 1990 modifizierte dies, indem es in Deutschland geborenen ausländischen Einwohnern, die fünfzehn Jahre rechtmäßig im Land gewohnt haben, und ihren in Deutschland geborenen Kindern das Recht gab, die Einbürgerung zu beantragen – eine Möglichkeit, von der trotz der ab dem Jahr 2000 geltenden Erleichterungen, die die Aufenthaltsdauer auf acht Jahre reduzierten, noch immer nur relativ wenige Gebrauch machen.[23]

Nach dem neuen, am 1. Januar 2000 in Kraft getretenen Gesetz ist jedes in Deutschland geborene Kind ausländischer Eltern heute nach geltendem Recht automatisch deutscher Bürger, sofern ein Elternteil sich acht Jahre in Folge legal im Land aufgehalten hat und eine Niederlassungs- oder Aufenthaltserlaubnis besitzt.[24] Es erwirbt aber in vielen Fällen auch die Staatsangehörigkeit der Eltern. Das neue Gesetz schränkt jedoch die Möglichkeit der doppelten Staatsbürgerschaft erheblich ein. In Deutschland geborene Kinder ausländischer Staatsbürger müssen sich bis zur Vollendung des dreiundzwanzigsten Lebensjahres für eine der beiden Staatsbürgerschaften entscheiden. In Fällen, in denen es unmöglich oder nicht ratsam ist, die nichtdeutsche Staatsbürgerschaft aufzugeben, kann bis zur Vollendung des einundzwanzigsten Lebensjahres die doppelte Staatsbürgerschaft beantragt werden. Das neue Staatsbürgerschaftsgesetz fördert daher die Anpassung an die deutsche Kultur in dem offensichtlichen Bemühen, die große Zahl von „Bindestrich-Deutschen“ zu verringern. Vorausgesetzt, daß die Deutschen den Willen aufbringen können, solche Mitbürger in größerer Zahl zu integrieren und für einen Teil der Nichteingebürgerten finanziell aufzukommen, bleibt die große Frage nach ihrer Fähigkeit, in der Zukunft eine einheitliche deutsche Kultur zu erhalten, unbeantwortet.

Ostdeutschland

In den fünfziger Jahren übertrafen die politische Stabilität und der wirtschaftliche Erfolg Westdeutschlands die Erwartungen der Alliierten wie auch der Deutschen selbst. In den sechziger und siebziger Jahren drohten Studentenprotest und Terrorismus mitten in einer Phase beispielloser Einwanderung von Ausländern zum Verlust dieser Einheit, Freiheit und dieses Wohlstandes zu führen. Solch düstere Vorahnungen waren ein wesentlicher Grund dafür, daß die konservative Herrschaft Helmut Kohls sechzehn Jahre währte, die längste Amtszeit eines deutschen Kanzlers seit Bismarck.

Das egalitäre Ostdeutschland stellte mit der Errichtung einer faktischen Einparteienherrschaft von Anfang an einen stärkeren Schutzschild auf. Mit der Auflösung der fünf ostdeutschen Länder, mit der Mitgliedschaft im Warschauer Pakt und im Comecon, dem Bau der Mauer und einer kompromißlosen, sowjetisch orientierten Verfassung, die den Status der DDR als separate Nation gegenüber dem Westen stärkte, verfestigte sich im Verlauf der fünfziger und sechziger Jahre diese Herrschaft stetig.[25] Obwohl keine nationalsozialistische Diktatur, war die DDR von Anfang an ein Polizeistaat mit eigenen Sicherheitskräften – der sogenannten Staatssicherheit –, die von sowjetischen Militärangehörigen unterstützt wurden. Nach 1960 konnten die Ostdeutschen nicht mehr ungehindert in den Westen reisen und waren fortan nicht nur durch Patriotismus und kraft freien Entschlusses an ihr Vaterland gebunden, sondern auch durch Mauersteine und Patronen – verzweifelte Maßnahmen eines kommunistischen Staates, der befürchtete, seine lebenswichtigen Arbeitskräfte an den Westen zu verlieren und diesem gegenüber auch seine Daseinsberechtigung.[26]

In den siebziger Jahren, nach zweieinhalb Jahrzehnten totalitärer Herrschaft, intensivierte die DDR ihren Dialog mit dem Westen. Die liberalste Handlung der kommunistischen Partei im Verlauf dieses Jahrzehnts war jedoch eine, die sie später bereute. Im Jahr 1978 erkannte die SED die Unabhängigkeit der protestantischen Kirche an und erlaubte ihr, eine Zufluchtsstätte für Protest- und Reformkräfte zu werden, wodurch indirekt die ersten Schritte in Richtung Vereinigung mit dem Westen unternommen wurden.[27]

Dem äußeren Anschein zum Trotz lief die staatliche Anerkennung der Kirche von keiner Seite auf eine Beschwichtigung oder eine Vereinnahmung hinaus, sondern war ein Schritt, der aus den Tiefen der deutschen Geschichte heraus unternommen wurde, wobei beide Seiten ein Wagnis eingingen und gewannen. Wie viele ostdeutsche Intellektuelle und Schriftsteller vergrößerte auch der protestantische Klerus den Erfolg seiner Mission, indem er mit dem Staat kooperierte.[28] Im Jahr 1971 formulierte der ostdeutsche Bischof Albrecht Schönherr als Sprecher des Bundes der Evangelischen Kirchen in der DDR, die ostdeutsche Kirche, die schon damals unentbehrlich für die Funktionsfähigkeit des staatlichen Wohlfahrtssystems war, wolle Kirche „nicht neben, nicht gegen, sondern im Sozialismus sein."[29] Die so mit dem Staat erreichte Übereinstimmung erfüllte auf beiden Seiten auf das eigene Interesse bedachte religiöse oder politische Ziele. Die Übereinkunft deutete weniger auf ideologischen Pluralismus innerhalb der SED, sondern bewies die überragende Kraft der historisch begründeten Kooperation zwischen deutscher Kirche und deutschem Staat, die aus dem Mittelalter stammt. Im Bemühen, eine spirituelle Mission zu erleichtern, die noch besonders dringend einer politischen Unterstützung bedurfte, hatte Luther Jahrhunderte zuvor erklärt, daß die Herrschaft der sächsischen Fürsten und die christliche Seelsorge zwar voneinander unabhängige Aufgaben, jedoch von ähnlicher Bestimmung seien[30] – eine Erklärung, von der Bischof Schönherr im Jahr 1971 eine moderne Version artikuliert zu haben scheint.

Die Zusammenarbeit von Staat und Kirche war nicht der

einzige Bestandteil der deutschen Vergangenheit, den die Ostdeutschen zu ihrem Vorteil bereitwillig annahmen. Seit den späten siebziger Jahren genossen bedeutende sächsische und preußische historische Persönlichkeiten – Luther, Friedrich der Große und Bismarck – breite Popularität.[31] Die Ostdeutschen fanden in ihrer eigenen Geschichte Mittel, mit denen sie einen Staat jenseits des sowjetischen und des amerikanischen Modells gestalten konnten. Beide deutschen Staaten hielten diese Modelle für fehlerhaft, das sowjetische wegen seiner Unterdrückung individueller Freiheit und seines Kollektivismus, das amerikanische wegen seines überzogenen Individualismus, Materialismus und seiner sozialen Spaltung. Die klassische deutsche Vergangenheit bot auch eine Alternative zum politischen Universalismus, der einer neuen Generation im Westen von linksliberalen Intellektuellen präsentiert wurde, die die Deutschen dazu ermutigten, sich in europäischen und globalen Kategorien zu verstehen und nicht als Bürger eines bestimmten Nationalstaates. Dies hatte möglicherweise Bundespräsident Richard von Weizsäcker im Sinne, als er den Ostdeutschen ein „stabileres, ernsthafteres und ... wahrheitsgetreueres Bewußtsein von der deutschen Geschichte" bescheinigte, ungeachtet des Abgleitens der kommunistischen Partei in Ideologisierung.[32]

Während SED-Funktionäre die Vergangenheit ausnutzten, um ein versagendes politisches System zu stützen, glaubten viele Ostdeutsche, die ihre verlorenen Freiheiten abwägten und jede Gelegenheit wahrnahmen, nach dem Westen zu fliehen, daß dort in großem Maße relevante Antworten auf die Fragen nach der individuellen und nationalen Identität zu finden wären. Den Menschen, die flohen, lieferte die Vergangenheit Beispiele deutscher Männer und Frauen, die von Epoche zu Epoche den Willen der Nation in energischem Handeln verkörperten. Darin hatten die Sachsen der zweiten Hälfte des zwanzigsten Jahrhunderts manches gemein mit jenen der ersten Hälfte des sechzehnten Jahrhunderts. Auch damals hatte eine nationale Reformbewegung eine weitgehend unbekannte deutsche

Vergangenheit auf der Suche nach erhellenden Beispielen und Rat aus deren eigener Entwicklung durchforscht, an denen Kirche und Staat ihre jeweiligen Bestrebungen neu ausrichten konnten.

Die positivere Geschichtslesart der Ostdeutschen stand in scharfem Gegensatz zur Position prominenter westdeutscher Intellektueller, die die Geschichte lediglich als Vorspiel zu späteren Schrecknissen verstanden – besonders in Zeiten starker Herrscher. Nicht wenige deutsche Historiker, Philosophen und Schriftsteller der Nachkriegszeit hielten die Vergangenheit für befleckt und unmaßgeblich und verwarfen deren Politik, Gesellschaft und Kultur, ähnlich wie es die Weisen des neunzehnten Jahrhunderts getan hatten. Die kritischsten unter ihnen verstanden die Plädoyers der Nachkriegskanzler für Normalität als Sirenengesänge des Bismarckschen Reiches und des Wilhelminischen Deutschland.[33]

Die deutsche Wiedervereinigung 1990

Die Vereinigung der zwei Teile Deutschlands und der Zustrom zahlreicher Deutschstämmiger aus dem Ausland ließen die deutsche Identität zu einem noch dringenderen Thema werden. Über achtundzwanzig Jahre der Teilung hinweg hatten voneinander getrennte Familienmitglieder die Hoffnung auf eine Wiedervereinigung nicht aufgegeben. Der Rauch der Hoffnungsfeuer, die die Kirche anfachte, begann den achtziger Jahren stetig von Ost nach West zu wehen. In beiden Ländern hatten evangelische und katholische Kirchen fortwährend die verlockende Botschaft einer spirituellen Freiheit und Gleichheit jenseits der säkularen Beschränkungen des Marxismus-Leninismus und des Kapitalismus gepredigt. Diese Botschaft klang sowohl in den östlichen Gemeinschafts- wie in den westlichen demokratischen Idealen glaubwürdig. Zur selben Zeit prägte Michail Gorbatschow dem Ostblock sein Programm der „Glasnost" auf, der Freiheit, Dinge in Frage zu stellen, und der „Perestroika“, des Rechts auf Reform. Nachdem Erich Honecker, der Partei- und Staatschef der DDR, im Jahr 1987 seine Zustimmung dazu gegeben hatte, daß seine Bürger ohne die üblichen bürokratischen Schikanen Kurzreisen in den Westen unternehmen durften, wurde der Drang dorthin unaufhaltsam.

Da der Kalte Krieg die Teilung Deutschlands verursacht hatte, ermöglichte seine Beendigung ihre Überwindung.[34] Zwischen den drastisch steigenden Ausgaben für den Rüstungswettlauf und dem Versagen der kommunistischen Vorzeigestaaten blieb den Sowjets zur Entspannung keine Alternative. Nachdem die Ostblockstaaten wohl eine kollektivistische Gesellschaft jenseits von Vernunft und menschlichem Vermögen angestrebt hatten, wurden sie zu demoralisierten Diktaturen, deren Bürger von ihrer Arbeit wie auch von ihren Regierungen entfremdet waren.

Der erste Riß im Eisernen Vorhang tat sich im Jahr 1989 auf, als das soeben demokratisch gewordene Ungarn, von der Sowjetunion sich selbst überlassen, seine Grenzen zu Österreich öffnete. Bald war die tschechische Grenze ebenfalls durchlässig. In Ostdeutschland gab es kleinere Freiheitszugeständnisse, obwohl die Berliner Mauer noch hielt. Die Sozialdemokratie entdeckte sich wieder und forderte die SED heraus, und ein neuer Zusammenschluß von Intellektuellen, das Neue Forum, trug zwingende Gründe für einen politischen Wechsel vor. Unter dem Ruf „Wir sind das Volk“ nahmen die revolutionären Protestmärsche, besonders in Leipzig im Spätsommer und Herbst 1989, solche Dimensionen an, daß sie vom Staat nicht mehr unterdrückt werden konnten. Einflußreiche Bürger – unter ihnen Kurt Masur, damals Kapellmeister des Leipziger Gewandhausorchesters – riefen erfolgreich zu einer friedlichen Lösung der Konfrontation und gegen den Einsatz von Panzern auf. Nach einem Anstoß von Gorbatschow trat Erich Honecker am 18. Oktober zurück und ging später ins Exil nach Chile. In der ersten Novemberwoche erkannte die neue Regierung von Egon Krenz das Recht der Bürger auf Reisefreiheit an und versprach ihnen sogar demokratische Wahlen. In der Nacht vom 9. auf den 10. November wurde die Mauer geöffnet, und Tausende überschritten in jenem Moment in beiden Richtungen die Grenze; am darauffolgenden Wochenende taten dies bereits vier Millionen Menschen.[35] Um Neujahr herum war die DDR im Begriff zu zerfallen; Krenz' westdeutsches Pendant hatte dies schon sehr zeitig genau registriert. Während die Ereignisse sich jenseits aller Erwartungen bewegten, brachte sich Helmut Kohl in eine Position, von der aus er die zwei Teile Deutschlands wieder zusammenführen konnte.

Die Deutschen nannten seine Wahl im Jahr 1982 im Rahmen eines konstruktiven Mißtrauensvotums im Bundestag den „Machtwechsel" – nämlich von der dreizehnjährigen sozialliberalen SPD/FDP-Herrschaft von Brandt und Schmidt zur sechzehnjährigen konservativen CDU/CSU/FDP-Herrschaft unter Kohl –, der sich mit Hilfe der liberalen FDP vollzog. Kohl hielt seine Wahlversprechen der Normalität und der Stabilität ein. Als die sich überschlagenden Ereignisse die Wiedervereinigung der beiden Teile Deutschlands realisierbar werden ließen, nahm er die Last auf sich, ohne zurückzublicken, da er die Gedanken der Mehrheit der Deutschen richtig verstanden hatte, die eine unverzügliche Vereinigung ihres Landes wollte. Kohl stellte sich mit seinem ganzen politischen Gewicht hinter die Forderung „Vereinigung jetzt", wobei er den Ostdeutschen blühende Landschaften versprach und den Westdeutschen versicherte, daß alles unter geringen Opfern vollzogen werden konne – wovon sich allerdings nichts bewahrheitete.[36]

Wenige Monate nach dem Fall der Berliner Mauer gewann die Ost-CDU die Volkskammerwahlen im März 1990 auch dank Kohls Versprechen einer unverzüglichen Vereinigung, während die SPD – zu ihrem eigenen Schaden, was die Wahlergebnisse betraf – im Wahlkampf zur Vorsicht riet. Kohl und sein CDU-Kollege im Osten, Lothar de Maizière, begannen fast unverzüglich mit den Wiedervereinigungsgesprächen. Dem „Machtwechsel" folgte die „Wende", als sich die zwei Teile Deutschlands nun allein, ohne von den Alliierten bevormundet zu werden, vereinigten. Kohl versüßte die Aussicht mit der Festlegung, daß Löhne, Gehälter und Renten grundsätzlich sowie Guthaben – je nach Lebensalter des Inhabers zwischen 2000 und 6000 Mark – im Verhältnis eins zu eins auf D-Mark umzustellen sind. Während dies ein Segen für die Brieftaschen der Ostdeutschen und den Vereinigungsprozeß war, setzte dieses Stück ökonomischer Parität die ostdeutsche Unternehmen gegenüber ihren westdeutschen Konkurrenten einer Wettbewerbssituation aus, die sie unmöglich bestehen konnten.[37]

Deutschsein

Seit den Zeiten der Römer haben die Deutschen damit gerungen, sich als Volk zu definieren. In keinem anderen europäischen Land sind heutzutage die Einwohner, wenn sie auf einen Ausländer treffen, mit größerer Wahrscheinlichkeit in der Lage oder schneller dabei, dessen Sprache zu sprechen, als in Deutschland, und in keinem anderen europäischen Land beherrschen die Einwohner diese Sprachen so gut wie die Deutschen. Man mag in solch einem Verhalten nur den Willen zur Macht sehen. Wahrscheinlicher aber ist es der Reflex eines Volkes, das sich im Verlauf seiner Geschichte oft in schwerer Bedrängnis fand, mächtigen, mißtrauischen und gefährlichen Nachbarn seine Fähigkeiten und seinen Wert zu beweisen.

Zwischen dem Fall Roms und der Erschaffung des Franken- und des Sachsenreiches nahmen die kulturell rückständigen Deutschen bereitwillig die Institutionen, Sprachen, Gesetze und Bräuche der überlegenen griechisch-römischen und jüdisch-christlichen Welt an, denen sie dienten und die sie eroberten.[38] Die Deutschen haben seither immer aufmerksam andere Völker studiert und reisen heute im Urlaub öfter ins Ausland als die Bürger jedes anderen Landes.[39] Geographie und Geschichte ließen von Anfang an die zentral gelegenen deutschen Länder zu Schnittpunkten des internationalen Handels und der internationalen Kultur und somit auch zu einer Art Klassenzimmer mit vielen ausländischen Lehrern werden. Im Verlauf des Dreißigjährigen Krieges und danach und dann nochmals bei Napoleon bewiesen die Deutschen ihre Fähigkeit, fremde Vorbilder aufzugreifen und nutzbar zu machen. In beiden Fällen ließ sie das Ausmaß der Eroberung und Besetzung durch Ausländer an ihrer dauerhaften politischen und kulturellen Existenz als Volk zweifeln. Im Verlauf dieser beiden Kriege und in Wiederaufbauzeiten lebten viele der besiegten Deutschen auf heimatlichem Boden, der von Ausländern neu geordnet worden war. Das Beste aus den gegebenen Verhältnissen zu machen wurde zur deutschen Art des Überlebens und der Selbstfindung.

Diese Entwicklungen lassen sich besonders gut anhand der Geschichte der deutschen Musik belegen, in der die Deutschen bei ausländischen Komponisten Anleihen aufnahmen und ihre Meister übertrafen. Angefangen mit den Chorälen der Reformation, die sowohl alte religiöse als auch neue volkstümliche Musik mit der neuen Theologie verbanden, leisteten die Deutschen in der allumspannenden musikalischen Kunst bahnbrechende Arbeit.[40] In den Epochen des Barock und der Klassik verfeinerten deutsche Meisterkomponisten die charakteristischen Melodien und Lieder anderer Völker. Bach und Händel und die auf sie folgenden österreichischen Meister Haydn und Mozart nahmen Anleihen bei der italienischen Musik auf – teils bei der Instrumental- und Vokalmusik, teils bei der Oper –, wobei Bach zusätzliche Vorbilder unter den französischen Meistern fand, während Händel in seiner Wahlheimat England das Oratorium zu hoher Blüte führte, von denen einige die alten Hebräer feierten.[41]

Solches Befragen anderer Kulturen war nicht auf die Musik beschränkt. In ihren Studien zur frühen deutschen Sprache und Volkskunde unterzogen Jacob und Wilhelm Grimm viele nichtdeutsche Beispiele der vergleichenden Betrachtung. Jacob war Schüler Friedrich Carl von Savignys gewesen, des vielleicht größten Rechtsgelehrten seiner Zeit, der danach strebte, die deutsche Kultur anhand des Studiums von Rechtskodizes zu ergründen. Aus ähnlicher Motivation untersuchten die Brüder Grimm die internationale Volksliteratur und korrespondierten mit Sir Walter Scott und seinen Schriftstellerkollegen in Irland, England, Norwegen, Dänemark, der Tschechoslowakei, Serbien und Rußland.[42] Unmittelbar nach der Besetzung ihres Landes durch die Franzosen fürchteten viele Deutsche, Zeugen des Endes ihrer Kultur zu sein, und fanden Zuversicht und Inspiration in den Studien Savignys und der Brüder Grimm.[43]

Im neunzehnten Jahrhundert bewahrte Richard Wagner, mit dreißig Jahren Kapellmeister der Dresdner Oper und glühender Anhänger der deutschen Revolution von 1848/49, deren Ideale trotz ihres Scheiterns stolz mit seinem Taktstock. Nach dem Fehlschlag der Demokratie schloß er sich der romantischen Gegenbewegung an und suchte in der Innerlichkeit jene Größe, die die Politik nicht zu erreichen vermocht hatte. Indem er dies tat, spiegelte er machtvoller als jeder andere Musiker des neunzehnten Jahrhunderts die neue kritische Kultur wider, die den Weg zum zwanzigsten Jahrhundert wies. Einerseits fürchtete er „geistige Werke aus dem Ausland", und zwar nicht nur musikalische, weil er glaubte, daß sie die reineren deutschen verderben würden. Zugleich war dieser „völkischste" aller deutschen Komponisten aber auch bestrebt, ausländisches Talent umfassend bekannt machen.

Mit siebenunddreißig Jahren schrieb er pseudonym eine kleinere Abhandlung, die das „Judentum in der Musik" verspottete und ihm, als seine Urheberschaft aufgedeckt wurde, öffentliche Kritik und sogar Ächtung eintrug.[44] Daraus zog er offenkundig eine bescheidene Lehre. Zweiunddreißig Jahre später, im Jahre 1882, übertrug er dem deutsch-jüdischen Maestro Hermann Levi das Dirigat bei der Uraufführung des *Parsifal* und räumte damit musikalischem Talent verspätet und, leider, nur ausnahmsweise Priorität gegenüber neuzeitlichem Antisemitismus ein.[45]

Deutsche Musikwissenschaftler des neunzehnten Jahrhunderts suchten hartnäckig nach „dem Deutschen" im Altertum, wobei sie ein rassenspezifisches „nordisches Musikgefühl" zu dokumentieren versuchten, und bereiteten damit unbewußt den Weg für die dunklere Seite der dreißiger Jahre des zwanzigsten Jahrhunderts. Diese Forschungen konzentrierten sich auf den alten Volksstamm der Alemannen und die allgemeine Beliebtheit der Lure unter den germanischen Volksstämmen insgesamt, eines Instruments, das auf Polyphonie hindeutete, die ihrerseits musikalische Erfindungsgabe einschloß. Diese Schlußfolgerung war jedoch so fehlerhaft, wie die völkische Rassentypologie gefährlich war. Die deutsche Musik klassischen Stils scheint eher aus böhmischen Wurzeln zu stammen, nicht aus eindeutigen, identifizierbaren deutschen Wurzeln.[46]

In den sechziger Jahren des neunzehnten Jahrhunderts intensivierte das Streben nach deutscher Einheit die Spekulationen über die deutsche Identität. Keines der damals ausgeworfenen Netze war größer oder barg einen vielseitigeren Fang als dasjenige von Bogumil Goltz, eines weitgereisten Journalisten und Schriftstellers aus dem neunzehnten Jahrhundert. Goltz, ein Autodidakt auf dem Gebiet der Weltkulturen, schrieb über solch vielseitige Themen wie die Naturgeschichte der Frauen, das Genie Shakespeares, deutsche Kneipen und ägyptische Lebensart und Kultur. Diese Studien lieferten einen Kontext und einen Kontrast für seine Untersuchungen über die Wesensmerkmale der Deutschen, von denen er glaubte, daß sie sowohl außerhalb Deutschlands wie auch jenseits des neunzehnten Jahrhunderts zu finden seien.[47] Bei der Suche nach Vorbildern für das „universale Volk", wofür er die Deutschen hielt, war er nicht allein. Zwischen dem siebzehnten und dem neunzehnten Jahrhundert waren deutsche Gelehrte die weltweit führenden Experten auf dem Gebiet des klassischen Altertums oder gehörten zumindest in diesen Kreis. Auch der zeitgenössischen französischen, englischen und amerikanischen Gesellschaft widmeten sie bedeutende Untersuchungen.[48]

Goltz, der im Jahrzehnt des Kulturkampfes und der nationalen Vereinigung schrieb, leitete deutsche Identität aus der historischen Rolle der Deutschen als Vermittler der griechisch-römischen und der jüdisch-christlichen Kultur nach Europa ab. Und indem er jene Punkte verband, die über Europa hinausführten, entdeckte er ein weltbürgerliches Volk, das gleichzeitig zuviel und zuwenig über sich selbst wußte:

> „Wie nämlich der Mensch das Geschöpf der Geschöpfe ist, so darf man den Deutschen für den bevorzugten Menschen ansehen, weil er in der That die charakteristischen Eigenschaften, die Talente und Tugenden aller Racen und Nationen in sich zu einem Ganzen vereint ... Wir sind ... ein weltbürgerliches, welthistorisches Volk ... und können um deswillen kein dummstolzes, nationalstolzes, thierisch zusammengeschaartes und verklettetes Volk sein ... wir sind das Volk, in welchem alle anderen Völker und Racen des Erdbodens ihre Wurzeln und ihre Wipfel haben.
>
> Wir sind so mühselig, arbeitsam und kunstfertig wie die Chinesen; wir haben ... ihre Pietät gegen Eltern und alte Leute ... und ... Fürsten, [auch] ihren Respekt vor der Gelehrsamkeit und dem uralten Gebrauch.
>
> Wir Deutschen zeigen in unserer Gelehrsamkeit und in allen Verhältnissen die jüdisch-talmudistische Spitzfindigkeit und Zergliederungskunst, die jüdische Zähigkeit ... und Unverwüstlichkeit, [auch] jüdische Unverträglichkeit, Verlästerung, Neiderei und Zänkerei im Privatleben; unbeschadet dessen die jüdische Geselligkeit, Gemüthlichkeit und Mitleidenschaft [und] den zärtlichen Sinn für Familienleben ...
>
> Wir besitzen nicht nur Anlagen für den separatistisch-irdischen Kastengeist [Indiens und] das entgegengesetzte Extrem: die formlose, arabische, Märchen-Phantasie und die grübelnde Mythen-Theosophie der alten Inder.
>
> Wir harren der Versöhnung von dynastischer Autokratie und Demokratie, von Rückwärts und Vorwärts, von Pedanterie und Abenteuerlichkeit, von Schematismus und „Urbrei“, von Immanenz und Transzendenz, von Centrifugal- und Centripetalkraft, von [alten] Autoritäten und [neuen] Ideen, von Socialismus und Partikularismus ...

Giebt es nun ein Volk, das die [frühe europäische] Völkerwanderung bis auf diesen Tag beherrscht und in allen Factoren [vertritt], so ist es das germanische Volk. Es leitete die römische Geschichte in seine Adern, indem es römisches Recht wie römische Sitte assimilierte, und durch das Christentum zu einer neuen Potenz erhob, zu einem neuen Organismus entwickelte ...[49]

Dieser Deutsche, der die politische Einheit Deutschlands nicht finden kann, der den politischen Staat und das äußere Gleichgewicht mit den anderen Staaten so schwer begreift, derselbe hilft Staaten und Städte in fremden Welttheilen gründen ... weil er sich am leichtesten zu der Eigenthümlichkeit eines jeden Volkes hinüberlebt, ohne die seinige aufzugeben.“[50]

Es heißt von Goltz, er habe in einem Jahrzehnt, in dem das Nachdenken über einen neuen deutschen Staat en vogue war, die „längste Liste sehr zweifelhafter Modelle“ ersonnen.[51] Seine Argumentation jedoch ging in die Richtung, deutsche Identität aus einem historischen Amalgam jüdisch-christlicher, griechisch-römischer und antik-mittelalterlicher germanisch-deutscher Kultur abzuleiten und die Deutschen somit ins Zentrum der europäischen und der kolonisierten Weltkulturen zu rücken. Der klassische deutsche Dualismus zeigt sich im der Nebeneinanderstellen deutscher Sehnsüchte und der Ironie eines Volkes, das sich anmaßt, für jedes andere zu sprechen, jedoch nicht in der Lage ist, eine eigene dauerhafte politische Einheit zu bilden.

Der konstruierte Deutsche des Autors ist so anmaßend, wie er herausragend ist, jedoch war dieser „Jedermannsdeutsche“ kein arischer Übermensch. In einem Jahrzehnt, in dem Antijudaismus, Rassentypologie, Sozialdarwinismus und philosophischer Nihilismus sich im Wort Antisemitismus zu einem festen Begriff verbanden, standen die Stärken und Schwächen keines anderen Volkes so sehr im Zentrum von Goltz’ zusammengesetztem Deutschen wie die der Juden. Im Gegensatz dazu blickte der mythische

Übermensch, der am Endpunkt der linkshegelianischen Kritik entstand,[52] weder zurück noch seitwärts, sondern nur vorwärts in eine Zukunft, in der er auf sich selbst gestellt ist, und entschied dabei, nicht den Menschen zu studieren, wie er gewesen war, oder sich ihm anzuschließen, wie er ist, sondern ihn vollständig hinter sich zu lassen.

Eine deutsche Demokratie

Angesichts der Schrecknisse des zwanzigsten Jahrhunderts halten heutzutage wenige die Deutschen für ein Abbild der Menschlichkeit. Für die meisten bleibt Deutschland ein Land später, vielleicht permanent stillstehender politischer und moralischer Entwicklung – kein beispielhaftes weltoffenes Volk, sondern ein besonderer Typus, um den die Welt immer in Sorge sein muß. Allein die Nichtübereinstimmung mit der amerikanischen Außenpolitik im Irak, die vor einiger Zeit offenkundig wurde, förderte schnell vernichtende Zweifel und Verdächtigungen der Amerikaner gegenüber den Deutschen zutage, was die Deutschen ihrerseits mit gleicher Münze zurückzahlten. Wohlmeinende Historiker und berühmte Deutsche selbst haben seit langem Belege für den rückständigen Deutschen aufgeführt, dessen Zeit an der Sonne noch nicht gekommen ist. Von 1076 an, als Kaiser Heinrich IV. zuschauen mußte, wie die deutschen Fürsten und die römische Kirche sein Reich aufteilten, bis in die dreißiger und vierziger Jahre des zwanzigsten Jahrhunderts, als der Nationalsozialismus Deutschland in Ruinen zurückließ, scheint die lange Geschichte Deutschlands, in den Worten Geoffrey Barracloughs, „eine Geschichte der abgebrochenen Entwicklung, der Unvollständigkeit und der Verspätung“ gewesen zu sein.[53]

Im Lichte der Euphorie, mit der der Fall der Mauer und die Vereinigung der beiden Teile Deutschlands begrüßt wurden, erscheinen vorhergehende Versuche, ein vereintes und freies Deutschland zu schaffen, mehr prophetisch als unentwickelt. Viele Historiker jedoch betrachten das, was die Bundesrepublik im Nachhinein „Meilensteine der [deutschen] Demokratie“[54] nennt, durchaus zwiespältig, so wie sie auch die Zukunftsaussichten Deutschlands einschätzen. Blickt man von 1989/90 aus zurück, so scheint die Frankfurter Nationalversammlung von 1848/49 ein Staatswesen angestrebt zu haben, das den elitären Revolutionären zuträglicher war als dem zerrissenen Land, das sich von französischer Besetzung und einer reaktionären, postemanzipatorischen Restauration erholte. Als die Deutschen im Jahr 1871 erstmals die nationale Einheit schufen, war dies eine preußische Lösung, in der Deutschlands mächtigster Staat die schwächeren Staaten auf seine Linie zwang. 1918/19 gab die Weimarer Republik den Deutschen eine wahre Demokratie, ihre Verfassung war jedoch mit verhängnisvollen Fehlern behaftet, und ihre Führer waren nicht in der Lage, eine besiegte und gestrafte Nation von einer lebenskräftigen Zukunft zu überzeugen.[55]

Nach dem Krieg beschwor das Grundgesetz ebenfalls diese früheren Präzedenzfälle deutscher Demokratie. Den Deutschen von den alliierten Militärgouverneuren im Jahr 1945 auferlegt, wurde es von den Deutschen, wieder unter dem Patronat der Alliierten, im Jahr 1949 als Provisorium beschlossen. Die Alliierten diktierten den Deutschen in den Westzonen die Demokratie, ähnlich wie die Sowjets den Kommunismus im Osten diktierten. Die Wiedervereinigung der beiden Teile Deutschlands im Jahr 1990, ein Ziel, das zu erreichen das Grundgesetz gelobt hatte,[56] führte zu dessen Modifizierung und schloß nunmehr die neuen Bundesländer mit ein, aber die für diesen Fall vom Grundgesetz vorgesehene wirkliche, originäre deutsche Verfassung ist bis heute noch nicht ausgearbeitet. Zweiundfünfzig Jahre aufeinanderfolgender nationalsozialistischer und ostdeutscher Diktatur gingen diesem epochalen Ereignis voraus. Das deutsche Volk setzte, sobald es wiedervereinigt und frei war, auf eigene Initiative, für und durch sich selbst eine demokratische Regierung ein. Mit dieser neuen, gesamtdeutschen Regierung wurde Deutschland eine der jüngsten Demokratien der Welt.

In den Jahren des Aufbaus der Nation befindet sich das deutsche demokratische Experiment im Fluß, und darin liegt die Schwierigkeit für Deutschlands Freunde und Feinde. Die Vereinigung war eine mächtige Wiederbelebung des zuvor überwundenen liberalen Nationalismus. Bisher hat es keine beunruhigenden Signale eines pangermanischen Utopismus gegeben, der eine dunkle deutsche Vergangenheit wahrscheinlich wiederaufleben lassen würde. Trotz knapper Wahlausgänge und Meinungsverschiedenheiten mit engen Verbündeten haben sich die Deutschen nach innen gewendet, ohne auseinanderzubrechen oder um sich zu schlagen. Die gegenwärtige Industrie- und Wirtschaftspolitik geht allem Anschein nach mit den demokratischen Erfordernissen konform.[57] Aus langer historischer Perspektive scheint Deutschland nach 1990 an der Schwelle der Sicherung dessen, was Geoffrey Barraclough die einzige dauerhafte Lösung seiner politischen Probleme genannt hat: „ein klar profiliertes, demokratisches Deutschland innerhalb historischer Grenzen."[58]

Seit der Wiedervereinigung konnte man leicht vergessen, daß vorhergehende deutsche Versuche zur Schaffung einer liberalen Demokratie nicht nur scheiterten, sondern kläglich scheiterten. Während das neue deutsche politische System zu jeder Hoffnung Anlaß gibt, daß es Deutschlands Geschichte der politischen Spaltung und der Herrschaft des starken Mannes beenden wird, war der Weg zu dieser Lösung lang und, bis vor kurzem, zumeist von außen veranlaßt. Während die bleibenden Elemente des alten Deutschland und die ungestümen Momente der neuen Nation die Dinge weiter ausfechten, kann man über das Endergebnis nur spekulieren. Wenn die lange Geschichte Deutschlands eine Richtschnur ist, ist es wahrscheinlich, daß die künftige Demokratie im Vergleich zu heute mit mehr Verantwortung verbunden und weniger „naiv" sein wird. Im Verlauf dieser Geschichte haben die Deutschen Autorität und Ordnung ebensosehr wie Freiheit und Gleichheit geschätzt, überzeugt davon, daß die beste Staatsform beides braucht und beides schützt.

Die Fähigkeit, kollektiv zu handeln – nationale Einheit –, und das Recht, individuell zu handeln – politische Vertretung –, sind mindestens seit dem sechzehnten Jahrhundert die Zwillingssorgen der Deutschen gewesen, wobei die erste Selbstaufopferung und Konformität verlangt, die zweite Selbstbehauptung und Abweichung erlaubt. Ein historisch fundiertes, reifes deutsches Staatswesen wird wahrscheinlich die Freiheit mehr einschränken als die egalitären Demokratien Frankreichs und der USA, die wohl vergessen haben, wie Freiheit zu disziplinieren ist und infolgedessen die Kontrolle über das Individuum verloren haben. In der Weiterentwicklung des Frankreich von Rousseau und Robespierre und des Amerika von Jefferson und Emerson scheint individuelle Freiheit zu einem Recht des Egozentrismus geworden zu sein, das die Verantwortung des Bürgers der Öffentlichkeit gegenüber bedroht sowie die Verpflichtung des Gläubigen gegenüber Gott. Die Deutschen glauben nicht, daß die wahre Freiheit ohne Ordnung sein muß oder daß ein freies Volk das Recht hat, Amok zu laufen. Die neue deutsche Demokratie wird wahrscheinlich radikalere, aber kurzlebigere, Meinungsverschiedenheiten und Widerstände gegen den Staat tolerieren. In dem Maße, wie schwindende Autorität und Ordnung für die älteren Demokratien der Welt problematischer geworden ist als die Ausweitung von Freiheit und Gleichheit, könnte die neue deutsche Demokratie eine Lösung für die modernen Krankheiten der liberalen Demokratien bereithalten.

Im Lichte der deutschen Geschichte muß man ebenfalls fragen, ob das politische System allein ein deutsches Allheilmittel gewesen ist oder sein kann. Diese Frage drängt sich auf angesichts des im Verlauf der soziokulturellen Kämpfe im Deutschland des neunzehnten Jahrhunderts weitgehend erfolgreichen Aufstands der Moderne gegen das Alte. Während das neue, kaiserliches Deutschland das kämpfende demokratische Deutschland einschnürte, war eine mächtige, dekonstruktive linksliberale intellektuelle Kultur dabei, die deutsche Aufklärung zu untergraben, die, anders als die französische, danach gestrebt hatte, die schwer errungenen moralischen und religiösen Einsichten aus der Vergangenheit in die Moderne zu übertragen. Voller Verachtung für die Glaubensinhalte des alten Deutschland, insbesondere für die aus jüdisch-christlichen Lehren gebildeten, proklamierten die Fürsprecher dieser Kultur eine neue Zeit, in der das Individuum die Welt erneuern würde, frei von jeglicher Anleitung aus der Vergangenheit.

Die Befreiungsbewegungen des zwanzigsten Jahrhunderts haben seitdem die Überreste der kaiserlichen Regierungsform, des Rassismus und des Sozialdarwinismus des neunzehnten Jahrhunderts in die Schranken gewiesen, und eine machtvolle Gleichheitsgesinnung floriert in den meisten Teilen des Westens. Allerdings haben radikaler Individualismus und Atheismus, radikales Elitedenken und radikaler Utopismus der intellektuellen und kulturellen Rebellion jenes Jahrhunderts bis ins einundzwanzigste Jahrhundert hinein überlebt. Die Bestrebungen dieser Revolution, die noch heute stark sind, bedrohen eine nachhaltige Demokratie ebensosehr, wie es irgendeine glaubwürdige Wiederbelebung des Faschismus tun würde.[59] Die beste Verteidigung gegen beide sind alt und bewährt: Fakten und Beweise, Skeptizismus und gesunder Menschenverstand, Nüchternheit und Ehrlichkeit, Bescheidenheit und Stärke.

Furcht vor den Deutschen und deutsche Befürchtungen

Als die deutsche Wiedervereinigung am Horizont aufschien, fragte das Magazin *Time* im Aufmacher seiner Ausgabe vom 26. März 1990: „Soll sich die Welt Sorgen machen?“ Etwa 61 Millionen Westdeutsche, die den bevölkerungsreichsten Staat Europas bilden, waren dabei, sich mit 17 Millionen Ostdeutschen zu vereinen, und ungezählte, über die Welt verstreute Deutsche könnten sich allmählich hinzugesellen. Trotz der politischen und kulturellen Unterschiede zwischen ihnen und der schwindelerregenden Kosten erwarteten die meisten Kommentatoren damals das rasche Entstehen eines politischen und wirtschaftlichen Molochs. Meinungsumfragen ließen jedoch, mit Ausnahme Polens und Israels, eine überwältigende Zustimmung zur Vereinigung erkennen, selbst in der Sowjetunion, wo der Krieg schätzungsweise 26 Millionen Menschenleben gekostet hatte.

Zugunsten Wesdeutschlands vermerkte die *Time* besonders, daß rechtsradikale Parteien nach dem Krieg an der Fünfprozentklausel scheiterten, deren Überwindung zum Einzug in den Bundestag erforderlich ist. Helmut Kohl bemerkte pointiert, daß die Mehrheit der im Jahr 1990 lebenden Deutschen in den Jahren des Krieges noch nicht geboren war und nicht für ihn verantwortlich gemacht werden kann. Ganz ähnlich wie Kanzler Gerhard Schröder hob er gegenüber jenen, die über Deutschland richteten, die positiven Handlungen Deutschlands seit dem Krieg hervor, nicht zuletzt die Entschädigungszahlungen an Israelis und andere Juden, die bis dahin in Höhe von 33 Milliarden US-Dollar geflossen waren – eine Summe, die sich bis zum Jahr 2000 fast verdoppelt hatte und weiter anwächst.[60]

Trotz der Euphorie der Jahre 1989/90 bleibt Deutschland ein mit Problemen belastetes und gespaltenes Land. Die Bürger der Bundesrepublik teilen ein Erbe aus dem zwanzigsten Jahrhundert, das niemals gänzlich aus dem Gedächtnis gelöscht werden wird, jedenfalls nicht in der Art früherer ostdeutscher Erklärungsversuche. Die DDR bezeichnete den Nationalsozialismus als eine Variante des Kapitalismus, von dem ihre politische Ordnung frei war, und distanzierte sich völlig von den Verbrechen des Dritten Reiches, weshalb sie Israel nach dem Krieg keine Reparationen zahlte und kurz vor der Wiedervereinigung nur eine Entschuldigung anbot.[61]

Neben den geistigen und ökonomischen Lasten des Krieges und des Holocaust brachten die beiden Seiten mehr als vier Jahrzehnte gegensätzlicher politischer und kultureller Entwicklung in die Einheit ein, schweres Gepäck für eine Wiederverheiratung. Nachdem die Berliner Mauer verschwunden war, blieb die sogenannte Mauer in den Köpfen.[62] Viele Ostdeutsche vermißten die Sicherheit der für alles sorgenden DDR, besonders bei den Arbeitsplätzen, während die Westdeutschen sich über die hohen Kosten der Rettung des alten Stasi-Staates und der Ansiedlung so vieler Deutschstämmiger in ihren Ländern ärgerten. Im Jahr 1989 gingen 370.000 Ostdeutsche in die Bundesrepublik; zwischen 1990 und 1992 mehr als eine Million. Im Gegensatz dazu bewegten sich Westdeutsche nur als Rinnsal nach Osten, das jedoch die Kraft von Stromschnellen hatte, da nicht wenige kamen, um nach dem Krieg konfisziertes Eigentum zurückzufordern oder Staatsunternehmen umzugestalten, um sie der westlichen Marktwirtschaft anzupassen. Dies wurde von den Ostdeutschen oft als höchst unwillkommene Plünderung nach der Vereinigung betrachtet.[63]

Als die Aufregung über die Vereinigung zurückging, fand jede Seite Gründe, mit der anderen unzufrieden zu sein. In den Augen der Westdeutschen wies der repressive ostdeutsche, von den Sowjets geprägte Staat, der keine Verantwortung für den Nationalsozialismus übernahm, weit mehr Kontinuität mit ihm auf als der demokratische Westen. Vor dem Hintergrund ihrer Nachkriegserrungenschaften haftete den Westdeutschen, die gekommen waren, um ihren deutschen Mitbürgern in politischer und wirtschaftlicher Freiheit zu unterweisen, ein Gebaren moralischer Überlegenheit an. Die Ostdeutschen nannten sie „Besserwessis", ein Spiel mit dem Wort „Besserwisser".[64] Die Ostdeutschen für ihren Teil betrachteten sich als die echteren Antifaschisten und waren mit einer Unbefangenheit stolz auf ihr deutsches Erbe, die vielen Westdeutschen abging. Heute drängen linksliberale Kritikaster beide Seiten, ihre nationale Identität zu überwinden und historisch anonym und politisch neutral als Europäer und Weltbürger zu leben.

Im Verlauf der fünfziger und sechziger Jahre setzten linksliberale deutsche Akademiker und öffentliche Intellektuelle die früheren Entnazifizierungs- und Umerziehungsbemühungen fort, indem sie deutsche Geschichte und Gesellschaft einer radikalen Kritik unterzogen. Als geistige Erben Feuerbachs, Marx' und Nietzsches fragten diese Kritiker nicht nach der klassischen deutschen Vergangenheit, sondern nach Männern und Frauen, die in der Lage waren, einen völligen Neubeginn zu starten. Das Ziel war weniger, ein gefallenes Vaterland zu retten und wieder instand zu setzen, als einen neuen deutschen Staat zu schaffen, der so bußfertig und demütig wie nur möglich vor die Welt treten sollte. Mit einer bornierten Deutung der deutschen Vergangenheit als protofaschistisch und als unfähig, eine moderne Welt zu erhellen, wurde eher versucht, diese Vergangenheit zu beerdigen.

Viele der härtesten Kritiker waren in den Kriegsjahren aufgewachsen, manche waren in der Hitlerjugend gewesen, während andere kurz in der Wehrmacht gedient hatten. Alle glaubten, sie lebten in einem Land mit einem „Demokratiedefizit“[65] und fühlten sich verpflichtet, ihre Eltern mit den Kriegsverbrechen und den Anomalitäten deutscher Geschichte zu konfrontieren. Unter den neuen Kritikern ragten der Philosoph und Soziologe Jürgen Habermas und der Schriftsteller und politische Aktivist Günter Grass heraus. Im Gegensatz zu anderen prominenten linken und linksliberalen Persönlichkeiten, die jetzt der deutschen Regierung in Krieg und Frieden dienen – zum Beispiel Kanzler Gerhard Schröder, ein ehemaliger Marxist, Außenminister Joschka Fischer, ehemaliger Anführer studentischer Proteste und langjähriges Mitglied der Grünen, und Innenminister Otto Schily, mit Petra Kelly einer der Begründer der Grünen und Verteidiger der Anführer der Baader-Meinhof-Bande –, hielten Habermas und Grass bis über das siebzigste Lebensjahr hinaus an ihrem jugendlichen Idealismus und an ihrer Staatskritik von außen fest.[66]

Als führender Intellektueller der marxistischen Frankfurter Schule setzte sich Habermas für eine Philosophie des „Verfassungspatriotismus“ ein, der eine absolute Treue zu einem transzendenten politischen Ideal verlangte, das die Realpolitik immer überragt.[67] Jene, die über solch grundsätzliches Wissen verfügen und es anwenden, sind die wahren Patrioten des Staates und beurteilen seine Handlungen richtig im Interesse und zum Nutzen aller. Ähnlich wie lutherische Prediger im sechzehnten Jahrhundert, nur weniger kompromißbereit, haben es diese modernen Kritiker als ihre Aufgabe angesehen, die Öffentlichkeit wachzurütteln, wann immer die Regierenden ein früher göttliches, aber nun strikt vom Bürger verliehenes Herrschaftsmandat überschreiten. Hier war eine neue Sorte von „Bindestrich-Deutschen“ – nicht jene, die einer anderen Gemeinschaft, Nation oder Regierung jenseits des deutschen Staates verpflichtet waren, sondern selbsternannte einheimische staatsbürgerliche Beobachter mit einer übergeordneten Bindung an einen höchsten moralischen Imperativ.

In den sechziger und frühen siebziger Jahren schrieb Grass für Willy Brandt Reden und wurde wie dieser mit dem Nobelpreis ausgezeichnet – im Jahr 1999 für sein Gesamtwerk, das vierzig Jahre zuvor mit der „Blechtrommel“, einer scharfen Enthüllung des nationalsozialistischen Geistes, seinen Anfang genommen hatte. Grass wandte sich auch gegen die deutsche Wiedervereinigung, die er einen neuen „Anschluß“ nannte, da er glaubte, daß ein wiedervereinigtes Deutschland bald Europa verschlingen würde, wie es dies nach der Annexion Österreichs im März 1938 getan hatte. Grass wollte, daß Deutschland als Buße für seine Kriegsverbrechen auf die normalen Ambitionen eines Staates verzichtete: Macht, Sicherheit und Wohlstand. Das gute Deutschland sollte ein geteilter, dezentralisierter, apolitischer Staat bleiben, wobei der düsterere Osten die Rolle der „kontrapunktisch leidenden Nation“ im Gegensatz zum helleren, hedonistischen Westen spielen sollte.[68]

Was Grass vorschlug, war der schlimmste Alptraum des historischen Deutschland. Es war die Bürde der Geschichte der Deutschen gewesen, ein im Inneren geteiltes und von außen beargwöhntes Volk zu sein. Die Nachkriegsdeutschen mit einem solchen Schicksal belastet zu haben, sowohl grundsätzlich als auch in ganzer Breite, war der für das Land selbst wie auch für den Weltfrieden gefährlichste Weg, den Deutschland einschlagen konnte. Wie schon bei der früheren konservativen Ausrichtung der Adenauerregierung half nun die wankelmütige Haltung der Sozialdemokraten zur deutschen Wiedervereinigung dabei, Helmut Kohl zu dem am längsten amtierenden Kanzler seit Bismarck zu machen. In einer Reaktion jüngeren Datums auf die Gefahr des Grassschen Utopismus erschien Marcel Reich-Ranicki, Kritiker und früherer Literaturchef der *Frankfurter Allgemeinen,* im Jahr 1995 auf einem Titelblatt des deutschen Wochenmagazins *Der Spiegel*, wie er Grass' neueste Version dieses Utopismus – einen in das Berlin nach der Wiedervereinigung verlegten Streifzug durch die Geschichte in Romanform – buchstäblich zerriß.[69]

Weil Deutschlands Kraft so groß ist und seine Kooperation für Europa und die Welt lebenswichtig, ist ein zurückweichendes, an sich selbst zweifelndes Deutschland das schlimmstmögliche Szenario.[70] Bis heute haben weder die stark steigenden Kosten der Wiedervereinigung und der Einwanderung noch die Dauerhaftigkeit der „Mauer in den Köpfen" die Deutschen in Panik versetzt. Weit davon entfernt, vor neuer Verantwortung in Europa und der Welt zurückzuschrecken, haben die Regierungen der Kanzler Kohl und Schröder sie auf höchster europäischer und internationaler Ebene bereitwillig angenommen.[71] Daß sich Schröder weigerte, die amerikanische Außenpolitik im Irak einfach abzusegnen, war kein Bruch mit solchen Verpflichtungen, geschweige irgendein dunkler, neuer „Sonderweg", wie amerikanische und deutsche Kritiker schnell zu behaupten wagten. Selbst wenn dieser gegensätzliche Standpunkt politisch eigennützig oder irrig gewesen sein sollte, war er eine für eine normale Nation angemessene Handlung und wurde von einer soliden Mehrheit von Deutschen unterstützt, die ihre eigene historische Erfahrung bedachten.[72]

Wo aber liegt dann die Gefahr für die Deutschen und die, die von den Deutschen ausgeht? Der heutige Deutsche verkörpert fünf Menschen in einem, wovon drei unauslöschlich deutsch sind, während die anderen zwei vergleichsweise neue Experimente darstellen. Jeder hat sich zeitlich aus dem anderen entwickelt, und jeder hat gegenüber dem anderen einen anderen Wirkbereich und einen anderen Grad an Verbundenheit und Loyalität. Zunächst ist jeder

Deutsche Bürger eines Dorfes oder einer Stadt; dies ist das grundlegendste deutsche Selbst. Unmittelbar darauf folgt der Deutsche als Bürger eines der sechzehn deutschen Länder. Seit 1871 ist jeder Deutsche auch Bürger einer geeinten deutschen Nation gewesen, regiert von einem gewählten, überregionalen Parlament. Seit neuerem sind die Deutschen jenseits ihrer lokalen, Landes- und nationalen Identität Teil der transnationalen Europäischen Union. Schließlich sind die Deutschen heute globale Menschen, allgegenwärtig dank internationalem Handel, Migration und Kommunikation.

Aller Macht und Attraktivität des neuen europäischen und globalen Menschen zum Trotz stellt er keine Bedrohung für den originären Deutschen dar. Diese Binsenweisheit tauchte einprägsam in einem Interview mit dem deutschen Filmemacher Roland Emmerich auf, der seinen Landsleuten als der „König von Hollywood" bekannt wurde, nachdem er beim amerikanischen Kassenschlager *Independence Day* Regie geführt hatte. Während er bei seiner Arbeit zwischen High-Tech-Studios in Los Angeles und Ludwigsburg hin- und herreiste, gestand er, sich oft nichts sehnlicher zu wünschen als die von seiner Mutter zubereiteten schwäbischen Maultaschen, ravioliartige gefüllte Teigwaren.[73]

Bei den notwendigen Bemühungen, eine angesichts der deutschen Macht besorgte Welt zu beruhigen, erklärte Helmut Kohl, daß Deutschlands erste Identität europäisch und global sei. Deutschland besitzt jedoch eine unauslöschliche Geschichte und Bestimmung als Nationalstaat, dessen ruhmvolle wie beschämende Seiten es gleichermaßen annehmen und zu denen es stehen muß, wenn es eine normale Nation werden soll. Versuche, die nationale Identität mit europäischer und globaler Identität zu verhüllen, drohen die Deutschen wieder zu „Bindestrich-Deutschen" zu machen und erneut das Schreckgespenst der Bedrohung von außen und innen heraufzubeschwören – ein Problem, das so alt ist wie die germanischen Volksstämme und das die Regierung Schröder ernster genommen zu haben scheint als die Regierung unter Kohl.[74]

Europa und die Welt haben realistische wie auch unrealistische Ängste vor den Deutschen. Zu den ersteren gehört besonders Deutschlands Potential, auf wichtige Segmente anderer Volkswirtschaften zuzugreifen. Zwischen 1998 und 2000 kauften große deutsche Konzerne große ausländische Unternehmen auf – Volkswagen erwarb Rolls-Royce Motor Cars, die Deutsche Bank Bankers Trust of New York, Daimler-Benz die Chrysler Corporation und Mannesmann Mobiltelefonhersteller in Großbritannien und Italien. Gleichzeitig bestand die Gefahr, daß die Deutschen die Londoner Börse übernehmen könnten.[75]

Besorgniserregender ist Deutschlands Fähigkeit, die Europäische Union zu dominieren. Der Plan von Kanzler Schröder aus dem Jahr 2001, die Zentralisierung der EU nach dem deutschen föderalen Modell zu verstärken, was sowohl die Autorität des Parlaments über die Mitgliedsstaaten als auch deren Rechte gestärkt hätte, löste aufgeregtes Schnippen bei den Briten und entrüstetes Krächzen bei den Franzosen aus. Weil Deutschland das bevölkerungsstärkste und reichste Mitglied der EU ist und einen überproportionalen Anteil ihrer Rechnungen bezahlt, erzeugte der Vorschlag Ängste vor noch größerem deutschen Einfluß.[76]

Hinter diesen Ängsten stand der Verdacht, daß Schröders Regierung nicht so eurozentrisch oder global sei wie das von Kohl der Welt versprochene Deutschland. Gleichzeitig mit seinen Vorschlägen zur Umgestaltung der EU hat Schröder darauf bestanden, daß die Welt Deutschland als normalen Nationalstaat anerkennt. Damit meint er einen solchen Staat, der frei ist, seine nationalen Interessen im Verhältnis zu seiner Stärke zu verfolgen, frei, egoistisch zu sein und Fehler zu machen – ein sensibles, wenn nicht ein Tabuthema für Kohl, der eine skeptische Welt auf die deutsche Vereinigung vorzubereiten hatte. Insgesamt deuten Schröders Initiativen auf einen neuen deutschen Patriotismus hin, der entschlossen ist, Deutschland nicht im Morast einer lähmenden Vergangenheit des zwanzigsten Jahrhunderts steckenzulassen.[77]

Jenseits realistischer Ängste vor der wirtschaftlichen und politischen Macht Deutschlands innerhalb Europas gibt es die wohl unrealistische Befürchtung, daß die Deutschen geborene Antisemiten und rückfallgefährdete Nazis seien, die der ständigen Wachsamkeit der Welt und der Beobachtung durch sie bedürften. Selbst wenn Deutsche untereinander streiten, taucht das Thema des guten Deutschen schnell auf. Die Historiographie des zwanzigsten Jahrhunderts, die von der provokativen Rolle Deutschlands in den Jahren, die zum Ersten Weltkrieg führten, zurück und nach vorn blickte, sah das kaiserliche Deutschland und das Dritte Reich in einem engen Zusammenhang. Das erscheint aus heutiger Perspektive als Fehleinschätzung eines vielschichtigen, wenn auch keineswegs ruhmreichen kaiserlichen Deutschland. Zudem entzündete der Historiker Ernst Nolte in den achtziger Jahren einen erbitterten Historikerstreit, indem er den Nationalsozialismus und den Holocaust in ein größeres, allgemeines Muster des Faschismus und des Völkermordes im zwanzigsten Jahrhundert stellte und behauptete, daß sich das deutsche Vorgehen nur im Ausmaß von anderen Verbrechen unterschied. Von Jürgen Habermas bis zur Leitartikelseite der *New York Times* wurde die Einzigartigkeit des nationalsozialistischen Verbrechertums klargestellt und Nolte dafür verurteilt, die Nationalsozialisten reingewaschen zu haben.[78]

Die Nervosität über einen wiederauflebenden Neonazismus wurde auch im Februar 2000 deutlich, als die konservative Freiheitliche Partei Österreichs ihren Platz in der österreichischen Regierung einnahm, nachdem sie mit siebenundzwanzig Prozent den bis dahin größten Stimmenanteil einer westeuropäischen rechtsradikalen Partei seit dem Krieg errungen hatte. Die Reaktion Europas und der Welt erfolgte umgehend. Zum ersten Mal in ihrer Geschichte verhängte die Europäische Union Sanktionen gegen einen ihrer Mitgliedstaaten, und die *New York Times* druckte innerhalb von fünf Monaten drei große warnende Artikel über das Ereignis.

Die Geschichte gewann an Bedeutung, weil ein Mann namens Jörg Haider die Freiheitliche Partei zum Sieg geführt hatte. Haider, Sohn prominenter Eltern mit nationalsozialistischer Vergangenheit, die aus derselben Region wie Hitler stammten, erlangte Berühmtheit und Verrufenheit mit seiner Weigerung, Pauschalurteile über die Kriegsvergangenheit Deutschlands oder Österreichs auszusprechen. Haider bestand auch darauf, daß gute Deutsche nicht nur in der Wehrmacht, sondern sogar in der Waffen-SS gedient hätten. Haider, ein gutaussehender Globetrotter, der sein Image in Kalifornien und an der Harvard Business School polierte, griff den wachsenden Zustrom ausländischer Arbeiter nach Österreich an und sprach sich gegen österreichische Reparationszahlungen an Israel aus, eine Position, die ihm die Unterstützung vieler Arbeiter und Jugendlicher einbrachte.[79] Kritiker, die ihn mit dem Vorwurf des Neonazismus, in Österreich ein Verbrechen, zurückweisen wollten, fanden sich als Prozeßverlierer wieder. Da achtzig Prozent der Österreicher die EU-Sanktionen ablehnten und auch kleinere Mitgliedsstaaten gegen die harte Hand des Großen Bruders protestierten, hob die EU nach sieben Monaten ihre Sanktionen gegen Österreich auf.[80]

Trotz der damaligen Aufgeregtheiten wird die Hauptlehre der Haider-Affäre wohl weder darin bestehen, daß sich der Neonazismus in den deutschsprachigen Ländern ungehemmt entfalten kann, noch darin, daß auf seiten der Europäischen Union Feigheit existiert. Sie wird vielmehr darin zu sehen sein, daß Österreich und andere europäische Staaten es damals ablehnten, ihre nationale Politik dem neuen Brüsseler Kollektiv zu unterwerfen, eine Haltung, die aus der Geschichte vorhersehbar war und auch mit den Entwicklungen der Demokratien vereinbar ist.

Im selben Sommer des Jahres 2000, als die EU die Aufhebung der Sanktionen gegen Österreich debattierte, reagierte Kanzler Schröder auf einen erbärmlichen, aber höchst beunruhigenden Ausbruch neonazistischer Gewalt im östlichen Deutschland. Bei Besuchen in Städten mit einer hohen Zahl ausländischer Arbeiter und starkem rechtsradikalem Potential versuchte er, deren Bürger daran zu erinnern, wer die wahren Deutschen seien. In Eggesin und Wolfen-Nord forderte er die jeweilige Zuhörerschaft auf, „ihr Schicksal stärker in die Hand zu nehmen ... und für die Schwachen, die Alten und die Fremden einzustehen." Anschließend demonstrierte seine Regierung ihre Entschlossenheit, der Gewalt von Skinheads ein Ende zu machen, indem ausstiegswilligen Mitgliedern solcher Banden großzügige Anreizpakete angeboten wurden: bis zu 45.000 US-Dollar pro Kopf, eingeschlossen Bargeld, ein neuer Name und ein neuer Job, Umsiedlung und Beratung.[81]

Seit der Wiedervereinigung der beiden Teile Deutschlands führte die deutsche Regierung ihre Geschäfte nach bestem Wissen und Gewissen und war bemüht, eine umfassendere europäische Identität als Alter ego zur deutschen zu entwickeln. Trotz wiederholter Morddrohungen gegenüber dem deutschen Finanzminister wurde die mächtige und geliebte Deutsche Mark vom Euro ersetzt.[82] Obwohl die Deutschen heute den Löwenanteil der Macht innerhalb der EU innehaben, können die Handlungen der Bundesrepublik wenig Zweifel daran lassen, daß die Deutschen ein aktiver Partner in ihr und nicht eine dominante Macht über sie sein wollen.[83] Deutschland zahlt auch weiter Entschädigungen an Israel im Rahmen dessen, was als „Buße in gigantischem Maßstab" bezeichnet worden ist.[84] Während des Besuchs von Willy Brandt am Mahnmal des Warschauer Ghettos fiel die deutsche Regierung wortwörtlich auf die Knie, um ein nationales Beispiel für Reue zu geben, und in jüngerer Zeit gedachte Gerhard Schröder im neuen Berliner Jüdischen Museum des Holocaust. Und der frühere Bundespräsident Richard von Weizsäcker hat die Nachkriegsgenerationen aufgefordert, kollektive Verantwortung für den Holocaust zu akzeptieren und die Erinnerungsarbeit fortzusetzen.[85]

Auch die heutigen Deutschen haben realistische und unrealistische Ängste vor der Welt, die sie umgibt, denen sie sich in Einklang mit ihrer Geschichte zuwenden. Auf einem Titelbild, das mehr als tausend Worte sagt, ließ das Magazin „Wirtschaftswoche" in der Ausgabe vom 22. November 1999 die Invasion in der Normandie neu aufleben, indem unter der Überschrift INVASION! ANGRIFF AUF DIE KONSENSGESELLSCHAFT ausländische Geschäftsleute beim Ansturm auf die Küste gezeigt wurden. Dort drohte ein neuer Feind der Deutschen, die globale Wirtschaft, das berühmte ganzheitliche Netzwerk aus Regierung, Banken, Industrie und Arbeitern, das das moderne Deutschland aufrechterhalten hat, aufzuteilen und zu erobern.

Die Herausgeber hatten dabei zwei Beispiele, die damals jüngeren Datums waren, im Sinn. Das erste war der wirtschaftliche Zusammenbruch der führenden deutschen Baugesellschaft, der einhundertfünfzigjährigen Philipp Holzmann AG, und deren erzwungene Rettung durch die Regierung. Das zweite war die drohende feindliche Übernahme eines beherrschenden Anteils am deutschen Kommunikationsriesen Mannesmann AG durch die britische Vodafone Air Touch. Holzmann war ein schlechtgeführtes und mit hohen Krediten finanziertes Unternehmen, das deutsche Banken zuvor über Wasser gehalten hatten, nun aber den Marktkräften überließen. Als ihm die Schröder-Regierung endlich zu Hilfe kam, wurde in ganz Deutschland ein Knacken in der „Konsensgesellschaft" vernommen, was einen deutschen Kommentator dazu veranlaßte, wieder über „Barbaren in unserer Mitte" zu klagen.[86] Eine weitere Erschütterung gab es in der sorgfältig integrierten deutschen Wirtschaft, als die Regierung es nicht schaffte, deutsche Interessen hinter dem bankrotten Mediengiganten Kirch-Gruppe zu versammeln, dessen möglicher Verlust an ausländische Großkonzerne die Gefahr einer weiteren Verrohung deutscher Medienkultur heraufbeschwor.[87]

Für die Deutsche ist auch das amerikanische Wirtschaftsmodell so etwas wie ein Schreckgespenst gewesen. Während sie die Freiheit und den Wohlstand Amerikas lieben, hassen sie „die Mentalität des Einkaufens rund um die Uhr, das Chaos des ungehinderten Marktes, die riesige Lücke zwischen dem Gehalt der Hauptgeschäftsführer und den Arbeiterlöhnen und die [ungezügelte] Einwanderung."[88] Allerdings scheinen diese vermeintlichen amerikanischen Untugenden, insbesondere die letztere, unaufhaltsam mit der globalen Wirtschaft auf Deutschland zuzumarschieren.

Der Kanarienvogel im Bergwerk

Bietet Deutschlands lange Geschichte irgendwelche Hinweise auf seinen zukünftigen Kurs? Heutige Beobachter untersuchen die deutschen Reaktionen auf ständig wachsende Zahlen ausländischer Arbeitskräfte und auf die Auswirkungen einer oft rücksichtslosen globalen Wirtschaft. Auch der zunehmenden deutschen Verärgerung über amerikanische, insbesondere jüdisch-amerikanische Bemühungen, das Dritte Reich und den Holocaust im Zentrum deutscher Geschichte zu halten, wird Aufmerksamkeit geschenkt.[89] Die linksliberale Kritik von innen hat die deutsche Geschichte nicht weniger mit Füßen getreten, ist der deutschen Demokratie gegenüber skeptisch und hinsichtlich der Zukunftsaussichten schwarzseherisch gewesen. Trotz eines halben Jahrhunderts fortgesetzter beispielloser Reparationszahlungen, einer aufgeschlossenen demokratischen Regierung und vorbildlichen Dienstes in der europäischen und der internationalen Gemeinschaft bleiben die Deutschen im unversöhnlichen Denken vieler auch weiterhin latente Barbaren, Antisemiten und Faschisten.[90]

Vor kurzem wurde eine neue Reparationsfront auf einem weiteren Gebiet nationalsozialistischen Verbrechertums eröffnet: dem der Zwangsarbeit von Juden und Nichtjuden, die im Krieg von deutschen Unternehmen ausnutzt wurde. Im Dezember 1999 erklärten sich Bundesregierung und Wirtschaft bereit, insgesamt 10 Milliarden DM zu gleichen Teilen in einen Entschädigungsfonds einzuzahlen, mit dem die Forderungen von Opfern gegenüber deutschen Unternehmen beglichen werden konnten. Im Mai 2000 bildete die österreichische Regierung unter intensivem internationalem juristischem Druck einen Fonds im Umfang von 395 Millionen US-Dollar, um ähnliche Forderungen zu begleichen. Da mehr als ein halbes Jahrhundert vergangen ist, fällt die Last dieser neuen Reparationen auf Arbeiter und Anteilseigner, ausländische wie einheimische, die zur Zeit der Verbrechen noch gar nicht lebten oder zu jung waren, um sie selbst begangen zu haben.[91] Unlängst wurden Klagen gegen die amerikanische Regierung und gegen amerikanische multinationale Unternehmen (General Electric, Chase Manhatten Bank – jetzt JP Morgan-Chase – und IBM) eingereicht, deren Vorwürfe auf Mitbeteiligung oder Unterlassung während des Zweiten Weltkriegs lauteten. Sie umfassen den Verkauf von Rechenmaschinen durch IBM, die zur Verwaltung von Konzentrationslagern verwendet wurden, und das Versäumnis der amerikanischen und britischen Oberkommandos, die zu den Todeslagern führenden Bahnlinien zu bombardieren.[92]

Solche Erpressungsversuche sind von nichtjüdischen und jüdischen Kritikern gleichermaßen rundweg verurteilt worden, jedoch zahlten die anvisierten Unternehmen lieber, als sich der angedrohten Flut negativer Publizität und selbstgerechten Prozessierens zu stellen.[93] Nach Auffassung des US-Journalisten Holman Jenkins werden die Forderungen beglichen „aus Gehorsam gegenüber einem politischen Konsens, daß die Wiedergutmachung von Naziverbrechen notwendig ist, um die Akzeptanz deutscher Macht in der Welt zu erleichtern.“[94] Somit werden ursprünglich unbeteiligte Regierungen und Generationen, die mehr als ein halbes Jahrhundert nach den Verbrechen leben, während die meisten tatsächlichen Täter seit langem tot sind, gezwungen, im Interesse der Normalität, nach der sich Deutschland sehnt, den Sündenbock zu spielen.[95]

Heute singt der Kanarienvogel im deutschen Bergwerk und garantiert jedem, daß das Bergwerk gegenwärtig sicher ist. Eine Entwicklung, die diesen Gesang zum Verstummen bringen könnte, ist eine Nachkriegskritik, insbesondere von der Sorte, wie sie nach den sechziger Jahren eskalierte, die fest entschlossen ist, die deutsche Geschichte zwischen Nationalsozialismus und Holocaust zusammenzupressen. Genausowenig wie die Deutschen als technikfreies, ländliches Volk leben könnten oder sollten, als das die Grünen „Fundis" es sich vorstellten, können sie die ewig büßende Gesellschaft sein, die literarische und philosophische Utopisten verlangen.[96] Historisch sind die Deutschen von der Furcht verfolgt worden, der Fußabtreter anderer Nationen zu werden, und unschuldige gegenwärtige und zukünftige deutsche Generationen sollen weder auf einer zur Last gelegten Schuld und auf büßender Knechtschaft einen normalen Staat aufbauen, noch können sie dies. Sollte sich jedoch jemals ein solcher Standpunkt in Deutschland durchsetzen und eine neue Generation von Deutschen eine demokratische Republik zu schaffen versuchen, die sich vornehmlich durch das Tragen von Sack und Asche auszeichnet, könnten daraus für die Deutschen und die Welt Schmerzen und Leid resultieren, die sehr wohl jenen der Vergangenheit ähneln könnten. Normale nationale Souveränität ist Deutschlands beste Hoffnung für die Zukunft.

Der Kanarienvogel wird wohl auch weiterhin das Entwarnungssignal singen, wenn das Bergwerk von Deutschen bevölkert wird, die die Faustsche Lektion gelernt haben. In Goethes berühmtem Drama war Faust von einem unersättlichen Willen zur Macht besessen, der ihm persönliche Tragödien und Verluste einbrachte. Im späteren Leben, vor allem in seiner großen Schlußvision, jedoch gelangte er dazu, seine menschlichen Grenzen zu akzeptieren, und indem er das tat, fand er inneren Frieden im freigewählten, selbstlosen Dienst an unbekannten Nachbarn.[97] Die Geschichte Deutschlands, einschließlich der des blutigen zwanzigsten Jahrhunderts, ist auch eine Geschichte solcher Taten. Seit 1952, als Konrad Adenauer und David Ben-Gurion das erste Abkommen über Reparationszahlungen erzielten, hat Deutschland den neuen Staat Israel still unterstützt und wurde nach den Amerikanern zum verläßlichsten Handelspartner und zum zuverlässigsten militärischen Verbündeten – zum Beispiel zur Bezugsquelle seiner U-Boot-Flotte. Während manche Deutsche glauben, selbst das Ziel dessen zu sein, was der *New York Times*-Reporter Roger Cohen eine „amerikanische ‚Holocaust-Industrie'" genannt hat, ist die deutsch-israelische Freundschaft solide geblieben.[98] Und trotz ernster neuer Belastungen, die Ministerpräsident Ariel Sharon mit dem Betreiben des israelisch-palästinensischen Konflikts der Freundschaft aufgelegt hat, wird wahrscheinlich keine Seite jemals wieder die andere als unrechtmäßig oder, noch weniger, als Feind betrachten.

In deutschen und ausländischen Zeitungen erscheinen regelmäßig anekdotenhafte Belege, die von faustischen Wandlungen einzelner Deutscher erzählen. Eine solche Geschichte ist die der einst verurteilten RAF-Terroristin Silke Maier-Witt, die im Jahr 1977 an der Entführung und Hinrichtung des deutschen Arbeitgeberpräsidenten Hanns-Martin Schleyer beteiligt war. Heute ist Frau Maier-Witt Sozialarbeiterin und Traumatherapeutin im Kosovo. Bei einem Auftritt im Jahr 2001 vor der Gemeinde einer lutherischen Kirche in Bonn wurde sie gefragt, warum ihr „jugendlicher Idealismus" sie in den Terrorismus geführt hatte. Ihre Antwort war, daß die „Desillusionierung [meiner] Ideologie" der deutschen Gesellschaft mehr abverlangte, als sie vernünftigerweise geben konnte, was sie in dem zynischen Glauben ließ, daß nichts, was man tat, wichtig war oder etwas bewirken könnte. „Ich glaube nicht, daß ich jemals zulassen werde, daß das wieder passiert", sagte sie ihrem Publikum und schloß rhetorisch: „Was sonst kann ich tun?"[99] Von solchem „Stopfen und Flicken" des Gesellschaftsgewebes – die Redewendung ist Martin Luthers Zusammenfassung seiner Sozialethik – gibt es in der deutschen Geschichte viele Beispiele.

Heute ist Deutschland der bevölkerungsreichste Staat Westeuropas, und im Jahr 2000 war es auch die Heimat der größten Gruppe von Einwanderern in dieser Region: sieben Millionen, mit steigender Tendenz. Während die Deutschen diese Zahlen haben anwachsen sehen, haben sie deutlich zu verstehen gegeben, daß sie nicht, wie Roger Cohen es freundlich formuliert, „eine multikulturelle Einheit innerhalb der Europäischen Union" werden wollen – aber das will auch keine ihrer Nachbarnationen sein.[100] Es überrascht nicht, daß das scheinbare deutsche Driften in diese Richtung Proteste bei Rechtsradikalen ausgelöst hat.

Außenminister Joschka Fischer schrieb das Potential für neonazistische Ideen zwar nur einer kleinen, gewalttätigen Minderheit zu, gab aber seiner eigenen Furcht vor „passiver Fremdenfeindlichkeit“ und sogar vor einer wiedererstandenen Rote Armee Fraktion in Ostdeutschland Ausdruck.[101]

Solch relativ geringfügige faschistische Gewalt – zwischen 1990 und 2000 wurden etwas mehr als einhundert Menschen bei „fremdenfeindlichen Angriffen“ getötet – scheint jedoch, so tragisch jeder Einzelfall auch gewesen sein mag, die geringstmögliche Reaktion, die die deutsche Regierung am Ende des Kalten Krieges erwarten konnte, und sie ist insofern innerhalb und außerhalb Deutschlands eher eine gute Nachricht.[102] Aufschlußreicher dafür, daß Deutschland mit der Einwanderung ein neues Pulverfaß erwächst, sind nicht die von Fischer beklagten geringen Ausbrüche von Fremdenfeindlichkeit gewesen. Vielmehr ist es die umfassende Gewährung von Geld-, Sach- und Sozialleistungen, solange der Einwanderer arbeitslos ist.[103]

Es gibt klare Anzeichen dafür, daß die Fundamente des gegenüber Einheimischen und Ausländern gleichermaßen außerordentlich großzügigen Wohlfahrtstaates der Nachkriegszeit unter der aufgestauten Last des Egalitarismus wanken. Die deutschen Löhne und Steuern gehören zu den höchsten der Welt, wenn sie nicht sogar die höchsten sind, und sie bedrohen sowohl die Lebensfähigkeit von Unternehmen als auch die Sicherheit von Arbeitern, die bis zu 70 Prozent ihres Bruttoeinkommens an die staatliche Rente, an staatliche Versicherungen und als Steuern abführen.[104] Die guten Deutschen werden heute nicht durch Kriegsverbrechen und Kriegsschuld ruiniert, sondern durch ihre eigene Großzügigkeit in der Nachkriegsentwicklung und ihr Streben nach einer gerechten Gesellschaft. Die Deutschen, die aus moralischen Gründen nicht zulassen wollen, daß ihr Land wie die Vereinigten Staaten in Besitzende und Besitzlose zerrissen wird, scheinen unfähig zu sein, die bedrängte Konsensgesellschaft und ihr zunehmend erzwungenes Füllhorn aufzugeben. Aber wenn beide fortbestehen sollen, müssen neue Wege gefunden werden, Freiheit zu disziplinieren und Gleichheit zu rationieren, so daß weniger immer noch als gleich viel erscheinen könnte, wenn es nicht gar mehr sein kann – ein Ziel, so legt es die Geschichte nahe, das mit den Fähigkeiten der Deutschen durchaus erreichbar ist.

Einführung

1 Etwa 18,3 Millionen behaupten, vollständig deutscher Abstammung zu sein. „You Told Us: Ancestry“: www.census.gov/population/socdemo/ancestry/German.txt.

2 Siehe unten, Kap. 11.

3 Vgl. Richard J. Evans, *In Hitler's Shadow: West German Historians and the Attempt to Escape From the Nazi Past* (New York, 1989), S. 11–40, bes. 114–15.

4 Der Ausdruck stammt von Ralf Dahrendorf. Siehe Kap. 1.

5 Georg G. Iggers, *New Directions in European Historiography* (Middletown, Conn., 1975), S. 93–94, 96–98; Jan-Werner Müller, *Another Country* (New Haven, 2000), Kap. 1; Isabel V. Hull, *The Entourage of Kaiser Wilhelm II, 1888–1918* (Cambridge, 1982), S. 1–3. Leonhard Krieger, „German History in the Grand Manner“ (Besprechung von Gordon A. Craig, James J. Sheehan, Fritz Stern und Hans-Ulrich Wehler), *American Historical Review* 84 (1979): S. 1007–17. Wehlers dreibändige 2.300seitige Schilderung: *Deutsche Gesellschaftsgeschichte, 1: Vom Feudalismus des Alten Reiches bis zur defensiven Modernisierung der Reformära, 1700–1815; 2: Von der Reformära bis zur industriellen und politischen ‚Deutschen Doppelrevolution', 1815–1845/49* (München, 1987); *3: Von der ‚Deutschen Doppelrevolution' bis zum Beginn des Ersten Weltkrieges, 1849–1914* (München, 1995). Nachfolgende Bände behandeln die Geschichte bis 1949.

6 Gordon A. Craig, *The Germans* (New York, 1982), S. 22.

7 David Blackbourn, *The Long Nineteenth Century: A History of Germany*, 1780–1918 (Oxford, 1998), S. 275.

8 Edward R. Brandt et al., *Germanic Genealogy: A Guide to Worldwide Sources and Migration Patterns* (St. Paul, 1995), S. 137–71; John A. Hawgood, *The Tragedy of German-America: The Germans in the U.S.A. During the Nineteenth Century and After* (New York, 1940), S. 57–58. Siehe auch

Mack Walker, *Germany and the Emigration, 1816–1885* (Cambridge, Mass., 1964), und Anne Galicich, *The German Americans* (New York, 1996), S. 13–17.

9 F. W. Bogen, *Der Deutsche in Amerika oder Rath und Belehrung für deutsche Einwanderer in den Vereinigten Staaten von Amerika, zugleich ein Lesebuch für Anfänger in der englischen und deutschen Sprache* (Boston, 1851), S. 56.

10 Richard J. Evans, „Whatever Became of the Sonderweg?" in *Rereading German History: From Unification to Reunification, 1800–1996* (London, 1997), S. 12–14; Krieger, „German History in the Grand Manner"; James Van Horn Melton, Besprechung von Wehlers *Deutsche Gesellschaftsgeschichte*, 1–2, *American Historical Review* 95 (1990): 189–90.

11 Eley verteidigt „eine weniger unterwürfige Rolle des Bürgertums in der modernen deutschen Geschichte"; Blackbourn führt Fortschritte in „den Eigentumsrechten und den Ideen des Wettbewerbs, dem Rechtsstaatsprinzip und dem Entstehen der Philanthropie" an als „substantielle Errungenschaften, die auf ein Programm hinausliefen ... das ... eine neue Art des öffentlichen Menschen erzeugte." David Blackbourn und Geoff Eley, *The Perculiarities of German History: Bourgeois Society and Politics in Nineteenth-Century Germany* (Oxford, 1984), S. 13, 164.

12 Harold James, *A German Identity, 1770–1990* (New York, 1989), S. 212. Siehe unten, Kap. 11.

13 Siehe Beiträge zu „The Continuity Debate" in James F. Harris, Hrsg., *German-American Interrelations: Heritage and Challenge* (Tübingen, 1985), S. 55–94; James J. Sheehan, Hrsg., *Imperial Germany* (New York, 1976); Richard J. Evans, Hrsg., *Society and Politics in Wilhelmine Germany* (London, 1978).

14 Vgl. Charles S. Maier, „German War, German Peace", in Mary Fulbrook, Hrsg., *Germany Since 1800* (London, 1997), S. 539–55; vgl. Evans, *In Hitler's Shadow*, S. 104–07. Bei der Wegbereitung hin zu 1933 waren die Konzerne des neunzehnten Jahrhunderts und der Kapitalismus weniger beteiligt, als die marxistische Theorie die Historiker glauben ließ. Die grundlegenden Studien hierzu sind Henry A. Turner Jr.,

German Big Business and the Rise of Hitler (New York, 1985); Jeffrey Diefendorf, *Businessmen and Politics in the Rhineland* (Princeton, 1980); Ralf Dahrendorf, *Society and Democracy in Germany* (London, 1968). Auch die Reichsregierung unter Bismarck und Kaiser Wilhelm I. stellte sich weniger als der protofaschistische Götze heraus, den viele Historiker geltend machen. Realistische außenpolitische Ängste und der Wettlauf um Kolonien spielten bei der Entscheidungsfindung des Deutschen Reiches eine ebenso große Rolle wie eine konfliktträchtige Innenpolitik und das Gespenst des Aufstandes. Die von den kritischen Historikern betonte Innenpolitik („Machtstrukturen", „strukturelle Deformationen der Gesellschaft") und Kontinuität von kaiserlicher und nationalsozialistischer Außenpolitik basierte insbesondere auf Fritz Fischers Gleichsetzungen, die er in seinem *Griff nach der Weltmacht* (Düsseldorf, 1961) und *Krieg der Illusionen* (Düsseldorf, 1969) entwickelte. Siehe Hull, *Kaiser Wilhelm II*, S. 1.

15 Evans, „Nipperdey's Nineteenth Century", in *Rereading German History*, S. 23–43. Nipperdeys Bände: *Deutsche Geschichte, 1800–1866* (München, 1983); *Deutsche Geschichte, 1866–1918, I: Arbeitswelt und Bürgergeist* (München, 1990); *Deutsche Geschichte, 1866–1918, II: Machtstaat vor der Demokratie* (München, 1992).

16 Nipperdey, „1933 und die Kontinuität der deutschen Geschichte", in *Nachdenken über die deutsche Geschichte: Essays* (München, 1987), S. 186–205; Thomas A. Brady Jr., *Turning Swiss: Cities and Empire, 1450–1550* (Cambridge, 1985), Kap. 7; Peter Blickle, *Gemeindereformation: Die Menschen des 16. Jahrhunderts auf dem Weg zum Heil* (München, 1985).

17 Nipperdey, „1933", S. 200.

18 Evans, „Nipperdey's Nineteenth Century", S. 28–31. Evans betrachtet Nipperdey als das kleinere Übel unter den „konservativen" deutschen Historikern, widmet ihm jedoch in seiner historiographischen Retrospektive mehr Aufmerksamkeit als dem Erzfeind der Linksliberalen Ernst Nolte (etwa zwanzig Seiten verglichen mit zwei). Letzterer entfachte in den spä-

ten 1980er Jahren den erbitterten „Historikerstreit", als er versuchte, die Naziverbrechen zu relativieren. Die Tatsache, daß Evans Nipperdey diese Aufmerksamkeit schenkt, deutet (richtigerweise) an, daß er der führende Historiker auf diesem Gebiet ist. „Beyond the Historikerstreit", in *Rereading German History*, S. 221–22. Über den sogenannten Historikerstreit vgl. Charles S. Maier, *The Unmasterable Past* (Cambridge, Mass., 1989).

19 Evans, „Nipperdey's Nineteenth Century", S. 35, 41.

20 So Evans über Wehler, „After Reunification", in ebd., S. 238.

21 Hinsichtlich anderer moderner deutscher Historiker zu diesem heiklen Thema vgl. Tim Mason, „Intention and Explanation: A Current Controversy About the Interpretation of National Socialism", in Mason, *Nazism, Fascism, and the Working Class* (Cambridge, 1995), S. 212–30.

22 Ian Kershaw, *The Nazi Dictatorship: Problems and Perspectives of Interpretation* (London, 2000), S. 185–87.

23 Nach Claus Schenk Graf von Stauffenberg, der die Bombe zu Hitlers Füßen ablegte.

24 Siehe Kap. 10.

25 Kershaw, *Nazi Dictatorship*, S. 188–89.

26 *Facts About Germany: The Federal Republic of Germany 50 Years On* (Frankfurt am Main, 1999), S. 90–137.

27 Hagen Schulze, *Germany: A New History*, Übers. D. L. Schneider (Cambridge, Mass., 1998), S. 202.

28 Eine davon verbot dem Präsidenten, Menschenrechte und Freiheiten aufzuheben, eine andere sicherte die ordnungsgemäße Machtübergabe von einer Regierung zu einer anderen, womit Deutschland auf einen sichereren demokratischen Weg gebracht wurde. *Tatsachen*, S. iv–xxiii.

29 Ebd., S. v, xxiv–vii.

30 S. unten, Kap. 11., S. 317–321.

31 Ebd.

32 Vgl. Blackbourn und Eley, *Peculiarities*, S. 55–59.

Kapitel 1

1 Nicht jedoch von den „Germanen" selbst. „Ein Mitglied eines germanischen Stammes, nach seiner oder ihrer Zugehörigkeit gefragt, hätte ‚Langobarde', ‚Wandale', ‚Friese' oder ‚Gote' geantwortet, nicht ‚Germanus'." Malcom Todd, *The Early Germans* (Oxford, 1992), S. 9–10. Über die Dokumentierung der germanischen Stämme zwischen Rhein und Loire, siehe Todd, „The Germanic Peoples", in *The Cambridge Ancient History*, Bd. 13: *The Late Empire, A. D. 337–425*, Hrsg. Averil Cameron u. a. (Cambridge 1998), S. 464–71. Einen kurzen, aktuellen Überblick gibt Clifford R. Backmans „Early Germanic Society" in seinem Werk *The Worlds of Medieval Europe* (Oxford, 2003), S. 48–68.

2 Lester K. Little und Barbara H. Rosenwein, „The Fate of Rome's Western Provinces", in Lester K. Little & Barbara H. Rosenwein, Hrsg., *Debating the Middle Ages: Issues and Readings* (Oxford, 1998), S. 8–10; Walter Goffart, „The Barbarians in Late Antiquity and How They Were Accomodated in the West", in ebd., S. 26, 38, 40.

3 Ethnische Identität scheint unter den Hunnen, den Alemannen und den Slawen fließender gewesen zu sein. Patrick J. Geary, „Barbarians and Ethnicity", in Glen W. Bowersock u. a., Hrsg., *Interpreting Late Antiquity: Essays on the Postclassical World* (Cambridge, Mass., 2001), S. 108–09. „Goten, Wandalen, Franken, sogar Hunnen waren nicht Feinde des Römischen Reiches, sie waren ihre (anfangs externen) Mitglieder und Verbündeten, und ihre Angriffe waren mehr ein Aufruhr als eine Invasion." Walter Pohl, „Conceptions of Ethnicity in Early Medieval Studies", in Little und Rosenwein, Hrsg., *Debating Middle Ages*, S. 18. Siehe auch Susan Reynolds, „Our Forefathers? Tribes, Peoples, and Nations in the Historiography of the Age of Migration", in Alexander C. Murray, Hrsg., *After Rome's Fall: Narrators and Sources of Early Medieval History: Essays Presented to Walter Goffart* (Toronto, 1998), S. 17–36, bes. 26. Ebenfalls relevant sind die Kommentare von James J. Sheehan, „What Is German History? Reflections on the Role of the ‚Nation'

in German History and Historiography", *Journal of Modern History* 53 (1981): S. 4.

4 Todd, *Early Germans*, S. 47–49.

5 Geary, „Barbarians and Ethnicity", S. 112; E. A. Thomson, *The Early Germans* (Oxford, 1965), S. 1–16, 29–41.

6 „Die durch die Barbarenüberfälle im Reich verursachten Verwüstungen verblassen im Vergleich mit den Vernichtungsfeldzügen und Metzeleien von römischen Armeen auf Expeditionen jenseits von Rhein oder Donau." Geary, „Barbarians and Ethnicity", S. 114.

7 Siehe die Grenzstudien von C. R. Whittaker, *Frontiers of the Roman Empire* (Baltimore, 1994) und Benjamin H. Isaac, *The Limits of Empire: The Roman Army in the East* (Oxford, 1990).

8 Tacitus, *The Agricola and the Germania*, Übers. H. Mattingly und S. A. Handford (London, 1970).

9 Thompson, *Early Germans*, S. 48, 53–60; Todd, *Early Germans*, S. 32–33.

10 Thompson, The Early Germans, S. 18, 21–24, 28, 73–74, 79, 92–95; Todd, Early Germans, S. 88, 90, 95, 100.

11 Geary, „Barbarians and Ethnicity", S. 110.

12 Zwischen dem heutigen Bielefeld und Osnabrück im nördlichen Nordrhein-Westfalen.

13 Tacitus' Werk wurde 1451 entdeckt und in Venedig (1470) und Nürnberg (1473) gedruckt und herausgegeben, bevor es in einer neuen Ausgabe von gesammelten Werken Tacitus' verlegt wurde (Rom, 1515). Ein italienischer Kommentar zur *Geschichte der Germanen* von 1458, übersetzt ins Deutsche 1526, verstärkte das Interesse der Deutschen daran. Todd, *Early Germans*, S. 52, 256; Gerald Strauss, Hrsg., *Manifestations of Discontent in Germany on the Eve of the Reformation* (Bloomington, Ind., 1971), S. 75–81. Über das Schwinden des Mythos siehe *Facts*, S. 90.

14 Thompson, *Early Germans*, S. 73–85; Todd, *Early Germans*, S. 84–86.

15 Tacitus, *The Germania*, S. 102, 106, 108, 113, 116–18, 121, 132, 140.

16 Ebd., S. 110–14, 119–120.

17 Ebd., S. 125.

18 Thompson, *Early Germans*, S. 104.

19 Wenn die Barbaren auf das Reich schauten, sahen sie „die Heimat des großen Königs [des Kaisers], ... unerschöpflichen Reichtum und ... einen mächtigen ... trügerischen Verbündeten"; in all ihren Beziehungen zum Reich erlangten die Goten „weder Frieden noch Gleichheit." Geary, „Barbarians and Ethnicity", S. 110–20.

20 Herwig Wolfram, *The Roman Empire and its Germanic Peoples*, Übers. Thomas Dunlap (Berkeley, 1997), S. 56–67.

21 Tacitus, *The Germania*, S. 104; Thompson, *The Early Germans*, S. 63–66.

22 Arthur Ferrill, *The Fall of the Roman Empire* (New York, 1986), S. 26.

23 Todd, *The Early Germans*, S. 53–57.

24 Geary, „Barbarism and Ethnicity", S. 115; Brent D. Shaw, „War and Violence", in Bowersock, Hrsg., *Interpreting Late Antiquity*, S. 135–36.

25 Ferrill, *Fall of Rome*, S. 31–32, 41–43, 45–49; Shaw, „War and Violence", S. 150–51.

26 Ferrill, *Fall of Rome*, S. 59–60.

27 Zitiert bei Wolfram, *The Roman Empire and Its Germanic Peoples*, S. 83–84; siehe auch Todd, *Early Germans*, S. 153.

28 Jordenes, *History of the Goths*, in Patrick Geary, Hrsg., *Readings in Medieval History* (Peterborough, Ontario, 1997), Kap. 26–27, S. 89.

29 Während er die „beachtlichen Anteile" von Barbaren (insbesondere Franken) zur Kenntnis nimmt, die gegen Ende des vierten Jahrhunderts höchste Befehlspositionen innerhalb der römischen Armee innehatten, argumentiert Brent Shaw, scheinbar im Gegensatz zu Ferrill, daß die nördlichen Barbaren Rom auf Einladung betraten, nicht als Eindringlinge, und daher habe keine „Barbarisierung" der römischen Armee stattgefunden. Richtiger sollte daher gesagt werden, wie es Shaw zu tun scheint, daß die römische Armee nicht mit Gewalt von den Barbaren von außen übernommen wurde, sondern von innen durch verdiente alliierte Verbündete: „Es gab nicht einen Anführer einer solch großen ethnischen

Macht, von Alarich bis Attila, der nicht zum Zweck des Waffendienstes in das Reich eingeladen worden wäre." „War and Violence", S. 151–52. Das mindert jedoch nicht den beherrschenden Einfluß der Barbaren innerhalb der römischen Armee und ihre Vorherrschaft über sie.

30 Ferrill, *Fall of Rome*, S. 60–61; Wolfram, *Germanic Peoples*, S. 84–85; Jordenes, *History of the Goths*, Kap. 16, S. 89.

31 Ferrill, *Fall of Rome*, S. 80–85; Todd, *Early Germans*, S. 60 („Im späteren vierten Jahrhundert wird es schwierig, Inhaber von höchsten militärischen Posten zu identifizieren, die mit Sicherheit keine Germanen waren"); Wolfram, *Germanic Peoples*, S. 85–88; Shaw, „War and Violence", S. 151.

32 Wolfram, *Germanic Peoples*, S. 66; Ferrill, *Fall of Rome*, S. 71–72; Todd, *Early Germans*, S. 59–61.

33 Zum Folgenden siehe Jordenes, History of the Goths, Kap. 29–31, S. 90–92.

34 Maria im Jahr 400 und, nach ihrem Tode, Thermantia im Jahr 408.

35 Ferrill, *Fall of Rome*, S. 86–89; Wolfram, *Germanic Peoples*, S. 89–90.

36 Wenn jemand ihn oder sein Volk beleidigte, wurde er zum Barbaren, der aufsprang und [einen] Marsch auf Rom befahl." Wolfram, *Germanic Peoples*, S. 100. Über die gotisch-römischen Beziehungen in der Zeit von Alarichs Aufstieg und ihre Nachwirkungen siehe R. C. Blockley, „The Dynasty of Theodosius", in Cameron, Hrsg., *Cambridge Ancient History*, 13, S. 118–32 und Peter Heather, „Goths and Huns, c. 320–425", in ebd., S. 488–515.

37 Ferrill, *Fall of Rome*, S. 71–75; Wolfram, *Germanic Peoples*, S. 91–92.

38 Ferrill, *Fall of Rome*, S. 75, 92, 95–97; Wolfram, *Germanic Peoples*, S. 93–95.

39 Ferrill, *Fall of Rome*, S. 99–101; Wolfram, *Germanic Peoples*, S. 97–98.

40 Ferrill, *Fall of Rome*, S. 113, 119, 121.

41 Blockley, „Dynasty of Theodosius", S. 126.

42 Ferrill, *Fall of Rome*, S. 103–04, 113, 121; Todd, *Early Germans*, S. 158–59; Wolfram, *Germanic Peoples*, S. 98–99. Bei

Jordenes findet die Ergreifung Gallas durch Athaulf während der vierten Plünderung der Metropole statt, nach dem Tod Alarichs und nachdem er selbst den Königstitel ererbt hatte. *History of the Goths*, Kap. 31, S. 91.

43 Ferrill, *Fall of Rome*, S. 113, 119, 121.

44 Jordenes, *History of the Goths*, Kap. 31, S. 91.

45 Ebd.

46 Ebd., S. 71–75, 122; Todd, *Early Germans*, S. 160–61; Wolfram, *Germanic Peoples*, S. 146–47; Blockley, „Dynasty of Theodosius", S. 131–32.

47 Zitiert bei Ferrill, *Fall of Rome*, S. 121–22. Siehe *Dictionary of the Middle Ages*, Joseph Strayer, Hrsg., Bd. 9 (New York, 1987), S. 281, und Walter Goffarts Opus magnum, *Barbarians and Romans, 418–584: The Techniques of Accommodation* (Princeton, 1980).

Kapitel 2

1 „Die große Stärke der fränkischen Synthese war die Neuformierung einer vereinten Gesellschaft innerhalb der römischen Welt, die – ohne ein Gefühl des Widerspruchs zu erzeugen – sowohl auf den römischen wie auf den barbarischen Traditionen aufbaute." Patrick Geary, „Barbarians and Ethnicity", S. 125.

2 Richard E. Sullivan, „The Carolingian Age: Reflections on Its Place in the History of the Middle Ages", *Speculum* 64 (1989): S. 281–97.

3 Pierre Riché, *The Carolingians: A Family who Forged Europe*. Übers. M. I. Allen (Philadelphia, 1993), S. xviii, 4. Über die soziopolitische Entwicklung dieser Zeit siehe M. I. Innes, *Social Processes and the State: The Middle Rhine Valley from the Merovingians to the Ottonians, 400–1000* (Cambridge, 2000).

4 Nicolas Frérel im Jahr 1714. Edward James, *The Franks* (Oxford, 1988), S. 239.

5 Ebd., S. 235–43; vgl. René Goscinny und Albert Uderzo, *Astérix et les Goths* (Neuilly-sur-Seine, 1973).

6 George Holmes, *The Oxford History of Medieval Europe* (Oxford, 1988), S. 65–66; James, *The Franks*, S. 65–70.

7 Gregory of Tours (Gregor von Tours), *History of the Franks*, Übers. E. Brehaut (New York, 1969), Buch 2, Nr. 29–31, S. 38–41.

8 James, *The Franks*, S. 80–84, 86–90.

9 Ebd., S. 163–68, 189–91.

10 Robert S. Hoyt und Stanley Chodorow, *Europe in the Middle Ages* (New York, 1976), S. 69–72.

11 Gregory of Tours, *History of the Franks*, Buch 2, Nr. 38, S. 47; Michael McCormick, „Clovis at Tours, Byzantine Public Ritual and the Origins of Medieval Ruler Symbolism", in E. K. Chrysos und A. Schwarcz, Hrsg., *Das Reich und die Barbaren* (Wien, 1989), S. 157–58, 166–67; James, *The Franks*, S. 84–87.

12 Pierre Riché, *The Carolingians*, S. 34–39, 44–49.

13 Paul Fouracre, „Frankish Gaul to 814", in *The New Cambridge Medieval History*, Bd. 2, *c. 700–c. 900*, Hrsg. Rosamond McKitterick (Cambridge, 1995), S. 102–03.

14 Munz, *Life in the Age of Charlemagne* (New York, 1971), S. 40–55; Riché, *The Carolingians*, S. 135; Dieter Hägermann, *Karl der Große: Herrscher des Abendlandes* (München, 2000), S. 634.

15 Munz, *Age of Charlemagne*, S. 55, 90; Riché, *The Carolingians*, S. 132, 135; Hägermann, *Karl der Große*, S. 682–85; Rosamond McKitterick, Hrsg., *Carolingian Culture: Emulation and Innovation* (Cambridge, 1994).

16 Hägermann, *Karl der Große*, S. 445–48.

17 Munz, *Age of Charlemagne*, S. 116–31, 150; Williston Walker, *A History of the Christian Church* (New York, 1959), S. 189; Riché, *The Carolingians*, S. 117–18.

18 Riché, *The Carolingians*, S. 119, 199–200.

19 Ebd., S. 121–23.

20 Munz, *Age of Charlemagne*, S. 56–67, Riché, *The Carolingians*, S. 125–29.

21 Fouracre, „Frankish Gaul to 814", S. 107–08.

22 Paula Fichtner, *Protestantism and Primogeniture in Early Modern Germany* (New Haven, 1989).

23 James, *The Franks*, S. 91, 169. Über merowingische, karolingische, ottonische und salische königliche Frauen siehe Edith Ennen, *Frauen im Mittelalter* (München, 1994), S. 49–74.

24 Ludwigs Anordnung für die Erbnachfolge war „unmittelbar der nichtrealisierten *Divisio* entnommen, die Karl der Große 806 entworfen hatte." Janet L. Nelson, „The Frankish Kingdoms, 814–98: The West", in McKitterick, Hrsg., *New Cambridge Medieval History*, Bd. 2, S. 112.

25 Riché, *The Carolingians*, S. 146–47; Janet L. Nelson, „The Last Years of Louis the Pious", in Peter Godman und Roger Collins, Hrsg., *Charlemagne's Heir: New Perspectives on the Reign of Louis the Pious (814–840)* (Oxford, 1990), S. 147–61.

26 Später heiratete Ludwigs jüngster Sohn mit Irmingard, Ludwig von Bayern, Judiths jüngere Schwester Emma, wodurch sich das politische Schicksal der Welfenfamilie innerhalb der karolingischen Dynastie weiter verbesserte. Siehe unten.

27 Riché, *The Carolingians*, S. 149–50., Elizabeth Ward, „Caesar's Wife: The Career of the Empress Judith, 819–29." in Godman u. a., Hrsg., *Charlemagne's Heir*, S. 207–08.

28 Ward, „Caesar's Wife", S. 213–14.

29 Nelson, „The Frankish Kingdoms", S. 117.

30 Riché, *The Carolingians*, S. 150–58; Nelson, „The Frankish Kingdoms", S. 118, Johannes Fried, „The Frankish Kingdoms, 817–911: The East and Middle Kingdoms", McKitterick, Hrsg., *New Cambridge Medieval History*, Bd. 2, S. 142–45.

31 Riché, *The Carolingians*, S. 160–69.

32 Nelson, „The Frankish Kingdoms", S. 118–119, 124.

33 Geoffrey Barraclough, *The Origins of Modern Germany* (New York, 1963), S. 46–47; Nelson, „ The Frankish Kingdoms", S. 121, 136. Die fränkische Teilung Westeuropas erzeugte geopolitische Grenzen, die sich bis zum Ende des Zweiten Weltkrieges nicht einschneidend veränderten. Nach 1945 wurde aus einem geteilten Deutschland das neue „Mittelreich" Westeuropas, um das sich neue und größere östliche und westliche „Reiche" stritten: die Sowjetunion und die Vereinigten Staaten mit ihren entsprechenden Verbündeten.

34 Hajo Holborn, *A History of Modern Germany*, Bd. 1: The Reformation (New York, 1961), S. 27–28; *Facts*, S. 91.

35 Barraclough, *Origins*, S. 14–25.

36 Ebd., S. 27–30, 41.

37 Ebd., S. 47–48, 53–58, 63.

38 Hoyt und Chodorow, *Europe in the Middle Ages*, S. 673.

39 Barraclough, *Origins*, S. 77–79; Hoyt und Chodorow, *Europe in the Middle Ages*, S. 275.

40 Dies waren die „Provinzen, Paläste und Landstriche der Stadt Rom, Italiens und der Regionen des Westens“, die der Kaiser Konstantin der Kirche nach ihrer Angabe als Schenkung überlassen hatte. Henry Bettenson, Hrsg., *Documents of the Christian Church* (New York, 1961), S. 141–42.

41 Barraclough, *Origins*, S. 85–90.

42 Ebd., S. 35–36, 41–42; Brian Tierney, Hrsg., *The Crisis of Church & State 1050–1300* (Toronto, 1996), S. 33–44.

43 Barraclough, *Origins*, S. 97, 103, 106; Tierney, *Crisis*, S. 45–52.

44 Tierney, *Crisis*, S. 53–73; siehe Kap. 7.

45 Barraclough, *Origins*, S. 109–10, 125.

46 Ebd., S. 128, 131–33.

47 „The fantastic map of German particularism and the unlimited sovereignty of princes.“ Ebd., S. 153.

48 Hoyt und Chodorow, S. 673; Tierney, *Crisis*, S. 46, 49, 100, 105.

49 Barraclough, *Origins*, S. 169–71; Barraclough, „Frederick Barbarossa and the Twelfth Century“, in *History in a Changing World* (Oxford, 1955), S. 73–96.

50 Barraclough, Origins, S. 176–77.

51 Norman Cohn, *The Pursuit of the Millennium* (New York, 1961), S. 103. Eine positivere Einschätzung gibt David Abulafia, *Frederick II: A Medieval Emperor* (London, 1988).

52 Barraclough, *Origins*, S. 180–86, 188–90; Hoyt und Chodorow, *Europe*, S. 354–64.

53 Barraclough, *Origins*, S. 196–201; Hoyt und Chodorow, *Europe*, S. 462–63.

54 Barraclough, *Origins*, S. 204–11; Hoyt und Chodorow, *Europe*, S. 463–69.

55 Barraclough, *Origins*, S. 214.

56 Ebd., S. 219–24. Vgl. dazu den preußischen König Friedrich den Großen, ein anderer heroischer Deutscher, der die fran-

zösische Kultur, die ihn stärker geprägt hatte, mehr liebte als seine heimatliche deutsche. Siehe Kap. 5.

57 Ebd., S. 236–37.

58 Ebd., S. 227–33, 240.

59 Hoyt und Chodorow, *Europe*, S. 623–25.

Kapitel 3

1 Der Herzog von Sachsen, der Markgraf von Brandenburg, der König von Böhmen und der Pfalzgraf bei Rhein sowie die Erzbischöfe von Köln, Mainz und Trier.

2 Karl-Heinz Blaschke, *Sachsen im Zeitalter der Reformation* (Gütersloh, 1970); Steven Ozment, *The Reformation in the Cities* (New Haven, 1975), S. 125–29, 143–45; Bernd Moeller, „Imperial Cities and the Reformation", in *Imperial Cities and the Reformation: Three Essays*, Übers. M. Edwards und H. C. Erik Midelfort (Philadelphia, 1972), S. 9.

3 Blaschke, *Sachsen*, S. 74.

4 Heinrich Schmidt, *Die deutschen Städtechroniken als Spiegel des bürgerlichen Selbstverständnisses im Spätmittelalter* (Göttingen, 1958), S. 34–37, 69–72, 77; Blaschke, *Sachsen*, S. 34, 49–55, 72.

5 Willy Andreas, „Die Kulturbedeutung der deutschen Reichsstadt zu Ausgang des Mittelalters", *Deutsche Vierteljahrsschrift für Literaturwissenschaft und Geistesgeschichte* 6 (1928): S. 62–113; Moeller, „Imperial Cities", S. 9, 13–15, 17; Mack Walker, *German Home Towns*, 1648–1871 (Ithaca, 1971), Kap. 4.

6 Gerald Strauss, *Law, Resistance, and the State: The Opposition to Roman Law in Reformation Germany* (Princeton, 1986), S. 65, 80, 150.

7 Andreas, „Die Kulturbedeutung", S. 55–56.

8 Gerhard Pfeiffer, „Das Verhältnis von politischer und kirchlicher Gemeinde in den deutschen Reichsstädten", in *Staat und Kirche im Wandel der Jahrhunderte*, Hrsg. W. P. Fuchs, (Stuttgart, 1966), S. 85; Peter Blickle, *Communal Reformation*, Übers. Thomas Dunlap (Leiden, 1998), Kap. 5; Steven

Ozment, *Protestants: The Birth of a Revolution* (New York, 1992), Kap. 6.

9 Moeller, „Imperial Cities“, S. 35–38; Heinz Schilling, „Die Reformation in Deutschland“, in Hans-Ulrich Wehler, *Scheidewege der deutschen Geschichte. Von der Reformation bis zur Wende*, 1517–1989 (München, 1995), S. 15–27, bes. 20.

10 Ernst Borkowsky, *Das Leben Friedrich des Weisen, Kurfürsten zu Sachsen* (Jena, 1929), S. 33.

11 Claus Grimm et al., *Lucas Cranach. Ein Maler-Unternehmer aus Franken* (Regensburg, 1994), S. 309–13, 320–21; *Cranach und Picasso, Ausstellung, Nürnberg, 22. Sept.–20. Okt., 1968*, Hrsg. Albrecht-Dürer-Gesellschaft (Nürnberg, 1968).

12 Borowsky, *Leben Friedrichs*, S. 6, 38. Über Friedrichs Grenzen als „Renaissancefürst“: Bernd Stephan, „Kulturpolitische Maßnahmen des Kurfürsten Friedrich III., des Weisen, von Sachsen“, *Lutherjahrbuch* 49 (1982): S. 50–95, bes. 61–65.

13 Borkowsky, *Leben Friedrichs*, S. 39–40, 44–46; Bernd Stephan, „Kurfürst Friedrich III., der Weise“, in Rolf Straubel u. a., *Kaiser König Kardinal. Deutsche Fürsten 1500–1800* (Leipzig, 1991), S. 31; Jane C. Hutchison, *Albrecht Dürer: A Biography* (Princeton, 1990), 65–66, 69–70; Charles Nauert, *Humanism and the Culture of Renaissance Europe* (Cambridge, 1995), S. 110–11; Georg Spalatin, *Friedrichs des Weisen Leben und Zeitgeschichte von Georg Spalatin*, in *Georg Spalatins historischer Nachlaß und Briefe*, Bd. 1 (Jena, 1951), S. 28.

14 Dies war die Heilige, an die sich Luther, als er auf der Straße nach Erfurt schreckliche Angst vor einem Gewitter hatte, mit dem Versprechen wandte, in ein Kloster einzutreten, wenn sie sein Leben schonte.

15 Borkowsky, *Leben Friedrichs*, S. 56–57; Ozment, *Reformation in the Cities*, S. 139.

16 Borkowsky, *Leben Friedrichs*, S. 62, 71–72; Spalatin, *Friedrichs Leben*, S. 28–30, 50; Stephan, „Kulturpolitische Maßnahmen“, 70.

17 Bernd Stephan, „Kurfürst Friedrich“, S. 26–27; „Kulturpolitische Maßnahmen“, 57–59.

18 Spalatin, *Friedrichs Leben*, S. 58–59.

19 Borkowsky, *Leben Friedrichs*, S. 18–20. Über den gesamten Vorgang, vgl. Spalatin, *Friedrichs Leben*, S. 40–41, 57–59; Heiko A. Oberman, *Luther: Man Between God and the Devil*, Übers. E. Walliser-Schwarzbart (New York, 1992), S. 24–34.

20 „Beschwerlich genug gewest und wehe gethan ... also soll umgezogen werden." Spalatin, *Friedrichs Leben*, S. 61–62.

21 Stephan, „Kulturpolitische Maßnahmen", S. 89, 95; Stephan, „Kurfürst Friedrich", S. 33–34. Über die Behandlung Luthers und die gegen ihn gerichteten Drohungen: Borkowsky, *Leben Friedrichs*, S. 64–65; Oberman, *Luther*, S. 246–47, 299–300.

22 Stephan, „Kurfürst Friedrich", S. 33.

23 Ebd., S. 33–34; Steven Ozment, *Mysticism and Dissent* (New Haven, 1978), S. 79–97.

24 Borkowsky, *Leben Friedrichs*, S. 66–67, 76; Spalatin, *Friedrichs Leben*, S. 29–30; Stephan, „Kurfürst Friedrich", S. 34.

25 Spalatin, *Friedrichs Leben*, S. 64, 68; Heinrich Bornkamm, *Luther in Mid-Career* (Philadelphia, 1983), S. 376–77.

26 Borkowsky, *Leben Friedrichs*, S. 75–77; Spalatin, *Friedrichs Leben*, S. 42–43.

27 Spalatin, Friedrichs Leben, S. 69–75.

28 „Albertus Durerus Noricus", das bedeutet: „aus Noricum", zwischen den Alpen und der Donau – ein Nicht-Italiener, ein Deutscher.

29 Nach dem Augustinermönch Johann von Staupitz, erster Dekan der Universität Wittenberg und Luthers Mentor und Vertrauter; Luther übernahm seinen Lehrstuhl für biblische Theologie im Jahr 1512.

30 Unter ihren Mitgliedern waren Ratsschreiber Lazarus Spengler, die Stadtkämmerer Hieronymus Ebner und Anton Tucher, der Ratskonsulent und Diplomat Christoph Scheurl, Andreas und Martin Tucher, Eigentümer eines der großen Handelsunternehmen der Zeit, und Jakob Welser, Nürnberger Verwalter des in Augsburg ansässigen Bankenimperiums der Welser. Hutchison, *Albrecht Dürer*, S. 123; Oberman, *Luther*, S. 136; Lewis W. Spitz, *The Religious Renaissance of*

the German Humanists (Cambridge, Mass. 1963), S. 155–96; Steven Ozment, *Flesh and Spirit: Family Life in Early Modern Germany* (New York, 1999), Kap. 2 (Christoph Scheurl) und 4 (Sebald Welser).

31 „Und hilft mir Gott, daß ich zu Doktor Martinus Luther komm, so will ich ihn mit Fleiß konterfeien und in Kupfer stechen zu einer langen Gedächtnis.“ Hutchison, *Dürer*, S. 124–125; Martin Warnke, *Cranachs Luther. Entwürfe für ein Image* (Frankfurt am Main, 1984), S. 15. Zu Dürers ähnlichem Drängen gegenüber Erasmus, Luther zu beschützen, Joseph L. Koerner, *The Moment of Self-Portraiture in German Renaissance Art* (Chicago, 1993), S. 76.

32 Warnke, *Cranachs Luther*, S. 15–20.

33 Später, im Jahr 1525, war Cranach der Trauzeuge bei Luthers Hochzeit mit Katharina von Bora; im Jahr 1526 wurde er Pate von Luthers erstgeborenem Sohn Johannes.

34 Andreas Tacke, *Der katholische Cranach* (Mainz, 1992), S. 9–15.

35 Strauss, *Manifestations of Discontent*, S. 52–63; Ozment, *Protestants*, S. 11 ff.

36 Was Warnke in seiner Kritik Robert Scribners „die Angst der Obrigkeit vor der vollen Entfaltung der Wahrheit“ nennt. Warnke, *Cranachs Luther*, S. 65.

37 Das neue Lutherporträt erschien derart anders als Cranachs erstes, daß Cranachs Urheberschaft noch im Jahr 1900 von Fachleuten angezweifelt wurde. Warnke, *Cranachs Luther*, S. 27–29; R. W. Scribner, *For the Sake of the Simple Folk: Popular Propaganda for the German Reformation* (Cambridge, 1981), S. 16.

38 Warnke, *Cranachs Luther*, S. 65.

39 Scribner, *For the Sake of Simple Folk*, S. 14–34.

40 Strauss, *Manifestations*, S. 3–34, 64–82, 196–207; Harold J. Berman und John Witte, Jr. „The Transformation of Western Legal Philosophy in Lutheran Germany“, *Southern California Law Review* 62 (1989): S. 1575–1660; John Witte Jr., „The Civic Seminary: Sources of Modern Public Education in the Lutheran Reformation of Germany“, Journal of Law and Religion 12 (1995–96): S. 173–223.

41 *Luther's Works*, Bd. 31, Hrsg. H. G. Grimm (Philadelphia, 1957), S. 76; Ozment, *Mysticism and Dissent*, S. 18–19.

42 „The Freedom of a Christian", *Luther's Works*, 31, S. 344

43 *Das Buch der göttlichen Tröstung*, in *Deutsche Mystiker des 14. Jahrhunderts*, Bd. 2: *Meister Eckhart*, Hrsg. Franz Pfeiffer (Leipzig, 1875), S. 431; Steven Ozment, „Eckhart and Luther: German Mysticism and Protestantism", *The Thomist* 42 (1978): S. 259–80.

44 Koerner, *Moment of Self-Portraiture*, S. 40, 42, 122.

45 Koerner nennt das Porträt von 1502/03 eine „narzißtische Krise", da den Künstler die Erinnerung an die körperliche Schönheit des Porträts von 1500 gequält habe. *Moment of Self-Portraiture*, S. 251–53, 268, 495, Fußnote 44; Peter Parshall, „Albrecht Dürer and the Axis of Meaning", *Allen Memorial Art Museum Bulletin* 50 (1997): S. 20. Zu Präzedenzfällen in der mittelalterlichen *memento mori/ars moriendi*-Tradition, siehe Alberto Tenenti, „Death in History" und Donald Weinstein, „The Art of Dying Well and Popular Piety in the Preaching and Thought of Girolamo Savonarola", in *Life and Death in Fifteenth-Century Florence*, Hrsg. M. Tetel u. a. (Durham, N. C., 1889), S. 88–104, und James M. Clark, *The Dance of Death in the Middle Ages and the Renaissance* (Glasgow, 1950), S. 1–4, 22–24, 106–10.

46 *Luther's Works*, 31, S. 3–34.

47 Über die physische Anlage der Universität, siehe E. G. Schwiebert, *Luther and His Times* (St. Louis, 1950), S. 221–53.

48 „The Freedom of a Christian", S. 347, 351; Ozment, „Luther and Late Medieval Theology", in R. M. Kingdon, Hrsg., *Transition and Revolution: Problems and Issues of European Renaissance and Reformation History* (Minneapolis, 1974), S. 109–51.

49 *Iacobi Hoochstrati Disputationes contra Lutheranos*, in *Bibliotheca reformatoria Neerlandica*, Bd. 3, Hrsg. F. Pijper (The Hague, 1905), S. 609–10.

50 Siehe Kap. 7. Über Luthers verschiedene Vorstellungen von „Tollheit", H. C. Erik Midelfort, *A History of Madness in Sixteenth-Century Germany* (Stanford, 1999), S. 80–100.

51 Steven Ozment, *The Age of Reform, 1250–1550* (New Haven, 1981), S. 269–70.

52 „Daß eine christliche Versammlung oder Gemeinde Recht und Macht habe, alleLehre zu urteilen …“, Hrsg. Otto Clemen, *Luthers Werke in Auswahl*, Bd. 2 (Berlin, 1959): S. 395–96; Ozment, *Protestants*, S. 135–36.

53 Karl Holl, „Luther und das landesherrliche Kirchenregiment“, in *Gesammelte Aufsätze zur Kirchengeschichte*, Bd. 1 (Tübingen, 1923), S. 361–69; Ozment, *Protestants*, S. 91, 136.

54 „On Temporal Authority: To What Extent Should It Be Obeyed?“ *Luther's Works*, Bd. 31, S. 77–130; Ozment, *Protestants*, Kap. 7.

55 Herbert Wolf, „Pioneer of Modern German“, in Thomas Nipperdey, *Martin Luther and the Formation of the Germans* (Bonn, 1983), S. 30–31. „The Awful German Language“ ist der Titel eines Aufsatzes von Mark Twain, zitiert in einem Kapitel mit demselben Titel von Craig, *The Germans*, S. 310–11.

56 Wolf, „Pioneer“, S. 26–28.

57 *Tischreden*, Hrsg. Otto Clemen, Luthers *Werke in Auswahl*, Bd. 8 (Berlin, 1950): S. 223, Nr. 4081 (1538).

58 „To the Councilmen of All Cities in Germany That They Establish and Maintain Christian Schools“, *Luther's Works*, 45, Hrsg. W. I. Brandt (Philadelphia, 1962), S. 368.

59 Ebd., S. 370.

60 Ebd., S. 368–70.

61 Ebd., S. 376–77.

62 *Dr. Martin Luther's Large Catechism* (Minneapolis, 1935), S. 35–36. Über den Einfluß der Berichte auf die Reformatoren, vgl. Gerald Strauss, *Luther's House of Learning: Indoctrination of the Young in the German Reformation* (Baltimore, 1978), Kap. 12.

63 *Large Catechism*, S. 42

64 „Krypto-theologischer Kern“, in den Worten Thomas Nipperdeys, „The Protestant Unrest: Luther and the Culture of the Germans“, in Thomas Nipperdey, *Martin Luther and the Formation of the Germans* (Bonn, 1983), S. 8–14, 20.

65 Nipperdey, „Protestant Unrest“, S. 14, 16.

66 Blaschke, *Sachsen*, S. 56–68; vgl. Robert Jütte, *Poverty and Deviance in Early Modern Europe* (Cambridge, 1994).

67 Hinsichtlich jener Wittenbergs (1522) und Leisnigs (1523), siehe Carter Lindberg, *The European Reformations* (Oxford, 1996), S. 114, 118–20, 122–23; auch Lindberg, *Beyond Charity: Reformation Initiatives for the Poor* (Minneapolis, 1993).

68 Heide Wunder, *„He is the Sun, She is the Moon": Women in Early Modern History,* Übers. Th. Dunlap (Cambridge, Mass., 1998) S. 38–39.; Steven Ozment, *Ancestors: The Loving Family in Old Europe* (Cambridge, Mass., 2001), S. 34–38.

69 Steven Ozment, *When Fathers Ruled: Family Life in Reformation Europe* (Cambridge, Mass., 1983), S. 3–9; John Witte Jr., *From Sacrament to Contract: Marriage, Religion, and Law in the Western Tradition* (Louisville, 1997), S. 42–73.

70 Ozment, *When Fathers Ruled*, S. 45.

71 Ebd., S. 46.

72 Ebd., S. 63, 90–93, 96–98.

73 „That Jesus Christ was Born a Jew", *Luthers's Works*, Bd. 45, Hrsg. W. I. Brandt (Philadelphia, 1962), S. 195–230; Scott Hendrix, „Toleration of the Jews in the German Reformation: Urbanus Rhegius and Braunschweig (1535–1540)", *Archiv für Reformationsgeschichte* 81 (1990): S. 189–215. Über jüdische Reaktionen auf die Reformation: Hraim Hillel Ben-Sasson, „Protestant-Jewish Relations ", *Diogenes* 61 (1968): S. 32–51; „The Jews vs. the Reformation": *Proceedings of the Israel National Academy of Sciences* 4 (1971): S. 652–713; und „Jewish-Christian Disputations in the Setting of Humanism and Reformation in the German Empire", *Harvard Theological Review* 59 (1966): S. 369–90. Über die gesellschaftliche Integration der Juden im neunzehnten Jahrhundert, siehe Kap. 7.

74 „Against the Sabbatarians" (1528), *Luther's Works*, Bd. 47, Hrsg. F. Scherman (Philadelphia, 1971), S. 59–62; Mark U. Edwards Jr., *Luther's Last Battles, 1531–46* (Ithaca, 1983), S. 125–26. Es sind keine Zahlen über die in solchen judäophilen Aktivitäten einbezogenen Christen vorhanden.

75 „On the Jews and their Lies“, *Luther's Works*, Bd. 47, S. 137.

76 Ebd., S. 166–67, 192.

77 „On the Jews and their Lies“, S. 166–67, 192, 254, 260; über die Verleumdung der Mutter Luthers durch die Katholiken, Ian Siggins, *Luther and His Mother* (Philadelphia. 1981). Über Korach, siehe Numeri 16.

78 „On the Jews“, S. 140, 144, 255, 259.

79 Ebd., S. 141, 147–48, 175, 218, 226–27.

80 Ebd., S. 215.

81 Ebd., S. 269–76, 288.

82 Ebd., S. 135; „Against Sabbatarians“, ebd., S. 61–62; Hendrix, „Toleration of the Jews”, S. 201–02. Über Josel von Rosheim, vgl. Selma Stern, *Josel of Rosheim, Commander of Jewry in the Holy Roman Empire of the German Nation* (Philadelphia, 1965).

83 Johannes Wallmann, „Reception of Luther's Writings on the Jews from the Reformation to the End of the Nineteenth Century“, *Lutheran Quarterly* 1, (1978): S. 75–78.

84 Heiko A. Oberman, „Three Sixteenth-Century Attitudes Toward the Jews“, in Heiko A. Oberman, *The Impact of the Reformation* (Grand Rapids, 1994), S. 115.

85 „Luther war antijüdisch ... aber kein Antisemit oder Rassist irgendeiner Art, weil ... für ihn ein getaufter Jude gänzlich ein Christ [war]. ... Nicht die Rasse, sondern der Glaube an das Gesetz, an gute Werke, macht den Juden aus.“ Oberman, „Nazi Conscription“, in ebd., S. 69–78.

86 Siehe Kap. 8.

87 Wallmann, „Reception of Luther's Writings on the Jews“, S. 79.

88 Oberman, „Three Attitudes“, S. 106–09; auch die Einführung des Hrsg., „On the Jews“, S. 126, 132–34; „On the Lies of the Jews“, S. 126, 132–33.

89 Siehe Kap. 11.

90 Volker Press, „Germany Between Religion and Revolution“, in James F. Harris, Hrsg., *German-American Interrelations: Heritage and Challenge* (Tübingen, 1985), S. 67–78; Craig, *The Germans*, S. 85–86.

91 Siehe die Diskussion in Ozment, *Ancestors*, S. 31–32. Über

den angeblichen „Gezeitenwechsel“ für Frauen, siehe Lyndal Roper, *The Holy Household: Religion, Morals, and Order in Reformation Europe* (Oxford, 1989), Kap. 7.

92 Ozment, *Age of Reform*, S. 281–84.

93 Peter Blickle, *The Revolution of 1525*, Übers. Thomas Dunlap (München, 1975), S. 155–61, 183–185; Brady, *Turning Swiss*, Kap. 5; und Strauss, *Law, Resistance, and the State*, S. 268–71. Zur gegenteiligen Meinung, Ozment, *Protestants*, S. 118–48.

94 Siehe Einführung.

95 Karl Lüdecke, „Lucas Cranach in seiner Zeit“, in *Lucas Cranach. Der Künstler und seine Zeit* (Berlin, 1953), S. 104–08, 116–20; Ernst Ullmann, „Lucas Cranach der Ältere, Bürger und Hofmaler“, *Lucas Cranach. Künstler und Gesellschaft*, Hrsg. Cranach-Komitee der DDR (Wittenberg, 1973), S. 59–61.

96 Die Brüder Barthel und Sebald Beham und Georg Pencz.

97 Hutchison, *Albrecht Dürer*, S. 181–82, 200–204.

98 Germanisches Nationalmuseum, Hrsg., *Martin Luther und die Reformation in Deutschland. Ausstellung zum 500. Geburtstag Martin Luthers*, (Frankfurt am Main, 1983), Nr. 338, S. 262–63.

99 Hutchison, *Albrecht Dürer*, S. 181–82; Ozment, *Mysticism and Dissent*, S. 143, Fußnote 28.

100 Ozment, *Age of Reform*, S. 287.

101 Hutchison, *Albrecht Dürer*, S. 200–204.

102 Friedrich Engels plazierte Luther hoch auf seiner Liste der „größten Stiefellecker von politischer Autorität“ in der Geschichte, während der Antisemit und Kriegsverbrecher Julius Streicher dessen antijüdische Schriften in seiner eigenen Verteidigung im Nürnberger Prozeß zitierte. Günter Vogler, *„Die Gewalt soll gegeben werden dem gemeinen Volk“: Der deutsche Bauernkrieg 1525* (Berlin, 1975), S. 16–24; Oberman, „The Nationalist Conscription of Martin Luther“, in *The Impact of the Reformation*, S. 69–78.

103 „On Temporal Authority: To What Extent Should It Be Obeyed [1523]“, *Luther's Works*, Bd. 45, S. 83–84. Am Anfang des Bauernkrieges gab Luther die Schuld unmittelbar

den kirchlichen und weltlichen Grundeigentümern. „An Admonition to Peace: A Reply to the Twelve Articles of the Peasants in Swabia [1525]“, *Works of Martin Luther*, Bd. 4 (Philadelphia, 1931), S. 220.

104 Ebd., S. 234; Ozment, *Protestants*, S. 129.

105 „Admonition to Peace “, S. 241–42.

106 „Against the Robbing and Murdering Peasants [1525]“, *Works of Martin Luther*, Bd. 4, S. 249–50. Viele Gelehrte folgten Peter Blickles Einschätzung, daß der Aufstand mehr als die Bauern umfaßte, eine „Revolution des Mannes auf der Straße“ auf dem Lande wie auch in Städten war. Blickle, *Communal Reformation: The Quest for Salvation in Sixteenth-Century Germany*, Übers. Thomas Dunlap (Atlantic Highlands, N. J., 1985), Kap. 7.

107 Am Ende des Jahrhunderts hatte die Reichsreform den Fürsten die Kontrolle über das Reichskammergericht und über den kurzlebigeren Reichshofrat gegeben. Über die Entwicklung des Heiligen Römischen Reiches, James A. Vann und Steven W. Rowan, Hrsg., *The Old Reich: Essays on German Political Institutions, 1495–1806* (Brüssel, 1974), und J. W. Zophy, Hrsg., *The Holy Roman Empire: A Dictionary Handbook* (Westport, Conn., 1980).

108 Marc Forster, *The Counterreformation in the Villages: Religion and Reform in the Bishopric of Speyer, 1560–1720* (Ithaca, 1992),

109 Ozment: *Age of Reform*, S. 271. Angewiesen vom Hofsekretär Spalatin im Namen des Kurfürsten Friedrich des Weisen, seine Proteste gegen den Verkauf neuer Ablaßbriefe in Halle durch den Fürstbischof von Mainz einzuschränken, erklärte Luther seine Bereitschaft, beide zu „verlieren“: „Eure Vorstellung, den öffentlichen Frieden nicht zu stören, ist schön, aber werdet Ihr zulassen, daß der ewige Friede Gottes von ... diesem Sohn der Hölle gestört wird? Nein, Spalatin! Nein, Kurfürst!“ Letter to Spalatin, November 11, 1521, *Luther's Works*, Bd. 48, Hrsg. G. Krodel (Philadelphia, 1963), S. 326. Über die Theorie der Widerstandsentwicklung unter frühen sächsischen Juristen und Klerikern, Heinz Scheible, *Das Widerstandsrecht als Problem der deutschen Protestanten*,

1523–46 (Gütersloh, 1969); vgl. Quentin Skinner, *The Foundations of Modern Political Thought*, Bd. 2 (Cambridge, 1978), Kap. 7.

110 Julian H. Franklin, Übers. und Hrsg., *Constitutionalism and Resistance in the Sixteenth Century: Three Treatises by Hotman, Beza, & Mornay* (New York, 1969); Ozment, *Age of Reform*, S. 270–72, 419–22; vgl. David M. Whitford, *Tyranny and Resistance: The Magdeburg Confession and the Lutheran Tradition* (St. Louis, 2001).

Kapitel 4

1 Volker Press, „Germany Between Reformation and Revolution", in Harris, Hrsg., *German-American Interrelations*, S. 70. Zu der im neunzehnten Jahrhundert angeregten modernen politischen Debatte in Deutschland über den Krieg und dessen Friedensregelung, siehe Kevin C. Cramer, „Lamentations of Germany: the Historiography of the Thirty Years War, 1790–1890" (Ph. D. diss., Harvard University, 1998), S. 270–78. Zu Studien neueren Datums über den verfassungsmäßigen Aspekt des Konfliktes, Ronald G. Ash, *The Thirty Years War, the Holy Roman Empire, and Europe, 1618–48* (New York, 1997). Der alte Klassiker, mit großem historischen Kontext, ist R. J. W. Evans, *The Making of the Hapsburg Monarchy, 1550–1700*. (Oxford, 1979).

2 Geoffrey Parker, Hrsg., *The Thirty Years' War* (London, 1997), S. 5–10. Zum konfessionellen Aspekt des Konfliktes und dessen Hintergrund, Robert Bireley, S. J., *Religion and Politics in the Age of the Counterreformation: Emperor Ferdinand II, William Lamoraini, S. J., and the Formation of Imperial Policy* (Chapel Hill, 1981), und Menna Prestwich, *International Calvinism, 1541–1715* (Oxford, 1985).

3 John G. Gagliardo, *Germany Under the Old Regime, 1600–1790* (London, 1991), S. 2–3; Parker, *Thirty Years' War*, S. 12–14; Holborn, S. 43–44.

4 Holborn, *Reformation*, S. 244–45, 285; Parker, *War*, S. 17.
5 Siehe Kap. 4
6 Holborn, *Reformation*, S. 289–90; Gagliardo, *Old Regime*, S. 16, 20–21; Parker, *War*, S. 18.
7 Simon Adams, „The Union, the League, and the Politics of Europe“, in Parker, *War*, S. 21–25, 28–29.
8 Michael Hughes, *Early Modern Germany, 1477–1806* (Philadelphia, 1992), S. 86–87.
9 Zu den rechtlich-verfassungsmäßigen und religiösen Motivationen Kurfürst Friedrichs, siehe Brennan Pursell, „The Constitutional Causes of the Thirty Years' War: Friedrich V, the Palatine Crisis, and European Politics, 1618–32“ (Ph. D. diss., Harvard University, 2000).
10 Geoffrey Parker, „The War for Bohemia“, in Parker, *War*, S. 42–54; Simon Adams und Geoffrey Parker, „Europe and the Palatine War“, in ebd., S. 56–60.
11 Adams und Parker, „Europe and the Palatine War“, S. 61–63. Über Maximilian und die wechselnden Rollen der Bayern im Krieg, vgl. Dieter Albrecht, *Maximilian I. von Bayern, 1573–1651* (München, 1998).
12 Über Christian und die dänische Periode des Krieges, Paul D. Lockhart, *Denmark in the Thirty Years War, 1618–48: King Christian IV and the Decline of the Oldenburg State* (Selinsgrove, Pa., 1996).
13 Über den Frieden von Lübeck, siehe E. Ladewig Petersen, „The Danish Intermezzo“, in Parker, *War*, S. 65–71; Holborn, *Reformation*, S. 327–34.
14 R. W. J. Evans, „The Imperial Vision“, in Parker, *War*, S. 75–78, 82–84; Parker, „The Practice of Absolutism I: 1621–26“, in ebd., S. 82–84.
15 Die kirchlichen Ländereien und Reichsstädte des kurfürstlichen Sachsen und Brandenburg waren vor 1552 säkularisiert worden und entkamen daher der Erfassung durch das Dekret. Gerhard Benecke, „The Practice of Absolutism II: 1626–29“, in Parker, *War*, S. 87–89.
16 Bodo Nischan, „On the Edge of the Abyss“, in Parker, *War*, S. 101.
17 Über den schwedischen König und die schwedische

Phase des Krieges, siehe Michael Roberts, *Gustavus Adolphus* (London, 1992).

18 Parker, *War*, S. 102–04, 106–09; vgl. die Beschreibung des Kurfürsten Johann Georg von Sachsen (1585–1656) als Praktizierender des „lutherischen Pazifismus, Quietismus, Legalismus und der Xenophobie." Ebd., S. 85–86. Hughes, *Early Modern Germany*, S. 90.

19 Hans Medick, „Historisches Ereignis und zeitgenössische Erfahrung: die Eroberung und Zerstörung Magdeburgs 1631", in Medick u. a., Hrsg., *Zwischen Alltag und Katastrophe: der Dreißigjährige Krieg aus der Nähe* (Göttingen, 1999), S. 377–407.

20 Geoffrey Parker, „The Intervention of Sweden", in Parker, *War*, S. 112–16.

21 Geoffrey Parker, „1633–35: Oxenstierna vs. Wallenstein", in Parker, *War*, S. 155.

22 Ebd., S. 117–20.

23 Hughes, *Early Modern Germany*, S. 91.

24 Richard Bonney, "France's War by Diversion", in Parker, *War*, S. 129.

25 Die niedrigeren Schätzungen sind von Parker (*War*, S. 147–48, 187–88), die höheren von Hughes (*Early Modern Europe*, S. 109) Die jüngsten Forschungsergebnisse bestätigen die niedrigeren Schätzungen auf der Grundlage von Beweisen, daß örtliche Behörden Meldungen über Zerstörungen und Verluste an Leben oft absichtlich übertrieben, um sowohl Steuersenkungen als auch einen höheren Anteil aus dem Wiederaufbaufonds der Regierung zu erhalten. John Theibault, „The Rhetoric of Death and Destruction in the Thirty Years' War", *Journal of Social History* 27 (1993): 271–90, und „The Demography of the Thirty Years War Re-revisited", *German History* 15 (1997): 1–2.

26 Hughes, *Early Modern Germany*, S. 92, 98; Parker, *War*, 140–41, 159, 165, 194–95.

27 Hughes, *Early Modern Germany*, S. 94.

28 Ebd., S. 95–96; Geoffrey Parker, „1647–50: The Making of Peace", in Parker, *War*, S. 163; Parker, „The War and Politics", in ebd., S. 195.

29 Press, „Germany between Reformation and Revolution“, S. 70.

Kapitel 5

1 Mary Fulbrook, *A Concise History of Germany* (Cambridge, 1999), S. 74–75.
2 Gagliardo, *Germany Under the Old Regime*, S. 96–99.
3 Hughes, *Early Modern Germany*, S. 115–16, 120.
4 Zitiert bei Schulze, *Germany*, S. 87–88.
5 Fulbrook: *Concise History*, S. 83–84.
6 Schulze, *Germany*, S. 70.
7 Detlef Plöse, „Kaiser Leopold I.“, in Rolf Straubel u. a., *Kaiser König Kardinal: Deutsche Fürsten 1500–1800* (Leipzig, 1991), S. 188–89.
8 Gagliardo, *Germany Under the Old Regime*, S. 2–3, 13; Hughes, *Early Modern Germany*, S. 124–28, 131.
9 Als Herrscher Brandenburgs war er einer der acht deutschen Kurfürsten, die den Heiligen Römischen Kaiser wählten.
10 Fulbrook, *Concise History*, S. 76–81 (Karte); Schulze, *Germany*, S. 79; Philip Woodfine, *Frederick the Great of Prussia* (Huddersfield, 1990), S. 14; vgl. C. A. Macartney, *The Hapsburg and Hohenzollern Dynasties in the Seventeenth and Eighteenth Centuries* (London, 1970).
11 Giles MacDonogh, *Frederick the Great: A Life in Deed and Letters* (New York, 1999), S. 17–18, 24–25; Rolf Straubel, „Friedrich II. von Preußen“, in ders. u. a., *Kaiser König Kardinal: Deutsche Fürsten 1500–1800* (Leipzig, 1991), S. 312–13; Fulbrook, *Concise History*, S. 79.
12 Hughes, *Early Modern Germany*, S. 142–44.
13 F. E. Stoeffler, *German Pietism During the Eighteenth Century* (Leiden, 1973), S. 24–27; Gagliardo, *Germany Under the Old Regime*, S. 191; J. V. H. Melton, *Absolutism and the Eighteenth Century Origins of Compulsory Schooling in Prussia and Austria* (Cambridge, 1988).
14 Einführung des Herausgebers., P. J. Spener, *Pia Desideria*,

Übers. T. G. Tappert (Philadelphia, 1964), S. 8–21; Gagliardo, *Germany*, S. 183.

15 Gagliardo, *Germany*, S. 107–10, 116. Hier war fürstlicher Absolutismus (des Fürsten alleinige Autorität, Gesetze zu erlassen) nicht Despotismus (die Abwesenheit von Individualrechten und das Eigentum des Fürsten an allem und jedem). Der Herrscher war immer den göttlichen und nationalen Gesetzen untergeordnet und machte „Dienst und Verantwortung für das Wohlergehen seines Volkes ... zu unausweichlichen Bestandteilen seines Herrschaftsanspruches." Ebd., S. 121. Vgl. Mary Fulbrook, *Piety and Politics: Religion and the Rise of Absolutism in England, Württemberg and Prussia* (Cambridge, 1983).

16 Stoeffler, *German Pietism*, S. 37–38.

17 *Pia Desideria*, S. 80; Stoeffler, *German Pietism*, S. 69.

18 MacDonogh, *Frederick the Great*, S. 29, 52–54; Straubel, „Friedrich II.", S. 314.

19 MacDonogh, *Frederick the Great*, S. 35, 42; David Fraser, *Frederick the Great: King of Prussia* (New York, 2000), S. 24.

20 Straubel, „Friedrich II.", S. 314; Woodfine, *Frederick the Great*, S. 6.

21 MacDonogh, *Frederick the Great*, S. 35, 50–53; Straubel, „Friedrich II.", S. 315, Fraser, *Frederick the Great*, S. 25, 37, 40.

22 Fraser, *Frederick the Great*, S. 38–42.

23 MacDonogh verweist darauf, daß im Jahr 1729 der persönliche Diener des siebzehn Jahre alten Friedrich möglicherweise „in ihm gewisse [sexuelle] Vorstellungen bekräftigte, die sich damals erst halb geformt in seinem Geist bildeten." *Frederick the Great*, S. 48–49; über die Fülle der Beweise für Friedrichs Homosexualität, ebd., S. 106, 169, 195, 202–04, 221–22, 242, 230.

24 Ebd., S. 48–49; Fraser, *Frederick the Great*, S. 28–29.

25 MacDonogh, *Frederick the Great*, S. 63–75, 80–88; Straubel, „Friedrich II.", S. 315; Fraser, *Frederick the Great*, S. 29–31.

26 Friedrichs Bruder August Wilhelm war Vater des Thronfolgers der Dynastie, des zukünftigen Königs Friedrich Wilhelm II.

27 MacDonogh, *Frederick the Great*, S. 99–100, 105, 135, 194; Straubel, „Friedrich II.“, S. 315.

28 Neben Maupertuis waren unter den ersten Intellektuellen, die dorthin kamen, der deutsche Philosoph Christian Wolff, ein Hallenser Professor und eine führende Persönlichkeit der deutschen Aufklärung, sowie Graf Francesco Algarotti, ein italienischer Philosoph und alter Freund Voltaires, der Friedrich mit den neuesten englischen Büchern versorgte. MacDonogh, *Frederick the Great*, S. 123–24; Fraser, *Frederick the Great*, S. 33, 257–58.

29 Zwischen 1770 und 1830 „verwandelten Goethe, Schiller, Lessing, Kant und Mozart die deutschsprachige Welt ein halbes Jahrhundert lang in das kulturelle Zentrum Europas, womit die lange Dominanz französischer kultureller Werte beendet wurde.“ William Carr, *The Origins of German Unification* (New York, 1992), S. 16; Fulbrook, *Concise History*, S. 85–95.

30 MacDonogh, *Frederick the Great*, S. 110, 137–39, 206, 323, 350, 370; Fraser, *Frederick the Great*, S. 608; Schulze, *Germany*, S. 89.

31 MacDonogh, *Frederick the Great*, S. 124, 137–40; Straubel, „Friedrich II.“, S. 316.

32 Fraser, *Frederick the Great*, S. 78, 80, 625.

33 Ebd., S. 81–82; Woodfine, *Frederick the Great*, S. 2.

34 MacDonogh, *Frederick the Great*, S. 145, 165–69. Daniel Gordon führt Belege an, die darauf schließen lassen, daß 1740 „Voltaire seine Liebe für Friedrich im Jahr 1740 vollzog“, nachdem er bei ihrer allerersten Begegnung von Friedrichs „großen blauen Augen und sanftem Lächeln“ entzückt gewesen sei und es in seinem Kopf als Reaktion auf Friedrichs „verführerische Gesten“ wirbelte: „Ich gab mich ihm mit Leidenschaft hin, blind und gedankenlos.“ Voltaire, *Candide*, Übers. und Hrsg. Daniel Gordon (Boston, 1999), S. 27.

35 Zitiert bei MacDonogh, *Frederick the Great*, S. 213–14, 234; Woodfine, *Frederick the Great*, S. 5.

36 MacDonogh, *Frederick the Great*, S. 209, 217–21, 225–26.

37 Ebd., S. 227, 229–30; Straubel, „Friedrich II.“, S. 316–17.

38 Über das Leben Maria Theresias, siehe Ingrid Mittenzwei,

„Königin Maria Theresia“, in Straubel u. a., *Kaiser König Kardinal*, S. 325–38.

39 Siehe Kap. 1; Woodfine, *Frederick the Great*, S. 14. MacDonogh behauptet, daß mit den Schlesischen Kriegen die Tradition der Blitzkriege begann. *Frederick the Great*, S. 152–53.

40 Fraser, *Frederick the Great*, S. 84, 89–94, 117–19; MacDonogh, *Frederick the Great*, S. 155–58, 174–76; Hughes, *Early Modern Germany*, S. 140; Woodfine, *Frederick the Great*, S. 12–13.

41 Aus Friedrichs *Memoiren des Hauses Brandenburg* (1746), zitiert bei MacDonogh, *Frederick the Great*, S. 196–97. „Ein Monarch wird nicht auf seinen hohen Rang erhoben ... um mit Hilfe der Substanz des Volkes Speck anzusetzen und sich zu vergnügen, während alle anderen leiden; die Monarchie ist die erste Dienerin des Staates.“ Zitiert bei Woodfine, *Frederick the Great*, S. 19.

42 Zitiert bei MacDonogh, *Frederick the Great*, S. 247; Hughes, *Early Modern Germany*, S. 129–31.

43 Simon Millar, *Kolin 1757: Frederick the Great's First Defeat* (Oxford, 2001), S. 41

44 Albert Speer, *Inside the Third Reich: Memoirs*, Übers. Richard und Clara Winston (New York, 1969), S. 453, 463.

45 Hughes, *Early Modern Germany*, S. 155–58; MacDonogh, *Frederick the Great*, S. 260–66, 282–83, 286–89, 316–18.

46 Straubel, „Friedrich II.“, S. 318.

47 Nicholas Boyle, *Goethe: The Poet and the Age, II: Revolution and Renunciation (1790–1803)* (Oxford, 2000), S. 26–27; Hughes, *Early Modern Germany*, S. 145–46; Straubel, „Friedrich II.“, S. 316–18.

48 Siehe Kap. 6, Fußnote 11.

49 Hughes, *Early Modern Germany*, S. 160, 164–66; MacDonogh, *Frederick the Great*, S. 342–44, 347.

50 Fraser, *Frederick the Great*, S. 599, 601, 614, 616.

51 Siehe Fußnote 15.

52 MacDonogh, *Frederick the Great*, S. 198–99; Gagliardo, *Germany*, S. 211–16.

53 Pamela M. Potter, *Most German of the Arts: Musicology*

and Society from the Weimar Republic to the End of Hitler's Reich (New Haven, 1998), S. 201–02.

54 Ulrich Siegele, „Bach and the Domestic Politics of Electoral Saxony", in: John Butt, Hrsg, *The Cambridge Companion to Bach* (Cambridge, England, 1997), S. 17–34.

55 Vgl. John Butt, „Bach's Metaphysics of Music", in ebd., S. 46–59, und „Bach and the Rationalist Philosophy of Wolff, Leibniz, and Spinoza ", in ebd., S. 60–71.

56 Siehe Kap. 6.

Kapitel 6

1 Diether Raff, *A History of Germany, from the Medieval Empire to the Present*, Übers. Bruce Little (Oxford, 1988), S. 34–37.

2 Parker, *The Thirty Years' War*, S. 126 ff., 137.

3 Hughes, *Early Modern Germany*, S. 171; Raff, *A History of Germany*, S. 39–40.

4 Sheehan, *German History, 1770–1866*, S. 372; s. Fußnote 14.

5 Zitiert bei Ernst Cassirer, *The Philosophy of the Enlightenment* (Princeton, 1951), S.12. Siehe auch Norman Hampson, „The Enlightenment in France", in *The Enlightenment in National Context*, Hrsg. Roy Porter und M. Teich (Cambridge, 1981), S. 41–42; H. R. Trevor-Roper, „The Religious Origins of the Enlightenment" in H. R. Trevor-Roper, *Religion, the Reformation and Social Change* (London, 1967), S. 193–236.

6 Immanuel Kant, „Beantwortung der Frage: Was ist Aufklärung?", in *Was ist Aufklärung? Thesen und Definitionen*, Hrsg. Eberhard Bahr (Stuttgart, 1974), S. 9.

7 Jean-Jacques Rousseau, *„Émile" or On Education*, Übers. Allan Bloom (New York, 1979), Buch 1, S. 37; Cassirer, *Enlightenment*, S. 156.

8 Über die Revolution von unten, siehe Robert Darnton, *The Forbidden Best-Sellers of Pre-Revolutionary France* (New York, 1996).

9 Hampson weist auf Rousseaus Einfluß auf Brissot, Robespierre und Saint-Just hin, „The Enlightenment in France“, S. 49, 51, 53. Über deutschen Romantizismus und das revolutionäre Zeitalter, Sheehan, *German History, 1770–1866*, S. 330–39, und Darrin M. McMahon, *Enemies of the Enlightenment: The French Counter-Enlightenment and the Making of Modernity* (New York, 2001).

10 Joachim Whaley, „The Protestant Enlightenment in Germany“, in Porter, *Enlightenment*, S. 108–09.

11 Hughes, *Early Modern Germany*, S. 171; Sheehan, *German History, 1700–1866*, S. 372, Boyle, *Goethe*, S. 26

12 Whaley, „The Protestant Enlightenment in Germany“, S. 111; Gagliardo, *Germany Under the Old Regime*, S. 187.

13 Humboldts Traktat aus dem Jahr 1792 trug den Titel *Ideen zu einem Versuch, die Grenzen der Wirksamkeit des Staates zu bestimmen*, dasjenige Luthers aus dem Jahr 1523 *Von weltlicher Obrigkeit, wie weit man ihr Gehorsam schuldig sei*.

14 So Boyle, *Goethe II*, S. 18–31.Sheehans großzügige Interpretation dieser Periode ordnet Humboldt „mehr dem Ideal der moralischen Reformen des achtzehnten Jahrhunderts als dem politischen Liberalismus des neunzehnten Jahrhunderts zu“ und somit zu Justus Möser, Adam Müller und Edmund Burke, deren Schriften über die Französische Revolution den Deutschen „halfen, die alte Ordnung, die sich gegen die Revolutionäre in Frankreich und gegen die Reformer in der eigenen Heimat richten würde“, zu rechtfertigen. *German History, 1770–1866*, S. 364–65, 368–70. Vgl., Klaus Epstein, *The Genesis of Modern German Conservatism* (Princeton, 1966).

15 Boyle, *Goethe II*, S. 8–9.

16 Williston Walker, *A History of the Christian Church* (New York, 1959), S. 521–22. Die Geschichte der Revolution wird denkwürdig dargestellt von George LeFebvre, *The Coming of the French Revolution*, Übers. R. R. Palmer (Princeton, 1967); Keith M. Baker u. a., Hrsg., *The French Revolution and the Creation of Modern Political Culture*, Bd. 1–3 (New York, 1987); und Patrice Higonnet, *Goodness Beyond Virtue:*

Jacobins During the French Revolution (Cambridge, Mass., 1998).

17 Boyle, *Goethe II*, S. 10–11.

18 Sheehan, *German History*, S. 214; Raff, *A History of Germany*, S. 51; vgl. Schulze, *Germany*, S. 106. Über deutsche Intellektuelle und die Revolution, siehe auch Jacques Droz, *L'Allemagne et la Revolution Française* (Paris, 1949).

19 „Franztum drängt in diesen verworrenen Tagen, wie ehmals / Luthertum es getan, ruhige Bildung zurück." Zitiert bei Sheehan, *German History*, S. 359.

20 Ebd., S. 358–59, 385–86, 573–77.

21 Ebd., S. 211, 384.

22 „Nicht Gott oder die Natur, sondern eine dunkle dämonische Kraft [stand] hinter den Phänomenen." Michael Allen Gillespie, *Nihilism Before Nietzsche* (Chicago, 1994), S. xvii, xix.

23 Sheehan, *German History*, S. 360–61.

24 Boyle, *Goethe II*, S. 24, 26–27; Hughes, *Early Modern Germany*, S. 170–71; Blackbourn, *Nineteenth Century*, S. 215–20. *Sans culottes*, „ohne Hosen" – Name für die arbeitenden Klassen, deren Mitglieder nicht die eleganten Kniehosen der Aristokraten trugen.

25 „Die Deutschen waren den Franzosen gegenüber skeptisch, gerade aufgrund deren Zuversicht, daß die Welt mit der Niederschrift der perfekten Verfassung zurechtgerückt werden könne." William Carr, *The Origins of the Wars of German Unification* (London, 1991), S. 13.

26 *Exposition of Psalm 101* (1534), *Luther's Works*, Bd. 13, S. 217. Zu Burkes „Reflections on the Revolution in France" aus dem Jahr 1790 und seinen „Letters on a Regicide Peace" aus dem Jahr 1796, siehe *The Works of the Right Honourable Edmund Burke*, Bd. 2 (London, 1855), S. 277–518, und Bd. 5 (London, 1861), S. 152–355, 358–434; siehe auch Boyle, *Goethe II*, S. 6, 8–9.

27 Boyle, *Goethe II*, S. 14–16; Hughes, *Early Modern Germany*, S. 174; Raff, *A History of Germany*, S. 40–41.

28 Sheehan, *German History*, S. 233, 239–40.

29 Raff, *A History of Germany*, S. 41; Hughes, *Early Modern Germany*, S. 177–78; Sheehan, *Germany History*, S. 241.

30 Sheehan, *German History*, S. 243–46; Carr, *Origins*, S. 9.

31 Hughes zählt vierzig, Schulze dreißig. Hughes, *Early Modern Germany*, S. 179–81; Raff, *A History of Germany*, S. 42; Schulze, *Germany*, S. 97. Sheehan nennt den Reichsdeputationshauptschluß „eine der größten territorialen Neuordnungen der gesamten europäischen Geschichte." *German History*, S. 343.

32 Martin Kitchen, *The Cambridge Illustrated History of Germany* (Cambridge, 2000), S. 152; Sheehan, *German History*, S. 247–49, 259–61; Carr, *Origins*, S. 9.

33 Carr, *Origins*, S. 10–11.

34 Schulze, *Germany*, S. 103–04; Sheehan, *German History*, S. 303–11, 421–22.

35 T. C. W. Blanning, *The French Revolution in Germany: Occupation and Resistance in the Rhineland 1792–1802* (Oxford, 1983), S. 13, 16.

36 Hughes, *Early Modern Germany*, S. 183–88; Raff, *A History of Germany*, S., 42–44; Schulze, *Germany*, S. 102–04; Kitchen, *Germany*, S. 154–57; Carr, *Origins*, S. 21–23; Sheehan, *German History*, S. 255, 273.

37 Vgl. Carr, *Origins*, S. 13–15; Sheehan, *German History*, S. 217.

38 Carr beschreibt die neuen akademischen Klassen („Bildungsbürgertum") des späten achtzehnten und des neunzehnten Jahrhunderts, denen bei der Führung von Regierungsämtern viel Macht verliehen wurde, als Männer, die „den Absolutismus alten Stils ablehnten, [jedoch] meist Respekt vor fürstlicher Autorität hatten [und denen das] bittere Gefühl des Unterprivilegiertseins und des Mangels an sozialer Anerkennung) [fehlte] ... das ihre französischen Pendants spürten." *Origins*, S. 15. Aber waren Menschen dieser Stellung nicht immer so? Siehe die Beispiele Georg Spalatin (Kap. 3) und Gustav Stresemann (Kap. 10).

39 Später, mit einem gleichfalls verheerenden Ergebnis, sollte ein herrischer Hitler zweimal Napoleons schweren Fehler wiederholen, indem er eine deutsche Armee zunächst nach Moskau (Dezember 1941) schickte und dann nach Stalingrad (Januar 1943), einem strategischen Tor auf der süd-

lichen Route zu den kaspischen Ölfeldern. In Stalingrad wurden die dreihunderttausend Soldaten der Sechsten deutschen Armee, die den Befehl hatte, bis zum Letzten zu kämpfen, eingekesselt und dezimiert, und die wenigen Überlebenden ergaben sich am Ende demoralisiert. Raff, *A History of Germany*, S. 47–50, 309, siehe Kap. 11; Kitchen, *The Cambridge Illustrated History of Germany*, S. 158–59.

40 Raff, *A History of Germany*, S. 51–54; Schulze, *Germany*, S. 106–10; Sheehan, *German History*, S. 403–05.

41 Zitiert bei Raff, *A History of Germany*, S. 56–57.

42 Kitchen, *Germany*, S. 168; Schulze, *Germany*, S. 113; Blackbourn, *Nineteenth Century*, S. 270; Veit Valentin, *1848: Chapters of German History*, Übers. E. T. Scheffauer (Hamden, Conn., 1965), S. 428–29.

43 Sheehan, *German History*, S. 536.

44 Steven Ozment, Flesh and Spirit: *Family Life in Early Modern Germany* (New York, 1999), bes. Kap. 2, 3 und 5.

45 Wolfram Siemann, *The German Revolution of 1848–49*, Übers. C. Banerij (New York, 1998), S. 15–16; Thomas Nipperdey, *Germany from Napoleon to Bismarck* (Dublin, 1966), 224–26.

46 Die Verwandlung von „einer Gesellschaft von Untertanen in eine Gesellschaft von Bürgern." Nipperdey, *Germany*, S. 227; Siemann, *German Revolution*, S. 20.

47 Nipperdey, *Germany*, S. 228–29, 231; Siemann, *German Revolution*, S. 24–25, 34.

48 Achtzehn Prozent der eingeschriebenen Universitätsstudenten (tausendfünfhundert von achttausend) schlossen sich der Bewegung an; 486 von ihnen nahmen am Fest in Eisenach teil. Carr, *Origins*, S. 25; Kitchen, *Germany*, S. 166; Sheehan, *German History*, S. 406.

49 Mosse, *Crisis*, S. 5, 191; Nipperdey, *Germany from Napoleon to Bismarck*, S. 244–45.

50 „Why the Books of the Pope ... Were Burned", *Luther's Works*, Bd. 31, S. 383–95.

51 Nipperdey, *Germany*, S. 245–49; Sheehan, *German History*, S. 407.

52 Raff, *A History of Germany*, S. 64–67; Sheehan, *German History*, S. 604–07; Gall, *Bismarck*, I, S. 6–7.

53 Blackbourn, *Nineteenth Century*, S. 126–27; Sheehan, *German History*, S. 581–84, 610–13.

54 Raff, *A History of Germany*, S. 62–63, 66, 96.

55 F. W. Bogen, *Der Deutsche in Amerika*, S. 6, 38–40, 56, 60.

56 Siemann, *German Revolution*, S. 82–85, 139.

57 Siehe Kap. 9.

58 Blackbourn, *Nineteenth Century*, S. 162; Sheehan, *German History*, S. 706.

59 Siemann, *German Revolution*, S. 120–23; Schulze, *Germany*, S. 124.

60 Raff, *A History of Germany*, S. 79–80; Siemann, *German Revolution*, S. 189–93. Über die Erzwingung dieser Angelegenheit durch Ministerpräsident Schwarzenberg, siehe Sheehan, *German History*, S. 689, 712, 715.

61 Raff, *A History of Germany*, S. 77; Siemann, *German Revolution*, S. 127–30.

62 Siemann, *German Revolution*, S. 132.

63 Nipperdey, *Germany*, S. 231. Emanzipierte Bauern „tauschten eine Form der Abhängigkeit gegen eine andere ein." Sheehan, *German History*, S. 756–57.

64 Siemann, *German Revolution*, S. 132, John Witte, Jr., „The Civic Seminary", S. 173 ff.

65 Nipperdey, *Germany*, S. 359–71, 383. Über diese Geschichte im Mittelalter, siehe Brian Tierney, *The Crisis of Church and State, 1050–1300* (Toronto, 1988), S. 172–210.

66 Siemann, *German Revolution*, S. 134, 137–38.

67 Blackbourn, *Nineteenth Century*, S. 161; Siemann, *German Revolution*, S. 196–98.

68 Siemann, *German Revolution*, 198; Facts, S. 100–101; Vgl. *Kitchen*, Germany, S. 84, 185–87.

69 Siemann, *German Revolution*, S. 222–23.

70 Blickle, *Die Revolution von 1525*, S. 217–23, 242.

71 Schulze, *Germany*, S. 129; Siemann, *German Revolution*, S. 210–20.

72 Siehe Kap. 7.

Kapitel 7

1 Siehe Kap. 8.

2 Vgl. Müller, *Another Country*, eine scharfe Kritik der Denker nach dem Zweiten Weltkrieg.

3 Karl Barth, *From Rousseau to Ritschl*, Übers. B. Cozens (London, 1952), Kap. 4.

4 Andere Formulierungen der Kantschen Maxime lauten: „Handle so, daß du die Menschheit sowohl in deiner Person als in der Person eines jeden andern jederzeit zugleich als Zweck, niemals bloß als Mittel brauchst."; „Handle so, daß die Maxime deines Willens jederzeit zugleich als Prinzip einer allgemeinen Gesetzgebung gelten könne." *Religion Within the Limits of Reason Alone*, Übers. T. M. Greene u. a. (Chicago, 1960), S. 23–31, 54–56, 65; Vgl. Boyle, *Goethe II*, S. 49–50.

5 Sheehan, *German History*, S. 330–41.

6 „Dieses ‚Ich' ersetzt Gott als die transrationale Quelle der Natur und der Naturgesetze." Michael A. Gillespie, *Nihilism Before Nietzsche* (Chicago, 1994), S. xvii; „Das individuelle Ich öffnete sich dem einen unmittelbaren spirituellen Leben, das der Schöpfer aller Phänomene ist." Sheehan, *German History*, S. 344.

7 „Eine historische Geographie der Entwicklung des Geistes vom Anfang der Geschichte der Menschheit bis in die Gegenwart ... das rationale Muster, das der tragischen Geschichte [der Menschheit] einen Sinn gibt." Sheehan, *German History*, S. 350–51; Gillespie, *Nihilism Before Nietzsche*, S. xv–xvi.

8 Aus *Die Vernunft in der Geschichte* (1832), zitiert bei Karl Löwith, *From Hegel to Nietzsche: The Revolution in Nineteenth-Century Thought* (New York, 1964), S. 331.

9 Gillespie, *Nihilism Before Nietzsche*, S. xvii, xix.

10 *Thus Spake Zarathustra*, in *The Portable Nietzsche*, Übers. und Hrsg. Walter Kaufmann (New York, 1968), S. 202, 208.

11 Barth, *Rousseau to Ritschl*, S. 224; Nipperdey, *Germany from Napoleon to Bismarck*, S. 356–58, 375–76.

12 *On Religion: Speeches to its Cultural Despisers*, Übers. J. Oman (New York, 1958), S. 29–31.

13 Siehe Warren Breckman, *Marx, the Young Hegelians, and the Origins of Radical Social Theory: Dethroning the Self* (Cambridge, 1999), S. 2–10.

14 F. Edward Cranz, „Cusanus, Luther, and the Mystical Tradition", in *The Pursuit of Holiness in Late Medieval and Renaissance Religion*, Hrsg. Charles Trinkaus und Heiko A. Oberman (Leiden, 1974), S. 93–102.

15 Löwith, *Hegel to Nietzsche*, S. 335, 338–41. Über eine Reihe von Aussagen Luthers über die schöpferische Macht des Glaubens, siehe Kurt Aland, Hrsg., *Lutherlexikon* (Stuttgart, 1957), S. 144–50. Feuerbach widmete Luther eine Monographie, *Das Wesen des Glaubens im Sinne Luthers* (1844). Luther beschrieb die Erfahrung des Glaubens als ein Hineingerissenwerden in eine Welt jenseits des Selbst: *excessus mentis*, die kurzzeitige Versetzung des Gläubigen außerhalb des eigenen Selbst (*extra se*) – das genaue Gegenteil einer Projektion eines Gottes. Steven Ozment, *Homo Spiritualis* (Leiden, 1969), S. 105–08, 196–97, 204–05.

16 Breckman, *Marx, the Young Hegelians*, S. 90, 96, 106, 109, 119.

17 Zitiert in ebd., S. 96.

18 Zit in ebd., S. 129.

19 Ebd., S. 112, 272–73, 279–80.

20 Löwith, *Hegel to Nietzsche*, S. 241–43, 307–08.

21 F. N. Magill u. a., *Masterpieces of World Philosophy* (New York, 1961), S. 593–600.

22 Vgl. Bismarcks nahezu identische Aussage, Kap. 8

23 „Politische Demokratie ist christlich, da in ihr der Mensch, nicht lediglich ein Mensch, sondern jeder Mensch, den Rang eines souveränen, höchsten Wesen hat." Zitiert bei Breckman, *Marx, the Young Hegelians*, S. 294. Über Hitlers Ansichten zu den Juden und Christen, siehe Kap. 10.

24 Ebd., S. 285.

25 Ebd., S. 278.

26 Ebd., S. 292–95.

27 Vgl. Löwith, *Hegel to Nietzsche*, S. 169, 245–47, 307–08.

28 Ebd., 275–79.

29 Zitiert bei Löwith, *Hegel to Nietzsche*, S. 114 (aus *Ökonomisch-philosophische Manuskripte*). Hervorhebung von mir.

30 Löwith, *Hegel to Nietzsche*, S. 313–15.

31 Siehe Bismarcks Auseinandersetzung mit den Sozialdemokraten, Kap. 9.

32 Cohn, *The Pursuit of the Millennium*, S. 251–71; Mosse, *The Crisis of German Ideology*, S. 13, 42; Ozment, *Mysticism and Dissent*, S. 61–97.

33 *Thus Spake Zarathustra*, S. 227, 321; Löwith, *Hegel to Nietzsche*, S. 368–71.

34 Gillespie, *Nihilism Before Nietzsche*, S. 200, 212.

35 *Thus Spake Zarathustra*, S. 122, 124–26, 189.

36 Ebd., S. 199, 227, 253, 330–31.

37 Gillespie, *Nihilism Before Nietzsche*, S. 199, 221.

38 Ebd., S. xxi, 203–04, 210, 239–40, 248.

39 Siehe Kap. 6.

40 W. M. Simon, *Germany in the Age of Bismarck* (New York, 1968), S. 155–57.

41 Laut James Joll half seine Kritik, „die Werte der zeitgenössischen bürgerlichen Gesellschaft zu untergraben“, und seine „Aufrufe zu Aktion und Gewalt, Härte und Rücksichtslosigkeit [beeindruckten] Menschen, die in der Lage waren, die Entscheidungen der europäischen Herrscher im Jahr 1914 zu beeinflussen“, die somit zu dem intellektuellen und emotionalen Klima beitrugen, in dem der Krieg ausbrach. *The Origins of the First World War* (London, 1984), S. 188–89.

42 Rüdiger Safranski, *Nietzsche: A Philosophical Biography*, Übers. S. Frisch (New York, 2002), S. 329. Mein Dank an Bolek Kabala für diesen Hinweis.

43 Schleiermacher, *Speeches on Religion*, S. 36.

44 Zu diesen Erschütterungen siehe Blackbourn, *Nineteenth Century*, S. 272–81; Raff, *A History of Germany*, S. 85–86.

45 „Volk bedeutete die Vereinigung einer Gruppe von Menschen mit einem transzendenten „Wesen“, [das] mit der innersten Natur des Menschen verschmolzen war, und repräsentierte die Quelle seiner Kreativität, die Tiefe seiner Empfindung,

seine Individualität und eine Einheit mit den anderen Mitgliedern des Volks.“ Mosse, Crisis in German Ideology, S. 4.

46 „Napoleon hatte den Prozeß der deutschen Unterordnung nur in Gang gesetzt, der Wiener Kongreß vollendete ihn.“ Ebd., S. 14.

47 Sheehan, *German History, 1770–1866*, S. 381–83; Mosse, *Crisis of German Ideology*, S. 4, 14.

48 Während Riehl sich der Revolution von 1848 widersetzte, unterstützte sie Wagner in der Mitte des Jahrhunderts liberal, etwas, was Riehl niemals vergaß und ihm niemals vergab. Sheehan, *German History, 1770–1866*, S. 839–40. Über Wagners Germanismus in Mythos und Musik, siehe Robert Donington, *Wagner's „Ring“ and its Symbols: The Music and the Myth* (New York, 1974).

49 Mosse, *German Ideology*, S. 19–22, 27–28.

50 Ebd., S. 33, 36–37, 43.

51 Ebd., S. 53–57.

52 Ein bemerkenswertes Beispiel ist Hans Boeschs illustrierte Geschichte der Kindheit in Deutschland zwischen 1500 und 1800. *Kinderleben in der deutschen Vergangenheit* (Leipzig 1900, Düsseldorf 1979).

53 Siehe Kap. 11.

54 J. W. Goethe, *Faust. Der Tragödie erster und zweiter Teil. Urfaust*, Hrsg. Erich Trunz (München, 1999), I. Teil, Szene: Vor dem Tor, S. 41. Vgl. die weitaus sachlichere utopische Literatur des sechzehnten Jahrhunderts: Miriam Eliav-Feldon, *Realistic Utopias: The Ideal Imaginary Societies of the Renaissance 1516–1630* (Oxford, 1982), S. 109, 119, 121–33; Ozment, *The Reformation in the Cities* (New Haven, 1975), S. 91–107.

55 Mosse, *German Ideology*, S. 89–91; zuvor hatten Tacitus und Luther auf die Reinheit der deutschen Bauernkultur hingewiesen.

56 Paul L. Rose, *Revolutionary Antisemitism in Germany: From Kant to Wagner* (Princeton, 1990), S. 358–76; Blackbourn, *Nineteenth Century*, S. 432–33.

57 Richie Robertson, „Varieties of Antisemitism From Herder to Fassbinder“, in Edward Timms and Andrea Hammel, Hrsg.,

The German-Jewish Dilemma: From the Enlightenment to the Shoah (Lewiston, Maine, 1999), S. 112.

58 Mosse, *German Ideology*, S. 91–96.

59 Maynard Solomon, *Beethoven* (New York, 1977), S. 4–5, 20–22, 34, 85–89, 94–95.

60 Ebd., S. 132–36.

61 Ebd., S. 156–57

62 Ebd., S. 85–89.

63 Ebd., S. 310–13.

64 Ebd., S. 315.

65 Über ihre Entstehungsgeschichte, siehe Goethe, *Faust,* S. 470–77; vgl. Richard Auernheimer und Frank Baron, Hrsg., *Das Faustbuch von 1587: Provokation und Wirkung* (München, 1991).

66 Goethe *Faust,* I. Teil, Szene: Prolog im Himmel, S. 17; vgl. Luther über die Vernunft, wie sie entweder unter der Kontrolle Gottes oder des Teufels ist. *Luther's Tabletalk*, Nr. 439 (1933), S. 71.

67 Goethe, *Faust,* I. Teil, Szene: Nacht, S. 28, 29.

68 Ebd., I. Teil, Szene: Prolog im Himmel, S. 17–19; Szene: Studierzimmer 1, S. 46–52; Szene: Studierzimmer 2 , S. 55–57.

69 Ebd., I. Teil, Szene: Studierzimmer 2, S. 57.

70 Ebd., II. Teil, V. Akt, S. 348.

71 Ebd., S. 355.

Kapitel 8

1 Raff, *A History of Germany*, S. 176; Katherine A. Lerman, „Bismarckian Germany and the Structure of the German Empire", in Mary Fulbrook, Hrsg., *German History Since 1800* (London, 1997), S. 154; Lothar Gall, *Bismarck: The White Revolutionary: 1871–1898*, II, Übers. J. A. Underwood (London, 1986), S. 217, 234, 237.

2 Lothar Gall, *Bismarck: The White Revolutionary, I: 1851–1871* (London, 1986), S. 13–17. Otto Pflanze, *Bismarck and the Development of Germany*, I, 2. Aufl. (Princeton, 1990), S. 32–38.

3 Im Verlauf ihrer siebenundvierzig Jahre währenden Ehe erhielt Johanna einen Schatz überaus wertvoller Briefe, die das Tun und Lassen des prominentesten Politikers jener Zeit beschreiben. *The Love Letters of Bismarck, 1846–1889*, Übers. Charlton T. Lewis (New York, 1901). Otto Pflanze, *Bismarck*, I, S. 48–53. Über Schleiermacher und das religiöse Klima: Karl Barth, *From Rousseau to Ritschl* (London, 1959), Kap. 8, und Nipperdey, *Germany*, S. 376–78.

4 „Siebzehnhundert Jahre lang, von der Eroberung Jerusalems bis zur Französischen Revolution, hatten die Juden die Religion mit Nationalität gleichsetzen können." Peter Pulzer, „Emancipation and its Discontents: the German-Jewish Dilemma", in Edward Timms & Andrea Hammel, *The German-Jewish Dilemma: From the Enlightenment to the Shoah* (Lewiston, 1996), S. 11. Wie Blackbourn betont, war „die Reformation nie weit unterhalb der Oberfläche", und Deutschlands führender Pädagoge, Wilhelm von Humboldt, hätte zugestimmt. Blackbourn, *Nineteenth Century*, S. 293; Pulzer, „Emancipation", S. 8, 12; Gall, *Bismarck*, I, S. 29–32, 321; Emil Ludwig, *Bismarck* (München, 1927/1975), S. 93.

5 Blackbourn *Nineteenth Century*, S. 287.

6 James Stayer, *Anabaptists and the Sword* (Lawrence, Kans., 1972).

7 Blackbourn, *Nineteenth Century*, S. 287–289; Pulzer „Emancipation", S. 14–16.

8 Im Jahr 1879. Blackbourn, *Nineteenth Century*, S. 307–08. Über den Juden als ein Symbol auch für das verstörend Antike und Mittelalterliche, vgl. Jeremy Cohen, *The Friars and the Jews: The Evolution of the Medieval Anti-Judaism* (Ithaca, 1982), S. 14–16. Über die Fähigkeit des neunzehnten Jahrhunderts, seine eigenen ursprünglichen antisemitischen und antichristlichen Phantasien zu erzeugen, Fritz Stern, *The Politics of Cultural Despair: A Study in the Rise of the Germanic Ideology* (Berkely, 1974), S. xvi, 167–68, 283–89.

9 Brian Vick beschreibt die Versammlung als weder „generell philosemistisch" noch „radikal antisemitisch". Sie akzeptierte statt dessen „im Prinzip die jüdische Emanzipation und die Beständigkeit der jüdischen Religion und kulturel-

len Gemeinschaft.“ *Defining Germany: The 1848 Frankfurt Parliamentarians and National Identity* (Cambridge, Mass., 2002), S. 211.

10 Pulzer, „Emancipation“, S. 7–8, 12, 14.

11 Eduard Lasker, führender Kopf der Nationalliberalen Partei, den Bismarck als seinen Hauptfeind betrachten würde, war Jude und Verfasser des Programms seiner Partei, das das Bismarcksche „kleindeutsche“ Reich unterstützte. Ebd., S. 10.

12 Ludwig, *Bismarck*, S. 353–54.

13 Später verschmolz er seinen religiösen Glauben und seine Philosophie der Geschichte und stellte fest: „Die Weltgeschichte ... kommt nicht dahergefahren wie ein Eisenbahnzug mit gleichmäßiger Geschwindigkeit. Nein, es geht ruckweis vorwärts, dann aber mit unwiderstehlicher Gewalt. Man soll nur immer darauf achten, ob man den Herrgott durch die Weltgeschichte schreiten sieht, dann zuspringen und sich an seines Mantels Zipfel klammern, daß man mit fortgerissen wird, so weit es gehen soll. Es ist unredliche Torheit und abgelebte Staatsklugheit, als käme es darauf an, Gelegenheiten zu schürzen und Trübungen herbeizuführen, um darin zu fischen.“ Arnold O. Meyer, *Bismarcks Glaube im Spiegel der „Losungen und Lehrtexte“* (München, 1933), S. 64, zitiert bei Gall, Bismarck, I, S. xiv–xv, 28. Dieses Thema wird auch von Pflanze betont, *Bismarck*, I, S. 52–53; ebd., III, S. 457.

14 *Love Letters* (3. Sept. 1870, aus Vendresse), S. 416–17.

15 Zitiert bei Raff, *A History of Germany*, S. 114–17.

16 Ebd., S. 127; Gall, *Bismarck*, I, S. xviii, 16.

17 Gall, *Bismarck*, I, S. 159–60, 169.

18 Ebd., S. 174–75, 186–88, Gall, *Bismarck*, II, S. 9.

19 Nämlich die Aktivitäten, die die Indemnitätsvorlage von 1866 auslösten, ein Eingeständnis der Regierung, vier Jahre nach dem Vorfall, Gelder für militärische Zwecke verwendet zu haben, die von dem hinhaltenden Parlament nicht bewilligt worden waren. Am Ende wurden die Gelder jedoch zurückgezahlt. Gordon Craig, *Germany, 1866–1945* (Oxford, 1978), S. 9–10; Pflanze, *Bismarck*, I, S. 328–30.

20 Gall, *Bismarck*, II, S. 64–66.

21 Blackbourn, *Nineteenth Century*, S. 238; Sheehan, *German History*, S. 859–67.

22 Raff, *A History of Germany*, S. 128–30; Schulze, *Germany*, S. 138–40.

23 Pflanze, *Bismarck*, I, S. 258–64.

24 John Breuilly, „Revolution to Unification“, in Mary Fulbrook et al., Hrsg., *German History Since 1800* (London, 1997), S. 130–31; Pflanze, *Bismarck*, I, S. 251–53, 264.

25 Raff, *A History of Germany*, S. 131–37; Christopher Clark, „Germany 1815–1848: Restauration or Pre-March“, in Fulbrook, *German History*, S. 39–44.

26 Craig, *Germany, 1866–1945*, S. 22–27; Carr, *The Origins of the Wars of German Unification*, S. 178–80, 196–200.

27 Breuilly, „Revolution to Unification“, S. 136–37; Schulze, *Germany*, S. 141–44.

28 Zitiert bei Gall, *Bismarck*, II, S. 40.

29 Ebd., S. 41–44, 49–52.

30 Über die Änderungen, siehe Blackbourn, *Nineteenth Century*, S. 256–59; Raff, *A History of Germany*, S. 146–48.

31 Raff, *A History of Germany*, S. 147; Schulze, *Germany*, S. 155.

32 Raff, *A History of Germany*, S. 143, 147–48.

33 „Eine Militärmonarchie, ein pseudodeutscher Verfassungsstaat, ein semikonstitutioneller Staat mit parlamentarischen ... Zusätzen, eine preußisch-deutsche Semiautokratie und ein pseudoparlamentarisches Regime.“ Lerman, „Bismarckian Germany“, S. 147–49.

34 Zitiert bei W.M. Simon, *Germany in the Age of Bismarck* (London, 1968), S. 222; siehe Quellen von anderen führenden Liberalen, ebd., S. 99–122, 216–23.

35 Lerman, „Bismarckian Germany“, S. 149, 150–54.

36 „[Im Namen der] Befreiung individueller Kräfte und der Förderung der freien Entwicklung der Gesellschaft ... verschleierte und verdeckte [der Liberalismus] das, was wirklich vorging, nämlich die stufenweise Herstellung des modernen interventionistischen Staates.“ Gall, *Bismarck*, II, S. 7, 10–11, 19; Schulze, *Germany*, S. 160–61.

37 Siehe Kap. 7.

38 Gall, *Bismarck*, II, S. 12–13; Nipperdey, *Germany*, S. 263–64, 360–62.

39 Walker, *A History of the Christian Church*, S. 523–24.

40 Craig, *Germany*, S. 74, 202–03.

41 Gall, *Bismarck*, II, S. 26, 78.

42 „Im Grunde ... war [Bismarck] überzeugt, daß Preußen das Ziel eines bösartigen Kreuzzugs von seiten ultramontaner Kleriker und Laien war.“ Pflanze, *Bismarck*, II, S. 196; Raff, *A History of Germany*, S. 151; Gall, *Bismarck*, II, S. 37.

43 Raff, *A History of Germany*, S. 152–54.

44 Nipperdey, *Germany*, S. 367–68, 371; Gall, *Bismarck*, II, S. 17, 27.

45 Walker, *A History of the Christian Church*, S. 525–26.

46 Siehe Hitlers Plan zur Zugrunderichtung des Christentums, Kap. 10.

47 Vgl. Gall, *Bismarck*, II, S. 19–21, 31; Craig, Germany, 1866–1945, S. 77. Über die Einwanderung in die USA im neunzehnten Jahrhundert: Deward R. Brandt u. a., *Germanic Genealogy: A Guide to Worldwide Sources and Migration Patterns* (St. Paul, 1995), S. 139–43; Anne Galicich, *The German Americans* (New York, 1996), S. 14–17, 78–79.

48 Gall, *Bismarck*, II, S. 70, 78; Pflanze, *Bismarck*, II, S. 222, 239–41; Pflanze, *Bismarck*, III, S. 108–12. Lasker entwarf das Programm der Nationalliberalen Partei, das in den sechziger Jahren des neunzehnten Jahrhunderts der Schlüssel zur Entwicklung Deutschlands in Richtung Einheit war. Pulzer, „Emancipation“, S. 10. Über Laskers Politik, James F. Harris, *A Study in the Theory and Practice of German Liberalism: Eduard Lasker, 1829–84* (Lanham, Md., 1984).

49 Gall, *Bismarck*, II, S. 59, 88–90; Craig, *Germany*, S. 85–86, 90–93.

50 Gall, *Bismarck*, II, S. 105–07.

51 Raff, *A History of Germany*, S. 158–59.

52 Gall, *Bismarck*, II, S. 12, 34–37, 101, 108–10.

53 Ebd., S. 93; Pflanze, *Bismarck*, II, S. 391–93.

54 Pflanze, *Bismarck*, II, 233–37.

55 Ebd., S. 394–402.

56 Gall, *Bismarck*, II, S. 99, 101, 105–07; Craig, *Germany*, S. 96–97.

57 Gall beschreibt Bismarcks „Umschwung" als den Versuch, „eigene Situationen zu erschaffen und zu erhalten, statt sich jenen anzupassen und zu seinem Vorteil zu wenden, die er vorfand." *Bismarck*, II, S. 58–59, 88–90.

58 Vgl. ebd., S. 110, 113–14.

59 Raff, *A History of Germany*, S. 161, 165, 170; siehe Kap. 7.

60 Pflanze, *Bismarck*, II, S. 434–38.

61 Gall, *Bismarck*, II, S. 57.

62 Hull, *The Entourage of Kaiser Wilhelm II*, S. 79–80.

63 Gall, *Bismarck*, II, S. 200–03; Hull, *Kaiser Wilhelm II*, S. 80; Pflanze, *Bismarck*, III, S. 350–77. Siehe die jüngere Studie über Wilhelms Charakter von Jan van der Kiste, *Kaiser Wilhelm II: Germany's Last Emperor* (Gloucestershire, 1999).

64 Der Berliner Witz bezeichnete Bismarck als „Wilhelms letzte Mätresse", so perfekt verstand er es, ihm seinen Willen aufzunötigen. Pflanze, *Bismarck*, I, S. 309; II, S. 276–78 (Wilhelms I. Weigerung, Bismarck im Jahr 1875 zurücktreten zu lassen), S. 507–08 (Wilhelms I. Ehrfurcht vor Bismarck nach dem Berliner Kongreß – „Bismarck ist wichtiger als ich"), S. 514–16 (Wilhelms II. In-die-Schranken-Weisen Bismarcks nach ihrer „schlimmsten Auseinandersetzung").

65 Raff, *A History of Germany*, S. 176

66 Gall, *Bismarck*, II, S. 213–14; Raff, *A History of Germany*, S. 172.

67 Gall, *Bismarck*, II, S. 7.

68 Ebd., S. 113–14.

69 Ebd., S. 226–28.

70 Ebd., S. 234.

71 Ebd., S. 5.

72 Zitiert bei Gall, *Bismarck*, II, S. 29.

Kapitel 9

1 Giles MacDonogh, *The Last Kaiser: The Life of William II* (New York, 2000), S. 69. Laut Isabel Hull führte Wilhelm ein

homoerotisches Leben, ohne die Neigung notwendigerweise auszuleben. Er soll ein Intimus von Philipp Fürst zu Eulenburg gewesen sein, mit dem er den „Liebenberger Kreis" führte, eine sich alljährlich treffende Jagdgruppe, unter deren Mitgliedern sich bekannte Bisexuelle befanden. *The Entourage of Kaiser Wilhelm II, 1888–1918* (Cambridge, 1982), S. 21, 52–53, 133. Kitchen plaziert Wilhelm in einen „Kreis von untereinander vertrauten Homosexuellen und Transvestiten". *Cambridge Illustrated History of Germany*, S. 215.

2 Wilhelm griff in die parlamentarische Entscheidungsfindung „mittels Ausübung des persönlichen Vetos, ablehnender Randbemerkungen auf offiziellen Dokumenten und endloser politischer Erklärungen" ein. Blackbourn, *Nineteenth Century*, S. 403.

3 Ebd., S. 402–05, 418–19; Raff, *A History of Germany*, S. 187–93. Linksliberale und Sozialdemokraten „hofften, eine parlamentarische Monarchie herstellen zu können, in der Minister dem Reichstag gegenüber rechenschaftspflichtig wären." Ebd., S. 192.

4 Inmitten des Klassenkampfes und sozialistischer Systemkritik gab es einen „gemeinsamen Nenner" bürgerlicher Werte, und zwar „den Glauben an das Eigentum, die Leistung und das Recht, die Bindung an Regeln, Anständigkeit und ‚korrektes' Verhalten, die Rolle der Familie als Rückzugsort und Hort des Ehrgeizes." Blackbourn, *Nineteenth Century*, S. 351–52, 364. Über Arbeiter- und sozialistische Bewegungen, insbesondere die SPD: Dick Geary, „Socialism and the German Labour Movement Before 1914", in: Dick Geary, Hrsg., *Labour and Socialist Movements in Europe Before 1914* (Oxford, 1992), S. 101–36.

5 Blackbourn, *Long Nineteenth Century*, Kap. 8; vgl. Roger Chickering, *We Men Who Feel Most German: A Cultural Study of the Pan-German League, 1886–1914* (London, 1984).

6 William Smith „A description of the cittie [*sic*] of Noremberg ... ", 1594 [Englisch-Deutsch], Übers. W. Roach, *Mitteilungen des Vereins für die Geschichte der Stadt Nürnberg* 48 (1958): S. 222.

7 E. G. Spencer, *Police and the Social Order in German Cities*

(DeKalb, Ill., 1992), S. 65–66, zitiert bei Blackbourn, *Nineteenth Century*, S. 381–83; siehe auch S. 370, 374.

8 Ozment, *Protestants*, S. 107–08; Ozment, *When Fathers Ruled: Family Life in Reformation Europe* (Cambridge, Mass., 1983), Kap. 4. Die Aufsicht über die Jugend und die Bevölkerung im allgemeinen war weder besonders unterdrückend noch erfolgreich und mag unentschuldigtes Fernbleiben vom Unterricht verhindert haben und bei der Erreichung des „beneidenswerten Grades an Lesefähigkeit" in Deutschland geholfen haben. Blackbourn, *Nineteenth Century*, S. 383.

9 Siehe Cramers Untersuchung, „The Lamentations of Germany"

10 Lerman, „Wilhelmine Germany", in Fulbrook, *Modern Germany*, S. 201–02; Raff, *A History of Germany*, S. 181–82; Schulze, *Germany*, S. 175.

11 Nipperdey, *Germany*, S. 228–29. Obwohl die neuen gesellschaftlichen Gruppierungen die neue Klassengesellschaft auch aufspalteten, führten örtliche Vereine und Verbände Menschen verschiedener Klassen zusammen. Ebd., S. 234–35.

12 Vgl. Schulze, *Germany*, S. 176–79. Über die Ausgrenzung der Jugend in der Weimarer Zeit (in den zwanziger Jahren), Detlev J. K. Peukert, *The Weimar Republic: The Crisis of Classical Modernity*, Übers. Richard Deveson (New York, 1989), S. 94.

13 Zu den eindrucksvollen Statistiken, Blackbourn, *Nineteenth Century*, Kap. 7. Hans-Ulrich Wehler, *The German Empire, 1871–1918*, Übers. Kim Traynor (Oxford, 1985): ökonomisch und industriell, S. 32–51; militärisch, S. 146–70; und Rüstungsausgaben, S. 142.

14 So Blackbourn, *Nineteenth Century*, S. 385, und Schulze, *Germany*, S. 182. Zur historiographischen Debatte: Blackbourn, *Populists and Patricians* (London, 1987), S. 45–54, 217–45.

15 Siehe Kap. 8. Über den „Kulturkampf", David Blackbourn, *Marpingen: Apparitions of the Virgin Mary in Nineteenth-Century Germany* (Oxford, 1993), S. 85–91.

16 Blackbourn, *Nineteenth Century*, S. 397–98.
17 Kitchen, *Cambridge Illustrated History of Germany*, S. 293.
18 Matthew Jeffries, „Imperial Germany: Cultural and Intellectual Trends", in Fulbrook, *German History*, S. 186–87.
19 Craig, *Germany*, S. 231–39.
20 Eine „zunehmende Kastrierung der ‚verantwortlichen Regierung', die gleichzeitig dem unbarmherzigen monarchischen Druck unterworfen war." Lerman, „Wilhelmine Germany", S. 209; Kitchen, *Illustrated History of Germany*, S. 217–18.
21 Kitchen, *Illustrated History of Germany*, S. 220–23. Über Deutschlands „annexionistische und hegemoniale Pläne" vor dem Krieg: David Blackbourn und Geoff Eley, *The Peculiarities of German History*, S. 28–29; Lerman, „Wilhelmine Germany", S. 215; Geoff Eley, *From Unification to Nazism: Reinterpreting the German Past* (Boston, 1986), S. 110–53 (gegen V. Berghahn).
22 Lerman, „Wilhelmine Germany", S. 224
23 Blackbourn, *Nineteenth Century*, S. 426–27, 443, 446; Kitchen, *Illustrated History of Germany*, S. 223–24; Raff, *A History of Germany*, S. 202–09.
24 Avner Offer, *The First World War: An Agrarian Interpretation* (Oxford, 1989), S. 4–5.
25 Siehe den Berliner Kongreß, Kap. 8.
26 Kitchen, *Cambridge Illustrated History of Germany*, S. 218; Raff, *A History of Germany*, S. 198, 220.
27 Zitiert bei Lerman, „Wilhelmine Germany", S. 224.
28 Grundlage der wissenschaftlichen Diskussionen der Absichten des kaiserlichen und nachkaiserlichen Deutschland sind die klassischen Studien von Fritz Fischer. Siehe Einführung, Fußnote 14, und die Diskussion bei James Joll, *The Origins of the First World War* (London, 1984), S. 5, und Blackbourn, *Nineteenth Century*, S. 457, 480.
29 Joll, *Origins*, S. 143.
30 Ebd., S. 196.
31 In ebd., Blackbourn, *Nineteenth Century*, S. 454, 480–83.
32 Walther Schücking und Max Montgelas, Hrsg., *The Outbreak of the World War: German Documents Collected by Karl Kautsky*, Suppl. I (New York, 1924).

33 Joll, *Origins*, S. 10–14, 16–18, 21–22.

34 John Keegan, *The First World War* (New York, 1999), S. 22–48.

35 Richard Bessel, *Germany After the First World War* (Oxford, 1993), S. 10, 13–15, 18–19, 225. Ute Daniel betont die Kontinuität der Frauenarbeit: *The War From Within: German Working-Class Women in the First World War*, Übers. Margaret Ries (Oxford, 1997), Kap. 3.

36 Ferguson, „German Inter-war Economy“, S. 264; Schulze, *Germany*, S. 211.

37 Bessel, *Germany*, S. 29–31, 41–42, 48, 223–40. Über die Wirkung der Weimarer Inflation auf Institutionen und Moral, siehe unter den vielen Studien Gerald Feldmans, *Die Deutsche Inflation: Eine Zwischenbilanz* (Berlin 1982). Offer betont die Lebensmittelknappheit, hervorgerufen durch die Blockade der Alliierten, die zum uneingeschränkten U-Boot-Krieg führte, der die Vereinigten Staaten in den Krieg brachte. *The First World War*, S. 354–67.

38 „Ein republikanisches Experiment [entstanden] im denkbar ungünstigsten Moment.“, Peukert, *Weimar Republic*, S. 6; Helmut Heiber, *The Weimar Republic*, Übers. W. E. Yuill (Oxford, 1993), Kap. 1.

39 Bessel, *Germany*, S. 252; Wolfgang Mommsen, „The German Revolution, 1918–20“, in Richard Bessel und E. J. Feuchtwanger, Hrsg., *Social Change and Political Development in Weimar Germany* (London, 1981), S. 21–54.

40 Peukert, *Weimar Republic*, S. 22–23.

41 Schulze, *Germany*, S. 197.

42 Heiber, *Weimar Republic*, S. 4–9.

43 Bullock, *Hitler*, S. 57–58; Peukert, *Weimar Republic*, S. 16; Niall Ferguson, „German Inter-War Economy“, in Fulbrook, *German History*, S. 264.

44 Craig, *Germany*, S. 401–03.

45 Ebd., Kap. 2; Raff, *A History of Germany*, S. 183; Schulze, *Germany*, S. 202, 207.

46 Peukert, *Weimar Republic*, S. 38–39.

47 Blackbourn beschreibt die SPD als eine „revolutionäre, aber nicht Revolutionen auslösende Partei ..., die eher determi-

nistisch glaubte, daß die Geschichte ihr die Zukunft in den Schoß legen würde." *Nineteenth Century*, S. 422.

48 Schulze, *Modern Germany*, S. 204; Raff, *A History of Germany*, S. 215.

49 Später, im Jahr 1926, wurde Deutschland im Ergebnis der erfolgreichen diplomatischen Bemühungen Stresemanns in Locarno Völkerbundmitglied. Raff, *A History of Germany*, S. 252–53. Über die Durchsetzung des Vertrages durch die Franzosen, siehe Kap. 10.

50 Kitchen, *Germany*, S. 233–34; Ferguson, „German Inter-War Economy", S. 265; Peter Fritzsche, *A Nation of Fliers: German Aviation and the Popular Imagination* (Cambridge, Mass., 1992), S. 104–06, passim.

51 Peukert, *Weimar Republic*, S. 53.

52 Ferguson, „German Inter-War Economy", S. 265.

53 Peukert, *Weimar Republic*, S. 55, 57. Frankreich war „der unerbittlichste wie auch der größte Reparationsgläubiger." Stephan A. Schucker, *The End of French Predominance in Europe: The Financial Crisis and the Adoption of the Dawes Plan* (Chapel Hill, 1976), S. 23–24.

54 Peukert, *Weimar Republic*, S. 54–55.

55 Blackbourn, *Nineteenth Century*, S. 481.

56 Nach dem amerikanischen Finanzexperten, Nobelpreisträger und Vizepräsidenten Charles G. Dawes.

57 Peukert, *Weimar Republic*, S. 60, 196–97.

58 Nach dem amerikanischen Finanzexperten und Juristen Owen Young.

59 Zwischen 1919 und 1932 zahlte Deutschland 21,3 Milliarden Reichsmark an Reparationen. Peukert, *Weimar Republic*, S. 197.

60 „Die Reparationszahlungen ... bluteten die deutsche Wirtschaft nicht aus. Tatsächlich bewirkten sie im Endeffekt, ihren Zustand um einiges zu verbessern." Ebd.

61 Ebd., S. 42–43, 46, 55; Raff, *A History of Germany*, S. 227.

62 Karl Dietrich Bracher, „The Dissolution of the First German Democracy", in *Turning Points in Modern Times: Essays in German and European History*, Übers. Thomas Dunlap (Cambridge, Mass., 1995), S. 103.

63 Peukert, *Weimar Republic*, S. 130–32; siehe Kap. 8.
64 Ebd., S. 135–36.
65 Ebd., S. 136–38, 145.
66 Bessel, *Germany*, S. 255.
67 Bracher, „The Weimar Experience", in *Turning Points*, S. 5; Peukert, *Weimar Republic*, S. 223–25; Raff, *A History of Germany*, S. 242.
68 Peukert, *Weimar Republic*, S. 226–30.
69 Bracher, „Dissolution", S. 100–103.
70 Peukert, *Weimar Republic*, S. 235.
71 Ebd., S. 156–57, 231–33.
72 Ebd., S. 198; Bracher, „Dissolution", S. 101.
73 Wieder Fritz Fischers einflußreicher Standpunkt über deutsche Kriegsziele (1961), der von Wehler und V. Berghahn übernommen wurde. Über dessen Einfluß und Genauigkeit, Wolfgang J. Mommsen, „Domestic Factors in German Foreign Policy Before 1914", *Central European History* 6 (1973): 12–15; Lerman, „Wilhelmine Germany", S. 224; Müller, *Another Country*, S. 51–52.
74 Lerman, „Wilhelmine Germany", S. 222–24.
75 „Die Deutschen zogen sich in eine illusorische Welt zurück, in der ihre Probleme ausnahmslos die Schuld anderer waren." Bessel, *Germany*, S. 283.
76 Vgl. Bullocks Metapher vom Überleben eines „Erdbebens" im Hinblick auf den Zusammenbruch nach 1929 und die Wirtschaftskrise von 1930–32: „Unter solchen Umständen sind Menschen ... der Vernunft ... nicht mehr zugänglich. [Sie] hegen fantastische Furcht, übertriebenen Haß und ... übertriebene Hoffnungen, [auch] gehen sie auf die maßlose Demagogie [eines] Hitler ein." *Hitler*, S. 132, 153.
77 „Um die Jahrhundertwende herum und zur Zeit des Ersten Weltkrieges ... war die Säkularisierung in weite Teile der Bevölkerung vorgedrungen, und christliche Werte waren nicht mehr universell anerkannt. ... Man suchte nach neuen Fundamenten und neuen Werten[, die] verschiedene politische Ausdrucksformen fanden: autoritäre Konzepte eines autokratischen Staates ... linke Visionen einer Klassendiktatur; ein Sehnen nach einer „Volksgemeinschaft".

Ein weiteres wichtiges politisches Nebenprodukt war jene Art rassistischer Utopie, die eine zentrale Rolle in der nationalsozialistischen Ideologie spielte." Peukert, *Weimar Republic*, S. 242.

78 Vgl. Peter Fritzsche, *Germans into Nazis* (Cambridge, Mass., 1998), S. 199–211, und unten, Kap. 10.

Kapitel 10

1 Vgl.: Jeffrey Fear, „German Capitalism", in Thomas K. McCraw, *Creating Modern Capitalism* (Cambridge, Mass., 1997), S. 135–82.

2 Detlev J. K. Peukert, *The Weimar Republic: The Crisis of Classical Modernity*, Übers. R. Deveson (New York, 1989), S. 63–64, 252–53, 256; Mary Fulbrook, *The Divided Nation* (Oxford, 1991), S. 34, 57; W. Michalka und G. Neidhart, Hrsg., *Die ungeliebte Republik* (München, 1980), S. 118; V. Berghahn, *Modern Germany* (Cambridge, 1996), S. 100; Harold James, „Economic Reasons for the Collapse of the Weimar Republic", in Ian Kershaw, Hrsg., *Weimar: Why did German Democracy Fail?* (London, 1990), Kap. 1.

3 Zum Beispiel Kanzler Brünings bewußte „Not und Hunger"-Politik bei seinem Versuch, die Reparationszahlungen zu beenden.

4 Ian Kershaw, *Hitler, 1889–1936: Hubris* (New York, 1999), S. 8–16, 20–24, 37–38, 40–41.

5 *Hitler's Table Talk, 1941–44: His Private Conversations*, Übers. N. Cameron u. a. (London, 1973), 28.10.41, S. 97. Auch als „Bormann-Notizen" bekannt, nach Reichsminister Martin Bormann, der auf 1.054 maschinegeschriebenen Seiten inoffizielle Berichte über Hitlers Tischgespräche genehmigte, korrigierte und aufbewahrte, wie sie von bestellten Stenographen niedergeschrieben wurden.

6 Kershaw, *Hitler, 1889–1936*, S. 42–43, 48–49. Später, als Führer, finanzierte Hitler die Bayreuther Festspiele mit Hunderttausenden von Reichsmark und wurde dort von Winifred Wagner und der Wagner-Familie, bei denen er sich sehr wohl

fühlte, gastlich aufgenommen. Albert Speer, *Inside the Third Reich: Memoirs*, Übers. Richard und Clara Winston (New York, 1970), S. 149–50; Table Talk, 28.10.41, S. 97.

7 „Der Hund [Blondi] spielte wahrscheinlich die wichtigste Rolle im Privatleben Hitlers; er bedeutete seinem Herrchen mehr als die engsten Weggefährten des Führers." Neben Blondi galt ihm nur Eva Braun als treue Freundin. Speer, *Inside the Third Reich*, S. 300–302.

8 *Kershaw, Hitler: 1889–1936*, S. 31–33, 36, 55–56, 58–59, 64.

9 Der Biograph Alan Bullock nennt ihn „den größten Demagogen der Geschichte." *Hitler: A Study in Tyranny* (New York, 1962), S. 25–27, 34–37, 68.

10 Ian Kershaw, *The Hitler Myth: Image and Reality in the Third Reich* (Oxford, 1987), S. 22.

11 Zu letzterem, vgl. die Staufenkaiser Friedrich in Kap. 2.

12 Obwohl er sie selten in seinen Tischgesprächen namentlich nannte. *Table Talk*, 25.10.41, S. 89; ebd., 7.3.42, S. 358.

13 Im Gegensatz zu Bullock, der Hitlers schon ausgeprägten Antisemitismus auf seine persönlichen Selbstzweifel zurückführt. Bullock, *Hitler*, S. 40–44; Kershaw, *Hitler: 1889–1936*, S. 34–35.

14 Vgl. Kershaw, *Hitler: 1889–1936*, S. 81, 87, 89–90.

15 Ian Kershaw, „Hitler: ‚Master of the Third Reich' or ‚Weak Dictator'?" in Kershaw, Hrsg., *The Nazi Dictatorship* (London, 2000), S. 69–92.

16 Bullock, *Hitler*, S. 50–51, 53, 55; Kershaw, *Hitler: 1889–1936*, S. 92, 96–97.

17 Zu diesen Übergangsräte und zur sogenannten Räterepublik, siehe Kap. 9.

18 Kershaw, *Hitler: 1889–1936*, S. 105, 109–17.

19 Ebd., S. 117–24.

20 Adolf Hitler, *Mein Kampf*, Hrsg. John Chamberlain u. a. (New York, 1940), S. 5 ff.

21 Bullock, *Hitler*, S. 64–70, 76; Schulze, *Germany*, S. 231–32; Adolf Hitler, *Mein Kampf*, Hrsg. John Chamberlain u. a. (New York, 1940), S. 3–4; Kershaw, *Hitler*, S. 105, 137, 144–45, 147. Über Röhms Homosexualität und die Säuberungs-

aktion bei der SA, Speer, *Inside the Third Reich*, S. 51–53. Zur Frage, wer die Nazis in den zwanziger Jahren wählte und warum, siehe Richard F. Hamilton, *Who Voted for Hitler?* (Princeton, 1982); Thomas Childers, *The Nazi Voter* (Chapel Hill, 1983); Thomas Childers, Hrsg., *The Formation of the Nazi Constituency* (London, 1986).

22 Kershaw, *Hitler: 1889–1936*, S. 157, 169, 170, 184–85.

23 Speer, *Inside the Third Reich*, S. 101. Vier weitere Vertraute waren Röhm, Julius Streicher, Hermann Esser und Christian Weber, allesamt erfahrene Agitatoren und Propagandisten der revolutionären zwanziger Jahre. Über Hitlers Reisen mit Eckhart: *Table Talk*, S. 211–19; Mosse, *The Crisis of German Ideology*, S. 296–97.

24 Siehe Kap. 7.

25 Bullock, *Hitler*, S. 82–83; Kershaw, *Hitler: 1889–1936*, S. 187–88.

26 Kershaw, *Hitler: 1889–1936*, S. 191.

27 Über die verheerenden Wirkungen der Inflation und der Reparationszahlungen: Gerald Feldman, *The Great Disorder: Politics, Economics, and Society in the German Inflation, 1914–1924* (New York, 1993); Marc Trachtenberg, *Reparation in World Politics: France and European Economic Diplomacy, 1916–1923* (New York, 1980)

28 Fulbrook, *The Divided Nation*, S. 34–35; Raff, *A History of Germany*, S. 245–47.

29 Obwohl vier von fünf Reichsmark, die für Reparationen verwendet wurden, geliehen waren, hauptsächlich von amerikanischen Banken, waren die Zahlungen gesichert und auf einen vorhersehbaren Zeitplan verteilt. Siehe Kap. 9.

30 Richard Bessel, „Germany from War to Dictatorship", in Fulbrook, *German History Since 1800*, S. 248–49; Fulbrook, *The Divided Nation*, S. 35–38; Schulze, *Germany*, S. 210–12, 215–16.

31 Bullock, *Hitler*, S. 107–08, 112–13; Kershaw, *Hitler: 1889–1936*, S. 210–11

32 Zitiert bei Bullock, *Hitler*, S. 116–17; Kershaw, *Hitler*: *1889–1936*, S. 212–219.

33 Kershaw betont Hitlers erfolgreiches Bemühen, einen geän-

derten Verlauf der Geschichte durch sein unheimliches Umgehen logischer oder zwingender Konsequenzen zu suggerieren; jedoch glaubt er letztlich, daß der größere soziopolitisch-ökonomische „Kontext" mehr mit seinem Erfolg zu tun hatte als die „Persönlichkeit". Kershaw, *Hitler: 1889–1936*, S. 238, passim. Zur intentionalistischen vs. funktionalistischen Interpretation Hitlers, das heißt, inwiefern Hitler die Ereignisse unter Kontrolle hatte und inwiefern er von ihnen getrieben wurde, siehe Tim Mason, „Intention and Explanation: A Current Controversy About the Interpretation of National Socialism", in Mason, *Nazism, Fascism, and the Working Class* (Cambridge, 1995), S. 212–30.

34 Kershaw, *Hitler: 1889–1936*, S. 261–62.

35 „... fürchten Sie nicht, daß ich durch eine Verordnung der Marine das Fleischessen verbieten will! Wir hätten den Nationalsozialismus in Deutschland nicht erfolgreich durchsetzen können, wenn ich die Fleischkost verboten hätte." *Table Talk*, 22.1.42, S. 230. „Der Unterschied ist doch zu groß zwischen einem Repetiergewehr und einem Hasen: Der Hase hat sich nicht weiterentwickelt seit dreitausend Jahren! Wenn Müller sich den Hasen fangen müßte, dann würde ich ihm die schönste Prämie geben." *Table Talk*, 20.10.41, S. 94.

36 Bullock, *Hitler*, S. 113, 120–21, 126–28, 132; Kershaw, *Hitler: 1889–1936*, S. 224, 231, 242–43, 257, 261, 217; Peter Fritzsche, *Germans into Nazis* (Cambridge, Mass. 1998), S. 187

37 Bessel, „Germany from War to Dictatorship", S. 249; Bullock, *Hitler*, S. 132.

38 Bullock, *Hitler*, S. 143; Peukert, *Weimar Republic*, S. 107–24.

39 Bullock, *Hitler*, S. 132, 150–53, 179.

40 Schulze, *Germany*, S. 237–38.

41 Kershaw, *Hitler: 1889–1936*, S. 324–25, 333–34; laut Schulze gewannen sie 130 Sitze, *Germany*, S. 233.

42 William S. Allen, *The Nazi Seizure of Power: The Experience of a Single German Town, 1930–1935* (Chicago, 1965), S. ix. Geschrieben in den frühen sechziger Jahren, als die Wunden des Krieges noch offen und genaue Informationen weder frei

zur Verfügung standen noch gesichert waren, fiktionalisierte Allen sowohl die Stadt („Thalburg" statt Northeim; den wirklichen Namen verwendete er erst in der überarbeiteten Auflage von 1984) als auch die Namen der Hauptfiguren, was Bedingung für deren Bereitschaft zur Mitarbeit war.

43 Ebd., S. 3–34, 272–81.

44 Über die Erzeugung dieser Illusion, Kershaw, *The ‚Hitler Myth'*, Kap. 2

45 Der „Alte Herr [ist] durch seine ganze Auffassung ausgesprochen feindlich gegen uns eingestellt". *Table Talk*, 18.1.42, S. 222; Bullock, *Hitler*, S. 183, 187.

46 Bullock, *Hitler*, 183, 190–91.

47 Hindenburg bat Hitler vertraulich darum, seine Kampagne gegen die Regierung auf „ritterliche" Art und Weise zu führen. Bullock, *Hitler*, S. 222–23; Kershaw, *Hitler: 1889–1936*, S. 370–71, 373.

48 Bullock, *Hitler*, S. 196–99, 210; Kershaw, *Hitler: 1889–1936*, S. 363; Berghahn, *Modern Germany*, S. 119.

49 Leibwachen in schwarzen Hemden, deren Uniformen auf makabre Weise mit Totenkopf-Abzeichen geschmückt waren.

50 Peukert, *Weimar Republic*, S. 256; Fritzsche, *Germans into Nazis*, S. 157.

51 Bullock, *Hitler*, S. 210, 220; Kershaw, *Hitler: 1889–1936*, S. 365–67, 373–74; Craig, *Germany, 1866–1945*, S. 562–64.

52 Bullock, *Hitler*, S. 226–27.

53 Kershaw, *Hitler: 1889–1936*, S. 371, 394–95.

54 Über Schleichers Intrigen, Berghahn, *Modern Germany*, S. 115–28; Kershaw, *Hitler: 1889–1936*, S. 395–96.

55 Bullock, *Hitler*, S. 238–39, 244; Kershaw, *Hitler: 1889–1936*, S. 419–421; *Schulze*, Germany, S. 243.

56 Siehe Alarich, Athaulf und Chlodwig, Kap. 1 und 2.

57 Kershaw, *Hitler: 1889–1936*, S. 434.

58 Ebd., S. 459.

59 Ebd., S. 466–68.

60 Joachim C. Fest, *Hitler*, Übers. Richard und Clara Winston (New York, 1974), S. 397–98; Kershaw, *Hitler: 1889–1936*, S. 456–60, 469–70. Über die Integration des Stahlhelm in

die nationalsozialistische Partei, Allen, *The Nazi Seizure of Power*, S. 205–06.

61 Hitler, *Mein Kampf*, S. 395–99; *Table Talk*, S. 7–11.

62 Kershaw, *Hitler: 1889–1936*, S. 474–75, 478.

63 Ebd., S. 145–48, 478–79, 482, 490, 494.

64 Unter den Toten waren Schleicher; Generalmajor Ferdinand von Bredow, ein enger Vertrauter Schleichers; Hitlers Rivale Gregor Strasser und Hitlers Kamerad Röhm, der das „Höflichkeits"-Angebot eines Selbstmordes ablehnte.

65 Fest, *Hitler*, S. 470–74; Kershaw, *Hitler: 1889–1936*, S. 499–504, 517–19. Über interne militärische Diskussionen und Pläne gegen den Überfall Deutschlands auf seine Nachbarn in den Sommern 1938 und 1939, siehe Theodore Hamerow, *On the Road to the Wolf's Lair: German Resistance to Hitler* (Cambridge, Mass., 1999), S. 239, 249, 254.

66 *Table Talk*, 5.7.41, S. 3; 11–12.7.41, S. 6; 11.8.41, S. 23; 17./18.9.41, S. 33–34; 23.9.41, S. 38; 25.9.41, S. 40; 13.10.41, S. 55. Vgl. Robert Proctor, *Racial Hygiene: Medicine Under the Nazis* (Cambridge, Mass., 1988), S. 177–94.

67 *Table Talk*, 5./6.1.42, S. 182; John Keegan, *The Second World War* (London, 1990).

68 Donald Kagan, *On the Origins of War* (New York, 1995); Schulze, *Germany*, S. 245–70.

69 Nipperdey, *Germany from Napoleon*, S. 217–21; vgl. Vick, *Defining Germany*, S. 211–12.

70 Nipperdey, *Germany from Napoleon*, S. 221–22.

71 Blackbourn, *Nineteenth Century*, S. 287–88; William Carr, „Nazi Policy Against the Jews", in Bessel, Hrsg., *Life in the Third Reich*, S. 70; Gall, *Bismarck*, S. 70–72, passim.

72 Siehe Martin Luther, Kap. 3.

73 David Blackbourn, „Catholics, the Centre Party and Anti-Semitism", *Populists and Patricians: Essays in Modern German History* (London, 1987), S. 168–87. Die protestantische Mehrheit konnte ebenso hart gegenüber der katholischen wie der jüdischen Minderheit sein, aber auch die Katholiken hatten ihren eigenen, weniger bösartigen Antisemitismus.

74 Über die Radikalisierung der Pläne der Nazis, die Juden zu

vernichten, und die Entwicklung der „Endlösung“, siehe die bei Jeremy Noakes und Geoffrey Pridham, Hrsg., gesammelten Dokumente, *Nazism 1919–1945: A Documentary Reader*, 3. Auflage (Exeter, England, 1983), S. 107–35.

75 Schulze, *Germany*, S. 270–75. Über das Argument Goldhagens, siehe Evans, „Anti-Semitism: Ordinary Germans and the ‚Longest Hatred‘“, in *Rereading German History*, S. 149–77; Fritz Stern, „The Goldhagen Controversy: One Nation, One People, One Theory?“ *Foreign Affairs* 75 (1996): S. 128–38; Ian Kershaw, *The Nazi Dictatorship: Problems and Perspectives* (New York, 2000), S. 251–62.

76 Raff, *A History of Germany*, S. 227; *Table Talk*, Einführung, S. xxxiii.

77 Ian Buruma, „Depravity Was Contagious“, Besprechung von Ian Kershaw, *Hitler 1936–45: Nemesis, New York Book Review*, 10.12.2000, S. 13. Raul Hilberg, *The Destruction of the European Jews* (New York, 1985). Über das, was die Alliierten über die Konzentrationslager wußten oder nicht wußten, siehe Richard Breitman, *Official Secrets: What the Nazis Planned, What the British and the Americans Knew* (New York, 1998), bes. Kap. 8–11, bes. S. 231–32.

78 *Table Talk*, 14./15.9.41, S. 29–30; Blackbourn, *Long Nineteenth Century*, S. 437–39; Bullock, *Hitler*, S. 700–03; Evans, „Anti-Semitism“, in *Rereading German History*, S. 150–55, 160, 162, 165–66.

79 *Table Talk*, 18.10.41, S. 75; Noakes und Pridham, *Nazism*, S. 1097–98.

80 Bullock, *Hitler*, S. 407, 410–11; Kershaw, *Hitler: 1889–1936*, S. 249, 275, 288–90.

81 *Table Talk*, 10.10.41, S. 51; 14.12.41, S. 146.

82 Table Talk 1.2.12.41, S. 140–41; 13.12.41, S. 142–43. Er nennt dies „eine Lösung des religiösen Problems“.

83 Laut Baldur von Schirach, Führer der späteren Hitlerjugend, „‚war die Vernichtung des Christentums‘ von Anfang an ‚als Absicht der nationalsozialistischen Bewegung ausdrücklich anerkannt‘, obwohl ‚Zweckmäßigkeitserwägungen dies unmöglich machten‘ ... bis sie ihre Macht konsolidiert hät-

te.“ Joe Sharkey, „The Case Against the Nazis: How Hitler's Forces Planned to Destroy German Christianity“, *New York Times*, 13.1.01, sect. 4, S. 7; Robert L. Bartley, „Christians, Jews, and Wotan“, *Wall Street Journal*, 25.3.02, S. A19.

84 *Table Talk*, 21.10.41, S. 76–78.

85 Sharkey, „The Case Against the Nazis“. Die Dokumente des Nürnberger Projekts, die die Pläne der Nazis zur Zerstörung des deutschen Christentums darstellen, stehen auf der Website des *Rutgers Journal of Law and Religion* (www.camlaw.rutgers.edu/publications/law-religion) zur Verfügung. Ebd.

86 Speer, *Inside the Third Reich*, S. 95–96.

87 Michael Balfour, *Withstanding Hitler in Germany 1933–45* (London, 1988), S. 17.

88 Über deutsche Katholiken und Hitler: John S. Conway, *The Nazi Persecution of the Churches, 1933–45* (New York, 1968); E. C. Helmreich, *The German Churches Under Hitler* (Detroit, 1979); Günther Levy, *The Catholic Church and Nazi Germany* (New York, 1964), und L. D. Walker, *Hitler Youth and Catholic Youth, 1933–36* (Washington, D. C., 1979). Über das Euthanasieprogramm, Jeremy Noakes, „Social Outcasts in the Third Reich“, in Richard Bessel, Hrsg., *Life in the Third Reich* (Oxford, 1987), S. 88; Proctor, *Racial Hygiene*.

89 Balfour, *Withstanding Hitler*, S. 38–39.

90 Die Barmer Theologische Erklärung. Craig, *The Germans*, S. 96–98; Mary Fulbrook, *The Divided Nation*, S. 80–81; Doris Bergen, *Twisted Cross: The German Christian Movement in the Third Reich* (Chapel Hill, 1996).

91 *Table Talk*, 10.10.41, S. 51.

92 Ebd., S. xxxiii, 24.10.41, S. 83.

93 „Das Dogma des Christentums wird mit den Fortschritten der Wissenschaft erledigt werden. Die Religion wird immer mehr Zugeständnisse machen müssen. Allmählich werden die Mythen zusammenbrechen ... Sobald ... die Mehrheit der Menschheit weiß, daß die Sterne ... Welten sind, vielleicht sogar bewohnte Welten wie die unsrige, wird die christliche Doktrin zur Absurdität verurteilt werden.“ Ebd., 14.10.41, S. 59–60.

94 Ebd., H. R. Trevor-Ropers Einführung, S. xxvi–xxvii.

95 Ebd., 21.10.41, S. 78–79.

96 Ebd., zitiert bei Trevor-Roper, Einführung zu ebd., S. xxvi.

97 Bullock, *Hitler*, S. 144. „Ein Mann ohne Nachweis seiner Fähigkeit zur Führung einer komplizierten Staatsmaschine." Kershaw, *Hitler: 1889–1936*, S. 423.

98 „Das Nazi-Phänomen war kein überzogener Ausdruck deutscher Werte ... Nazismus war weder ein Produkt des Zufalls noch der Einmütigkeit." Fritzsche, *Germans into Nazis*, S. 234–35.

99 Diese Schicht bestand aus „Handwerksmeistern, Facharbeitern, kleinen und mittleren Angestellten ... und Beamten (einschließlich Grundschullehrern) und Besitzern kleiner Unternehmen." Balfour, *Withstanding Hitler*, S. 19.

100 Die erstaunlich hohe Schätzung stammt von Sebastian Haffner, *Anmerkungen zu Hitler* (München, 1978), zitiert bei Fritzsche, *Germans into Nazis*, S. 255, Fußnote 19. Kershaw widerlegt nachdrücklich: *The „Hitler Myth"*, S. 1, 83–104.

101 Fulbrook, *Divided Nation*, Kap. 4; Balfour, *Withstanding Hitler*, Kap. 3; Hamilton stellt hilfreich die von allen Parteien von 1919 bis 1933 erzielten Prozentanteile an Reichstagsstimmen graphisch dar. *Who Voted for Hitler*, S. 476. Siehe auch Henry A. Turner, *German Big Business and the Rise of Hitler* (Oxford, 1985). Über alternative, der Hitlerjugend feindlich gesinnten Jugendkulturen (herausragend die Edelweißpiraten), siehe Peukert, *Inside Nazi Germany: Conformity and Opposition in Everyday Life*, Übers. Richard Deveson (New Haven, 1987), S. 145–64.

102 Kershaw, *Hitler: 1889–1936*, S. 404, 407, 409.

103 Evans, „Whatever became of the Sonderweg?" in *Rereading German History*, S. 12–22. Ein wichtiger Ansatz eines Gegenarguments ist David Blackbourns Besprechung „The Discreet Charm of the German Bourgeoisie" (1981) in *Populists and Patricians*, S. 67–83, vollständiger entwickelt in Blackbourn und Eley, *The Particularities of German History*, S. 253–60, 285.

104 Fritzsche, *Germans into Nazis*, S. 163, 233. Die „Volksgemeinschaft" beschwörend, prangerten die Nazis nichtegali-

täre Aristokraten, bürgerliche Eliten, Kapitalisten und Juden an. Fritzsche spricht von einer „nationalen Neuordnung" und einer „[miteinander geteilten] kreativen Handlung der Erschaffung einer nationalen Gemeinschaft" – wobei die Nazis „die Menschen anerkannten und ihnen Rechte verliehen auf der Basis dessen, was sie für das ‚Volk' taten, nicht aufgrund ihrer Statusposition." Ebd., S. 178, 184, 192, 198, 201–02, 204, 208–09, 211, 228–31.

105 Vgl. Fulbrook, *Divided Nation*, S. 351–57. Über die Stellung dieser Werte heute, Müller, *Another Country*, S. 1–20, 266–85.

106 Peukert, *Weimarer Republik*, S. 94, 256; Schulze, *Germany*, S. 182, 232–33; Mosse, *Crisis of German Idealism*, Kap. 9.

Kapitel 11

1 John Ardagh, *Germany and the Germans: The United Germany in the Mid-1990s* (New York, 1995), S. 23; Lothar Kettenacker, *Germany Since 1945* (Oxford, 1997), S. 5–6, 35.

2 Mary Fulbrook, *The Two Germanies, 1945–1990: Problems of Interpretation* (Atlantic Highlands, N. J., 1992), S. 1–3; Henry A. Turner, Jr., *The Two Germanies Since 1945* (New Haven, 1987), S. 8–16.

3 Ardagh, *Germany and the Germans*, S. 21–22, 371; Fulbrook, *Divided Nation*, S. 131–33, 153; Kettenacker, *Germany Since 1945*, S. 12–13.

4 Beispiele bei Fulbrook, *Divided Nation*, S. 135–36.

5 Ebd., S. 146–47; Kettenacker, *Germany Since 1945*, S. 17–18.

6 Während die Deutschen verspätet die während des Zweiten Weltkriegs und danach erlittenen Ungerechtigkeiten und Opfer betrauern, haben ihre Ressentiments die deutsch-amerikanischen Beziehungen beeinträchtigt. Richard Bernstein, „The Germans Who Toppled Communism Resent the U.S.", *New York Times* [*NYT*] 22.02.03, S. A7; Christopher Rhoads, „Revisiting History: Behind Iraq Stance in Germany: Flood of War Memories", *Wall Street Journal* [*WSJ*], 25.02.03, S. A1, A8.

7 Fulbrook, *Divided Nation*, S. 135–36, 140, 147–48, 150; Kettenacker, *Germany Since 1945*, S. 17, 21.

8 Fulbrook, *Two Germanies*, S. 17.

9 Kettenacker, *Germany Since 1945*, S. 29–32; Fulbrook, *Divided Nation*, S. 157, 163–64.

10 Kettenacker, S. 18–20, 50–51; Schulze, *Modern Germany*, S. 316.

11 Müller, *Another Country*, S. 22

12 Fulbrook, *Two Germanies*, S. 52–54; Kettenacker, *Germany Since 1945*, S. 1.

13 Ardagh, *Germany and the Germans*, S. 104–06; Fulbrook, *The Divided Nation*, S. 175–77, 181–85, 188–89; Fulbrook, *Two Germanies*, S. 30–31.

14 Ardagh, *Germany and the Germans*, S. 108–34.

15 „Eine bemerkenswert große Zahl von Verschwörern gehörte dem alten preußischen Adel an." Fest, *Hitler*, S. 702. Fest sieht eine ungenügende Beteiligung am Widerstand auf - seiten der Linken, der Repräsentanten der Weimarer Republik, der unteren Mittelschicht, der Unternehmer und der Arbeiter. Siehe auch Ardagh, *Germany and the Germans*, S. 171–81, insbes. das Interview mit Friedrich Karl Fürst zu Hohenlohe-Waldenburg.

16 „Im großen und ganzen [waren die Deutschen] nicht mehr vom Klassenbewußtsein beeinflußt." Kettenacker, *Germany Since 1945*, S. 165.

17 „Interne Demokratisierung." Fulbrook, *Divided Germany*, S. 235.

18 Ardagh, *Germany and the Germans*, S. 249–54.

19 Ebd., S. 536–37; Fulbrook, *Divided Nation*, S. 211, 282–86. Nobelpreisträger Heinrich Böll, mit Habermas und Grass ein führender Linksliberaler, bat um Gnade für Ulrike Meinhof. Müller, *Another Country*, S. 54. Zu den Geschichten Baaders und Meinhofs, siehe Julian Becker, *Hitler's Children* (London, 1977).

20 Fulbrook, *Divided Nation*, S. 207–08; Kettenacker, *Germany Since 1945*, S. 63–69, 74–75.

21 Ardagh, *Germany and the Germans*, S. 273–80; Klaus J. Bade, „Exodus und Integration: Historische Perspektiven und

aktuelle Probleme", in Paul Bockelet, Hrsg., *Zu viele Fremde im Land? Aussiedler, Gastarbeiter und Asylanten* (Düsseldorf, 1990), S. 9–20; auch Bade, *Ausländer, Aussiedler, Asyl in der Bundesrepublik Deutschland* (Hannover, 1994).

22 Roger Cohen, „Germany's Financial Heart is Open, But Wary", *NYT on the Web*, 30.12.00.

23 Ardagh, *Germany and the Germans*, S. 280–93; Kettenakker, *Germany Since 1945*, S. 230–31; *Facts About Germany*, S. 16.

24 www.Einbuergerung.de

25 Fulbrook, *Two Germanies*, S. 18–19, 28–29.

26 Fulbrook glaubt, daß es nicht nur um Gewalt ging. „Die Räume für Redefreiheit, das Fehlen ideologischen Engagements und die Artikulierung abweichender Meinungen" – letzteres unterstützt und begünstigt durch die protestantische Kirche – spielten eine Hauptrolle; jedoch beschreibt sie als „Hauptmerkmal" der DDR die „effektive Gefangennahme" ihrer Bevölkerung. Ebd., S. 37, 40, 42–43.

27 Ebd., S. 41, 65: „die einzige unabhängige gesellschaftliche Institution in der DDR außerhalb des ... Sytems."

28 Siehe das prominente Beispiel der Schriftstellerin Christa Wolf in ebd., S. 68, und *Divided Nation*, S. 293–94; Kettenacker, *Germany Since 1945*, S. 169–70.

29 Fulbrook, *Divided Nation*, S. 272–73; *Two Germanies*, S. 65, 69.

30 Siehe Kap. 3.

31 Fulbrook, *Two Germanies*, S. 70–71.

32 Müller, *Another Country*, S. 55

33 Ebd., S. 48, 55. 137, 151. Siehe Günter Grass unten.

34 Fulbrook, *Two Germanies*, S. 86.

35 Fulbrook, *Divided Nation*, S. 323, 327–28, 332–33; Ardagh, *Germany and the Germans*, S. 425.

36 Über Kohls eigene Erinnerungen an diese Ereignisse: „The Fall of the Wall: How Germany was United", *WSJ*, 09.01.99, S. A26.

37 Ardagh, *Germany and the Germans*, S. 3, 5–7, 428–31; Fulbrook, *Divided Nation*, S. 339–40.

38 Siehe Kap. 1.

39 Ardagh, *Germany and the Germans*, S. 218.

40 Christopher Brown, *Singing the Gospel: Lutheran Music and the Success of the Reformation in Joachimsthal* (Ph. D. Diss., Harvard University, 2001).

41 Potter, *Most German of the Arts*, S. 134, 201–02, 205, 225–26.

42 Kamenetsky, *The Brothers Grimm*, S. 25–27.

43 Sheehan, *German History*, 1770–1866, S. 547–50. Savigny war nur einer von zahlreichen Gelehrten, die für die beispiellose Blüte der historischen Wissenschaft jener Zeit standen.

44 Wagner behauptete, daß das Schriftstück die Schleusen des Zorns der gesamten europäischen Presse geöffnet habe. *My Life*, autorisierte Übersetzung (Bury St. Edmunds, 1994), S. 564–66; Sheehan, *German History, 1770–1866*, S. 837–39.

45 Potter, *Most German of the Arts*, S. 203; Anthony Tommasini, „A Cultural Disconnect on Wagner", *NYT*, 05.08.01, sect. 2, S. 27.

46 Potter, *Most German of the Arts*, S. 134, 202, 205.

47 *Allgemeine Deutsche Biographie*, Bd. 9, S. 353–55.

48 James, *A German Identity*, S. 15–24; Sheehan, *German History, 1770–1866*, S. 545–54.

49 Goltz' Begriff ist „Organismus".

50 Bogumil Goltz, *Zur Geschichte und Charakteristik des deutschen Genius: Eine ethnographische Studie* (Berlin, 1864), S. 1–13.

51 James, *A German Identity*, S. 12–14.

52 Über das dazwischenliegende Werk Heinrich Heines und der Jungdeutschen Bewegung, Sheehan, *German History, 1770–1866*, S. 581–86.

53 Barraclough, *Origins of Modern Germany*, S. 456, 461.

54 Siehe Einführung.

55 Ebd., S. 456; Evans, „German Reunification in Historical Perspective", in *Rereading German History*, S. 215–216.

56 *Facts About Germany*, S. xix, 113–14, 138.

57 Evans, „German Reunification", S. 215–18.

58 Barraclough, *Origins of Modern Germany*, S. 461.

59 Müller, *Another Country*, Kap. 1; vgl. Blackbourn und Eley, *The Peculiarities of German History*, S. 161.

60 „Anything to Fear?“ *Time*, 26.03.90, S. 32–47.
61 Ardagh, *Germany and the Germans*, S. 500
62 Zu einigen ironischen Gedanken über dieses Thema, vgl. Peter Schneider, *The German Comedy* (New York, 1991), S. 3–19; zu den Gelehrten, Noel D. Carey, „‚Farewell Without Tears‘: Diplomats, Dissidents, and the Demise of East Germany“ [Rezension], *Journal of Modern History* 73 (2001): 617–51.
63 Die meisten staatlichen Unternehmen waren bis zur Mitte des Jahrzehnts privatisiert worden. Kettenacker, *Germany Since 1945*, S. 213–14; Evans, „German Reunification in Historical Perspective“, in *Rereading the German Past*, S. 214.
64 Ardagh, *Germany and the Germans*, S. 9.
65 Müller, *Another Country*, S. 8–9, 10, 78.
66 Roger Cohen, „Schröder Aide Typifies New German Subtlety“ *NYT on the Web*, 29.12.98.
67 Müller, *Another Country*, Kap. 3
68 Ebd., S. 16, 68–69.
69 *Ein weites Feld* (1995). James J. Sheehan, „The German Question: Günter Grass's Novel Compares the Events of 1989 With Those of 1871“, *New York Times Book Review*, 5.11.00, sect. 7, S. 20. Müller stellt den älteren Günter Grass als Befürworter des „an die sechziger Jahre erinnernden apokalyptischen Antiparlamentarismus“ dar, dem sich der jüngere Grass widersetzt habe. *Another Country*, S. 64–66, 87–88.
70 Ardagh, *Germany and the Germans*, S. 575; Evans, „German Reunification in Historical Perspective“, S. 222.
71 Evans dokumentiert „eine allgemeine Neigung, Deutschland in seinen individuellen Status als Großmacht wiedereinzusetzen.“ „Rebirth of the Right?“ in *Rereading the German Past*, S. 227.
72 Vgl. die Kritik des politischen Gegners und Christdemokraten Wolfgang Schäuble, „How Germany Became Saddam's Favorite State“, in *WSJ*, 19.09.02, S. A16.
73 *Schau ins Land* 11/5 (Nashville, Tenn., 1996), S. 23–29.
74 Roger Cohen, „In Germany, Getting Together Is Hard to Do“, *NYT*, 27.08.00, sect. 4, S. 6; Geoff Winestock, „Schröder, Sensing Opportunity, Initiates EU Debate“, *WSJ*, 15.05.01, S. A23.

75 Edmund L. Andrews, „Germany's Consensus Economy at Risk of Unraveling", *NYT*, 26.11.99, S. C5; Michael Gove, „Don't Let Germans Buy Our Stock Market", *The Times* (London), 30.08.00, „Comment", S. 16; „Berlin Lacks Old Clout to Defend Germany Inc", *WSJ*, 24.11.99, S. A12.

76 Edmund L. Andrews, „Germans Offer Plan to Remake EU", *NYT*, 01.05.01, S. A1, 3.

77 Winestock, „Schröder, Sensing Opportunity", *WSJ*, 15.05.01, S. A23; Cohen, „In Germany, Getting Together", *NYT*, 27.08.00, sect. 4, S. 6.

78 Peter Baldwin, *„The Historikerstreit": Die Dokumentation der Kontroverse um die Einzigartigkeit der nationalsozialistischen Judenvernichtung* (Boston, 1990); Kershaw, *The Nazi Dictatorship*, S. 30–31, 231–32, 248–49; Evans, „Nipperdey's Nineteenth Century", in *Rereading German History*, S. 29–31; Kettenacker, *Germany Since 1945*, S. 168–69; „Ferment in the German Right", *NYT* Leitartikel, 25.06.00, der Noltes „Argumente, daß der Holocaust nicht einzigartig war und Deutschlands Vergangenheit nicht so anomal", als „widerlich" zurückwies und die Deutschland-Stiftung dafür verurteilte, daß sie ihm den Konrad-Adenauer-Preis zuerkannt hat.

79 Über die Umstrittenheit dieses Themas, auch unter österreichischen Juden, siehe Roger Cohen, „Jewish Leaders Trade Barbs Over Austria's Nazi Legacy", *NYT*, 25.03.01, sect. 1, S. 6.

80 Roger Cohen, „A Haider in Their Future", *NYT Magazine*, 30.04.00, S. 54–59, und „Even in Euroland, Money Isn't Everything", *NYT*, 17.09.00, S. 4; Donald G. McNeil Jr., „Austrian Politician Sometimes Down But Never Out", *NYT*, 23.7.00, sect. 1, S. 3.

81 Mißbilligend berichtet in einem *WSJ*-Leitartikel: „Buying Off Neo-Nazis", 24.04.01, S. A24.

82 Der frühere Finanzminister Theo Waigel, der bei der Einführung des Euro, der die Mark ersetzte, eine Schlüsselrolle spielte, erhielt noch im Sommer 2001 Morddrohungen. C. Rohwedder und T. T. Th. Sims, „Don't Expect Germans to Offer Up Any Euro Paeans", *WSJ*, 14.08.01, S. A11; Neal Bou-

dette, „It Takes More Than the Euro to Unite Europe“, *WSJ*, 13.12.01, S. A4.

83 „Die Demokratie ist so fest eingewurzelt und [heute] so gut von der Verfassung geschützt, daß jegliche Rückkehr zu einem totalitären Regime schwer vorstellbar wäre.“ Ardagh, *Germany and the Germans*, S. 500, 505, 512.

84 Ebd., S. 499.

85 Steven Erlanger, „A Memory-Strewn Celebration of Germany's Jews“, *NYT*, 10.11.01, S. A1.

86 Edmund L. Andrews, „Germany's Consensus Economy at Risk of Unraveling“, *NYT*, 26.11.99, S. C1; David Wessel, Charles Rhoads und William Boston, „Berlin Lacks Old Clout to Defend Germany Inc“, *WSJ*, 24.11.99, S. A1. Der Hinweis auf „Barbaren“ stammte von Andreas Molitor in der Zeitung *Die Zeit*, zitiert bei Andrews.

87 Matthew Karnitschnig, „Why KirchGroup of Germany Failed to Spark a Rescue“, *WSJ*, 11.04.02, S. A1, 11; M. Karnitschnig und Hans-Peter Siebenhaar, „Bertelsmann Mulls Stake in Kirch Pay TV Arm“, *WSJ*, 18.04.02, S. A9.

88 „U.S. vs. Them: American Economy Offers a Model Others Both Envy and Fear“, *WSJ*, 18.01.01, S. A1.

89 Was Roger Cohen „die ‚Amerikanisierung' des deutschen Gedächtnisses“ nennt, „eine Fixierung auf den Holocaust, die ... eine überaus reiche kulturelle und politische Geschichte ausspart und die zwölf Jahre des Nationalsozialismus grob vereinfacht.“ Roger Cohen, „The Germans Want Their History Back“, *NYT*, 12.09.99, sect. 4, S. 4.

90 Evans, „Anti-Semitism: Ordinary Germans and the ‚Longest Hatred'“, in *Rereading German History*, S. 149–51; siehe auch Fritz Stern, „The Goldhagen Controversy: One Nation, One People, One Theory?“ *Foreign Affairs* (Nov./Dez. 1996), S. 128–38; J. Hoberman, „When the Nazis Became Nudniks“, *NYT*, 15.04.01, sect. 2, S. 13.

91 Holman W. Jenkins, Jr., „Nazi Slavery and the Politics of Business“, *WSJ*, 29.12.99, S. A15; „Means of Atonement“, *WSJ* Leitartikel, 22.05.00, S. A38.

92 Barnaby J. Feder, „Lawsuit Says I.B.M. Aided the Nazis in Technology“, *NYT*, 11.02.01, sect. 1, S. 47; siehe Edwin Black,

IBM and the Holocaust (New York, 2001).

93 „Anwälte, [die] wissen, wie man den Zeitgeist melkt, [indem sie] ‚Verbrecher' beim Namen nennen und mit erstaunlichen Summen jonglieren." Gabriel Schoenfeld, „The New Holocaust Profiteers", *WSJ*, 11.04.01, S. A18.

94 Jenkins, „Nazi Slavery and the Politics of Business", S. A15. Vgl. Norman G. Finkelstein, *The Holocaust Industry: Reflections on the Exploitation of Jewish Suffering* (New York, 2000), Kap. 2: „Hoaxers, Hucksters, and History." Über die Kontroverse innerhalb der amerikanischen jüdischen Gemeinde, vgl. Seth Lipsky, „The Strange Politics of Holocaust Restitution", *WSJ*, 13.09.00, S. A26.

95 Vgl. Neal E. Boudette, „Seeking Reparation: A Holocaust Claim Cuts to the Heart of the New Germany", *WSJ*, 29.03.02, S. A1, 8.

96 Ardagh, *Germany and the Germans*, S. 541–42. Grüne „Realos", wie der damalige Außenminister Joschka Fischer nehmen statt dessen einen Kompromißstandpunkt ein und traten in die Regierung ein, um hohe ökologische, nicht aber gnadenlose utopische Ziele zu verfolgen.

97 Siehe Kap. 7.

98 Roger Cohen, „Israel's Ties With Germany Elude U.S. Jews", *NYT*, 04.03.01, sect. 1, S. 1, 10.

99 William Boston und Roger Thurow, „A Woman's Journey from Terrorism to Repentant Survivor", *WSJ*, 11.01.01, S. A1, 8. Über Luthers bürgerliche Ethik, Kap. 3.

100 Roger Cohen, „Sending Kosovars Home", *NYT*, 20.11.00, S. A10.

101 Roger Cohen, „German Official Pessimistic About Far-Right Violence", *NYT on the Web*, 26.08.00. Zu einer feindseligeren Sicht auf Fischer und seinen radikalen Gefährten, den französischen Ministerpräsidenten Lionel Jospin („typische Beispiele für die Gewohnheit der gemäßigten Linken, sich der radikalen Linken anzupassen"), siehe „Genoa Under Siege", *WSJ*, Leitartikel, 20.07.01, S. A10.

102 Roger Cohen, „German Faults ‚Silence' About Attacks on Immigrants", *NYT on the Web*, 01.08.00.

103 Cohen, „Sending Kosovars Home".

104 Christopher Rhoads, „Behind the Crisis in Germany, a Past That Is Crippling“, *WSJ*, 06.12.02, S. A1, A12.

Personenregister